S. FISCHER

Marlene Streeruwitz

Flammenwand.

Roman mit Anmerkungen.

S. FISCHER

Erschienen bei S. FISCHER
3. Auflage September 2019

© 2019 S. Fischer Verlag GmbH,
Hedderichstr. 114, D-60596 Frankfurt am Main

Satz: Dörlemann Satz, Lemförde
Druck und Bindung: GGP Media GmbH, Pößneck
Printed in Germany
ISBN 978-3-10-397385-3

Inhalt.

11   Montag, 19. März 2018. Stockholm.

13   Mittwoch, 21. März 2018. Stockholm.

17   Donnerstag, 22. März 2018. Stockholm. Helgagatan.

18   Sonntag, 1. April 2018. Wien.

21   Montag, 16. April 2018. Wien.

25   Dienstag, 17. April 2018. Wien.

30   Mittwoch, 18. April 2018. Wien.

34   Donnerstag, 19. April 2018. Wien.

40   Sonntag, 22. April 2018. Im Zug nach Liechtenstein.

43   Montag, 23. April 2018. Im Zug von Feldkirch nach Wien.

45   Dienstag, 24. April 2018. Wien.

48   Mittwoch, 25. April 2018. Wien.

49   Donnerstag, 26. April 2018. Wien.

55   Freitag, 27. April 2018. Wien.

56   Montag, 30. April 2018. Wien.

62   Dienstag, 1. Mai 2018. Wien.

63   Mittwoch, 2. Mai 2018. Wien.

63   Donnerstag, 3. Mai 2018. Wien.

63   Dienstag, 8. Mai 2018. Berlin.

71   Mittwoch, 9. Mai 2018. Berlin.

73   Donnerstag, 10. Mai 2018. Berlin.

76   Freitag, 11. Mai 2018. Berlin.

79   Montag, 14. Mai 2018. Wien.

80   Donnerstag, 17. Mai 2018. Wien.

85   Samstag, 19. Mai 2018. Wien.

86   Pfingstsonntag, 20. Mai 2018. Wien.

87   Pfingstmontag, 21. Mai 2018. Wien.

93   Dienstag, 22. Mai 2018. Wien.

99   Mittwoch, 23. Mai 2018. Wien.

99   Donnerstag, 24. Mai 2018. Wien.

101   Freitag, 25. Mai 2018. Wien.

104   Samstag, 26. Mai 2018. Wien.

107   Montag, 28. Mai 2018. Wien.

111   Mittwoch, 30. Mai 2018. Wien.

113   Donnerstag, 31. Mai 2018. Fronleichnam. Wien.

116   Samstag, 2. Juni 2018. Ulm.

116   Dienstag, 5. Juni 2018. Wien.

124   Sonntag, 10. Juni 2018. München.

128   Dienstag, 12. Juni 2018. Von Wien nach Paris.
       Nicht nach Berlin geflogen.

132   Mittwoch, 13. Juni 2018. Nicht in Berlin.

136   Donnerstag, 14. Juni 2018. Wien.

141   Sonntag, 17. Juni 2018. Wien.

144   Montag, 18. Juni 2018. Wien.

145   Dienstag, 19. Juni 2018. Wien.

152   Mittwoch, 20. Juni 2018. Wien.

156   Donnerstag, 21. Juni 2018. Wien.

162   Samstag, 23. Juni 2018. Wien.

165   Sonntag, 24. Juni 2018. Wien.

168   Montag, 25. Juni 2018. Wien.

175 Dienstag, 26. Juni 2018. Wien.

179 Mittwoch, 27. Juni 2018. Wien.

179 Donnerstag, 28. Juni 2018. Wien.

179 Samstag, 30. Juni 2018. Wien.

180 Sonntag, 1. Juli 2018. Wien.

190 Montag, 2. Juli 2018. Wien.

190 Mittwoch, 4. Juli 2018. Wien.

194 Donnerstag, 5. Juli 2018. Wien.

195 Freitag, 6. Juli 2018. Wien.

198 Samstag, 14. Juli 2018. Wien.

201 Samstag, 28. Juli 2018. Wien.

206 Sonntag, 29. Juli 2018. Wien.

208 Samstag, 4. August 2018. Wien.

208 Montag, 20. August 2018. Wien.

209 Dienstag, 21. August 2018. Wien.

213 Mittwoch, 22. August 2018. Wien.

219 Sonntag, 26. August 2018. Wien.

224 Montag, 27. August 2018. Wien.

231 Mittwoch, 29. August 2018. Wien.

233 Freitag, 31. August 2018. Wien.

242 Samstag, 1. September 2018. Wien.

246 Sonntag, 2. September 2018. Wien.

250 Montag, 3. September 2018. Wien.

259 Dienstag, 4. September 2018. Wien.

266 Donnerstag, 6. September 2018. Wien.

274 Freitag, 7. September 2018. Wien.

283 Samstag, 8. September 2018. Wien.

286 Sonntag, 9. September 2018. Wien.

294 Montag, 10. September 2018. Wien.

298 Dienstag, 11. September 2018, Wien.

305 Mittwoch, 12. September 2018. Wien.

311 Donnerstag, 13. September 2018. Wien.

320 Dienstag, 18. September 2018. Düsseldorf.

323 Donnerstag, 20. September 2018. Berlin.

327 Sonntag, 23. September 2018. Berlin.

330 Donnerstag, 27. September 2018. Paris.

335 Dienstag, 2. Oktober 2018. Wien.

342 Mittwoch, 3. Oktober 2018. Wien.

347 Freitag, 5. Oktober 2018. Wien.

351 Samstag, 6. Oktober 2018. Wien.

354 Montag, 8. Oktober 2018. Wien.

360 Dienstag, 9. Oktober 2018. Wien.

371 Anmerkungen.

… für Adèle Hugo …

Montag, 19. März 2018. Stockholm.[1]

»Bandit« stand oben auf dem Poster. Die Schrift rot. Im glitzerwelligen Wasser ein Ruderboot zu sehen. Ein junger Mann im Boot. Liegend. Sich sonnend. Der Oberkörper nackt. Von oben aufgenommen. Von hoch oben. Der sich sonnende Mann im Ruderboot klein in der Mitte des Posters. Rund um ihn das Wasser. Himmelblau. Dünkler Blau. Weiß die Schatten der Wellen in der Tiefe. Glitzernd die Sonne auf der Oberfläche. »Vietnam« stand in Dunkelblau quer unten geschrieben. »Vietnam«.

Sie ging schnell aus der Mall hinaus. Sie schaute gerade vor sich hin. Schaute von dem Plakat weg. Sie wollte dieses Plakat nicht sehen. Nicht genauer. Sie wollte auch den alten Mann neben dem Plakat nicht anschauen. Die Mall war voll von solchen alten Männern. Sie standen ruhig da. Sie sahen niemanden an. Beobachteten nichts. Schienen auf nichts zu warten. Es ging wohl um die Wärme.

In der Kälte draußen. Der Winter habe sich immer weiter in den März verschoben, war ihr gesagt worden. Stockholm könne erst Mitte April mit wärmeren Temperaturen rechnen. In der Kälte. Sie ging so schnell wie möglich. Das schnelle Gehen. So konnte sie das Einsacken des Körpers in der Mitte einfangen. Das Einsacken ins Gehen schieben. Vorgebeugt das Elend weiterzerren.

»Vietnam«. Das war eine Bilderstrecke für sie. Fernsehbilder. Unerlaubte Fernsehbilder. Sie war klein gewesen. Damals. Der athletische junge Mann im Kanu. Sie ging gleich wieder von Foto zu Foto. Ein dämmriger Saal. In Los Angeles. Ein kleiner abgedunkelter Saal. Die Fotos alle im gleichen Format. Gerahmt. Sie hatte die Rahmen in Erinnerung. Oder doch nicht. Auf den Fotos die jungen Männer. Im Wasser. Im Schilf. In Büschen. Zwischen Bäumen. Sie lagen ebenso hingestreckt. Die Arme weit ausgebreitet. Die Köpfe geneigt. Nach hinten überstreckt. Die Uniformen. Als hätte ein junger Mann für alle Fotos Modell gestanden. Aber sie waren alle tot. Jeder. Sie lagen mit aufgeschossenen Leibern auf Böschungen. Verstümmelt. Zerrissen. Auf den Fotos. Die Köpfe waren unverletzt gewesen. Die Gesichter verschlossen. Ohne Auskunft. Es waren US-Soldaten gewesen. Auf diesen Fotos. Geschlachtete Götter. Und nur ein Ausschnitt in dem dunklen Saal. Im Los Angeles County Museum. Es war heiß gewesen da. Sie war allein da gewesen. War schnell durchgegangen. Alle diese Fotos zu einem geworden. Schwarz und weiß. Ein junger Mann aufgebahrt. Im seichten Wasser. Und das nur ein Teil des Leids. Ein Ausschnitt. Gewählt, einen kleinen Saal im Museum zu füllen. Mehr war nicht zugemutet worden. Und jetzt das Wasser blau. In allen Tönen blau. Und der junge Mann sonnte sich.

Sie ging den langen Weg zur Wohnung zurück. Der Weg durch den Park vereist.

Es gibt Personen, die sind ein Mittelpunkt. Die Personen rund um sie wissen das. Diese Personen können selbst ein Mittelpunkt sein und trotzdem auch zu anderen Mittelpunkten gehören. Sie hatte eine solche Person sein wollen. Ihr Vater war das gewesen. Er war ein Mittelpunkt gewesen und hatte sich auf andere Mittelpunkte beziehen können. Er hatte immer gewusst, wie die Personen rund um ihn eingeschätzt werden mussten. Wenn er mit der Mutter über seine Kollegen gesprochen hatte, dann war er der Reihe nach alle durchgegangen. Er war mit fast allen per du gewesen, und alle hatten kurze Vornamen oder Spitznamen gehabt. Es waren Protokolle gewesen. Der Harry hatte eine Stunde versäumt und war nicht zuverlässig. Der alte Schwuppsi war an dem Tag nicht in den Prater gefahren, seinen Spaziergang zu machen. Er hatte den Vater in der Schule aufgesucht und ihn eine halbe Stunde aufgehalten. Der Matzl hatte die 7. Klasse nicht im Zaum halten können, und der Lärm war bis in die Direktion zu hören gewesen. Der Vater hatte nichts gemacht. Noch nicht. Aber er würde mit dem Matzl reden müssen. Das war schon häufiger vorgekommen. Der Vater konnte sich das nicht erklären. Auf dem Sportplatz waren die Klassen vom Matzl immer diszipliniert. Wenn es um Personen gegangen war, die selbst ein Mittelpunkt waren, dann stellte der Vater sich selbst Fragen und beantwortete sie selber. War der alte Haas bereit, über seine Nachfolge zu reden? »Nein.«, hatte der Vater dann gesagt. »Aber über Nachfolge im Allgemeinen kann gesprochen werden, und das werden wir bei der Rede zum Jahrestag der Befreiung machen.« Der Vater hatte immer wir gesagt, wenn er von sich gesprochen hatte, und die Mutter hatte genickt. Ihr hatte dieses Wir genügt. Sie hatte gedacht, mit diesem Wir sei sie miteingeschlossen. Aber das war nicht der Fall gewesen. Über die Familie hatte der Vater nämlich nichts gewusst. Er hatte nicht einmal Ratschläge für seine Familie gewusst. Er hatte wohl auch seine Kinder und die Schwiegermütter in das Wir eingerechnet. Er war aber über jedes Versagen in seiner Umgebung erstaunt gewesen. Es hatte ihn traurig gemacht, wenn er zusehen musste, wie ihr Bruder oder sie die falschen Entscheidungen getroffen hatten oder erfolglos geblieben waren. Es hatte ihn aber nie lange beschäftigt. Sie hatte dann entdeckt, dass sie ihm auch jedes Mal eine andere Geschichte über ihr Studium oder die Reisen erzählen konnte. Er hatte ihr zugehört und alles gleich wieder vergessen. Das hatte nicht bedeutet, dass er sie nicht liebte. Sie war als seine Tochter mit ihm im Mittelpunkt. Aber alles an ihr, was nicht seine Tochter war, das gab es für ihn nicht. Das war genauso für die Mutter gewesen und für ihren Bruder. Ihr Bruder hatte deshalb nie etwas über sie wissen können. Für ihren Bruder war sie immer schon ein Rätsel geblieben. Lange Zeit hatte sie sich gesagt, dass ihr diese Situation die Geschwisterrivalität erspart habe. Aber dann hatte sie sich zugeben müssen, dass eine Geschwisterrivalität eine Existenz als Schwester bedeutet hätte und nicht als Rätsel. Das mit dem Rätsel war von Anfang an so gewesen. Alles, was anders als bei ihrem Bruder gewesen war, war mit Erstaunen beantwortet worden. Immer war gesagt worden, dass sie anders sei und alles anders mache. Am Ende hatte sie das Erstaunen übernommen und wunderte sich über sich selbst. Sie hatte noch als kleines Mädchen begonnen, sich selbst zuzusehen und über sich selbst den Kopf zu schütteln. Aber immer erst nach den Taten und Entscheidungen. Sie hatte einen Teil in sich, der vorausstürmte und sich in der Welt festlegte, und der andere Teil kam nachgegangen und staunte darüber, was nun wieder alles geschehen war. Noch in der Pubertät hatte das mit den Männern begonnen. Sie war mit den Männern mitgegangen und hatte dann wochenlang über die Vorkommnisse nachdenken müssen. Das hatte sie abwesend erscheinen lassen und unerreichbar. Das wiederum hatte sie geheimnisvoll und interessant gemacht. Konsequenterweise ging sie nur mit Männern mit, die selber Mittelpunkte waren oder Mittelpunkte zu werden versprachen. Sie ließ sich in diese Mittelpunkte aufsaugen und blieb dann leer zurück. Sie war erschöpft von diesen Ausflügen ins Geschlechtliche. Aber es war alles auch gleichgültig gewesen. Sie hatte mit der Zeit gelernt gehabt, ihren Teil daran richtig zu spielen.

Kalte Kunstwerke von ihrer Seite. Eisschlösser im Mittelpunkt. Nach dem Ende jeweils. Sie wunderte sich höchstens, es nicht früher begriffen zu haben. Das Ende bedeutete, aus dem Mittelpunkt herausgeraten zu sein. Einen Augenblick die Balance verloren und sichtbar geworden. Dem Mann sichtbar geworden. Und nicht von ihm verschlungen. Für dieses Verschlingen. Sie erwartete den äußersten Hunger nach ihr. Nur die rasendste Leidenschaft ließ es ihr zu, sich diesem Verschlingen hinzugeben. Sie musste ja jedes Mal die Mutter töten und sich an ihre Stelle setzen. In ihrem Kosmos musste sie das, und sie konnte keine Rücksicht darauf nehmen, was das für den jeweiligen Mann bedeutete. Dieser nun. Er hatte seine Mutter mit dreizehn verloren. Sie hat lange gerätselt, was das bedeuten konnte. Nachdem die freundlichen Interpretationen durchdekliniert waren, hatte sie zugeben müssen, dieser Mann hatte auch seine Mutter in sich gemordet. Sein Hass auf diese Mutter war grenzenlos. Seine Mutter. Für ihn. Sie hatte ihn verlassen. Er hatte die Umstände dieses Verlassens gleich erzählt. Gleich zu Beginn. Gleich als erste Geschichte aus seinem Leben. In einem Bett aus Blut und Scheiße hatte er sie fast leblos vorgefunden. Er hatte das Sterbezimmer verlassen müssen und sich nie von ihr verabschieden können. Wegen ihres Bluts und ihrer Scheiße. Das warf er ihr vor. Er warf ihr vor, von ihrem Mann, seinem Vater, noch zu Lebzeiten betrogen worden zu sein. Er warf ihr vor, dass sein Vater sie durch die Frau dieses Betrugs ersetzt hatte. Er warf ihr den dicken Arsch dieser Frau vor. Er warf der toten Mutter vor, diese Frau auch Mutter genannt zu haben und nicht Tante, wie das auch vorgeschlagen worden war. Er warf seiner toten Mutter das kleinbürgerliche Benehmen ihrer Nachfolgerin vor. Er warf seiner leiblichen Mutter die Sünden seines Vaters vor. »Ist interessant, eine Frau zu betrügen.«, hatte der Vater später einmal zu ihm gesagt. Hatte er ihr so erzählt. Die tote Mutter dieses Manns. Sie war die Hüterin allen Hasses. Aber tot so. Gemetzelt. In kleine Stückchen zerrissen. »Sie hat mir die Musik beigebracht. Die klassische Musik. Jeden Sonntag hat

sie mir eine Schallplatte vorgespielt. Jeden Sonntagmorgen.«
Und er hatte sich angewidert abgewandt.

So im Mittelpunkt einverleibt. So entstand keine Abhängigkeit. Jedenfalls nicht von der Person. Oder den Personen,
die dann später kamen. Sie hätte ihren Zustand auch nicht
Unabhängigkeit nennen können. Aber es ging nicht um die
Personen, es ging um den Ort, den diese Personen bieten
hatten können.

Donnerstag, 22. März 2018. Stockholm. Helgagatan.[3]

Sie sah seine Schuhe. Sie eilte die Stiegen von Ringvägen zu
Helgagatan hinauf. Er kam gerade aus dem Tor von Helgagatan 36 gegangen. Seine Füße waren auf der Höhe ihres
Kopfs. Als ginge sie selbst mit diesen Füßen in diesen Schuhen, beeilte sie sich, ihm nachzukommen. Auf seine Höhe
hinaufzukommen. Er ging schnell. Stieß seine Füße ab,
und der Kies auf dem Eis knirschte unter seinem Tritt. Er
entfernte sich schnell. Sie lief die Stufen hinauf. Sie musste
achtgeben. Auf den Stufen hatte sich viel Kies angesammelt.
Lag hoch aufgeschüttet, und es war leicht, auf dem Kies auszurutschen. Oben angekommen. Er war schon an der Ecke
zu Hallandsgatan angekommen. Bog nach rechts. Sie stand
einen Augenblick. Wieso hatte sie nicht gerufen. Seinen Namen. Laut. Erschallen lassen. Er war nicht mehr zu sehen.
Sie ging zum Tor in den Hof zu ihrem Haus. Zögerte. Sie

ging dann auch Helgagatan in Richtung Hallandsgatan hinauf. In Richtung der kleinen hölzernen Kirche. Jedes Mal dachte sie, sie sollte diese Kirche ansehen. Hineingehen. Oder zumindest um diese kleine, hölzerne Kirche herumgehen. Kleine, hölzerne Kirchen waren ihr aus der Literatur bekannt, und hier war eine kleine, hölzerne Kirche zu besichtigen. Sie ging schneller. In welche Richtung mochte er gegangen sein. Sie lief die Stufen zu Götgatan hinunter. Er saß am Fenster von Gunnarsons Specialkonditori und textete. Er saß auf dem Tisch aufgestützt. Sein Handy ein wenig von sich weggehalten. Er brauchte dann keine Brille. Er hatte die Lippen zusammengepresst. Er machte das, wenn er sich konzentrierte. Er textete. Sie lief an den Auslagenfenstern vorbei und schaute auf ihrem Handy nach. Wartete. Sie ging ein Stück weiter. Lächelte. Hielt das Handy in der Hand in der Manteltasche. Sie ging vor sich hin. Überlegte, was sie ihm antworten wollte. Auf seine Anzüglichkeiten. Sie war fast an der Kreuzung bei Södermalmspladsen angelangt. Der Text war nicht gekommen. Konnte das so lange dauern.

Sonntag, 1. April 2018. Wien.[4]

Es war immer noch Winter. Auf den Wiesen in den Parks und in den Innenhöfen lag der Schnee kniehoch. Die Märzsonne ließ die Oberfläche nass flimmern. Die Nachtfröste froren alles wieder zu Eis. Der Streukies lag fast so hoch wie der Schnee auf den Wegen und Straßen. Der Wind wirbelte

Staubwolken auf. Die Autos rissen den Staub weiter. Auf Ringvägen fuhren die Autos besonders schnell. Der Staub stand über der Straße, und sie beeilte sich, auf den Hügel hinaufzukommen. Dem Staub zu entkommen. Sie musste aber umkehren. Der Weg durch den kleinen Park zu Helgagatan hinauf war nicht asphaltiert, und das Schmelzwasser bedeckte schlammige Stellen und riesige Eisplatten. Sie hatte nicht die richtigen Schuhe für einen solchen Weg an. Sie war nicht sicher, ob ihre Stiefel wirklich wasserdicht waren. Dick gefütterte Gummistiefel wären da richtig gewesen. Sie lief auf den Gehsteig von Ringvägen zurück. Die Stiege den Hügel hinauf war frei. Sie musste nur achtgeben, nicht auf dem Streukies auf den Stufen auszurutschen. Sie hatte die Sonne im Rücken. Der Schnee glitzerte weiß. Das Eis auf dem Weg und den Wiesen glänzte. Das Schmelzwasser in den Fußspuren schimmerte. Sie stieg die Stufen hinauf. Sie lächelte. Von Helgagatan aus. Der Kopf der von unten heraufsteigenden Person stieg da in die Höhe. Ruckweise. Eine holprige Erscheinung war das. Nicht das Entschweben von Himmelfahrten. Die Mühseligkeit des Irdischen. Und jetzt erschien sie so. Sie blieb stehen. Die Straße gerade in Augenhöhe. Sie keuchte ein wenig vom Stiegensteigen. Holte sie bei diesem keuchenden Atem besonders viel Staub in sich. Und wie war es gekommen, dass die Lunge wichtiger geworden war als das Herz. Sie wollte gerade wieder beginnen hinaufzusteigen. Er kam aus dem Haus. Sie sah ihn von unten. Schräg. Seine Schuhe waren das Größte. Sie konnte seine Schuhsohlen genau sehen. Er ging schnell. Weg von ihr. Helgagatan hinauf. Er hatte schon längst weg sein wollen. Er hatte gesagt, auch gleich weggehen zu wollen. Sie rief »Gustl. Gustav.«. Er ging davon. Sie konnte seinen Kopf nicht sehen. Er ging vorgebeugt. Gegen den Anstieg der Straße vorgebeugt. Sie eilte die Stufen hinauf. Ein Auto kam von unten gefahren. Sie musste warten. Er war weit vorne. Sie steckte die Hände in die Manteltaschen und folgte ihm. Er wollte in das Café auf Götgatan. In der winzigen Wohnung, die sie in Stockholm gemietet hatten. Er könne keine Zweizimmerwohnung in seiner Spesenabrechnung unterbringen. In der winzigen Wohnung. Es gab da nur eine Nespressomaschine, und sie hatten keine Kapseln nachgekauft gehabt. Sie war deshalb weggegangen. Kaffee einkaufen. Er hatte nicht warten wollen, und jetzt wäre es sich ja doch ausgegangen. Sie frühstückten beide nicht. Nur Kaffee. Aber das war in fast allem so. Sie waren einander in fast allem ähnlich.

Sie ging. Sie hatte keine bestimmten Pläne. Sie konnte diesem Mann in Ruhe folgen. Sie holte tief Luft. Es war so luxuriös. Sie musste diesem Mann nicht nachlaufen. Sie konnte ihm in Ruhe nachgehen. Es war alles so in Ruhe. Und wie sie sich das glatte Hinaufschweben einer Himmelfahrt gedacht hatte, spürte sie jetzt das Zurücklehnen in diese Ruhe. Diese Sicherheit. Die Arme weit ausgebreitet und auf den Rand des Sofas oben gelegt. Die Beine übereinandergeschlagen. Das obere Bein leicht wippend. So sah sie sich in diese Ruhe zurückgelehnt. Lächelnd. Sicher. Keine Angst. Sie beugte den Kopf. Das war wohl der Preis, dachte sie. Das ordnete sich alles um seine Impotenz an. Gab es eigentlich ein anderes Wort dafür. Versagen. Unfähigkeit. Das bezeichnete das nicht. Erektionsstörung. Das stimmte nicht. Es war nichts gestört.

Es war nicht da. Nicht mehr. Oder schon lange nicht. Es musste geredet werden. Über das Zusammen. Und das hatte er gemacht. Das machte er. Reden. Er hatte sie mit seinen Beteuerungen festgehalten. Immer wieder. Immer wieder hatte sie gefragt. Fragte sie. Und immer wieder. Er beteuerte. Hatte beteuert. Jedes Mal beteuerte er, sie zu lieben. Insgesamt und unverbrüchlich. Und es war ausgeglichen. Er glich seine Unfähigkeit aus. Es gab nur diese Annäherungen nicht. Dieses Einander-Zurücken. Näher kommen. Nahe sein. Sie konnte nichts verlangen. Konnte nicht verlangen, befriedigt zu werden. Es war nicht möglich, ihm nahezukommen. Sie fürchtete Zurückweisung. Die Erinnerung daran, dass er das nicht konnte. Sie fürchtete das für ihn und dann erst für sich. Sie fürchtete das totale Ende durch das Aussprechen der Tatsachen. Aber solche Rücksichten. Er machte alles so viel zärtlicher. Geschwisterlicher. Er war nicht so fremd wie die Liebhaber, in deren Keuchen sie sich ohnehin nicht verlieren hatte können.

Montag, 16. April 2018. Wien.⁵

Sie lief die Stufen hinauf. Wenn sie sich beeilte, dann war er vielleicht noch da. Dann konnten sie den Kaffee zusammen trinken. Sie rutschte auf dem Kies. Es war noch immer Winter. In der Märzsonne. Am Tag stand eine dünne Schicht Wasser auf dem Eis auf den Wegen, und der Schnee auf den Wiesen glänzte feucht. In der Nacht fror alles wieder zu Eis.

Auf den Stufen zu Helgagatan hinauf. Sie musste achtgeben, nicht auf dem Streukies auf den Stufen auszurutschen. Sie ging schnell. Sie hatte überlegt, schon im Supermarkt in der Mall einen Espresso zu trinken. Es hätte aber zu lange gedauert. Es war niemand hinter der Kaffeetheke gestanden, und sie hatte ihm gesagt, sie wolle sich beeilen. Er hatte gesagt, er wolle auf sie warten. Sie beeilte sich. Sie freute sich auf den Kaffee in der Wohnung und wie sie einander anschauen würden. Am Frühstückstisch. Er amüsiert lächelnd. Sie den Kaffee gierig trinkend.

Sie sah ihn, da war sie auf den Stufen gerade hoch genug hinaufgekommen, den Gehsteig von Helgagatan zu sehen. Er kam aus dem Hof des Hauses und bog in die Straße ein. Weg von ihr. Sie schaute tief unter ihm auf der Stiege stehend auf die Sohlen seiner Schuhe. Wenn er geschaut hätte. Er hätte nur ihren Kopf sehen können. Er ging weg von ihr. Auf die kleine hölzerne Kirche zu. Sie rief. »Gustl.«, rief sie. »Gustav.« Aber sie war außer Atem vom Stiegensteigen. Sie war zu weit weg und zu tief unten. Niemand konnte sie da hören. Sie lief zu ihm hinauf. Lief ihm nach. So schnell sie konnte. An der Straße oben. Sie musste über eine Eisplatte im Straßengraben balancieren. Die Morgensonne hatte diese Stelle noch nicht erreicht. Das Eis spiegelglatt und der Kies versunken ins Eis eingeschlossen wie Bernstein. Sie ging vorsichtig. Setzte Fuß vor Fuß. Auf dem Gehsteig dann. Sie konnte ihn nicht mehr sehen. Er war weit oben nach rechts eingebogen.

Sie lächelte. Er hatte doch nicht auf den Kaffee warten können. Sie ging hinter ihm her. Er war auf dem Weg zu dieser Konditorei an den Stiegen zu Götgatan. Seit sie in die winzige Wohnung in Stockholm eingezogen waren, hatte sie jeden Tag da gefrühstückt. Sie hatte nicht dahin gehen wollen. Heute. Sie hatte nur Kaffee trinken wollen. Einen guten Kaffee hatte sie haben wollen und nichts essen. In dieser Konditorei. Bei Gunnarsons Specialkonditori. Da war der Kaffee bitter und das Gebäck ihr zu süß. Aber sie würde sich zu ihm setzen. Da. Sie würde ihre Tasse auf den Tisch stellen und sich hinsetzen. Sie würde ihn anschauen und lächeln müssen und daran denken. Wie jeden Morgen. Mit ihm.

Jeden Morgen zog er sie zu sich. Legte sie neben sich und machte es ihr. Er schlief nicht mit ihr. Er befriedigte sie. Er hielt sie mit dem einen Arm um die Schultern umfangen. Er hielt sie so, dass er es bequem dabei hatte. Der linke Arm um die Schultern. Die rechte Hand zwischen ihren Beinen. Die Finger gleitend. Suchend. Wissend. Wenn sie einmal schaute. Wenn sie ihr Gesicht von seiner Schulter weggedreht und in sein Gesicht schaute. Er hatte die Augen geschlossen. Seine Miene. Verschlossen. Kein Gefühl zu lesen. Erst das Lächeln beim Frühstückskaffee die Verständigung darüber. Bis dahin keine Antwort auf ihr heftiges Atmen und ihr Stöhnen, und sie gefangen blieb im Liegen neben ihm. Jeden Morgen. Sie ging schneller. Das wissende Lächeln. Sein wissendes Lächeln. Es war die Erlösung. Jeden Morgen. Die Freigabe. Jeden Morgen. Sie war zum Supermarkt gelaufen. Hatte sich den Espresso versagt. Da. War zur Wohnung zurückgeeilt. Sie hatte zu diesem Lächeln zurückmüssen. Die Verzauberung aufheben. Sie freigeben. Sie ging rascher.

Sie bog um die Ecke. Schaute zur kleinen, hölzernen Kirche hinüber. Seit sie hier wohnten, wollte sie diese Kirche besichtigen. Aber sie kam nie zu den Öffnungszeiten vorbei. Das war hier nicht katholisch und die Kirchentür immer zu öffnen. Hier gab es Öffnungszeiten. Eine protestantische Person. Die trug ihre Bibel ja immer in sich. Da war kein Haus notwendig. Jede Person war das Haus. Und war das wichtig. Er war katholisch erzogen. So wie sie.

Sie ging. Der Kies knirschte unter ihren Sohlen. Den Hügel hinab lag alles im Schatten. Es war kalt. Sehr kalt. Sie ging auf die Stiege zu, die zu Götgatan hinunterführte.

Ein Mann in dunkelblauer Uniform fotografierte einen Lieferwagen. Er ging rückwärts. Schaute auf das Display seines Handys. Sie musste ausweichen. Der Mann versuchte das Halteverbotsschild und das Nummernschild des Autos auf ein Bild zu bringen. Er hob und senkte das Handy. Ging weiter die Straße zurück hinauf. Stieg vom Gehsteig auf die Straße. Auf den Gehsteig zurück. Hinkte ein paar Schritte mit einem Fuß auf dem Gehsteig und dem anderen auf der Straße. Sie eilte an ihm vorbei. Sie hörte das Klicken der Kamerafunktion. Der Mann sprach mit sich. Er knurrte und atmete tief. Einen Augenblick. Sie hatte Lust, stehen zu bleiben und den Mann anzustarren. Ihm zuzusehen. Ihn zu kontrollieren. Kalt hätte sie ihn ansehen wollen. Die Arme vor der Brust verschränkt. Ihn verachtend, wie er so eifrig polizeilich vorging. Ihm ihre Verachtung klarmachen. Aber sie war schon zu weit von ihm weg. Er war nach hinten oben gegangen und hatte sich schon abgewandt. Sie hätte ihm nachlaufen müssen und sich ihm in den Weg stellen. Sie war auch schon an den Stiegen angekommen und begann, die Stufen hinunterzuspringen.

Er sagte »Treppen« zu diesen Stiegen. Noch bevor sie den ersten Schritt eine Stufe hinunter gemacht hatte, musste sie an die Strudlhofstiege in Wien denken. An diese Landschaft, die das war. Jugendstil. Ein Lueger-Auftrag. Wie war das mit dem Antisemitismus. Lueger war durch und durch Antisemit gewesen. Sie hatte x-mal in Wien unterschrieben, dass das Lueger-Denkmal entfernt werden müsse. Dass es unmöglich wäre, für einen solchen Antisemiten ein Denkmal herumstehen zu haben. Aber dieses Denkmal. Das war auch Jugendstil. Wie die Strudlhofstiege. Stängelige Linien. Florale Flächen. Zartes Geäst. Erdacht Natürliches. Poesiealbumsranken. Die Natur als Erhofftes. Eine Lüge. Die Wirklichkeit die Fabriken der Vorstädte und der überfüllten Quartiere. Von da war das Geld gekommen, das die Jugendstilornamente bezahlte. Und dahin hatte Doderer sich zurückversetzt. Wie hatte einer 1946 bis 1948 einen Roman über die Jahre 1923 bis 1925 schreiben können. Müssen. War das, weil er damit vor seinen Eintritt in die da in Österreich verbotene NSDAP zurückgehen konnte. In das Reich seiner reichen Familie in das Jahr 1911 zurückkreiste. Die NSDAP-Folgen ausblenden konnte. Kein Krieg. Kein Holocaust. Aber Zustimmung dazu durch Auslassung. Sie hatte das in

Wien schon oft vorgefunden. Zustimmung durch Auslassung. Fragen ausblenden und damit preisgeben. Nicht einmal diskutieren. Verständnislos die Augen weiten und den Kopf schütteln. Mitleidig dreinschauen, wenn eine darauf bestand, in der weiblichen Form genannt zu werden. Wäre das nicht eigentlich schiach, sagte dann der Kollege Dengler, wenn das große I auf der Homepage des Instituts verwendet wurde. Es waren nur die erforderliche Internationalität und die EU-Vorschriften, die die weibliche Form auf der Homepage beließen. Auslassung. Das hätten die Kollegen lieber gesehen. Ins Unsichtbare vernichten. Wie den Holocaust. Und das vernichtet Unsichtbare als Gespenst auferstehen zu lassen. Aus Angst vor einer Leere, in die die Wahrheit sich drängen könnte. So war dieser Roman ja auch. Überfülle. Ablenkung. Mäander. Gegengerichtetes. Bis die Oberfläche dicht genug und die Gespenster nicht mehr zu riechen. Es wurde ja viel darüber spekuliert, wie es roch. In diesem Roman. In diesem Roman roch es oft schrecklich. Personen stanken da. Und war das Bürgerlichkeit. Konnte das Bürgerlichkeit sein. In so einem Nachverfahren. Konnte einer vor den Holocaust zurückgehen. Im Jahr 1946? Ein Nazi. Konnte er das. Und war der Nationalsozialismus dann nicht in das geschildert Bürgerliche der *Strudlhofstiege* eingenäht? So wie der Antisemitismus von Lueger im Verschönernden des Jugendstils der Strudlhofstiege eingefangen ist. Passepoil war das. Vorstoß nannte er das. Dünne Bänder in den Rand eingenäht. So war das mit diesen Romanen. Eingenähte Wulste rund um Mittelpunkte. Frogging hieß das auf Englisch. Wie nannten die Schweden das. Mit ihren Bergmans und Strindbergs. Das Kaputte als Blaupause des Richtigen. Familiengeschichten der Familienzerstörung. Die Freiheit darauf beschränkt, es zu erzählen. Sie schüttelte den Kopf. Das bedeutete doch, dass sie in einem Bergman-Film sitzen bleiben hätte müssen und dann an der Freiheit Anteil haben hätte können. Kaum war die Leinwand dunkel. Das Buch geschlossen. Dann. Die Verhältnisse krochen wieder über eine hin und der Zwang, sich einem anderen Mittelpunkt zuzuwenden. Einen Mittelpunkt suchen zu müssen. Unterschlüpfen zu können. Um Aufnahme betteln, die Bitterkeit des Ausschlusses wissend. Manchmal wünschte sie sich, nie einen Roman in die Hand bekommen zu haben. Nie diesen Auffaltungen einer anderen Phantasie ausgeliefert gewesen zu sein. Dann musste sie lachen. Sie hüpfte die Stiegen hinunter. Hielt sich am Geländer fest. Die Strudlhofstiegenleute. Sie waren Gefangene. Der Nazi Doderer war ihr Erzeuger. Ein Nazierzeuger. Da war nicht einmal Freiheit während des Lesens. Und das hatte sie ja auch. Sie hatte Doderer zum Altpapier gegeben. Neue Seiten aus den alten. Und sie hatte gelernt, die Bücher erst am Tag der Entleerung der Altpapiercontainer hineinzuwerfen. Es gab die Männer, die die Altpapiercontainer durchsuchten. Die nahmen sich Magazine heraus. Die Bücher. Kataloge. Sie hatte gedacht, es könnte um Pornographie gehen. Aber es ging wohl um die Möglichkeit, etwas weiterverkaufen zu können. Weiterverwertung. Frauen hatte sie an den Altpapiercontainern noch nie gesehen. Einmal war sie mit den Stefan-Zweig-Büchern angekommen, da hatte der Müllmann den Container schon wegrollen wollen. Sie könne doch nicht Bücher wegwerfen, hatte er gesagt. Sie hatte gelächelt und die Bücher in den offenen Container geworfen. Jemand anderer könne das doch lesen, hatte der Mann gesagt. »Es geht nicht um die Bücher.«, hatte sie geantwortet und sich gefühlt, als hätte sie eine Bücherverbrennung veranstaltet. Aber das hatte sie nicht. Und das war ja auch so ein Vorgang. Es waren die Bücherverbrennungen zu einem Tabu gemacht worden. Die Verbrennung ihrer Bücher war vor die damit gemeinte Vernichtung der Autoren und Autorinnen geschoben worden. Es war der Umgang mit der Sache Buch geregelt. Die Vernichtung der Autoren und Autorinnen dahinter versteckt und das Denkmal des Antisemiten hoch aufgerichtet. Diese Vernichtungsmetapher war zu einem Sinnbild geworden. Es war wichtiger gemacht worden als der in der Metapher gemeinte Tatbestand. Die Vernichtung von Personen. Bücher wurden nicht mehr verbrannt. Personen vernichtet. Weiterhin. Weltweit. Überall. Der Müllmann. Ihre Mutter hätte ihn noch Mistbauer genannt. Dieser Gemeindebedienstete. Er hatte sich abgewandt. Hatte den Container in den Mechanismus eingehängt. Ließ ihn aufheben und kippen. Beim Kippen und bei dem Geräusch, wie das Papier und ihre Bücher in den Müllwagen rutschten. Es hatte nach Wasser geklungen. Ein Schwall. Der Mann hatte ihr den Rücken zugekehrt. Aber wie hätte sie ihm so schnell erklären sollen, dass alle diese Bücher einen Mittelpunkt vortäuschten und nur dazu da waren, dem Schreiber ein Leben zu verschaffen, aber niemanden in dieses Leben mitnahmen. Dass das Verkündigung war, aber ohne die Gründung einer Gemeinde. Verführungen. Dass ein Buch wie die *Strudlhofstiege* die zu kommenden Gespenster bannte, und sich am Gefühl gütlich tat, sie im Keller zu wissen. Dass die Pietisten recht gehabt hatten, Romane zu verbieten. Eine bürgerliche Konstruktion. Kapitalistisch. Leben und Arbeit streng getrennt. Der Mittelpunkt aus der Arbeit ins Leben gezwungen und nur der am Leben, der sich so einen Mittelpunkt aus der Arbeit in sein Leben zwingen konnte. Die rund um ihn. Die mussten die Luft des Mittelpunkts atmen, ohne dort zu sein. Eiserne Lungen waren das. Diese Romane.

Auch auf den Stufen zu Götgatan hinunter lag der Streukies hoch aufgeschichtet. Aller Kies dieses langen Winters war da angesammelt. Am Rand bildete er eine schiefe Ebene zwischen den Stufen. Sie musste den Arm ausstrecken, sich am Geländer festhalten zu können. Am Rand nur dieser rutschige Kies. Das kalte Metall des Geländers. Sie musste an das Plakat in der Shopping-Mall vorhin denken. Während ihr das Bild des muskulösen jungen Manns, in der Badehose im Boot liegend, vor Augen war, spürte sie den rissigen Lack des Stiegengeländers in der rechten Hand. »Vietnam« war am unteren Rand des Plakats geschrieben gestanden. Sie hatte die Handschuhe nicht an. Hatte sie in die Umhängtasche gestopft. Sie ließ das Geländer los. Steckte die Hand in die Manteltasche. Sie war ja fast schon in der Wärme der Konditorei. Auf dem Stiegenabsatz. Sie querte nach links. Die Stiege teilte sich. Sie ging links hinunter. Die Auslagenscheiben der Konditorei spiegelten. Sie konnte noch nicht in das Lokal sehen. Sie sprang die Stufen hinunter. Rutschte. Fing sich. Sah sich hinunterpurzeln und ihm zu Füßen. Er hatte bis jetzt jedes Mal einen Tisch gleich an den Glasfenstern zur Terrasse auf dem Stiegenabsatz ausgesucht. Sie sah sich auf dem Stiegenabsatz vor der verschlossenen Tür zum Lokal liegen. Abgerutscht. Hinuntergerollt. Staubig. Verwurschtelt. Lachend. Und er hinter der Scheibe. Aufgesprungen. Erschrocken. Sie rufend. Aber sie hätte nichts hören können. Hier. Heraußen. Eine Pantomime. Drinnen. Der Straßenlärm von Götgatan hätte alles übertönt.

Und dann sah sie ihn. Er saß an dem Tisch, auf den er schon das erste Mal zugestrebt war. Nur einmal in den vergangenen Tagen war der Mann mit den schönen weißen Haaren schon da gesessen. Sie hatten in den zweiten Raum nach vorne gehen müssen und sich da ans Fenster setzen. Mit Aussicht auf die Straße. Sie schaute auf ihn. Er saß nach vorne gelehnt und starrte auf sein Handy. Er textete. Sie klopfte nicht an die Scheiben. Sie eilte die Stiegen hinunter.

Mittwoch, 18. April 2018. Wien.[7]

So von oben aufgenommen und gekippt. Auf das Plakat gekippt. Sie war ja auf das Plakat zugegangen wie auf eine Wand. Das Plakat über dem Ausgang der Shopping-Mall Ecke Götgatan und Ringvägen. Die alten Männer waren zur rechten Seite an der Wand gestanden. Sie war an ihnen entlanggegangen wie an einer Parade. Diese alten Männer waren so still dagestanden, als wären sie Soldaten und hielten Wache. Nur ihre Schlaffheit hatte sie davon unterschieden. Und jeder war anders schlaff gewesen. Die drei alten Männer auf der Bank links. Die waren noch nicht so alt gewesen. Hatten sie deswegen sitzen müssen. Hatten sie noch nicht gelernt gehabt, so in sich zusammengesunken dazustehen. Vor sich hinzuschauen. Gerade vor sich hin. Nach vorne. Und jederzeit hätte ein Schild um den Hals hängen können. »Arbeitslos.« hätte darauf stehen können. »Hungrig.« »3 Kinder.« Aber das waren alles Pensionisten. In Schweden verhungerte niemand. Und die Männer auf der Bank. Die waren vielleicht wirklich Arbeitslose. Der dunkelhäutige Mann war in der Mitte gesessen. Das hatte friedlich ausgesehen. Und sie dachte jetzt über diese Männer nach, um sich den Gedanken an Vietnam zu ersparen. Dabei hatte sie mit dieser Zeit nichts zu tun. Da war sie gerade erst auf die Welt gekommen. Aber es war zu Lebzeiten. Lebzeiten. Zu Lebzeiten. Das entschied über etwas. Da war alles erträglicher. Irgendwie. Oder doch nicht. 1965 hatte der Vietnamkrieg begonnen. Die Bürgerrechtsbewegung. Zu ihren Lebzeiten. Sie fühlte sich verknüpft damit. Fühlte sich mit diesen Vorgängen in Beziehung. Was hätte sie fühlen müssen, wäre sie zur Zeit des Holocaust auf der Welt gewesen. Sie hatte ihre Eltern beobachtet. Die hatten sich nicht beirren lassen. Sie dagegen. Sie hatte es nie so weit gebracht, einen sicheren Stand in der Zeit zu finden. Der Holocaust. Die Unveränderlichkeit der Geschichte. Dieser Geschichte. In der Ohnmacht diesem Vergangenen gegenüber. Es stürzte sie in Belanglosigkeit. In eine ganz besondere Belanglosigkeit. Sie war belanglos gemacht worden. Das konnte sie wissen. Sich sagen. Sich vorsagen. Aber diese Belanglosigkeit hielt sie fest. Lähmte sie. Nach all den ausgelöschten Leben. Nachdem die Belanglosigkeit so furchtbar regieren hatte können. Nachdem nichts mehr gegolten hatte und kein Leben gezählt hatte. Nichts, was ihr geschah, konnte ihr diesen Ort in der Zeit geben, an dem sie von Belang gewesen wäre. Sie hatte diesen Ort von der Liebe erwarten müssen. Sie hatte darauf warten müssen, dass eine Liebe daherkäme und ihr sagte, dass sie wichtig war. Unverzichtbar. Sie hätte sich sagen wollen, dass er das tat. Dass er ihr in der Antwort »Ich dich.« diesen Ort zugesprochen hätte. Aber es war sie. Sie musste den Satz sagen. Sie sagte »Ich liebe dich.«, und er antwortete »Ich dich.« Es war Widerhall. Sie stand auf Götgatan. Vor der Tür zu Gunnarsons Specialkonditori.

Dieser Wolfgang hatte gesagt, dieses Café gäbe es schon sehr lange. Aber es sah nicht so aus, als sollte dieses Lokal noch lange bestehen. Es gab keine Bedienung mehr. Die Gäste ließen ihre Selbstbedienungstabletts auf den Tischen zurück. Sie hatten jedes Mal den Tisch erst abräumen müssen, bevor sie ihre Tabletts hinstellen hatten können. Die Einrichtung war aus den 80er Jahren. Vom Braunviolett von damals war nur das Braun übrig. Das war ein deprimierender Anblick. Er hatte recht gehabt, sich ans große Fenster auf die Terrasse zum Stiegenabgang hinaus zu setzen. Aber in solchen Dingen hatte er immer recht, und sie waren sich einig. Sie waren einander einig. Sie hätte sich auch nur an dieses Fenster setzen wollen. Den Blick hinaus. Und nur kurz. Ihm ins Gesicht und sein Lächeln. Die verzauberte Prinzessin freigebend. Für den Tag. Ihr Merlin. Er war ihr Merlin. Einen Augenblick lang. Ihr Wunsch nach ihm. Sein Lächeln. Sein Geruch. Sein Körper der warme Schatten ihres

Schlafs. Seine Stimme. Sie hätte in ihn schmelzen wollen. Sich in ihm auflösen. Nichts mehr wissen als seine Dunkelheit. Nie mehr die Augen öffnen.

Sie rang um Atem. Sie war im Atemholen steckengeblieben. Sie stand vor der Tür. Zwischen zwei Atemzügen. Sie atmete tief ein und wandte sich ab. Sie ging an der Tür vorbei. Sie ging nach Norden weiter. Sonne auf dem Gehsteig. Kurz.

So von oben gesehen. So von hoch oben. Das Wasser. Das Boot. Der Mann im Boot liegend. So musste das für die Bomberpiloten ausgesehen haben. Damals. Heute benutzten die Satellitenbilder. Da fuhr die Kamera auf das glitzernde Wasser zu und nicht mehr der Blick des Piloten. Aber gekippt. Das blieb es. Der Drohnenlenker allerdings saß vor dem Bildschirm wie sie vor dem Plakat. Der Drohnenlenker schoss aus dem Sitzen. Die Bomben damals waren noch auf eine Wirklichkeit abgesetzt worden. Der Bomberpilot von damals. Er hatte alles gesehen. Er musste seine Bilder in Traumsequenzen verwandeln. Gegen das Trauma der Wirklichkeit. Der Drohnenlenker. Er bekam den Traum schon fertig vorgesetzt. Opfer konnten da herausgeschnitten werden. Alles schon digitalisiert. Jeder seine eigene Armee. Sie wollte umkehren. In das Café gehen. Sich ihm gegenüber setzen. Lächeln. Den Satz sagen. Sie ging weiter.

Das Nicht-schlafen-Können. Alle klagten. Konnten nicht
schlafen. Andere mussten essen. Dauernd. Magenschmer-
zen. Rückenschmerzen. Kopfschmerzen. Die eine Kollegin
konnte den Arm nicht mehr heben. Sie ging mit dem rechten
Arm an den Körper gepresst. So tue es am wenigsten weh,
sagte sie. Und außerdem. So könne sie keinen Hitler-Gruß
machen. Und alle nickten. Keiner lachte mehr. Es war ein
grimmiges Nicken. Wenn sie sagte, dass es sich bei ihr aufs
Schlafen auswirke, war dieses Nicken die Antwort. Es war
eine richtige Sprache geworden. Eine Sprache in Symptomen.
Sie waren versammelt worden, ihre Strafe zu bekommen. Sie
waren die anderen. Nicht das Volk. »Jetzt bekommt ihr eure
Strafe.«, hatte die Mutter gesagt, wenn der Vater in die Wohnung zurückgekehrt war. Am späten Nachmittag. Die Eltern
waren auf der Veranda gesessen. Der Vater hatte ein Bier
zu trinken bekommen. Für Kaffee wäre es zu spät gewesen.
Die Mutter trank nichts. Sie saß dem Vater gegenüber. Der
Vater hatte den Blick auf die Baumwipfel im Innenhof des
Blocks hinter ihr. Die Stimme der Mutter. Das war eine Ge-
ständnisstimme gewesen. Die Mutter hatte die Verfehlungen ihrer Kinder gestanden. Ein Singsang war das gewesen.
Eine Litanei. Jeden Tag. Der Vater hatte das Bier getrunken.
Er hatte hinausgeschaut. Hinter die Mutter. Die Strafe war
dann nicht jedes Mal gekommen. Ihr Bruder und sie waren
an die Küchentür gedrängt gestanden und hatten gelauscht.
Die Köpfe weit vorgestreckt. Ein Ohr den Tönen entgegen-
haltend. Wenn der Vater nicht gleich zu reden begonnen

hatte, dann waren sie ins Kinderzimmer davongestürzt. Der Vater hatte sie dann vor ihren Hausaufgabenheften sitzend gefunden, wenn es begonnen hatte. Oft hatte er aber auch gelacht. Nach einer langen Pause hatte er aufgelacht. Leise. »Der Lauser.«, hatte er gesagt, und was die Mutter doch für eine Mühe habe. Mit diesem Sohn. Sie. Die Tochter. Sie war nicht vorgekommen. Sie war auch bei den Strafen nicht ernst genommen worden. Ein Rutenstreich. Der Bruder oft zehn.

Die Ruten waren vom Krampus gebracht worden. Es war längst klar gewesen, dass der Pfarrer Leichtfried den Nikolaus spielte und der Messner den Krampus. Die Ruten waren mit den roten Zellophansäckchen mit den Schokoladenikoläusen verteilt worden. Die Ruten waren den Eltern übergeben worden. Jedes Jahr war eine Rute verbraucht gewesen. Der Bruder hatte das Hemd ausziehen müssen und war auf den Rücken geschlagen worden. Bis er das erste Mal gesagt hatte, dass der Schularzt seine Klasse zu untersuchen begonnen habe. Der Bruder war nicht in die Schule gegangen, in der der Vater Direktor war. Damals. Es hatte die Debatte begonnen, ob Kinder geschlagen werden sollten oder nicht. Der Vater hatte mit der Mutter darüber geredet. Laut. Wütend. Aber das begriff sie jetzt erst. Damals. Der Vater hatte zu zögern begonnen. Hatte nicht mehr mit diesem leeren Gesicht auf die nackte Haut des Bruders eingeschlagen. Sie hatte er dann ganz ausgelassen. Der Bruder hatte trotzdem geweint. Ihre ersten Erinnerungen waren dieser Bub. Trostlos schluchzend. Auf seinem Bett sitzend. Am Tag. Das war streng verboten gewesen. Sich ins Bett zu legen. Während des Tages. Auf dem Bett sitzen war eigentlich auch verboten.

Erschöpft waren sie gewesen. Alle. Danach. Erschöpft und leer. Und die Regeln außer Kraft. Danach. Und jetzt. Wenn sie zurückdachte. Für sie. Es war das Elend des Bruders, das ihr diese Angst machte. Bis dahin war sie gut aufgehoben. In ihren Erinnerungen. Wenn ihr aber einfiel, wie sie gerufen hatten »Er kommt. Er kommt.«. Und sie waren hysterisch lachend im Kinderzimmer herumgelaufen. Ein Hochgefühl war das gewesen. Ein Kitzel. Das Anschleichen durch die Küche. Das Belauschen der Eltern. Sie hatten einander an der Hand gehalten. Der Bruder hatte sich an sie gedrückt. Oder sie an ihn. Aneinander. Er hatte ihr den Mund zugehalten. Bis sie es gelernt gehabt hatte. Da, an der Küchentür zum Esszimmer und um die Ecke in die Veranda horchend. Lauschen. Mäuschenstill zu sein. Aufgeregt. Erregt. Vor Kichernmüssen platzend. Da war sie aufgenommen gewesen. Dann. Nach den Schlägen. Der Bruder war dann bald wieder wütend geworden. Auch weil sie nicht ordentlich geweint hatte. Sie hatte nicht geweint. Weinend bettelnd. Wenn der Vater das bemerkte. Bemerkte, dass sie ungerührt war. Kein Mitgefühl mit ihrem Bruder. Kein Mitleiden. Dann nahm er sie auch heran. Er nannte das so. Herannehmen. Aber sie hatte auch dann nicht geweint, und der Bruder hatte sie wiederum dafür gehasst. Das Elend. Nach dem Lauschen ins Kinderzimmer zurückgestürzt. Am Tisch sitzend. Die Schritte des Vaters vernehmend. Hörend. Da waren sie beide schon in das kommende Elend versunken gewesen und allein. Für sich. Kein Händehalten. Kein gemeinsames Kichern unterdrückt. Und so war das jetzt. In Wien. Sie war glücklich, dieser Stimmung entkommen zu können.

Sie hatte dieses Karenzjahr schon lange geplant gehabt. So konnte sie jetzt vor der rechtsradikalen Regierung flüchten. Er lebte in Berlin. Sein Arbeitsaufenthalt in Stockholm war ein Glück. Hier. Hier konnte sie schlafen. Hier wollte niemand die alten Strafen einführen. In Wien. Zuerst einmal hatte diese Regierung die Noten für Schulkinder wieder eingeführt. Die Noten waren für die ersten Klassen abgeschafft gewesen. Die Kinder waren von den Lehrerinnen und den Lehrern in ein paar Sätzen beschrieben worden. Die Kinder waren in den Mittelpunkt gestellt gewesen. Jedes Kind. Sie waren der Mittelpunkt gewesen, und die Schule hatte ein Raum der Entfaltung werden sollen.

Diese Regierung. Die Eltern wurden für die benoteten Kinder zur Rechenschaft gezogen. Es wurden hohe Geldstrafen für Verfehlungen der Kinder diktiert. So. Es war sichergestellt, dass das mit dem Strafen der Kinder wieder begonnen wurde. Es waren alle Mechanismen zurückgebaut worden, das zu gewährleisten. Sie bekam Brechreiz, wenn sie daran dachte. Etwas Zischendes. Etwas sausend Zischendes machte sich in ihrer Kehle spürbar. Und sie beugte sich. Wenn sie an die Vorgänge denken musste, die da ausgelöst. Wie so ein kleines Kind in die Noten gepresst dem Vater gegenüberstand, der eine Strafe bezahlen musste. Schuldige Kinder wurden so gemacht. Von außen. Wieder das Selbst genötigt. Kein Platz. Keine Bewegung. Wie schon unter Maria Theresia. Gerade so viel Selbst, dass die Person brav funktionierte. Keine Unze mehr. So wurden Lasten gemacht, die das ganze Leben beschweren konnten. »Miese Voraussetzungen.« hatte der Chefarzt der Krankenkassa gesagt, als er ihr die Zulassung für eine Psychotherapie bestätigen musste. Nun war ein ganzes Volk in diese miesen Voraussetzungen zurückgekehrt. Und manche konnten schon den Arm nicht mehr heben. Um sich zu retten.

Sie ging. Vor dem Eingang zu einem Kleiderdiscounter standen drei Romafrauen. Die eine kannte sie. Die saß immer vor diesem Geschäft. Ein McDonald's-Trinkbecher stand vor ihr auf dem Gehsteig. Die Frau hieß Maria. Sie hatte sie gefragt. Diese Maria saß jeden Tag da. Sie hatte ihr bisher jeden Tag 10 Kronen gegeben. Die Frau hatte sie jedes Mal begrüßt, als kennten sie einander schon lange. Die drei Frauen redeten miteinander. Lachten. Dann wandten sie sich ab und gingen auch Götgatan hinauf. Sie gingen langsam. Schlenderten. Lachten laut. Sie ging noch langsamer. Diese Frau. Diese Maria. Die wollte heute nichts von ihr. Die war in ihrer Welt. Sie fühlte sich zurückgelassen. Ein bisschen.

Sie ging langsam. Brodelte vor sich hin. Schaute in die Auslagen. Dann ging sie wieder schneller. Sie musste einen Kaffee trinken. Musste. Sie sollte umkehren. Zurückgehen. Sich zu ihm setzen. Ihn anlächeln. Und sie konnte nicht. Es wollte nicht. In ihr. Etwas. Sie ging weiter. Ein kleines Glücksgefühl breitete sich aus. Sie ging davon, und es machte sie leicht. Sie ging dahin. Entkommen. Sie fühlte sich aus einem Turm entkommen. Sie musste lachen. Wie hatte sie sich von den Umständen in Wien so niedermachen lassen können. Sie würde ihm eine Liebeserklärung texten. Er hatte ja auch nicht auf sie gewartet.

Wunderwerke des Schweigens. Kein Wort. Erzählungen. Er erzählte. Aber er sagte nie, was das bedeutete. Für ihn. War das der Schlüssel. Er sagte auch nie etwas währenddessen. Er keuchte nicht einmal. Er blieb ruhig, während sie sich aufbäumte. Keuchte. Schrie. Redete. Flüsterte. Aber sie war nicht seine Therapeutin. Oder wollte er das. Nein. Er wollte das nicht. Er wehrte sie ab. Wenn sie sich ihm so näherte. Er legte sie gleich so neben sich, und sie wurde scheu und konnte ihn nicht mehr berühren. Er wies sie ab. Jeden Morgen wies er sie ab. Genau genommen wies er sie ab, indem er sie befriedigte.

In den Internetforen. Da priesen Männer diese Technik. Nur so würde ihnen ihre Liebe erhalten bleiben. Ihre Frauen. In den angeratenen Gesprächen. Da sollte darüber gesprochen werden, ob es ihr unbedingt wichtig wäre. Unverzichtbar. Die Penetration. Aus Liebe wäre dieser Verzicht schon leistbar. Und er. Derjenige. Er müsse sich ihr widmen. Sich ihr so hingeben. Und dann. So wurde versprochen. Manchmal löse das Problem sich derart. Und. Alles würde wieder gut. Gelänge wieder. Käme in Ordnung.

Sie war zu stolz. Ein solches Gespräch. Ein solches Eingeständnis. Sie liebe ihn. Das sagte sie. Es war sein Anteil, es zu verneinen. Seine Aufgabe sogar. Er war der Mächtigere. Er bestimmte. Sie konnte sich ihm nicht mehr nähern. Die Sorge, ihn zu erinnern. An dieses Nichts. Nicht-Funktionieren. Sie hatte ihm diese Sphäre übergeben. Das musste er wissen. Er wusste das auch. Wenn sie ihm textete, wie das gehen sollte. Das alles. Dann schrieb er ihr, dass Begehren nicht verginge. Deshalb. Sie hatte einmal begonnen zu beschreiben, was das für sie bedeutete. Und dass sie sich das anders. Vorgestellt hatte. Gedacht. Geträumt. Er hatte sie traurig angesehen und hatte sich ein Buch geholt. Er war dann in seinem Lesesessel gesessen und war erst um 3 Uhr am Morgen ins Bett gekommen. Die Anspannung. Bis dahin. Die Erwartung. Sie hatte keinen Augenblick geschlafen gehabt. War im Dunkeln gelegen. Nackt. Er duldete kein Nachtgewand. Die Dunkelheit war in Spiralen vor ihr auf- und abgetanzt. Bis sie selbst sich hinaufgerissen und aufs Bett geworfen gefühlt hatte. Von der Dunkelheit schwindelnd. Aufgespannt. Jeder Herzschlag eine Stunde. Das Ende da gelernt gehabt. Oder das Ende da hätte lernen können. Sie hatte es überstanden. Sie hatte die dreihundert Jahre, die das gedauert. Sie hatte sie überstanden. Durchgestanden. Eine Kriegerin des Schweigens, war sie in tiefen Schlaf versunken, sobald sie seinen Körper neben dem ihren gewusst hatte. Hand in Hand. Hand in Hand waren sie eingeschlafen.

Sonntag, 22. April 2018. Im Zug nach Liechtenstein.

Sie schaute die Stiegen hinunter. Das Café war von da noch nicht zu sehen. Sie stieg hinunter. Sie wusste, er saß an einem der Tische, die vom Stiegenabsatz aus zu sehen sein würden. Im Sommer standen Tische hier heraußen. Jetzt. Im Winter. Der Eingang war nur von der Straße unten möglich. Sie musste die Stufen hinuntersteigen und dann im Café wieder hinaufgehen. Sommer. Sie konnte sich das nicht vorstellen.

Sie ging langsamer. Sie konnte sich auch ihn nicht vorstellen. Bei Levinas hatte sie gelesen, dass das Liebe bedeutete. Tiefe, innige, unbedingte Liebe. Liebe eben. Wenn einer oder eine das Gesicht der geliebten Person so unbeschreiblich in sich trug. Das wäre dann Liebe. Aber sie war nicht sicher. War er ihr entfallen. Hatte dieser Blick so von unten auf ihn. Der Blick auf seine Schuhsohlen und wie er da weggegangen war. So rasch. So entschlossen. So zielgerichtet. Hatte er sich da entfernt und ihr Bild von ihm mitgenommen. War das, weil sie sich ganz genau vorgestellt hatte, wie sie die Kaffeemaschine mit diesen neugekauften Kapseln füllen würde. In der Wohnung. Wie die grüne Anzeige der Kaffeemaschine aufleuchten würde und sie darauf drückte. Ihm die Tasse reichte. Wie das Lächeln über dieser Geste schweben sollte. Das Einverständnis. Nach der Trennung in die befriedigte Person und den Befriediger. Aufgehoben. Wieder einig. Einander anschauend. Gegenrichtung. Und dann in dieselbe Richtung. Auf dem Schlafsofa sitzend. Das Gesicht der anderen Person kein Spiegel. Der Blick aufgesogen. Einander alles. Aber wie sollte sie ihn nun erkennen, wenn er so bildlos in ihr.

Sie stieg die Stufen hinunter. Langsam. Vorsichtig. Zögernd. Es war nicht genug. Sie wünschte sich seinen Leib gegen ihren. Atemloses Aufbäumen gegeneinander. Ineinander. Verkrallt. Gefangen. Verfangen. Verhakt. Sie wollte von ihm umfangen sein und ausgefüllt. In den ersten zwei Nächten war das so gewesen. Warum war das nicht. Nicht mehr. Nicht gelungen. Das sei plötzlich so gewesen, hatte er gesagt. Beim Duschen hätte er es bemerkt. Auf einmal.

Geduld. Wenn es einmal gelungen sei, dann gelänge es auch wieder. Aber das war nicht so.

Und seit da. Sie hatte keine Antwort gewusst. Und keine Frage. Wenn er sie liebte. Wenn er »Ich dich.« sagte. Sagen konnte. Er musste das verantworten. Es war er. Sein Körper. Im Internet riet man zu Vorsicht. Vorsichtige Gespräche. Das richtige Setting. Viel Zeit. Vielleicht ein Gläschen. Entspannt. Verständnis. Geduld. Rücksicht. Pornographie. Die richtige Stimmung. Die richtige Gesprächsführung. Eine Inszenierung wurde vorgeschlagen. Takt und Einfühlung. Kein Zwang. Kein Druck. Nur Freundlichkeit und Verstehen. Freiheit. Es müsse ihm die Freiheit gegeben werden.

Die Freundinnen hatten gelacht. Jede kannte eine solche Geschichte. Rat wusste keine.

Es hatte sie immer schon interessiert, wie das vor sich ging. So eine Massenvergewaltigung. Im Krieg. Wie die Männer einander zusahen. Und Komplizen wurden. Dabei.

Die Freundinnen. Sie hatten dann darüber geredet, wie das nun mit dem Austrocknen zu erwarten war. Auch darüber war gelacht worden. Keine hatte etwas bemerkt gehabt. Sie waren alle knapp um die fünfzig. Wenn es sich lohnen würde, sie würde alles machen dafür, hatte Brigitte gesagt. Wenn es sich lohnen würde. Das zweite Mal hatte sie resigniert geklungen.

Sie hatte den Freundinnen nichts erzählt. Nie. Sie hatte allgemein geredet. Es war natürlich klar gewesen, dass es sich um eine Erfahrung handelte. Aber sie hatte nichts von ihm erzählt. Oder über ihn. Die Freundinnen hatten sie gefragt, wie sie das schaffe. Ihre Figur. So schlank. Sie hatte ihnen nicht erzählt, dass sie fast nichts mehr aß. Sie hatte Angst, ihr Körper könne sich verändern. Und er. Könnte es Abscheu sein. War sie doch zu alt. War sie nicht genug Versprechung. Es war keine Überlegung von ihr gewesen. Sie war sicher gewesen. In ihrem Körper. Der Gedanke, nicht attraktiv genug zu sein. Sie hatte daran nicht gedacht. Das kam aus den Internettexten. Da wurde gesagt, Frauen von impotenten Männern. Die machten sich solche Vorwürfe. Aber das konnte es nicht sein. Konnte er sonst sagen, dass sie schön sei. Er sagte das so, wie sie ihre Liebe erklärte. Sie sagte »Ich liebe dich.«, und er sagte »Du bist schön.«. War es falsch, so keine Sorge zu haben. Sich in seinen Beteuerungen sicher zu fühlen. Wusste er alles über sein Begehren. Konnte sie sicher sein, er war sich sicher in diesen Beteuerungen. War sie das alles, was er da sagte. War sie glatt genug. Feucht genug. Straff genug. Angespannt genug.

Montag, 23. April 2018. Im Zug von Feldkirch nach Wien.[9]

So ein Satz. Das war doch ein Vertrag. Und in der Antwort angenommen. »Ich dich.« und »Du auch.«.

Sie zögerte. Ging noch langsamer. Wenn sie so auf ihn zuging. Sie fürchtete, es könne ihm so gehen wie ihr und er erinnere sich nicht an sie. Erkenne sie nicht. Schaute ihr entgegen, und seine Augen blieben leer. Füllten sich nicht. Nichts stiege auf in ihnen. Und die Leere triebe sie an ihm vorbei, obwohl sie ihm in die Arme fallen hätte wollen.

Plötzlich. Sie wurde von entsetzlichen Bildern überfallen. Das passierte von Zeit zu Zeit. Sie hatte noch nie einen Zusammenhang mit dem Augenblick gefunden, in dem sie diese Bilder sah. Die Bilder waren Überfälle. Kamen aus dem Nichts. Sie sah dann in Auslagen Frauen, die da lagen und denen gerade die Brustwarzen abgeschnitten wurden. Männer standen in der Mitte der Straße. Es waren ihnen die Hosen hinuntergezogen worden, und die Stromkabel wurden gerade an ihren Penissen und ihren Hoden befestigt. Die Leiber dieser Menschen waren wundenübersät. Die Gelenke grotesk verzerrt. Die Köpfe geschoren. Das Geschlecht war nicht immer gleich deutlich. Nicht immer zu erkennen. Schweigend waren diese Menschen ihren Peinigern ausgeliefert. Bewegungslose Gesichter. Die Peiniger über die Leiber gebeugt. Die Peiniger nie ganz zu sehen. Zu identifizieren. Die Peiniger so belanglos wie die Opfer. Manchmal waren es Bildschirme, auf denen sie diese Vorgänge sehen musste. Auf der Stiege zu Götgatan hinunter sah sie einen Mann in einem Zahnarztstuhl festgeschnallt, und es wurde an seinen Zähnen gebohrt. Die Hände des Manns waren grauweiß vor Anstrengung, wie sie um die Armlehnen des Sessels geklammert waren. Ein anderes Zeichen des Schmerzes dieses Manns gab es nicht. Der Peiniger war über ihn gebeugt und verbarg das Gesicht des Gequälten. Dieses Bild hatte sie in einer Dokumentation gesehen. Es war darum gegangen, wie

die Nazifolterer in einem Schloss in der Nähe von Frankfurt
die CIA-Folterer im Foltern unterwiesen. In dem Schloss
war mittlerweile ein Luxushotel eingerichtet. Sie war mit ihrem Mann damals manchmal da gewesen. Zum Essen. Vor
der Scheidung. Und sie hatte nichts von der Nachkriegsge-
schichte des Schlosses gewusst.

Dienstag, 24. April 2018. Wien.[10]

Sie blieb rechts. Drückte sich am rechten Stiegengeländer
entlang. Blieb auf der rechten Seite des Stiegenabsatzes. Lief
die rechte Stiege zu Götgatan hinunter. Links. Auf der linken Stiege. Sie hätte an ihm vorbeigehen müssen. Sie hatte
ihn gleich gesehen gehabt. Er saß an dem Tisch am Fenster. Fast jeden Morgen waren sie an diesem Tisch gesessen.
Seit sie in Stockholm angekommen waren. Sie hatten hier
gefrühstückt. Danach war er zu seiner Tagung gegangen. Im
Finanzministerium. Sie war in die Wohnung zurückgekehrt
oder war noch ein Stück mit ihm mitgegangen. Am Morgen. Sie waren immer zusammen gewesen. Bisher. Waren
nebeneinander diese Stiegen hinuntergestiegen. Der Kies
unter seinen Ledersohlen laut knirschend. Er hatte sie an
der Hand genommen. Beim Hinuntersteigen. Fürsorglich
war das gewesen. Fürsorglich, und sie hatte sich in Sicherheit
gedacht. Diese Sicherheit. Es hatte sie großzügig gemacht,
und sie hatte dem Mann mit den weißen Haaren zugelächelt,
obwohl er an dem Tisch am Fenster gesessen war.

Der Mann hatte dichte, schlohweiße Haare. In langen Wellen zurückgekämmt. Er saß in einem hellen Kamelhaarmantel im Lokal. Er saß lange da und schaute vor sich hin. Er war auch jeden Tag da gewesen, und sie hatten über ihn gesprochen. Ob der Weißhaarige wieder an ihrem Tisch sitzen würde, hatte er schon beim Zusperren der Wohnungstür gefragt. Wäre es nicht lustig, an jedem Tisch in diesem Café gesessen zu sein, hatte sie gefragt. Er hatte den Kopf geschüttelt. Er war territorial. Sie durfte nicht in seinem Lesesessel sitzen. Niemand dürfe das, hatte er ihr erklärt. Niemand. Das habe also nichts mit ihr zu tun.

Aber er war ein Einzelkind. Sie konnte das verstehen. Er hatte nicht gelernt, dass eine andere Person die Pinsel beim Malen nicht reinigte und ins saubere Wasser tauchte und die Farben im Malkasten, schmutzig vermischt, alle bräunlich wurden. Er kannte es nicht, dass er die Farben erst mit einem feuchten Tuch abwischen musste, um zu den richtigen Farbtönen zu kommen. Er wusste nicht, dass jedes Mal ein Stofffetzen von der Mutter zu erbetteln gewesen war. Wie der Malkasten unters fließende Wasser gehalten werden musste und dann der Farbenschmutz weggewischt, die Farben aber sehr schnell aufgebraucht waren. Sie hatte dann eine Aquarelltechnik entwickelt. Dünn wässrig verschleierte Farben. Der nächste Malkasten konnte erst wieder zu Weihnachten oder zum Geburtstag erwartet werden. Von der Mutter war sie einmal gescholten worden, die Farben so zu verschwenden. Dann wieder hatte es Mitleid gegeben, und sie hatte Farben in Tuben bekommen. Der Bruder hatte dann die Tuben vorne ausgequetscht, und sie hatte die Tuben hinten aufschneiden müssen, um die Farben aufbrauchen zu können. Es war ärgerlich gewesen. Es hatte sie wütend gemacht. Sie hatte wütende Bilder gemalt. Die Bilder hatten den Vater verstört. Die Bilder waren nicht in der Küche an die Tür geklebt worden. Es waren keine Bilder geworden, auf die Eltern stolz sein hätten können. Der Bruder hatte es aber nie gelernt. Er hatte es nicht lernen müssen. Er solle netter zu seiner Schwester sein, hatte es geheißen. Wie er ihren Malkasten behandelte. Das war allen gleichgültig.

Sie hatte seinen Umriss gesehen. Seine Gestalt. Er war über den Tisch gebeugt gewesen. Über sein Handy. Er hatte sie nicht gesehen. Sie stürzte die Stufen hinunter. Einen Augenblick. Er durfte sie nicht sehen. Sie lachte auf. Hysterisch. Das war ein hysterisches Lachen. Aber die Angst, von ihm gesehen zu werden. Die Angst hatte sich im Bauch zusammengeballt. Kein Schmerz. Ein hässliches Wohlgefühl war das. Auf Götgatan ging sie nach links. Lief an der anderen Stiege schnell vorbei Wenn er sich noch weiter vorbeugte und aus dem Fenster schaute. Er konnte sie wahrscheinlich auf der Straße gehen sehen. Sie erwarten. Erwarten, dass sie die Stufen im Lokal heraufgelaufen käme. Suchenden Blicks. Erwartungsvollen Blicks. Strahlend lächelnd. Das Lächeln zwischen ihnen sie zu ihm führte, in einem Kuss zu enden. Eine Aufhebung des Abstands. Innigkeit.

Sie spürte ihre Lippen auf seinen. Sein Geruch. Seine Wärme. Und sie konnte die Tür zu Gunnarsons Specialkonditori nicht aufmachen. Nicht aufstoßen. Wie geschleudert ging sie an der Tür vorbei. In den Auslagen. Die Osterde-korationen. Osterhasen. Ostereier. Osterküken. Osterhexen. Leuchtendes Gelb. Rot.

Mittwoch, 25. April 2018. Wien.[11]

Sie ging auf Götgatan in Richtung Gamla stan. Kaffee. Sie musste Kaffee haben. Er hatte getextet. Er war vorgebeugt gesessen und hatte auf sein Handy gestarrt. Er hatte die Beine übereinandergeschlagen gehabt. Das obere Bein noch einmal hinter das andere geschlungen. Er hatte gerade an sie geschrieben. Er hatte gerade an sie getextet. Sie suchte ihr Handy in der Handtasche. Hielt es in der Hand. In der Man-teltasche. Jeden Augenblick würde es vibrieren und seine Nachricht ankündigen. So im Gehen. In der Erwartung sei-ner Nachricht. Sie ging schnell. Machte große Schritte. Lä-chelte. Sie fühlte sich sicher. Die Kälte. Diese minus 15 Grad. Ein Abenteuer. Rund um sie. Alle gingen schnell. Drei Roma-frauen standen in der Mitte des breiten Gehsteigs und muss-ten umrundet werden.

Donnerstag, 26. April 2018. Wien.[12]

Das mit dem Schlafen. Es war so schwierig, die Gründe auseinanderzuhalten. Da war diese rechtsrechte Regierung gewählt worden. In der Woche danach war im Haus in der Leipzigerstraße mit dem Dachausbau begonnen worden. Die Hausgemeinschaft hatte zugestimmt. Sie war dagegen gewesen. Sie hatte diesen Vorgang von Freunden gekannt. Den Wohnungsbesitzern war von der Hausverwaltung erklärt worden, dass im Zug des Dachausbaus die notwendigen Renovierungsarbeiten billiger kämen. Dass die elektrischen Leitungen neuen Anforderungen entsprechend erneuert werden müssten. Rohre neu gemacht. Ein Lift würde eingebaut. Es wurde diskutiert, ob Balkone im Hinterhof gewünscht würden. Der Dachausbau war von der Hausverwaltung als ein Glücksfall dargestellt worden. Sie hatte gewarnt. Sie war aufgestanden und hatte vor diesem Umbau gewarnt. Der Herr Özmir von der Nummer 5 hatte darauf gesagt, dass sie den Fortschritt verhindern wolle. Das ganze Haus bekäme einen größeren Wert. Jede Wohnung würde im Wert gesteigert. Es sei schön und gut, dass sie sich nichts daraus mache. Sie sei eine Frau und allein. Er und seine Familie. Er könne es sich nicht leisten, auf einen solchen Gewinn zu verzichten. Die Frau von der Hausverwaltung hatte genickt. Der Mann, der den Dachboden gekauft hatte, war hinten auf und ab gegangen. Sie hatte noch einmal erzählen wollen, wie das so vor sich ging. Da war sie schon nicht mehr zu Wort gekommen. Sie habe ihre Meinung schon vorgebracht. Man kenne ihre Meinung schon, hatte die Frau von der Hausverwaltung gesagt. Und von den Balkonen müsse man nun leider absehen. Die Lichtverhältnisse ließen da nichts zu. Sie solle also zufrieden sein. Ihre Fenster gingen schließlich auf den Hof hinaus, und so habe sie doch alles erreicht, was sie erreichen habe wollen. Es würden keine Balkone gebaut werden und ihre Fenster also nicht beschattet. Sie hatte noch fragen wollen, wozu dann Balkone überhaupt in die Debatte geworfen worden wären. Die Lichtverhältnisse seien doch bekannt. Aber sie war plötzlich als reicher, verwöhnter Fratz dagestanden. Eine weibliche Drohne. Die Frau ohne Kinder. Nicht mehr jung. Asozial. Wenn doch alle Parteien im Haus mindestens zwei Kinder hatten. Obsolet. Sie war sich obsolet vorgekommen. Sie war dagesessen und hatte zugehört. Es war von den Luxuswohnungen geredet worden, die oben eingebaut werden sollten. Das Wort Luxus. Es schien, als breite es sich über alle anderen Wohnungen aus. Niemanden schienen die Kosten und das zu erwartende Ungemach zu stören. Luxus. Keiner fragte sich, warum der Schmutz und der Lärm ausgehalten werden sollten, wenn es doch um den Luxus von irgendwelchen anderen Leuten ging. Es ging um Luxus, der anderen gehören würde. Warum, hatte sie sich gefragt. Warum sollte sie das Geräusch von Stahlschneidemaschinen, Betonbohrern oder Presslufthämmern aushalten, damit irgendjemand sich in einer Luxusbadewanne räkeln konnte. Das Ganze war noch dazu über ihren Köpfen. Aber es war dann auch wieder sehr einfach. Die Männer waren bei den Versammlungen gewesen. Die Frauen in ihren Wohnungen. Bei ihren Kindern. Die Männer hatten das mit dem Luxus gerne geglaubt. Hatten einen Augenblick das

Gefühl haben können, für ihre Familien gesorgt zu haben. Die Steigerung im Verkaufswert der Wohnung. Das war in Wien ohne marktbezogene Grundsteuer noch möglich. Anderswo. Die Grundsteuer wäre durch die Wertsteigerung angestiegen, und alle hätten ausziehen müssen. So. Die meisten dieser Männer migrantisch. Zweite Generation. Erste Generation. Sie sprach nur mit den Frauen. Es sprachen nur die Frauen mit ihr. Die Männer grüßten sie. Manche höflich. Manche kaum. Der Dachausbau hatte begonnen, und die Regierung hatte ihr Programm vorgelegt.

Der Dachausbau. Die ersten Kosten waren schon gleich in der ersten Woche angekündigt worden. Die elektrischen Leitungen seien in einem viel schlechteren Zustand als erwartet. Die Beteiligung an den Kosten war für ihre Wohnung mit 5000 Euro veranschlagt worden. Das kam zu den 30 000 für den Lift dazu und die 10 000 für die Fassade. Die Leitungen hätten nicht gerichtet werden müssen. Die entsprachen durchaus. Es ging nur um die Abnahme der Dachwohnung, für die diese Renovierung notwendig war. Das waren alles Kosten, die auf den Dachausbau zurückzuführen waren. Die Fassade war fünf Jahre zuvor schon einmal gemacht worden. Der Luxus der Dachbewohner musste von denen unter ihnen mitbezahlt werden. Umwälzung. Das alles kostete ihre Ersparnisse. Die anderen nahmen Kredite auf. Wahrscheinlich ließ sich der Kreditrahmen mit dem Wort Luxus steigern. Aber bezahlt werden musste das alles. Und die Frauen mit den drei oder vier Kindern. Sie waren alle zu Hause. Mit dem einen Gehalt des Manns. Aber das kannte sie. Wie diese Frauen jeden Cent bedachten und jede Tasse Kaffee genau einteilten. Sie hatte jedes Mal ihren eigenen Kaffee mitgebracht, wenn sie zu Besuch gekommen war. Weil sie eine Frau war, wurde sie eingeladen, jedes neue Baby anzuschauen. Sie war sicher, die Männer wussten nicht einmal, dass sie in ihren Wohnungen gewesen war und gesehen hatte, wie karg das eingerichtet war. Luxus.

Mit der Regierung. Da war das ganz gleich. Wenn sie mit jemandem geredet hatte. In Wien. Im Institut. Oder mit Freunden. Dass das keinem Kind schaden würde, hatten alle gesagt. Sie selber. Sie hätten es doch auch überstanden. Im Gegenteil, sagten einige. Es wäre doch eigentlich ein Betrug, Kindern in der Schule keine Noten zu geben. Die ganze Welt bestünde aus Benotung, und man könne das nicht früh genug lernen. Es wäre Vorbereitung aufs Leben. Notwendige Vorbereitung. Also richtig. »Total richtig.«, hatte der Kollege Dengler gesagt. »Totalmente.« Er war Südtiroler und mischte Deutsch und Italienisch. Obwohl er ein Bild von Luis Amplatz in der Lade seines Schreibtisches aufbewahrt hielt. Sie solle keine solche Heulsuse sein, hatte er ihr zugerufen. Der Kollege Obermüller hatte ihr zugenickt. Er habe seine eigenen Erinnerungen an die Notenschule, hatte er gesagt. Sie hatten beide geseufzt. In den Seufzern. In seinem Satz. Es waren ganze Romane enthalten, und sie kannte die. Sie musste sie gar nicht lesen. Die eigenen Erinnerungen daran, wie das war. Mit den Noten. Und den Eltern. Und sie. Das Lehrerkind. Tochter vom Direktor. Sie hatte immer gleich gesagt bekommen, dass sie keine Bevorzugung erwarten soll. Sie hatte nie genau gewusst, was das sein hätte sollen. Sie werde nach den gleichen Maßstäben beurteilt wie alle anderen. Maßstäbe und Urteile. Das war es dann auch geworden. Sie war dem gerade erst entkommen. Sie war dem gerade erst ein wenig entkommen. So undurchdringlich war das innen alles zusammengepresst worden. Von dem Nichtgenügen.

Die Regierung zwang fast als erste Maßnahme die Kinder in die Noten zurück. Bis dahin war von den Lehrerinnen und Lehrern eine Nachricht über das Kind geschrieben worden. Das Kind war der Mittelpunkt gewesen. Das Kind wurde aus diesem Mittelpunkt wieder vertrieben. Das schnell ablesbare Prinzip der Benotung war zur Erfassung der Kinder da. Zur Beschreibung. Zur Beschriebenheit. Die schlimmsten Seiten der Aufklärung waren zurückgeholt. Die Verachtung des Staats den Kindern gegenüber. Der Staat als Obererziehungsbehörde. Sie stellte sich den Herrn Özmir vor, wie er seinem Sohn gegenüberstand und Hunderte Euros zahlen sollte, weil der Bub die Schule geschwänzt hatte. Wahrscheinlich weil er schlechte Noten bekommen hatte und das einmal verpflichtende Elterngespräch nicht mehr geführt wurde. Kindheit war das nicht. Kinder. Das waren wieder zu disziplinierende Kleineinheiten. Der bürokratische Sadismus des Staats in die Familien zurückgekehrt. Sie sah so ein Kind eingeklemmt zwischen Schule und Familie. Das war schon ein bisschen besser gewesen. Das Elterngespräch. Die sprachliche Beschreibung. Es war geredet worden. Das würde es nun nicht mehr geben. Noten. Strafen. Lebenslängliche Urteile von Anfang an. Gespeichert. Staat von Anfang an. Repression. Wenn sie an ein Kind dachte.

Eine schattige Gestalt erstand ihr. Wie sie das kannte. Die Erwartung der Strafe. Kribbelnde Erregung. Bestraft werden zu müssen. Durch Strafe Teil des Ganzen zu werden. Über Strafe in die Gemeinschaft aufgenommen werden. Strafe. Die eigentliche Staatsbürgerschaft. 18. Jahrhundert war das. Alphabetisierung. Erzwungen. Aufgezwungen und gleich wieder kontrolliert. Und nicht, weil Maria Theresia oder Herr Sonnenfels oder Herr Kaunitz die Menschen über Bildung vollständiger machen hätten wollen. Die wollten disziplinierte Soldaten im Kampf gegen Preußen. Ging es nun wieder darum. Und es sollte Soldatisches für die Wirtschaft hergestellt werden.

Sie musste aufstehen, wenn sie darüber nachdachte. Gehen. Sie konnte nicht sitzen bleiben. Musste sich bewegen. Dem Druck um den Nabel entkommen. Vor diesem Druck flüchten. Ein zischendes Geräusch begleitete diesen Druck. Peitschen. Das Wort fiel ihr ein. Im Dröhnen der Bohrer und Stahlschneider. Die Bauarbeiter begannen um 7 Uhr in der Früh. Wenn die Geräusche in so einer Dauer das Herz zum Hämmern brachten, dann hatte sie aus dem Haus gehen müssen. Sie war in den Augarten geflüchtet.

Das mit ihrem Karenzjahr. Das war gerade zur rechten Zeit gekommen. Sie hatte die Wohnung wegen des Lärms und des Schmutzes nur mit Mühe untervermieten können. Der Luxus war ja erst im Werden. Sie hatte sich Geduld gebieten müssen. Sie hatte sich bemüht, nichts zu überstürzen. Sie hatte sich vorgesagt, dass alles auch wieder anders werden würde. Sie war aber sehr gerne auf seinen Vorschlag eingegangen, es zu versuchen. Es einfach zu versuchen. »Du weißt, dass wir da nicht mehr herauskommen, wo wir jetzt sind. Wir zwei.«, hatte er gesagt und sie an der Hand genommen.

Freitag, 27. April 2018. Wien.[13]

Sie hätte auf einem Berg leben wollen. Hoch oben. So hoch. Kein Hinunterschauen mehr eine Ablenkung. Weithin und oberhalb. Und allein. Niemand mehr eine Ablenkung. Keine andere Stimme als ihre und der Bergwind. Ihr Leben. Sie war nicht einmal den ersten Hang hinaufgekommen. Hatte den Waldrand nicht erreicht. Hatte sich verstricken lassen. Sie war töricht gewesen. Hatte sich töricht machen lassen. Hatte zu früh eingegeben. Hatte nicht warten können. Sie hatte wild leben wollen und hatte aber nicht gewusst, was das sein sollte. Getaumelt. Sie war den Einflüsterungen gefolgt. Augenblicke. Versprechungen. Versprochene Glückseligkeiten. Verflogen. Noch bevor sie sich einrichten hätte können. Sie hatte die Höhe nicht erklommen. Sie hatte die Höhe nicht erklimmen können. Sie war am Fuß des Bergs stehen geblieben. Hatte bergauf und bergab nicht unterscheiden können. War zurückgerutscht. Und das war nicht wegen ihrer Tragödie. Sie war nicht ihre Tragödie. Sie hatte eine Tragödie. Sie hatte ihre Tragödie gehütet. Vorsichtig. Mit Verbänden umwunden. In Feuerschutzdecken eingehüllt. In Tücher gewickelt und warm gehalten. Ihre Tragödie war sicher. Ihre Tragödie ein Ort, an den nicht mehr zu gehen. Aber ein Ort.

In ihr. Ihr selbst immer fremder. In sich eine Entfernung. Zu ihr gehörig. Nur ihr gehörend. Sie teilte das Wissen um diesen Ort mit niemandem. Keinem und keiner. Sie liebte ihre Tragödie. Sie liebte ihre Tragödie, so wie sie das Kind geliebt hätte.

Montag, 30. April 2018. Wien.[14]

Sie ging. Die drei Romafrauen in ihren langen bunten Röcken und Kopftüchern. Große rote Rosenblüten auf gelbem Grund. Sie gingen in dieselbe Richtung wie sie. Gingen nebeneinander. Füllten den Gehsteig aus. Sie ging knapp an sie heran. Wollte hören, welche Sprache diese Frauen miteinander sprachen. Sie konnte aber nichts Genaues hören. Die Frauen lachten. Wandten einander die Köpfe zu. Lachten laut. Sie wollte schneller gehen. Sie überholte die drei Frauen. Hörte die drei Frauen hinter sich lachen. Sie ging noch schneller.

Sie steckte die Hände tief in die Manteltaschen. Das Handy. Sie würde das Vibrieren in der Hand spüren. Das schnelle Gehen. Die Eiseskälte im Gesicht. Die Wollhaube über die Stirn heruntergezogen. Sie sog die kalte Luft ein. So wollte sie leben. So versteckt. In der Menge dahineilend. Im Wissen, dass er nicht wusste, wo sie war, aber sie wusste, wo er sich befand. Sie musste lachen. Sie hatte die Kontrolle an sich gerissen. Sie mochte das. Niemand wusste, wo sie war. Ein Gefühl des Entkommenseins. Das war schön. Deshalb reiste sie. Lebte allein. Wollte allein leben. Hatte allein leben wollen. Er wusste gar nicht, was das für sie war. Es zu versuchen. Einer anderen Person den Eintritt zu gestatten. Und wie lange das schon ging. Ein halbes Jahr. Mit Zwischenräumen. Bis jetzt. Einmal sie bei ihm. In Berlin. Einmal er bei ihr. In Wien. Aber das waren Besuche gewesen. Das Gastrecht hatte gegolten. Das war ihr leichtgefallen. Das jetzt. Zusammenleben.

Sie holte das Handy aus der Manteltasche. Schaute nach. Keine SMS. Kein Text. Keine Mail. Sie steckte das Handy zurück. Es schien ihr leichtzufallen. Sie war selbst überrascht, wie sie alles zur Entscheidung vorlegen konnte. Wollen wir essen gehen. Wollen wir ins Kino gehen. Wollen wir in dieses Museum. Soll ich dich abholen. Wollen wir einander treffen. Können wir früher abfahren. Haben wir noch Zeit. Sollten wir nicht doch ein Taxi nehmen. Er war sparsam. Er fuhr geduldig mit öffentlichen Verkehrsmitteln zu Flughäfen. Er ging Google Maps hinterher. Ließ sich herumführen. Er musste sparen. Hinter allen seinen Überlegungen lauerte der Auftrag zu sparen. Er musste das Haus bezahlen. Er wollte das Haus behalten. Unter allen Umständen. Das Haus. Er hatte es mit einer Freundin damals gemeinsam erworben. Nach dem Ende der Beziehung. Er hätte das Haus verkaufen müssen. Er wolle nicht alles verlieren, sagte er. Es könne doch nicht sein, dass er wegen dieser Person alles verlieren solle. Das Haus. Das Haus abzahlen. Das war eine Besessenheit von ihm. Sie hatte das sehr früh festgestellt. Sie hatten ihre Situationen besprochen. Sie in Wien. Er in Berlin. Und sie hatte gesagt, dass er doch das Haus verkaufen konnte. Diese

Frau ausbezahlen. Das Haus in Alt-Tegel. Weit draußen. Er ohnehin nie da. Es gab keinen Grund, in diesem Haus zu leben. Eine Wohnung. Sie hatte nie in einem Häuschen gewohnt. Immer Wohnungen. Stadt. Das Haus war doch ohnehin nur irgendein Haus. Der Garten winzig. Die anderen Häuser nah genug, allen anderen in ihren Häusern zuhören zu müssen. Im Garten. Das Familienleben der Nachbarn. Er hatte gar nicht verstanden, was sie gesagt hatte. Sein Haus verkaufen. Er hatte den Satz nicht verstanden. Verstehen können. Er habe immer in solchen Häusern gelebt. Er sei in einem solchen Haus aufgewachsen. Sie könne das nicht verstehen.

Sie ging. Sie wünschte sich, leichter gehen zu können. Weitergehen. Einfach weitergehen. Wie die Helden in Märchen. Weiterziehen. Immer war diese Last da. Dieses Schleppenmüssen. Im Schritt selbst die Beschwerung. Die Bewegungen gebremst. Sorge, etwas zu verlieren. Sorge, etwas verloren zu haben und es nur noch nicht zu wissen. Etwas nicht bekommen können. Nicht zu bekommen.

Vor einem Kleiderdiscounter hingen Flanellpyjamas auf einem Kleiderständer. Schaukelten im Wind. Eine fette Wolke lachsrosa Flanells. Billiger Flanell. Kunststoff. Das war an dem Glanz zu sehen. Sie hatte Nachthemden aus Baumwollflanell getragen. Lange. Auch in diesem Rosarot. Nacht. Schlafen gehen. Das war im Winter dieser Stoff auf der Haut gewesen. »Flukelig.«, hatte die Mutter dazu gesagt und die Bettdecke festgezogen. »Das ist so angenehm flukelig.« Wer diese Pyjamas kaufte. Die waren »elektrelig«, dachte sie. Die waren nicht »flukelig«. Aber wer hier unten auf Götgatan einkaufen musste, der bekam »flukelig« nicht. Hier regierte der kleine Preis. Und der kleine Preis kannte nur »elektrelig«. Und es ja sicher auch schon das Machen »elektrelig«. Das war eine Kette von »Elektreligkeiten«.

Sie ging schneller. Das Haus war wichtiger als ihre gemeinsame Geschichte. Das hatte sie gleich begreifen müssen. Und warum nicht. Sie hatte keine solche Besessenheit. Es war ihr doch gleichgültig, in welche Restaurants sie gingen. Ob er nach dem billigsten oder gerade noch trinkbaren Wein suchte. Wie er zu Aldi ging und Schnäppchen besorgte. Sie kaufte sich ja doch, was sie wollte. Wenn es zu »elektrelig« wurde. Und sie hatte die Grenze bei der Bettwäsche gezogen und das Aldi-Angebot abgezogen, einen alten und kaputten Überzug für die Decke herausgesucht und das bügelfreie Spannleintuch gegen ein baumwollenes ausgetauscht. Sie hatte sich nicht auf Kunststoff wälzen wollen und einen Funkenregen auslösen. Dann war das mit dem Wälzen aber nicht so geworden, wie sie sich das vorgestellt hatte, und es wäre nicht notwendig gewesen. »Flukelig« war es nicht geworden. Er sagte ihr sicher, dass sie schön wäre als Ablöse. Sie fühlte sich gleich wieder so aufgespannt neben ihm liegen. Sie war ein Instrument. Ein Saiteninstrument. Sein Saiteninstrument. Aber dann war auch gleich das Versinken in die Dunkelheit da. Das Aufblitzen der Orgasmen. Sie musste Luft holen. Die Kehle trocken. Sie musste einen Kaffee haben. Einen schönen doppelten Espresso. Es machte sie fröhlich. Erwartungsvoll. Den Kaffee noch vor sich. Den Morgenkaffee. Und. Sie war auf diesen Wunsch zusammengeschrumpft. Alles. Diese Straße. Er. Sein Haus. Die winzige

Wohnung auf Helgagatan. Alles weit hinausgedrängt und nur der Gedanke an Kaffee. Wenn Wünsche sich so in den Mittelpunkt bringen konnten. Was für eine Erleichterung. Wäre das nun vielleicht besser, süchtig zu sein.

War es nun besser geworden. Mit ihm. Mit dieser Liebe. Waren die Morgen leichter. Leichter geworden. Konnte sie frischer aus ihrem Lesesessel in Wien aufstehen. Musste sie nicht mehr so lange sitzen. Vorgebeugt. Das Gesicht in den Händen haltend. Die Arme auf den Oberschenkeln abgestützt. Sich selbst in Händen haltend und das Gewicht des Kopfs. Es waren triviale Überlegungen gewesen, die da herausgeholfen hatten. Der Gedanke, Falten in die Wangen einzugraben. Tiefe Falten. Den Rücken krumm zu beugen. Das Genick abgeknickt zu halten. Den Kopf so ins Genick zurückgestemmt, das Gelenk da zerstörend. Atlanto okzipital. Atlanto axial. Es rieb sich etwas da, wenn sie mit zurückgelegtem Kopf hinaufstarren wollte. Fliegende Vögel. Bergspitzen. Im August. In den Sternschnuppennächten. Sie musste sich auf den Boden legen und hinaufschauen. Sie hatte eine Matte dafür im Kofferraum. Für alle Fälle. Im Kofferraum gehabt.

Wenn sie dann aufgestanden war. Kaffee war ein magisches Mittel. Lange bevor der Kaffee chemisch wirken hätte können, war sie fröhlich und tatendurstig. Es war schon eine Depression. Da im Lesesessel. Am Morgen. Eine gediegene kleine Depression. Es hatte nichts mit ihrem niedrigen Blutdruck zu tun. Und dass der Kaffee den Blutdruck steigerte. Und es war ja auch lustig anzusehen, wie sie doch mit dem fünfzigsten Geburtstag ein Blutdruckmessgerät angeschafft hatte. Sie befragte das Gerät, wie es ihr ginge. Das Vertrauen in sich hatte sie an das Gerät abgegeben. Ein leichtes Misstrauen. Gegen sich selbst. Dafür die Befreiung aus der Fruchtbarkeit. Nichts mehr überlegen müssen. Nicht mehr die Daten im Kopf abrattern lassen. Was für eine Zeit im Monat es war. Und was zu tun. Verantwortungslosigkeit. Das war die reine kindische Verantwortungslosigkeit. Die Ansteckungen waren geblieben. Das erste Mal. Das eine von den zwei Malen, die er gekonnt hatte. Während seines Orgasmus. Er war über ihr auf seine Unterarme gestützt gewesen und hatte sich auf sie fallen lassen. Im Fallen. Im Auf-sie-Stürzen. Im Zusammenbrechen nach seinem Orgasmus. Er hatte gesagt: »Und über Aids haben wir jetzt überhaupt nicht gesprochen.« Sie hatte seinen Orgasmus ernster genommen als er. Oder er hatte sie belogen, und es war schon früher vorbei gewesen. Sie hatte ihn in die Arme genommen. Sie hatte nichts sagen können. Sie war mit ihm als seiner Männlichkeit beschäftigt gewesen. Ausgefüllt. Mitfühlend. Teilend. Feiernd. Sie hatte ihn gehalten. Weiter. Hatte, sein Gewicht auf sich, nicht gleich aus ihrem Taumeln herausfinden können. Sie war stumm geblieben. Sie. Selbst. Stumm und verwundert. Warum hatte er das jetzt gesagt gehabt. Konnte er annehmen, dass sie mit ihm geschlafen hätte, wenn sie eine HIV-Diagnose gehabt und nichts gesagt hätte. Wenn das seine Erfahrung war. Oder seine Erwartung. Dann hatte sie damit nichts zu tun haben wollen. Sie war stumm dagelegen und hatte gedacht, ihre Stummheit erzähle das alles. War es denn vielleicht ihre Abwehr, dass er nicht mehr. Waren sie in ihrer Stummheit eingefangen geblieben. Sie hatte auch am Morgen danach nichts sagen können. Und da. Da hatte das mit dem Lächeln begonnen. Mit dem Einander-Zulächeln. Es mit dem Lächeln sagen. Aber es war Verrat gewesen. Dieser Satz. Nein. Es war eine Absage gewesen. Es war gegen alles, was gesprochen worden war. Versprochen. Beim Reden. Ein solcher Satz wäre beim Reden nicht möglich gewesen. Es waren erst die Tatsachen gewesen. Die Tatsache. Die Sache der Tat. Und ja auch keine Wiederholung mehr möglich. Eigentlich. Sie hatte sich verboten, über seine Impotenz zu spekulieren. Sie war nicht seine Therapeutin. Sie wollte nicht seine Therapeutin werden. Sie hätte das als Verrat ihrerseits sehen müssen. Nicht Liebe. Das wäre nicht Liebe gewesen. Wie sie es immer sagte. Liebe. Übergabe. Aufgabe. Hingabe. Sichtbarkeit. Schönheit. Gegenseitig. Therapie nicht. Das war einseitig. Sie hatte die Welt neu begehen wollen. Mit ihm. In Liebe. So war es besprochen gewesen.

Dienstag, 1. Mai 2018. Wien.

»My parents would have brought me back and kept me prisoner which they did anyway. A year later I got to know my first husband and from then on everything went very fast.«

»And were you happy?«, he asked.

»I was happy. I was deliriously happy. But then. My first husband. He cost me the integrity of happiness. I shall never forgive him for that.«

Mittwoch, 2. Mai 2018. Wien.[15]

Donnerstag, 3. Mai 2018. Wien.[16]

Dienstag, 8. Mai 2018. Berlin.[17]

Sie war jedes Mal erstaunt, dass sie schon beim Scandic Hotel war. Und bei Medborgarplatsen. Bei dem Community Center aus den dreißiger Jahren. Oder war das später gebaut gewesen. Er habe dieses Gebäude noch nie ohne Gerüst gesehen, hatte er gesagt. Beim Vorbeigehen. Dieses Gebäude sei ein Denkmal für die soziale Revolution. Die damals hier begonnen habe. Und jetzt sei das alles ein Denkmal für die neoliberale Revolution. Die die Nazis schon einmal begonnen hatten. In großem Stil.

Wenn er Nazis sagte. Er beugte sich dann vor. Stieß das Wort aus. Spuckte das Wort vor sich hin. Richtete sich wieder auf. Als wäre etwas erledigt. Sie fand sich dann von ihm entfernt. Weiter weg. Er nahm sie nicht mit in seinen Antifaschismus. Er ließ sie in ihrem zurück. Schaute auf sie herunter. »Ihr Österreicher.«, sagte er dann. Wenn sie sagte, dass er doch damit die Volksvorstellung der Nazis wiederhole, wenn er sie in ihre Nation zurückstieße. In ihr Volk. Dann schüttelte er den Kopf. Das könne sie nicht verstehen. Wie sollte sie. Aus einem Volk zu stammen, das solches

Unheil. Sie sprach dann nicht weiter. Sie wollte sich nicht rühmen, dass man es in Österreich auch gekonnt hatte. Sie hörte ihm zu, wenn es darauf kam. Seine nationale Vergangenheit. Sie saß dann da und hörte zu. Seine Stimme. Eine helle Stimme. Er klang jung. Sehr jung. Erstaunt. Jedes Mal erstaunt. Verstört. Seine Wut kam wohl aus seiner Jugend. Eine Familiengeschichte. Sie wusste es nicht. So etwas. Sie hätte es am Anfang fragen müssen. Sie dachte, sie hätte das gleich fragen müssen. Am Anfang. Da waren solche Fragen richtig. »Wieso hast du.« »Was hat dich.« »Wer hat dich.« Da war es nie zu dieser Frage gekommen. Sie hatten einander erzählt. Stundenlang. Aber es war mehr das Jetzt gewesen. Beruf. Wie schaute die Zukunft aus. Was geschah gerade. Ihre Leben. Es war so viel. Und jetzt war es zu spät. Sie hörte ihm zu. Folgte dem Auf und Ab seiner Stimme. Wie seine Stimme höher wurde und wieder tiefer sank. Wie er tief in der Kehle zu knurren begann. Und dann wieder die hohen Töne. Wenn die AfD wieder Stimmen gewonnen hatte. Er konnte toben darüber. Manchmal dachte sie, dass es richtiger Hass war. Aber dann genierte sie sich wieder und beugte sich über ihr Buch. Er war zornig. Sie war immer nur passiv. Er kämpfte. Sie machte das nicht. Sie hatte alles neu haben wollen. Die Vergangenheit. Sie hatte die Schatten auf ihr Leben fallen lassen. Zugesehen. Und gelernt, in diesem Schatten zu leben. Schattenlosigkeit. Das hatte sie sich nicht vorstellen können. Aber das war es gewesen, was die Rechten versprachen. Schattenlosigkeit. Sie hatte sich mit ihrer Belanglosigkeit begnügt. Es war nur richtig, mit einem Nazihasser zusammen zu sein. Am Ende. »Du weißt, dass wir da nicht mehr herauskommen, wo wir jetzt sind. Wir zwei.« Er hatte eine gemeinsame Vergangenheit so entworfen. Nein. Er hatte alle Zeiten in eine geworfen. Und einen Ort daraus gemacht. »Wo wir jetzt sind.« Sie lächelte. Mit ihm. Einen langen Abend. Er arbeitend. Sie lesend. Von Zeit zu Zeit. Wenn sie aufsah und ihn anschaute. Sie fühlte sich in eine große Ruhe gebettet. Ruhe war das. Friedliche Ruhe und alles ausfüllend. Keine Dringlichkeit. Kein Gedanke an ein Morgen. Keine Sorgen. Keine Nervosität. Der Blick auf ihn, und sie war zufrieden. Wohlig und warm und eingehüllt. Sie war sicher und aufgehoben, und er schaute ebenso auf sie. Sie konnte es fühlen und musste lächeln. Sie musste dann den Kopf heben und ihn anlächeln. Es war flukelig.

Sie passten so perfekt zusammen. Mittlerweile. Sie nickten nur noch. Sie mussten gar nicht mehr lachen. Am Anfang. Sie war mit der ledernen Reisetasche angekommen. Er war in seinen Keller verschwunden. Wortlos. Er hatte seine Reisetasche geholt und neben ihre gestellt. Die Reisetaschen sahen fast gleich aus. So war das mit den Sonnenbrillen gewesen. Mit den Schals. Mit den Mänteln. Mit den Schuhen. Ihre Autos. Ihre Wohnungen waren ähnlich. Ihre Schlafzimmer waren gleich. Sie schliefen mit den gleichen Decken und Pölstern. In Restaurants. Sie bestellten die gleichen Speisen. Die gleichen Weine. Sie trank Leitungswasser, und er bestellte Mineralwasser. Sie waren beide fast froh über diesen Unterschied. Beim Einkaufen. Sie griffen nach den gleichen Waren. Er ging zu Aldi. Sie nicht. Aber er war der Jäger. Sie war nicht einmal eine Sammlerin. Und billig. Sie dachte bei diesen niedrigen Preisen immer, dass jemand da draufzahlte. Wörtlich so. Zu Aldi ging sie nicht mehr mit. Bei Aldi. Er redete mit allen da. Tauschte sich mit den anderen Schnäppchenjägern aus. Was im vorigen Jahr so günstig gewesen war und ob man darauf warten sollte. Eine Gemeinschaft der Jäger war das da. Teure Autos. Teure Kleidung. Und die Jagd nach dem kleinen Preis. War das nicht ein Widerspruch. Sich dem Massenmarkt-Marketing so hinzugeben. Aber es war nur konsequent. Ein Jäger musste jagen. Er war hinter Steuersündern her. Jagte durch Kontodaten und Bilanzen. Da war so eine Jagd nach besonders billigen Dingen am Wochenende richtig. Sie war nicht sicher, ob sie diese Staatlichkeit an ihm mochte. Er vertrat den Staat. Aber er war privatanarchistisch genug und sein Jagdgebiet, die Finanzwelt, weit entfernt. Sie sollte das alles respektieren. Sie konnte sich in diesen Satz zurücklehnen. Er hatte den Arm um sie gelegt gehabt. »Du weißt, dass wir da nicht mehr herauskommen, wo wir jetzt sind.« Gehalten. Sie war gehalten und gesehen. Sie war so im Schauen auf ihn gefangen, dass sie sich nicht an sein Gesicht erinnern konnte. War das für ihn auch so. Sie waren gerade über den Kurfürstendamm gegangen, als er diesen Satz gesagt hatte.

Sie war erstaunt, wie gefühlsüberschwemmt sie plötzlich lebte. Seinetwegen. Ihretwegen. Ineinander. Mit. Oder war das immer so gewesen, und es sammelte sich nur anders an. Sie war in diese Gefühle vollkommen eingetaucht. Sie konnte aber auch sehen, wie sich Wirbel bildeten und die Wellen sie umkreiselten. Es war nicht er. Er allein, der ein Felsen im Fluss die Stromschnellen aufspringen ließ. Der tief unten ein Hindernis an der Oberfläche das Wasser in Trichtern in die Tiefe zurückzwang. Sie waren es beide. Und beide auch der Fluss. Das Wasser. Sie umgebend. Einander. Ein Wasser war das, das nicht nass machte. Eine dichte Nähe aber. Flüssig. Andringend. Liebe, dachte sie. Liebe ist also eine Substanz. Es war ja auch, dass sie sich an keine Liebe davor erinnern konnte. Mit ihm. Das war so neu, als hätte sie nicht gelebt davor. Unvergleichlich. Kostbar und einzig. Vergangenheitslos ging sie neben ihm, weil sie eine Vergangenheit zu vergessen hatte.

Sie wusste nichts über sein Berufsleben. Sie bekam Telefongespräche mit. Lange Beratungen. Kollegen. Kolleginnen. Überlegungen. Spekulationen. Termine. Abmachungen. Ziele. Aufträge. Politik. Auf Deutsch. Auf Englisch. Französisch sprach er nicht fließend. Er verschwand in sein Berufsleben. Er könne ihr nichts erzählen, hatte er früh gesagt. Fast alles, was er mache, sei geheim. Was er vorhabe. Er dürfe es nicht verraten. Nicht dass er annahm, sie würde etwas erzählen. Für ihn selbst wäre das wichtig. Diese Geheimhaltung. Er fühle sich dann sicher. Strategisch sicher. Er hätte nichts im Rücken, über das er nachdenken müsste. Und er wolle keine Diskussionen führen müssen. Das habe schon seine letzte Beziehung zerstört. Die Frage der CDs von den Schweizer Konten. Ob der deutsche Staat die kaufte. Für ihn und sein Amt. Manchmal sagte er Amt. Manchmal sagte er Behörde. Können. Mögen. Dürfen. Sollen. Wollen. Müssen. Das wären seine Imperative gewesen. Die Freundin. Er sagte nie ihren Namen. Sie wusste, dass diese Frau Andrea

hieß. Die Freundin, mit der er das Haus gemeinsam gekauft hatte. Für die hätte es nur das Lassen gegeben. Die
hätte aus ihrer Spät-68er-Stimmung nicht heraus gekonnt.
Die fand das alles falsch. Steuern. Staat. Und dann ginge gar
nichts mehr. Wenn einer so in Frage gestellt würde. Wenn
einer nichts mehr richtig machen könne, weil er für den
Staat arbeite.

Über ihre Arbeit. Über die wurde nicht gesprochen.
Aber was hätte sie auch schon erzählen können. Sprachen
lehren. Sprechen. Das war so das Leben selbst. Sie konnte
nicht so genau unterscheiden. Da gab es nur den bürokra-
tischen Kram daneben. Und die Beurteilungen. Sie musste
ja selbst Noten vergeben. Benoten. Sie wusste ja, was das für
die Personen bedeutete. Sie wusste, wie viel besser sie die
Personen beschreiben hätte können. Die Ziffern. Der Kollege Dengler ging immer über ihre Benotungen drüber. Er
nannte das auch so. »Ich bin über Ihre Benotungen drüber-
gegangen.« Er kritisierte sie als nachsichtig. Aber sie hatte
ihn einmal ausgebessert und Recht bekommen. Sie musste
natürlich darauf achten, sich formal nichts zuschulden kommen zu lassen. Der Dengler hätte sie sofort gemeldet. Jetzt.
Deutschkenntnisse waren der Zugang zum Studium. Zu
Stipendien. Mittlerweile auch für die Auszahlung der So-
zialhilfe oder Mindesthilfe für Asylbewerber und -bewerbe-
rinnen. Ihre Studenten und Studentinnen. Es hing viel von
der Bewertung ab. In den Kursen an der Universität gab es
aber niemanden, der sich zu diesem Kurs gezwungen sah.
Das machte es leicht. Leichter. Ohne Noten wäre es schöner gewesen. Verbindlicher. Seine Tätigkeit. Da ging es um

Strafe. Es wurde ausgeforscht und der Strafe zugeführt. Aber es war so abstrakt. Geldflüsse. Das war alles so unsichtbar. Hätte sie sich mehr bemühen müssen. War ihre Zurückhaltung nur die Abwehr, wirklich etwas zu wissen. Wie das alles funktionierte. Wie der Staat. Und damit sie. Und alle anderen. Wie solche Betrügereien aussahen. Steuerbetrug. Das klang kleinlich. Wollte sie darüber nichts wissen, weil sie den Staat nur so hinnahm. Keinen Staat wollte. Eigentlich. Ein Übel darin sah und gleichzeitig alles erledigt bekommen wollte. Aber sie kam aus einem anderen Staat. Das wurde in solchen Diskussionen immer klar. Sie redeten über vollkommen verschiedene Dinge, wenn sie solche Worte verwendeten. Wie Staat. Recht. Ordnung. Sie war melancholisch darin, wie sich ihr Staat mit der Demokratie nicht versöhnte. Nicht versöhnen wollte. Wie das Parlament in vollkommene Bedeutungslosigkeit versunken nicht einmal mehr Auftritt der Macht war. Wie die Einführung der Generalsekretäre in den Ministerien die Beamten knebelte. Wie es so einfach war, sich des Staats zu bemächtigen. Mit Deutschland. Es schien ihr nicht so widerstandslos möglich. Aber dann. In Deutschland. Die hatten ihren Nationalismus gehabt. Das hatte es für Cisleithanien nie gegeben. Seine Deutschheit. Diese vielen Gefühle, die das für ihn waren. Sie sah dem zu. Staunend. Überrascht. Interessiert. Fern.

Sie hatte dieses Karenzjahr angestrebt, um unbehelligt zu sein. Sie hatte aus der Anstrengung des Beurteilens und Beurteilt-Werdens heraustreten wollen. Sie hatte diese Verklammerung verlassen müssen. Es war über sie hinaus ange-

stiegen gewesen. Der Druck. Jedes Wort. Jede Geste. Sie war
von denen, die sie beurteilen würde, selbst beurteilt worden.
Das war das Anstrengende gewesen. Sie hatte das richtig gefunden. Wenn sie am Ende eine Beurteilung vornahm, dann
war es nur richtig, ihren Unterricht kritisch zu betrachten.
Sie war zu einer Beraterin gegangen, sich coachen zu lassen. Lernen, sich abzugrenzen. Selbstwert. Berechtigung.
Sicherheit. Aber sie hatte es nicht gelernt. Sie war in den
Coaching-Sessions gesessen und hatte der Frau bei ihrem
Unterricht zugesehen. Und sie hatte selbst festgestellt, dass
sie oft daran dachte, ob sie genug für ihr Geld bekam. Das
war lächerlich. Sie hätte das besser wissen müssen. Aber nach
dem Coaching war sie noch empfindlicher. Konnte sich noch
weniger zumuten. War noch besorgter um die Personen. Natürlich war es genau diese Besorgtheit, die sie zu einer so
guten Lehrerin machte. Sie ging auf die Personen aufs ge-
naueste ein und brachte ihnen so ein Sprechen bei, das sie in
ihrer Muttersprache oft nicht hatten. Sie war sehr erfolgreich
damit. Aber eben auch erschöpft. Ausgelaugt. Sie wusste, wie
sich dieses Wort im Körper anfühlte. Und dann war es zu
viel gewesen. Mit einem Mal. Die Frage, ob sie verständlich
war. Ob diese Personen ihren Worten folgen konnten. Sich
diese Worte und deren Folge aneigneten. Plötzlich war es ihr
obszön erschienen, dazustehen und zu sprechen und die
anderen anzuleiten, sich in ihre Worte zurückzuschmiegen.
Ihre Worte in den Mund zu nehmen. Die Worte waren zer-
fallen. Sie konnte sich an Satzanfänge nicht mehr erinnern.
Wusste das Subjekt nicht mehr. Konnte das Prädikat nicht
angleichen. Den Modus nicht erkennen. Mosaiksteinchen

fielen ihr aus dem Mund. Aber kein Bild fügte sich zusammen. Die zwei Jahre, in denen sie mit zwei Dritteln ihres Gehalts auskommen musste, damit sie ein Jahr in Karenz gehen konnte. In diesen zwei Jahren. Sie war in der Sprache herumgeirrt. Es hatte alle Kraft gekostet, das niemanden merken zu lassen. Sie hatte sich versprochen, ein Tagebuch zu beginnen. Vom ersten Tag der Karenz an. Dann. Aber jetzt. Sie hätte gar nichts hinschreiben können. Zuerst war sie krank geworden. Und sie sollte diese kalte Luft nicht so tief einatmen. Die Lunge. Aber jetzt. Immerhin ging es ihr im Kopf wieder leicht mit dem Sprechen. Ihr Denken. Ein ungeordnetes Purzeln ohne den Alltag des Unterrichts war das. Ihr Denken schien ihr artistisch geworden zu sein. Sich in Seiltanzen zu ergehen. Auf Trapezen zu schwingen. In Saltos durch die Luft zu wirbeln. In schwindelnden Höhen auf einem Bein drehend. Und immer noch höher strebend. Davon und hinauf. Sie musste lächeln. Sie hätte ihm gerne erzählt. Von diesem Hochhinaus. In ihrem Kopf. Dieser Unbegrenztheit. Aber sagen. Ihm mitteilen. Sie hätte nicht gewusst, wie sie das tun sollte.

Mittwoch, 9. Mai 2018. Berlin.[18]

Wie alles zu sehen war. Wie immer alles zu sehen gewesen wäre. Und wie sich alles angesichts verbergen konnte. Sie war in das Haus der Staatsbibliothek Unter den Linden geraten. Sie hätte in die Staatsbibliothek am Potsdamer Platz gehen sollen. Sie wollten einander bei einer Ausstellungseröffnung treffen. Sie hatte sich nicht gut genug ausgekannt. Hatte die falsche Adresse in ihr Handy eingegeben. Es hatte geschneit. Es hatte schon den ganzen Tag geschneit. Sie war in das Haus Unter den Linden 8 gegangen. Die breiten Stiegen hinauf. Ein Hinweisschild, wo der Vortrag stattfinden werde. Ein Saal. Ein Laptop auf dem Rednerpult. Der Beamer bereit. Die Leinwand. Sesselreihen. War sie so sehr zu früh. Sie ging an das Fenster. Draußen. Der Schnee. Die Personen dunkle Figuren. Alle eilig. Unter dem schwarzen Wintergeäst der Linden. Sie war hoch oben. Das war einmal der Sitz der Akademie der Wissenschaften gewesen. Sie schaute auf die Straße hinunter wie die Mitglieder der Akademie einmal. Ameisen. Die Personen sahen von so hoch oben ameisig aus. An einem dieser riesigen Fenster stehend. Es konnte einem dieser Vergleich einfallen. Macht. So schaute Macht aus den Fenstern auf die Bemächtigten hinunter. Es war richtig, dass dieses Haus neobarock entworfen war. Warum hatte die DDR es nicht abgerissen. Kulturrevolution. Am Fenster oben. Sie wusste sich da unten. Sie war eine von denen da unten. Und nicht einmal eine Deutsche. Sie war wieder ge-gangen. Die Ausstellung war in der Potsdamer Straße. Sie war falsch gewesen.

Sie kam an eine Straßenkreuzung. Wartete vor dem Fußgängerübergang. Rechts. Über der Straße. Das Scandic Hotel. Vor ihr. Der Backsteinbau des Communitycenters aus den dreißiger Jahren. Das Gebäude eingerüstet und hinter Plastikplanen versteckt. Ein schmutzigweißer Riesenplastikwürfel. Sie ging daran vorbei. Eine Kirche links unten. Auf Medborgarplatsen. Eine Eisfläche. Ein paar junge Männer rutschten auf dem Eis herum. Der Platz mit Ketten vom Gehsteig abgesperrt. Sie stieg über eine der dicken eisernen Ketten. Sie überlegte. Sollte sie in das Einkaufszentrum links gehen. Es sah alles geschlossen aus. Wann ging man hier einkaufen. Sie ging an der Eisfläche vorbei. Vor einem Lokal. Gasheizungspilze glühten himmelblau. Männer saßen in ihre Mäntel gewickelt im Freien. Hatten Biergläser vor sich. Bierdosen. Sie ging auf Götgatan zurück. Drehte sich um. Schaute zum Turm der Medborgarplatsen Shopping-Mall hinauf. Drehte sich wieder um. Gegenüber. Ein Bus war stehen geblieben. Menschen strömten auf den Platz herüber. Der Bus war von den Ausgestiegenen umzingelt. Der Fahrer hupte. Dann waren alle über die Straße gegangen, und der Bus raste davon. Verschwand nach links unten auf die Straße nach Gamla stan hinüber.

Sie ging in den Gastgarten. Ging an einen Tisch ganz am Rand zum Platz hinaus. Weit weg von den Gasheizungen und den biertrinkenden Männern. Sie machte ihren Mantel auf. Schlug den Mantel eng um sich. Setzte sich. Ein Kellner kam. Sie bestellte einen doppelten Espresso. Sie nahm ihr

Handy aus der Manteltasche. Kein Text. Es war keine Nachricht von ihm. Überhaupt keine Nachricht. Sie starrte auf das Gerät. Legte es auf den Tisch. Nahm es wieder in die Hand. Sie schlug die Beine übereinander. Wie er es immer machte. Beim Texten. Sie beugte sich vor und legte ihre linke Hand auf das Knie. Sie saß, wie er immer dasaß. Sie wippte mit dem linken Fuß. Sie rückte sich auf dem Sessel zurecht. Er lehnte sich immer nach links. Ließ die linke Schulter nach vorne fallen. Ließ sich dem linken Knie zu nach vorne fallen. Er hatte das linke Bein über das rechte gelegt. Unterschenkel. Manchmal schlang er den linken Fuß um den rechten Unterschenkel. Verhakte den linken Fuß hinter dem rechten Bein. Er lag dann auf der linken Brusthälfte abgestützt und schaute auf sein Handy. Mit zusammengezogenen Augenbrauen. Als wären nur schlimme Nachrichten zu erwarten. Sie zog ihre Augenbrauen zusammen. Griff mit der rechten Hand an die Brauen. Prüfte nach. Schaute sie skeptisch genug. Sie schob ihren linken Fuß um die rechte Wade. Die Stiefel machten das schwierig. Sie lehnte sich gegen die Armlehne des Sessels. Hielt das Handy in der Linken. Sie musste die Beine ausstrecken. Von vorne beginnen. Das linke Bein über das rechte. Sie beugte sich ihrem Knie zu. Runzelte die Augenbrauen. Wippte mit dem linken Fuß. Schaltete das Handy ein. Starrte auf das Display. Sie dachte sich, er zu sein. Dachte sich in seinen Körper. Stellte sich vor. In ihn gedehnt. Ausgespannt. Die längeren Gliedmaßen. Der längere Rumpf. So viel runder. Fleischiger. Das Geschlecht. An den Rumpf angelegt. Die Haut behaart. Lederner. So. Sie wusste den Text, den er ihr geschickt hatte. Der Text. Der tanzte wohl irgendwo zwischen den Satelliten herum. Fand nicht hierher. Was hatte er ihr geschrieben. Sie begann zu texten. »Love you. Und du fehlst mir schon.« Sie tippte auf senden. Sie wollte sich gerade aufrichten. Aus der Verbindung mit ihm herauslösen. Da sah sie. Sie hatte den Text an den Bieberstein geschickt. Nach Wien. Die letzte Nachricht war von Bieberstein gewesen. Sie hatte dem Bieberstein geantwortet. Sie hielt inne. Blieb halbvorgebeugt sitzen. Lange. Eiseskälte. Eiseskälte füllte sie aus. Dann Hitze. Wallende Wellen heißester Hitze. Er hatte ihr nicht geschrieben. Der Text, über den er gebeugt gesessen. Der war nicht an sie gewesen. Das wusste sie nun. Der Kellner brachte den Kaffee.

Wenn der Bruder geschlagen wurde. Es war ein Tanz. Das Kind sprang auf Zehenspitzen, der Rute zu entkommen. Wich aus. Drehte sich. Drehte sich im Kreis. Drehte sich weg. Davon. Lief in die Ecken. Da konnte der Vater nicht mehr ausholen. Dann lief es unter dem Arm des strafenden Vaters aus der Ecke heraus. In die Mitte des Zimmers. Drehte sich im Kreis. Duckte sich unter den nächsten Schlag. Rollte auf dem Teppich. Der Vater musste sich bücken und traf das strampelnde, schreiende Kind nicht. Dass er kein Mann sei, hatte der Vater dann geschrien. Ein Mann. Der stünde still und nähme, was ihm zustünde. Der Bruder schrie die ganze Zeit. Beim Wegrollen. Ein Gekreische war das gewesen. Ein Geheul. Hoch. Schrill ansteigend und immer noch ansteigend. Sie hatte am Rand des Teppichs stehen müssen. Es zu sehen. Die Risse von der Rute in der Haut des Bruders. Er hatte sich ausziehen müssen. Die Risse in der Haut des Bruders waren dann erst am nächsten Tag zu sehen gewesen, und der Bruder musste zu Hause bleiben. Man hätte die Verletzungen im Turnunterricht bemerken können.

Freitag, 11. Mai 2018. Berlin.[20]

Sie setzte sich auf. Die Männer mit den Biergläsern lachten laut. Sie stand auf. Wickelte den Mantel eng um sich. Schon beim Hinsetzen wieder. Sie stellte sich selbst in ihm vor. Dachte sich die Worte, die er geschrieben hatte. Sie dachte sich in ihn, wie sie ihn da sitzen gesehen hatte. Über sein Handy gebeugt. An sie schreibend. Sie lächelte. Wie lange diese Nachricht von Satellit zu Satellit sprang. Vielleicht hatte die Nachricht ein paar Weltumrundungen unternommen und war deshalb noch nicht da. Sie konnte sehen, wie die Sätze so glitzernd durch die Atmosphäre segelten. »Denke an dich. Du fehlst mir jetzt schon.«

Er hatte ernst dreingesehen. Konzentriert. Sein ganzer Körper auf diesen kleinen Bildschirm orientiert. Sie nahm ihr Handy aus der Manteltasche. Zog den Mantel noch enger um sich. Es war sehr kalt. Die Gasheizungspilze waren nahe an der Bar aufgestellt. Sie hatte sich in die Ecke gesetzt. An den Rand zum Platz. Die Eislauffläche gleich nebenan. Sie holte Luft. Beugte sich vor. Schlug das linke Bein über das rechte. Lehnte sich gegen das obere Bein. Stützte den linken Arm auf dem Bein ab. Ließ das Gewicht über den Ellbogen auf den Oberschenkel sinken. Legte die Brust nach links. Gegen den Oberarm. Die rechte Hand. Sie entsperrte das Telefon. Es war keine Nachricht gekommen. Kein rotes Kreiselchen. Sie tippte auf Nachrichten. Begann zu schreiben. Sie atmete aus. Seufzte. Sie überlegte, er zu sein. Sie dachte ihre Brust breiter. Runder. Den Rumpf länger. Die Arme und Beine unendlich länger. Das Handy flatterte ihr in der Vorstellung dieser Verlängerung. Fiel ihr fast aus der Hand. Sie spürte seine Haut. Ledriger als ihre. Dunkel behaart. Der Kopf. Größer. Ausgedehnt. Sie fühlte sich nach außen ausgedehnt. Lehnte sich mit diesem neuen Gewicht gegen ihren Oberarm. Nach links. Er hatte ernst geschaut. Er hatte die Augenbrauen zusammengezogen gehabt. Wenn er ernst schaute. Eine steile Falte stieg von der rechten Augenbraue vorne in die Stirn hinauf. Teilte die Stirn. Sie zog die Augenbrauen zusammen. Griff mit der rechten Hand an die Stirn. Prüfte, ob die Falte da war. Der Unterkörper. Er endete flach. In ihrer Vorstellung. Sie dachte einen Penis. Hoden. Der Penis direkt aus ihrer Klitoris. Ein Wohlgefühl weiter hinaus gedacht. Die Hoden warme Haut zwischen den Beinen. Sie begann zu schreiben. Das Schreiben. Mit einem Mal war alles ausgefüllt. Seine Haut nicht mehr von ihrer unterschieden. Sie war ganz in ihm. Sie legte die Lippen aneinander. Presste sie aneinander. Sie schrieb »love you. miss you. want you.«. Sie tippte mit dem rechten Zeigefinger. Die Kälte machte die Hand langsam. Ungenau. Sie musste löschen und neu tippen. Dann tippte sie auf »senden«. Sie saß da und schaute dem Senden zu. »Zugestellt« stand unter dem Text. Da sah sie es erst. Sie hatte den Text nicht an ihn gesendet. Einen Augenblick. Sie fühlte gar nichts. War nicht.

Existierte nicht. Sie schaute auf das Display. Die Nachrichten vom Bieberstein waren aufgemacht gewesen. Und sie hatte an ihn gesendet. Die letzte Nachricht von ihm vor drei Wochen. »Müssen sprechen.«, las sie. Sie lehnte sich wieder vor. Stützte den Brustkorb links gegen ihren Arm. Hielt das Handy links. Sie begann mit dem rechten Fuß zu wippen. Wie er. Wenn er ungeduldig wurde. Wenn er mit etwas nicht weiterkam. Wenn ihn etwas ärgerte. Er schlug das linke Bein über das rechte und wippte mit dem linken. Das Wippen mit dem Fuß. Die Eiseskälte in ihrer Leibesmitte kam ins Schwanken. Schlug gegen die Bauchwand. Innen. Wurde zur Hitze. Schwappte in den Hals herauf. Er hatte einer anderen Frau getextet. Die Vorstellung, in seine Haut geschlüpft gewesen zu sein. Die Vorstellung war nicht mehr möglich. Sie saß da und schüttelte ihn ab. Stieß ihn ab. Sie löste sein Geschlecht von ihrem. Ließ seine haarige Haut von sich abfallen. Schüttelte die Größe seines Kopfs von ihrem weg. Sie stand auf. Ließ den Mantel von sich gleiten. Saß ohne Mantel in der eisigen Kälte. Die Kälte. Alle Vorstellung löste sich in die Kälte auf. Ihr Handy vibrierte. Sie legte es auf den Tisch. Die Wiederholung. Dann ein neuerliches Vibrieren. Noch eine Nachricht. Der Kellner brachte den bestellten Kaffee. Sie zog den Mantel wieder an. Wickelte sich in die Daunen. Trank den Kaffee. Eine hitzige Leere füllte sie aus. Oder war das sehr kalte Kälte. Oder eine Schwere. Der Kaffee wärmte.

Montag, 14. Mai 2018. Wien.²¹

Wenn sie sich erinnerte. Sie hätte nicht sagen können, was mehr geschmerzt hatte. Die Verliebtheiten oder die Trennungen. Der Zustand des Verliebtseins oder des Getrenntseins. Immer der Leib gefüllt. Beschwert. Dicht. Der Zustand zu tragen. Der Kern. Das Zentrum. In der Mitte. Knapp unter den Rippen. Manchmal aufgestiegen. Unter das Brustbein. Dann steinern. Sonst weich und fallend. Ein dauerndes Fallen. Und kein Aufkommen. Ankommen. Aufprallen. Kein Augenblick ohne diesen Zustand. Zustände. Ein Warten war das. Ein Warten auf Erlösung. Auf Abebben. Verfließen. Absinken. Vergehen. Keine Krankheit. Zustände. Schwangerschaften. Immer schon Schwangerschaften. Auch. Und bei ihr. Ja keine zu einem guten Ende geführt. Sie liebte ihn auch dafür, ihr die Verliebtheit erspart zu haben. Sie hatten geredet. Und immer mehr geredet. Bis zu dem Satz. »Du weißt, dass wir da nicht mehr herauskommen. Wo wir jetzt sind.« Es war wie ein Roman aus 1820 gewesen. Sie hatte mit sich diskutieren können. Müssen. Wollen. Wollte sie mit diesem Mann. Oder nicht. Und jeder Schritt übersichtlich und offen. Erwachsen. Sie hatte sich erwachsen gefühlt. Verbunden. Gehalten. Sie fühlte sich leicht mit ihm. Erfasst. Gesehen. Das mit dem Bett. Gegen die Innigkeit im Kopf. Gleichgültig. Ja. Richtig. Er sich ihr so vollkommen zugewandt und nichts Eigenes. Eine eigentliche Zuwendung war das. Und sie sehnte sich in den Morgen zurück. Von ihm gehalten. Ihm das Instrument ihrer Lust. Schwarz war es da. Sie hielt die Augen geschlossen. Dabei. Und nur die Lust hell.

Donnerstag, 17. Mai 2018. Wien.[22]

Beim Trinken des Kaffees. Ihr Mantel fiel auseinander. Sie saß da. Starrte auf den Platz hinaus. Die Männer unter den Heizpilzen lachten. Riefen dem Kellner etwas zu. Sie trank aus. Stellte die Espressotasse auf den Tisch. Dann doch auf die Untertasse. Sie stand auf. Der Kellner kam. Ihre Umhängtasche war nach hinten verrutscht. Sie musste den Mantel schließen. Die Tasche nach vorne ziehen. Sie zahlte. Das Handy lag auf dem Tisch. Schwarz. Leer. Sie hatte sich schon fast abgewandt. Der Kellner schob ihr das Handy über den Tisch herüber. Sie nahm es. Steckte es wieder in die Manteltasche. Beim Weggehen. Sie stieg wieder über die Kette auf den Platz. Sie wollte nicht an den Männern vorbei. Ihr war kalt. Das Handy war eiskalt in ihrer frierenden Hand. Auf dem Platz. Sie ging an den Rand der Eisfläche. Eislaufen. Das war schön gewesen. Sie wandte sich um. Hatte sie nun diesen Kaffee getrunken. Dann drehte sie dem Platz den Rücken zu und ging zu Götgatan zurück. Schnell. Lange Schritte. Aufrecht. Sie trug sich davon. Trug ihren Kopf schnell davon. Das Wissen. Sie holte das Handy heraus. Blieb stehen. Sie schaltete das Handy auf Flugmodus. Unerreichbar. Sie wollte unerreichbar sein. Sie wurde weitergeschoben. Sie war an einer Bushaltestelle zu stehen gekommen. Der Bus war angekommen. Dieselratternd. Die Türen pfauchend. Die Ankommenden drängten an den Wartenden vorbei. Sie geriet an den Rand. Musste über eine Steinumrandung auf eine Grasfläche steigen. Gehen und Reden rund um sie. Auf der Wiese. Zertrampelter Schnee und Eisflecken. Sie konnte ihre Finger kaum mehr bewegen. Die Kälte. Es hatte minus 15 Grad. In der Nacht war es noch kälter gewesen. Sie musste ihre Handschuhe anziehen. »Hast du deine Handschuhe mit.« Warum rief sie ihn nicht an. Sie konnte ihn doch anrufen und ihn fragen. Wo war er. Was machte er. Störte sie ihn. War er schon bei diesem Workshop. Musste er nicht Götgatan entlanggehen. Wollten sie einander treffen. Sie konnte doch so tun, als hätte sie ihn nicht gesehen. In dieser Konditorei da. Es konnte doch sein, dass er auf ihre Nachricht wartete. Warum war sie beleidigt. War sie beleidigt. Es gab keinen Grund dafür. Sie musste nur mit ihm reden. Sich vergewissern. Für sich alles in Ordnung bringen. Er wusste ja nichts von ihrem Wissen. Sie war gerade dabei, alles kaputtzumachen. Wieder. Ihre Überempfindlichkeit regieren zu lassen. Wieder. Es war nur ihre Phantasie. Es hatte nichts mit der Wirklichkeit zu tun. Er saß sicher da und dachte an sie. Aber es war ein Ritual geworden. Das Erlösungslächeln. Seine Bestätigung, dass für ihn alles in Ordnung war. So. Wie es war. Dass es ihm nichts ausmachte. Dass er sie liebe. Dass er anerkannte, dass sie nicht impotent war. Dass er dem Rechnung trug. Aber warum hatte er dann nicht bemerkt, dass sie draußen vorbeigegangen war. An ihm vorbeigegangen. Nur durch eine Glasscheibe getrennt. Warum hatte er ihrer Anwesenheit nicht. Rechnung getragen. Warum. Sie war weiter in die Wiese gegangen. Hinter die Bushaltestelle. Die Rückwand graublau. Die drei Romafrauen kamen auf die Bushaltestelle zu. Gingen an ihr vorbei. Verschwanden hinter der Wand. Sie ging auf der Wiese ein paar Schritte in die Gegenrichtung. Götgatan zurück. Ihm entgegen. Zu ihm zurück. Da hörte sie nichts mehr. Sie blieb stehen. Im Kopf die Wiederholung. »Er trug dem Rechnung.« Sonst war es leer. Dumpf leer. Wolkig. Kein Summen oder ein metallischer Ton. Das passierte ihr manchmal. Sie war bei ihrer Hausärztin gewesen. Es wäre nur manchmal. Ohnehin selten. Sie solle sich entspannen, hatte die Ärztin gesagt. Ihr Genick dehnen. Sich bewegen. Die Frau hatte sich vorgebeugt. Ihr zugebeugt. Sie gemustert. Das wäre kein Tinnitus, hatte sie gesagt. Alle drei Monate einmal. Das sei doch selten. Sie solle es beobachten. Vielleicht könne sie aufschreiben, wann das passierte. In welchen Situationen. Hätte es etwas mit dem Körper zu tun. Kam das in körperlichen Situationen. Beim Laufen. Stiegensteigen. Sich-Hetzen. Oder doch eher in Ruhe. Wenn sie den Kopf lange nicht bewegt gehabt habe. Sie war lächelnd von da weggegangen und hatte die Überweisung zum Facharzt weggeworfen. Alterserscheinungen, hatte sie sich gesagt. Erscheinungen. Das war das ja gewesen. Eine Erscheinung. Sie hatte sich dann vorgenommen, solche Erscheinungen interessant zu finden. Neugierig zu sein. Gespannt sein, was sich da noch ergeben könnte. Aber das war frivole Selbsttherapie gewesen. Sie hatte sich noch nie über dieses andere Hören freuen können. Oder sich interessieren dafür. Sie war immer von dieser Dumpfheit getrieben aufgestanden. Hatte herumgehen müssen. Hatte das Weite gesucht, diesen Unton hinter sich lassen zu können. Dieses dumpf Stumme war ein Abgrund innen.

Auf der schneebedeckten Wiese. Hinter der Windschutzwand der Bushaltestelle. Unter dem Geäst der Bäume auf dieser Wiese. Sie konnte ihr Herz hören. Weit entfernt.

Hinter der wolkig dumpfen Leere pumpte ihr Herz. Kurz. Schwer. Kurz. Schwer. Kurz. Sie drehte um. Ging auf der Wiese Götgatan entlang. Sie ging auf ein riesiges Plakat zu. Ein Mann und eine Frau. Strahlend lächelnd beide. Er und sie versprachen tolle Preise bei einer Quizshow in einem Fernsehsender. Die Frau war stark operiert. Auf ihren Wangen. Unter den Backenknochen. Es gruben sich diese Querfalten vom Lifting ein. Die Lider waren gestrafft. Die Augen lagen tief und rund in den Augenhöhlen. Die Augenbrauen tätowiert. Der Mund wulstig aufgespritzt. Rosa Lippenstift. Vaginarosa. Der Mann war jung und grinste. Er stand ein wenig hinter der Frau.

Sie ging auf das Plakat zu. Eine Ampel gleich unter dem Plakat. Die Ampel schaltete auf grün. Die wartenden Autos fuhren an. Sausten in einer engen Kurve unter dem Plakat nach links in die Tiefe. Die Straße führte zur Verbindungsstraße zwischen Södermalm und Gamla stan. Die Autos verschwanden. Fuhren in die Tunnel unter den Inseln davon. Unter das Meer. Sie hörte sie nicht. Für sie. Die Autos fuhren ohne Geräusch. Rollten die Kurve hinunter davon. Majestätisch war das. Alles schien langsamer. In dieser Geräuschlosigkeit. Und sie hörte die Frau auf dem Plakat sprechen. Sie verstand sie nicht. Die Frau sprach ja Schwedisch, und sie konnte nur ein paar Phrasen. Aber sie verstand, wie diese Frau auf sie einsprach. Sie solle es aufgeben, nach der Liebe zu suchen. Das sei doch eine Jagd für sie geworden. Ein Lebenszweck. Asozial. Das sei asozial. Sie müsse zu sich kommen. Das wäre die Aufgabe. Sie müsse das Richtige für sich tun und nicht für dieses erdachte Prinzip. Habe sie das denn nicht begriffen. Sie müsse nicht so tun, als sei ihr das jetzt schon genug. Das mit dieser Befriedigung da. Das sei schon okay. Aber habe sie sich überlegt, dass sie diesen Mann nun nie vollständig kennenlernen werde. Dass sich dieser Mann ihr nun so zugemutet hatte. Dass er sich ihr verweigere. Hysterisch. Und könne sie sich erinnern. Dieser Mann hatte nie angedeutet, dass es so um ihn stünde. Wüsste sie denn wirklich so gar nichts über die Männer.

Der Mann auf dem Plakat grinste über sie hinweg. Die Frau sprach weiter mit ihr. Noch als sie unter dem Plakat vorbeiging und nach rechts in die Fußgängerzone einbog. Sie solle endlich aufwachen und zu leben beginnen. Nur sie könne den Zauber lösen. Erlösung. Das sei eine Erfindung wie die Liebe.

Sie ging davon. Sie wollte nicht zuhören. Sie ging im Gerede der Plakatfrau. Therapiephrasen. Die führten zum Kauf von Beruhigungstees, Apparaten für Fußbäder und Lederjacken. Rechnung tragen. Das war der wichtige Satz. Rechnung tragen. Das war die Frage nach dem Dativ. Wem. Das war Beziehung. Dem. Der. Die Rechnung. Die musste im Akkusativ getragen werden. Ganz normal. Aber die getragene Rechnung. Ein Imperativ versteckte sich da. Wem war da die Schuld zu erstatten. Sie holte tief Luft. Sie war wieder da angelangt. Schuld. Der Schuld musste Rechnung getragen werden. Die Beziehung war mit der Schuld. Sie war nicht unschuldig. Aber sie war auch nicht schuldig. Sie war unbedeutend. Unwichtig. Das war ihre Unschuld. Mit Absicht war das so. So. Sie bestimmte über niemanden. Sie hatte sich noch der Beurteilung anderer entzogen. Sie hatte sich in eine Null verwandelt. Sie schien nicht mehr auf. Unsichtbar. Und trotzdem. Das Wort drängte sich herein. Jagte sie. Schuldig.

Samstag, 19. Mai 2018. Wien.[23]

Verlangte sie wirklich zu wenig. Machte sie es der Welt mit ihrem Rückzug zu leicht. War das ihre Schuld. Kein Gewicht auf die Waage zu bringen. War sie zu bescheiden. Hatte sie sich beugen lassen. Hatte sie sich in diese Bescheidenheit abdrängen lassen. Hatte sie Platz gemacht für diese anderen. Hatte ihre Bescheidenheit den Raum freigelassen für diesen Spalt in der Tür des Schlachthauses. Und Schlachthaus. Das war das, was da wieder sein sollte. Nicht nur in ihrem Land. In der ganzen Welt. Die Tore. Sie wurden wieder aufgemacht. Die Wege dahin neu erklärt. Und niemand schämte sich. Das Schlachthaus war anerkannt. In der Sprache. Da konnte es wieder gesagt werden. Dieses Aberkennen der Würde. Keine Person. So ein Migrant. Die Migrantin. Menschenrechte. Das war privilegiert. Aber für welche. Für sie. Sie hatte nicht das Gefühl. Oder war es ganz einfach, und sie war am Teppichrand stehen geblieben und sah zu. War da geblieben, wo sie hingestellt worden war. Und machte ihr das ein Vergnügen. Hatte sie deshalb solche Probleme mit der Vorstellung der wieder benoteten Kinder in der Schule, weil sie es sich eigentlich wünschte. Strafe. Weil sie zuschauen musste. Wollte. Darauf trainiert war, beim Strafen zuzusehen. Und war das bei den anderen genauso. Nur belogen die sich nicht. Die zogen keine depressive Verstimmung vor ihr Selbst. Die gingen fröhlich der Neuentdeckung des Schlachthauses nach.

Sie ging in den Designshop an der Ecke zu Högbergsgatan. Alles weiß oder grau. Alle Produkte weiß oder grau. Handtücher. Geschirrtücher. Teller. Tassen. Servietten. Schachteln. Dosen. Taschen. Koffer. Notizbücher. Papierkörbe. Schachspiele. Weiß oder grau. In ihrer Taubheit. Die Dinge waren weiter weg. Schattenlos. Zweidimensional. Sie musste nach einer der grauen Kaffeetassen greifen und sie aufheben. Im Greifen dann wieder alles normal. Sofort. Auch das Hören.

Pfingstsonntag, 20. Mai 2018. Wien.

Sie setzte die Tasse ab. Ging in den nächsten Raum. Hier alles bunt. Auf Tischen. In Vitrinen. In Regalen. Alles zum Wohnen. Zum Leben. Designgegenstände. Skandinavisch. Sie ging herum. Dachte an die winzige Wohnung auf Helgagatan und wie sie die einrichten könnte. Aber dieses eine Zimmer. Sie gab auf. Es gab keinen Platz, auch nur einen der rot und gelb gestreiften Schirmständer aufzustellen. Die Schirmständer. Ein Anklang an die fünfziger Jahre. Ein halbaufgespannter Schirm war auf den Kopf gestellt. Die nassen Schirme sollten in den umgedrehten Schirm hinein abgestellt werden. Rot und gelb. Gelb und grün. Grün und blau. Sie hätte grün und blau genommen.

Sie ging nach rechts hinaus. Zeitungen. Zeitschriften. Die Wände rechts und links entlang. Es gab nichts aus Österreich. Ein paar englischsprachige Magazine. *Tatler*. *New Yorker*. Auf Deutsch den *Spiegel*. Sonst alles schwedisch. Sie ging hinaus. Im Designshop hatte es nach Plastik gerochen. Sie wollte an die frische Luft. In die Kälte hinaus.

Die Kälte. Kein Geruch. Kristallen klar. Sie zog ihren Schal vom Hals weg. Sollte der Marmor brechen. Sollte die Kälte kleine Risse die Marmoradern entlang verursachen. »Du hast einen Hals wie von Marmor.« Sie hätte sich ihm gerne in die Arme geworfen. Hätte ihm den marmornen Hals hingehalten, sie warm zu küssen. Hätte ihn geküsst. Oh. Sie hätte ihn. Sie legte ihre Fingerspitzen an den Hals. An die Schlagader. Der Hals. Die Haut. Zartwarm. Blütenwarm. Nicht steinern. Sie zog den Schal um den Hals. Steckte die Hände in die Manteltaschen. Ging in Richtung Slussen.

Pfingstmontag, 21. Mai 2018. Wien.

Sie ging in der Mitte der Straße. Die Menschen rund um sie. Alle gingen langsam. Schauten auf ihre Handys. Trugen Einkaufssäcke. Schauten in die Auslagen. Redeten miteinander. Schauten Vorbeigehende an. Sie ging schnell. Sie hatte Hunger. Sie hielt Ausschau nach einem Lokal für ein Frühstück. Sie wünschte sich eine Bäckerei. Noch einen Kaffee und eine dieser süßen Golatschen mit Kardamom und Pistazien.

Ein Mann kam ihr entgegen. Er ging auch in der Mitte

der Straße. Kam auf sie zu. Er trug einen Mantel. Dunkler Kaschmir. Eine dunkle Pelzmütze. Der Mann kam auf sie zugelaufen. Schnell. Sie wich aus. Trat nach links. Stieg wieder nach rechts. Sie wollte nicht ausweichen. Das war automatisch gewesen. Dieses Platz-Machen. Sie wollte das nicht. Nicht mehr. Das war oft ein Problem. Sie ging auf jemanden zu und überlegte von weitem, wer von ihnen ausweichen sollte. Sie bemühte sich dann, ihren Weg nicht zu verlassen. Es war kindisch. Und sie hatte dieses Problem auch mehr, wenn ein Mann auf sie zukam. Aber bei Spaziergängen. An der Donau. Da war der Weg in zwei Fahrspuren geteilt. Es war ein Spurenwechsel notwendig, der anderen Person Platz zu lassen. Es waren Siege für sie, wenn sie in ihrer Spur geblieben war. Nur bei Joggern. Da war sie großzügig. Für Jogger wich sie aus. Beim Joggen. Da dachte sie nie an diese Wegerechte. Da wollte sie im Rhythmus bleiben. Da kümmerten die anderen sie nicht. Und sie verstand das für andere. Sie sollte immer joggen. Sie sollte durchs Leben laufen und in ihrem Rhythmus bleiben. Bei der Vorstellung des Laufens. Wie der Körper in diesem Rhythmus auf und ab geworfen. Der Morgen fiel ihr ein. Seine Hand zwischen ihren Beinen. Auch so ein Rhythmus.

Der Mann kam auf sie zu und bog dann ganz knapp vor ihr nach rechts ab. »Tjärhovsgatan« stand auf der Straßentafel. Die schmale Straße führt steil hinauf. Der Mann ging weiter schnell. Eilte das Gässchen hinauf. Stieg von Pflasterstein zu Pflasterstein. Als stiege er auf einen Berg hinauf.

Es war ihr Bruder gewesen. Ihr Bruder. Er hatte auch diese Mäntel getragen. War nicht zu den Daunenjacken übergegangen. Ihr Bruder. Er hatte Anzüge getragen. Pullover. Krawatten. Immer Manschetten und Krägen zu sehen. Sie konnte sich an sein Gesicht nicht ohne solche Hemdkrägen erinnern. Im Spitalshemd. Sie hatte ihn kaum erkannt. Sie hatte den Pfleger angeschaut. Fragend. Verwirrt. Der hatte genickt. Das wäre schon ihr Bruder. Sie hatte vorher ihren Ausweis herzeigen müssen. Ihren Verwandtschaftsgrad nachweisen. Erst dann war sie in die Intensivstation hineingelassen worden. Es hatte lange gedauert. Sie hatte erklären müssen, dass ihr Bruder geschieden sei und sie auch. Dass sie aber deshalb anders als er heiße. Dass es nur sie gab. Die Schwester. Die hatten die Nummer ihres Personalausweises aufgeschrieben. Sie war dann an seinem Bett gesessen. Oder an seiner Bahre. Das war mehr eine aufgestellte Bahre gewesen, und er an der Bahre festgeschnallt. Schräg hochgestellt. Der Pfleger war gekommen und hatte ihn tiefer gelegt. Gerade. Der Arzt. Er hatte neben ihrem Bruder mit ihr reden wollen. Koma, hatte der Arzt gesagt. Ihr Bruder könne nichts hören. Nichts verstehen. Keine Gehirnwellen. Sie hatte darauf bestanden hinauszugehen. Sie musste dann die ganze Prozedur wiederholen. Die Hände desinfizieren. Einen neuen Kittel anziehen. Den Schlüssel für den Garderobenkasten nicht beim Waschbecken liegen lassen. Sie hatte sich nicht vorstellen können, ihn seine Diagnose mitanhören zu lassen. Es war ihr schon gleich gesagt worden. Schwierig. Wenig Hoffnung. Und wenn sie nun zuständig sei. Diese Zuständigkeit. Sie war doch nur die Schwester. Sie waren doch nur Verbündete gewesen. Zuständig. Das war etwas Festes. Stehendes. Etwas Rechtliches. Sie hatten längst nicht mehr geredet. Miteinander. Sie hatten einander gesehen. Geplaudert. Nichts geredet. Besprochen. Verhandelt. Sie hatten einander nur noch angesehen. Sie hatte ihm ins Gesicht geschaut und da gesehen, wie er es schaffte. Das Leben. Und er hatte wieder alles an ihr gleich gewusst. Er hatte sie um die Schultern genommen, hatte sie aus seinem Gesichtsfeld geschwenkt. Und sich selbst aus ihrem. Er hatte sie um die Schultern gehalten und geschaukelt. So ein wenig nach vor und zurück. Sie hatte sich gegen ihn gelehnt. Kurz. Er war ein starker Mann geworden. Groß. Und dann war es schon wieder genug gewesen. Sie hatten alles voneinander gewusst. Um einander. Freundlich lächelnd waren sie wieder auseinandergegangen. Reden. Das war nicht. Sibylle. Sie war nicht bei der Hochzeit gewesen. War da im Ausland gewesen. Weit weg. Sie hatte diese Frau schon als Ehefrau kennengelernt. Sie hatte sie nicht oft getroffen, und dann war Sibylle plötzlich die geschiedene Ehefrau. Keine Kinder. »Willst du Kinder.«, hatte er sie gefragt und war dann erschrocken. Er hatte sie gehalten. Sibylle war da dazugekommen und gleich wieder weggegangen. Oder hatte sie eine Szene gemacht. Sie konnte sich nicht erinnern. Die Umarmung war ihr geblieben. Die Dunkelheit an seiner Brust von seinen Armen umfangen. Seine Arme ihr Elend begrenzt hatten. Der Trost gewesen. Diese Begrenzung. In diesem Leid die Gefahr bis ins All hinaus gedehnt, vor Schmerz noch dorthin geschleudert zu werden. Und sich nicht mehr finden können. Er hatte das All ferngehalten von ihr. Sie festgehalten. Und sie hatte nichts zurückgeben können. Er war festgeschnallt gewesen. Die Hände. Sie hatte eine

Reaktion gespürt. Es war ihr gesagt worden, dass das unmöglich sei. Ohne Hirnströme. Sie hatte es anders gewusst. Sie hatte auch gewusst, dass er ihre Stimme erkannt hatte. Er lag plötzlich anders da. Was mit seinem Blutdruck los sei, hatte der Pfleger gemurmelt. Sie hatte sich an diese Bahre gesetzt. Seine Hand genommen. Ihre Hand unter seine gedrängt. Diese Hand ohne Hirnströme. Sie hatte diese Hand gehalten. Diese Hand ohne Empfindung. Nur Körper. Sie solle mit ihm reden, hatten alle gesagt. Die fröhlichen Pflegerinnen beim Eingang. Der Arzt im Vorzimmer. Der Pfleger. Der blieb stehen. Schaute auf die Anzeigen der Geräte. Ein Turm von Geräten. Rote Zahlen auf den Anzeigen. Jeden Augenblick andere Zahlen. Eine hohe Säule von roten Zahlen, die hinaufliefen und hinunterfielen. Es war ihr nichts eingefallen. Sie hatte nichts zu erzählen gewusst. Sie hatte dann nacherzählt, wie sie gemeinsam ihre erste Zigarette angezündet und die ersten Züge gemacht hatten. Wie sie nach dem dritten Zug die Zigarette ausdrücken hatte müssen. Sie hatte nicht weiterrauchen können. Eine Sperre. Im Bauch. Tief unten im Bauch. Sie hatte keinen einzigen Zug in die Lungen hinunterdrücken können. Hinunterzwingen. Er dagegen. Er hatte die erste Zigarette geraucht, als wäre es die hundertste. Er hatte gegrinst und genickt. Ihn hatte das Rauchen sofort glücklich gemacht. Von da an. Er hatte nach Zigaretten gerochen. Nach Rauch. In einem Nichtraucherhaushalt. Wenn der Vater etwas gesagt hatte. Deswegen. Darüber. Er war aufgestanden und weggegangen. Er war dann bald ganz weggegangen. Er hatte den Vater links liegenlassen und war davon. Er hatte nicht mehr geantwortet.

Aber er hatte auch nichts gesagt. In seinen Papieren. Nach seinem Tod. Sie hatte den Befund gefunden. Ein Aneurysma an der Aorta. Gleich über dem Herzen. Eine Ausbeulung. Eine Operation war vorgeschlagen gewesen. Sie solle reden mit ihm, hatte man ihr aufgetragen. Und sie müsse seine Zukunft überlegen. Was mit ihm weiter geschehen solle. Hier könne er nicht mehr lange bleiben. Sie solle Entscheidungen treffen. Sie wäre nun die entscheidende Person. Er hatte das dann aber doch selbst erledigt. Er war nach ihrem Besuch gestorben. Der Arzt hatte sie noch am Gang abgefangen. Wieder gefragt. Was geschehen solle. Lebensverlängernde Maßnahmen. Ihr Bruder sei noch jung. Relativ jung. Lebenserhaltende Maschinen. Abschalten. Laufen lassen. Liefen Maschinen denn. Und was war der Unterschied zwischen lebensverlängernd und lebenserhaltend. Es war doch sicher ein verlängerter Erhalt, um den es ging. Eine erhaltende Verlängerung. Aber er hatte es ihr leichtgemacht. Allen hatte er es leichtgemacht. Er war gleich gestorben. Verstorben. Die Vorsilbe ganz richtig. Ver-. Das gehörte zur Inhaltsgruppe »verkehrt, falsch«. Zur Inhaltsgruppe »fort, woandershin«. »Aufhören zu«. Das gehörte zur Inhaltsgruppe »bis zu einer Zustandsänderung«, »bis zum Ende«. Ver-. Diese Vorsilbe leitete schreckliche Zustandsänderungen ein. Er war wohl dagelegen und im nächsten Augenblick anders, obwohl er sich nicht bewegt hatte. Von einem Zustand in den anderen gefallen. Verstorben. Sie hatte ihn im Sarg wiedergesehen. Nach dem Versterben. Sie hätte ihn gern auf die Stirn geküsst. Eine Zärtlichkeit. Irgendeine. Aber er hatte das nicht gewollt. Er hatte sie nie mit einem Kuss begrüßt. Nie zum

Abschied. Er war ihr Verbündeter auf Erden gewesen. Sie wollte ihre Abmachung nicht im Nachhinein verraten. Sie war damals selbst schon wieder geschieden gewesen. Und nur die Erinnerung an seine Umarmung nach dem Kind. »Kannst du dich erinnern.«, hatte sie gesagt. Da. Im Spital. Aber das war ein dummer Vorschlag gewesen. Konventionell. Die Erinnerung daran machte sie noch trauriger.

Sie schaute dem Mann nach. Wandte sich, ihm nachzugehen. Dann lächelte sie. Sie ging weiter. Es hatte ihn gegeben. Damit musste sie auskommen. Dann kehrte sie doch um und ging die kleine steile Straße hinauf. Oben ein Park. Eine Kirche. Der Mann war nicht zu sehen. Sie ging zurück.

Dienstag, 22. Mai 2018. Wien.[24]

Sie ging in der Mitte der Straße. Hier fuhren keine Autos. Die Geräusche. Nur das Gehen zu hören. Das Reden. Aber mehr ein Geraschel. Ein Knirschen. Die weichen Sohlen von Winterstiefeln auf dem Streukies. Rund um sie. Später Morgen. In den Kleidergeschäften. Mode für wärmere Tage. Pastellfarben. Geblümt. In einem Herrengeschäft. T-Shirts mit aufgedrucktem Rosenmuster. Sie ging hinein. Wollte eines kaufen. Für ihn. Sie stellte ihn sich vor. Vor seinem Haus. Am Gartentisch. Sie kannte dieses Haus nur im Winter. Aber er freute sich schon auf die Terrasse und den Vorplatz zum Wasser hin. Er konnte oben sitzen in diesem T-Shirt.

In seinem gläsernen Arbeitszimmer. Geblümt konnte er da arbeiten. Altrosa Rosenblüten auf dunkelblauem Grund. Sie ging wieder hinaus. Sie wollte kein Paket herumtragen. Eine Einkaufstasche schleppen. Ihre Tasche nicht groß genug, und die Kaffeekapseln schon kaum Platz. Sie konnte hierher zurückkommen. Sie hatten die Wohnung noch eine Woche. Sie musste dann nach Berlin. Er hatte ein offenes Ticket. Wegen der Arbeit.

Ein Mann kam ihr entgegen. Er trug einen dunklen Mantel. Eine Pelzmütze. Er war groß. Breit. Er kam direkt auf sie zu. Sie konnte ihn hören. Jeder Schritt ein harter Ton. Das Geräusch der Schuhe. Sie hob das Gesicht und ging auf den Mann zu. Sie wollte diesem Geräusch nicht Platz machen. Ein Geräusch der Berechtigtheit war das. Dieser Mann. Er nahm nicht nur den Platz ein. Er besetzte ihr Hören. Er kam näher. Seine Schritte lauter. Bitterlich weinen. Sie musste bitterlich weinen. Sie bog nach rechts in eine kleine Gasse. Steil den Hügel hinauf. Katzenkopfpflaster. Sie erklomm den Hügel. Oben. Eine Kirche. Büsche. Ein Spielplatz. Sie setzte sich. Sie tastete ihre Wangen ab. Sie hatte nicht geweint. Es war in ihr geblieben. Die Bitternis. Weil nun nichts gelungen war. Nichts. Bitterlich. Sie hatte sich nicht vorstellen können, dahin zu kommen. Bis vor kurzem. Sie war sicher gewesen, leben zu wollen. Auf der Bank sitzend. Auf diesem Hügel in Stockholm. Der gebuchte Flug war es gewesen. Die Begrenzung davon. Die Vorschrift darin. Sie konnte sich sehen. Den Koffer packen. Hinuntertragen. Über das Eis und den Streukies rollen. Die Stiegen zu Götgatan hinunter. Die U-Bahnhaltestelle. Die Zentralstation. Die Suche nach dem richtigen Bahnsteig. Der Flughafen. Der Flughafen in Stockholm besonders niedrige Räume. Dunkel gehalten und nur die Waren angestrahlt. Lachs kaufen. Überlegen, was im Eiskasten vorrätig war. In Berlin. Die Fahrt nach Alt-Tegel. Sie hatte nur einen kleinen Koffer. Kaum Kleider mit. Es war so weit zu gehen mit dem Koffer. Taxis waren teuer. Wanderungen. Sie sah sich dahinwandern. Sie musste lachen. Sie hatte sich das anders vorgestellt. War das nun so eine Art Pensionsschock. Weil sie nicht arbeitete. Weil sie Zeit hatte. Weil sie ziellos herumging. Nur lebte. Sie hatte so leben wollen. Nicht abgelenkt und nur leben. Arbeitslos. Aber die Abenteuer. Dieser Mann auf der Straße unten. Er hatte sie an ihren Vater erinnert. An die Männer damals. Alle in diesen Mänteln. So viel Platz gebraucht und alle lauten Schritts. Und sie hatte sich vertreiben lassen. Sie hatte sich diese steile Straße heraufjagen lassen. Sie war geflüchtet. Bitterlich weinend. Ein kleines Kind. Mädchen. Und so oft aufkam. Dieses bitterliche Weinen. War das seinetwegen. Weil die Geschichte mit ihm so viel aufwühlte. In ihrem Alter. Keine Zeit für Wiederholungen. Das Gefühl einer Endgeraden. Ziel. Gerade noch nicht alt, aber damit begonnen. Torschlusspanik fiel ihr ein. Dieses Wort. Die Mutter hatte es verwendet. Es war ein Sechzigerjahre-Wort. Torschlusspanik. Es war aber doch das Tor, das die Panik hatte. Grammatikalisch. Jedenfalls. Die Panik des Torschlusses. Der Torschluss. War das nicht eine Handlung. Das Schließen des Tors. Abgeschlossen. War das ihre Todesangst. Sargangst. Locked-in-Syndrom-Angst. Das bitterliche Weinen. Weinte sie um die vielen Dinge, die nun nicht gewesen waren, und nicht wegen der Schrecken, die da kommen sollten. Weinte sie um die Abenteuer, die nicht anzutreffen gewesen waren. Drachen, die nicht aufzufinden gewesen waren. Hexen, die nicht mehr da wohnten.

Sie saß. Sie war unglücklich. Sie hatte Angst. Sie war müde. Sie wünschte sich einen Daunenschlafsack und einen tiefen Schlaf. Hier. Auf der Bank. Inmitten der Vorbeigehenden. Zu sehen. Wenigstens zu sehen. Sie fühlte sich aber leicht. In ihrem Schlafsack. Sie fühlte sich schwebend. Von nichts niedergehalten. Von niemandem erwartet. Davonschwebend. Nicht gelebt. Sie war ungelebt. Nicht geliebt. Sie setzte sich auf. Sie hatte ihn vergessen. Ihn. Er. Ihn gab es doch. Er war doch da. Wie hatte sie ihn nicht einrechnen können. Ihm nicht Rechnung tragen. Ihn übergehen. Sie beugte sich vor. Stützte die Ellbogen auf die Knie. Legte den Kopf in die Hände. Sie stellte ihn sich vor. Wollte sich sein Gesicht vergegenwärtigen. Sie fand sich wieder so sitzend, wie er gesessen. Sie fand sich in ihm. Sie saß wieder so seitlich vorgelehnt. Sie starrte auf das Pflaster und nicht auf das Handy. Sie saß starr. Festgefroren. Nur der linke Fuß wippend. Wurde sie wütend. War sie wütend. Sie dachte an ihn. An sie beide. Wollte sich an die langen Gespräche erinnern. Wie sie stundenlang miteinander reden konnten. Wie beruhigend es war, ihn im Zimmer zu wissen. Wie sie den ganzen Tag voneinander wussten. Texteten. Sich vergewisserten. Sich einander zur Kenntnis brachten. Wie sie seine Gefühle in ihre sickern merkte. Sich ihm nah wusste. Er ihr gegenwärtig. Traut. Sie waren traut miteinander. Innig. Anstatt des Beischlafs. Sie waren in ihre Seelen verwoben. Vernäht. Sie durchdrangen einander im Geist. Sie hatte nie bisher solche Nähe. Gehabt. Erlebt. Warum war sie nun nicht glücklich. Warum verfiel sie beim Anblick eines dunkelblauen Herrenmantels in bitterliches Weinen. Sie liebte. War das nicht das erhoffte Abenteuer. Das hatte sie doch herbeigewünscht. Herbeigesehnt. Dieses Teilen, das aus allem mehr machte. Aber es ließ sich nichts aufrufen. Die Bilder flach. Die Bilder zerrannen. Nur die Kälte zu spüren. Durch und durch. Sie kam nicht einmal mehr bis zu seiner Haut. Sie erreichte ihn nicht. Von innen. Wenn sie sich in ihn dachte. Sie reichte nicht bis zu seiner Haut. Sie füllte ihn nicht aus. Sie flatterte in ihm. Konnte sich nicht in ihn verwandeln. Sie wusste nichts mehr. Von ihm. Von ihnen. Sie fühlte nur sich.

Plötzlich die Sonne. Das Sonnenlicht strömte über alles hin. Sie schaute hinauf. Hinter den Wolken der Himmel blassblau schlierig weiß. Die Wolken jagten dahin. Die Sonne gleich wieder verdeckt. Hoch oben. Es musste ein ungeheurer Sturm toben. Die Windstille um sie. Sie schaute sich um. Nicht ein Windhauch. Beim Aufstehen. Sie musste ein paar Schritte gehen. Ihre Gliedmaßen erstarrt. Sie stieg die kleine Gasse wieder hinunter. »Tjärhovsgatan« stand auf der Straßentafel. »Hov«. Das hieß wohl Hof. Sie musste »Tjär« nachschauen. Aber irgendwo drinnen sollte sie das tun. In einem Raum und warm. Sie sollte frühstücken gehen und »Tjär« googeln. »Gatan« war ja einfach. Das hieß Straße und war mit dem Wort »Gasse« verwandt. Und mit »gate« im Englischen wahrscheinlich. »Torschluss« fiel ihr wieder ein. Und dass ja ein Weg versperrt wurde. Oder abgeschlossen. Mit dem Torschluss. Türen knallen. Weggehen. Verlassen. Hinter sich lassen. Das fiel ihr dazu ein. Und die Geringschätzung der Mutter, wenn sie dieses Wort gesagt hatte. Wenn sie dieses Wort angewandt hatte. Auf eine andere Person angewandt. »Das hat die nur aus Torschlusspanik gemacht.«, hatte so ein Satz geheißen. »Die hat ja Torschlusspanik.« Eine Person fiel ihr dazu ein. Vage. Ein weiblicher Umriss. Zu spät kommend. Laufend. Während das Tor zufiel, kam diese Person angelaufen und schaffte es nicht. Das Tor fiel gerade vor dieser Person zu, und die Person lief gegen das Tor. Konnte nicht mehr innehalten. Rannte gegen das verschlossene Tor. Knallte gegen das Tor. War verwirrt und verletzt. Sie hatte es nicht geschafft. Aber die Panik. Die musste dann vorbei sein. Wenn das Tor zugefallen war. Dann war es vorbei. Auch mit der Panik. Wenn der Zugang verwehrt worden. Sie sah sich keuchend und vor Schmerzen schluchzend gegen das Tor gelehnt, und die Panik fiel ab. Klirrend. Scheppernd. Metallen. Rüstungsteile. Das Tor hatte die Entscheidung gefällt. Mit seinem Zufallen. War das der Mutter passiert. War die Geringschätzung aus einem Wissen entstanden.

Vor der Tür einer Bar Blumenkübel. Schneegefüllt. Weiß. Der Liguster in der Au. Die weißen Blütendolden über den Weg herein und der Geruch. Mochte sie die Kälte deshalb so gern. Weil nichts roch. Weil es keine Gerüche gab. Weil kein Geruch eine Erinnerung auslösen konnte. Ein Bild zum Aufsteigen brachte. Eine Ahnung herbeiholte. Die kalte Luft wischte alles weg. Sie konnte sich auch nicht an den Geruch vom Liguster erinnern. Sie konnte sich den Geruch nicht vorstellen. Sie war in den Winter eingehüllt und nur klare Gedanken möglich. Auch die Bitternis ja gleich von der Kälte aufgetrocknet. War das das Geheimnis der Bergman-Filme. Diese quälende Mühsal. Wegen der Kälte alles in Bildern zurückholen zu müssen.

Mittwoch, 23. Mai 2018. Wien.[25]

Wieder auf Götgatan. Die Gehenden. Fußgängerzone. Ohne Autos. Es erschien alles langsamer. Und grünlos. Sie schaute sich um. Das Grün der Büsche. Oben. Bei diesem Kirchlein. Sie hatte sich die Büsche belaubt gedacht. Sie hatte sich das Grün der Wiesen unter dem Schnee ausgemalt. Die leeren Äste der Bäume. Sie füllte sie mit Blättern. Sie hatte Schatten gedacht. Da oben. Und die Sonne hatte sie erstaunt. Sie hatte gedacht, sie säße im Schatten eines Baums. Aber es war alles nackt und ohne Grün, und die Sonne hatte es zum Vorschein gebracht. Die Natur war nur weiß und braun. Grau und bräunlich. An einer Straßenecke. Café Fåtöljen. Sie schob die Tür auf. Frühstücken. Sie brauchte eine Toilette. Und dann wollte sie ans Wasser. Zu den Tröstungen des Meeres.

Donnerstag, 24. Mai 2018. Wien.[26]

Sie ließ die Tür hinter sich zufallen. Schaute sich um. Bänke an den Wänden. Tischchen davor. Sessel. Am Fenster vorne saß ein Paar. Alle anderen Plätze frei. Sie ging in die Ecke nach links. Neben einem Fenster auf die Straße hinaus. Sie hob den Riemen der Umhängetasche über den Kopf. Setzte sich. Ließ den Mantel von den Schultern gleiten. Schaute auf die kleine Speisekarte auf dem Tischchen. Sie musste die Brille aus der Tasche holen. Aber dann las sie doch nichts. Kaffee und ein Croissant. Der Kellner stand hinter der Theke. Sie konnte ihn von schräg hinten sehen. Er war mit Kaffeemachen beschäftigt. Sie schaute zum Fenster hinaus. In ihrer Brust. In ihr. Insgesamt in ihr. Eine wolkige Erregtheit. An der Brust vorne aber schon alles nicht mehr wichtig. Sie saß da und hätte nicht sagen können, warum sie lebte. Was das für einen Sinn ergab. Die wolkige Leere auch hinter der Stirn. Es waren auch alle anderen Leben ohne Sinn. Hatte man ihr nun beigebracht, alles hinzunehmen. Selbst ihr eigener Tod hätte sie nicht aufgeregt. Jetzt. Gerade. Betäubt. Sie fühlte sich betäubt. Ausgenommen von allem und allen. Aber darin ganz gleich mit allen anderen. Alles ohne Bedeutung. Sie war nur auch noch gelähmt. War das die Stimmung, in der man das Schrecklichste beschließen konnte. Eine innere Stille, die selbst schon erstickt war. Totes im Toten. Ging man diese Ersticktheit in sich tragend an so ein Fenster. An so ein großes Fenster. So groß, dass man auf das Fenster zugehen konnte und sich unendlich entfernt fühlen. Die Aussicht so viel größer als eine selbst, und die Fensterkreuze der Riesenfenster die Landschaft tabulierten. Und die Ameisen darin.

Sie stand auf. Ging den Hinweisschildern zur Toilette nach. Vor dem Spiegel. Sie sah sich beim Vorbeigehen. Hatte sich beim Öffnen der Tür zur Toilettenkabine dem Spiegel zugewandt. Ihr Spiegelbild nur einen Augenblick. Der Umriss. Die Betäubung zerbrach. Sie musste tief Luft holen. Sie hatte zu flach geatmet.

Freitag, 25. Mai 2018. Wien.[27]

Sie ging zurück. Setzte sich. Sie wollte aufstehen. Gleich wieder. Davongehen. Sie hatte nichts. Keinen Grund. Keinen Sinn. Keine Religion. Keinen Glauben. Kein Wissen. Keine Richtung. Kein Ziel. Es gab diesen Mann. Ihre Liebe. Aber sie hatte sich geweigert, diesen Mann in ihre Liebe einzufangen. Diesem Mann hatte sie gegenüberstehen wollen. Ihre Freiheit dieser Liebe zum Ziel. Ihrer beider Freiheit. Diese Liebe hatte alles werden sollen. Ihr Glaube und ihr Wissen. Eine Erfüllung. Sicherheit. Schönheit. Im Sprechen mit ihm. In der Sprache dieses Sprechens. Alles hatte sich aufschwingen sollen ihr zum Beweis einer Richtigkeit. Sie hatte gedacht, sie könnte sich einen Sinn des Lebens basteln. Alleine. Sie hatte sich ausgenommen. Losgesprochen. Und hatte kein Vertrauen. Das war es doch. Sie bestellte einen doppelten Espresso und ein Croissant. Und nein. Ein normales. Nicht mit Schokolade. Sie saß da. War das ihr Urteil. Endgültig unvertraut zu leben. Keine Vorstellung mehr. Keine Phantasie. Kein Entwurf vom Leben und wie es sein sollte. Keine Wünsche. War es das. Hatte er ihr die Wünsche abgewöhnt. War seine Impotenz das Urteil. Kein Austausch. Keine Gegenrede. Dauernde Rücksicht. Pflege. Der verletzte Held.

Und warum gelang es ihr nicht, das zu ihrem Mittelpunkt zu machen. Diese verletzte Person. Was sollte ihr starrsinniges Bestehen auf ihrer Existenz. Warum gab sie nicht auf. Oder war es das. Gerade jetzt. War sie gerade ihrer selbst verlustig gegangen. War es diese Selbstentäußerung. Die Unterwerfung unter seine Wünsche. Nichtwünsche. War es die rücksichtsvolle Aufsagung ihrer eigenen Person, die sie an diese großen Fenster gehen ließ. Ein Nebel der Selbstaufgaben. Hingabe an etwas außerhalb. War sie doch zurückgefallen in das Vorbild ihrer Mutter. War sie nur noch seine Vorstellung. Wie die Mutter das gewesen war. Eine Ehe aus dem Jahr 1941 und die Kinder so viel später. Wieso war sie nicht erfüllt, wenn sie doch in Liebe aufging. Musste sie sich nur noch ein kleines bisschen mehr fallenlassen. Sie spürte seine Hand zwischen ihren Beinen und wie er sie zu den Orgasmen jagte. Wie sie die Orgasmen lieferte. Sie apportierte Orgasmen. Keuchte ihm einen Kosmos von Lust vor. Und er kontrollierte diesen Kosmos. Er führte seine Finger in ihre Scheide ein, die Kontraktionen zu zählen. Es war eine einzige Freudlosigkeit.

Der Kellner stellte den Kaffee und das Croissant vor sie auf den Tisch. Sie lächelte den Mann an. Strahlend. Der junge Mann nickte ihr zu. Es war alles wieder gut. Ihr Körper. Ihr Rumpf. Normal. Leer. Nichts zu fühlen. Aber da. Sie hatte etwas abgeworfen. Weggeschleudert. Etwas zu Leichtes war verschwunden. Welches Wort hatte sie nun geküsst und sie aus dem Turm befreit.

Sie saß da. Ein existentialistischer Augenblick war das. Sie dachte, »das ist ein existentialistischer Augenblick.«. Rührend war das. Fremd im Fremden. Verletzt. Amputiert. Aber nicht so melancholisch. Wie nach einem Krieg. Es war getan und unveränderbar.

Sie trank ihren Kaffee. Beim Trinken. Sie stellte sich den Schluss von *Anna Karenina* vor. Wie Wronski ins Feld zog und das Kind allein zurückblieb. Aber statt des süßen Schmerzes des unveränderbaren Romanschlusses. Sie war gleich wieder da angelangt. Der Verlust der Mutter. Sein Verlust seiner Mutter. Alles kreiste um ihn. Alles hatte um ihn gekreist.

Und er. Er war längst bei seiner Tagung. Im Finanz-ministerium. Mit den anderen Sonderfahndern. Ganz Europa. Suchte nach dem Faden, die Finanzknäuel zu entwirren. Trennte die Gespinste auf. Entkleidete die Mantelkonstruktionen. Öffnete eine Matrjoschka nach der anderen. Schlich sich an die Mittelpunkte an. Entzauberte Bilanzen. Sie biss vom Croissant ab. Warum fühlte sie sich, als wäre jemand gestorben. Warum war ihre Brust so leer gewesen. Warum hatte sie ihr Spiegelbild gebraucht, ihre Existenz zu sehen. Sie dachte an ein anderes Beispiel. »Busman's Holiday.« Der von Dorothy Sayers erdachte Mann. Wie er sich bemühte, der Heldin gerecht zu werden. Lange, umständliche Gespräche. Vergewisserungslitaneien. Ein Sternenschauer von Zitaten. Byron. Burke. Shakespeare. Donne. Die Delicatesse der Annäherung. Die Zärtlichkeit der Nähe. Die Sanftheit des Gemeinsamen. Der Frieden in der Rückkehr aus der gemeinsamen Ekstase. Wie das Paar im Roman in Privatheit verschwinden durfte. Die Intimität geschont. Hatte das auf einem allgemeinen Konsens beruht. Zur Zeit als das geschrieben worden war. War es allen Lesern und Leserinnen damals klar gewesen. Wie das vor sich ging. Ekstase. Es war schwer vorzustellen. Oder war das Klassenwissen. Wusste das eine bestimmte Klasse. Wussten das alle in Bloomsbury. Und war das genug gewesen. Konnten alle anderen davon wiederum alles ableiten. Sie holte das Handy aus der Manteltasche. Entsperrte es. Nachrichten kündigten sich an. Sie öffnete den Textverlauf mit ihm. Ging zurück. Zurück. Weit. Ging an den Anfang. Sie las.

Samstag, 26. Mai 2018. Wien.[28]

Wenn im »Streichquartett in einem Satz« die erste Violine sich in den süßen hohen Ton entwunden hatte. Einen winzigen Augenblick lang dieser Ton ein Aufleuchten. Dieses Licht dann in Erinnerung blieb. Weiterstrahlte. Beim Hinunterfallen in das »Düster und schwer« der Anleitung. Sie musste schluchzen. Dabei. Sie saß ruhig und gesammelt. Schloss sich in diese Haltung ein. Das Schluchzen. Ein hoher Ton auch. Die Verzweiflung sich dem Atem hinzufügte und hoch oben im Kopf der Ton. Sie fing den Ton noch in der Mundhöhle ab. Die Tränen stiegen in die Augen hinauf. Die Tränen aber schon eine Reaktion auf den Ton in ihr. Der hohe Ton der Violone. Und sie wusste ja, dass mit diesem Ton der Abstieg begann. Begonnen hatte. Das Hinuntergleiten in die Hoffnungslosigkeit dunkler, ungehobener Bilder. Bei diesem Musikstück. Sie hatte immer das Gefühl, Musik ohne Filmbilder zu sehen. Dunkel wolkige Vorstellung schob sich zwischen die Musiker auf der Bühne und sie. Die Musik ihr sichtbar. Aber ungenau. Dumpf. Vom unterdrückten Schluchzen und den aufgehaltenen Tönen. Die Musik zog sie in das graue Dunkel, das sie in ihr wachgerufen hatte. Insgesamt. Lang liegend. Sie dachte sich in einem sanften Strudel um sich gedreht. Arme und Beine an sich gezogen. Langsam. Elegisch. Am Ende kauernd hockend im Strudel des »Düster und schwer«. Schon wenn der Geiger zu diesem Ton ansetzte. Wenn aus seiner Haltung zu sehen war, dass er diesen Ton unternehmen würde. Sie wusste. Im Beherrschen des Schluchzens. Der Tränen. Sie schluchzte im Wissen, ihr Vater diese Musik gehört hatte. Ihr Vater das traditionell tonale Werk Weberns verehrt hatte. Die ersten Versuche. Die Wegbewegung in die freie Tonalität. Ihr Vater war da stehengeblieben. Auf dem Weg in die Freiheit. Den Schritt dann nicht gemacht hatte. Mitgemacht. Aber dem Suchen danach zugehört. Der gefundenen Freiheit der Atonalität nicht mehr. Bei diesem Ton. Sie war neben ihm gesessen. Im Mozart-Saal des Konzerthauses. Im Brahms-Saal im Musikverein. Ihr Bruder hatte Geige lernen müssen. Bei diesem Ton der Freiheit. Ihr Vater hatte die Arme vor der Brust verschränkt. Er hatte sich aufgesetzt und die Arme vor der Brust verschränkt. Mit dem Abstieg ins »Düster und schwer«. Die abwehrende Haltung. Die hatte den Ton gemeint. Sie saß in den Konzerten und hüllte sich in die Erwartung des Tons ein. Den Ton ertragen zu können. Ohne die Arme vor der Brust verschränken zu müssen. Sie fragte sich auch gleich. Im Rüsten gegen die Rührung. Was hatte ihr Vater empfunden. Was war es gewesen, was ihn sich aufsetzen hatte lassen. Aufmerksam werden. Abwehrend. War das seine Rüstung gegen die Rührung gewesen. Gegen das Anfluten der Versprechung von Leben. Lebendigkeit. Liebe. Erfüllungsversprechung und danach gleich Widerruf. Die Eingabe. Resignation ins Unvermeidliche des »Düster und schwer«. Was war es gewesen. Ihr Vater hatte jedes Mal ein Räuspern unterdrückt. Das Räuspern des Vaters. Das war eine eigene Sprache gewesen. An seinem Räuspern war zu erkennen gewesen, was zu erwarten war. Das Räuspern wie ein Notenschlüssel. Zorn. Ärger. Wut. Scham. Rührung. Freude hatte den Vater lachen gemacht. Vergnügen. Da waren die Seufzer mit Atem versehen tief in die Kehle gezogen worden. Wenn sie jetzt im Konzert saß. Ihr fiel auch ein, wie sie in dem Sitz zusammengekrochen war. Lange. Bis sie sich daran gewöhnt hatte. Sie waren beide. Ihr Bruder und sie. Sie waren beide so viel größer geworden als ihre Eltern. Sie hatten begonnen, den Vater zu überragen. In den Konzerten. Neben dem Vater sitzend. Die Musik hören, wie er sie eben gerade auch gehört hatte. In der Pause dann ein Glas Sekt. Der erste Alkohol da. In den Pausen. Sie waren allein gewesen. Der Vater und sie. Der Bruder wollte nicht. Die Mutter. Ihr Asthma ließ einen Konzertbesuch nicht zu. In dem hohen Ton. Alles war in diesem Ton beschlossen und schon vorbei.

Sie ging dann. Mittlerweile ging sie gleich nach einem Webern und wollte nichts anderes mehr hören. Die Webern-Stücke wurden ohnehin vor den Pausen gespielt und der Klassiker dann danach. Die Webern-Stücke wurden ins Programm geschwindelt. Diese Stücke alle hundert Jahre alt und

106

immer noch nicht Normalität. Die Nicht-Annehmer. Die vor der Not des Lebens Flüchtenden. Sie hatten sich mit der Wahl der rechten Regierung diese Flucht bestätigt. Jetzt verschränkten die die Arme vor der Brust. Kein Mitgefühl mit sich selbst. Keines für die anderen. Im Wikipedia-Eintrag zu Anton Webern hatte sie gelesen: »Am 15. September 1945 wurde Anton Webern in Mittersill bei Zell am See von einem US-amerikanischen Soldaten versehentlich erschossen.«

Wie, musste sie sich während des ganzen Streichquartetts fragen. Wie wurde versehentlich erschossen.

Montag, 28. Mai 2018. Wien.[29]

Sie schob den Teller und die Tasse weg. Legte das Handy vor sich auf das Tischchen. Eine Gruppe Männer kam herein. Drei Männer. In dunklen Mänteln. Sie sprachen amerikanisch. Laut. Fröhlich. Sie schauten sich im Lokal um. Der Kellner stellte sich neben sie und schaute mit. Dann setzten sie sich in die Ecke hinter der Bar. Hinter die Kaffeemaschine.

Sie war erleichtert. Wenn diese Männer sich neben sie an das Fenster gesetzt hätten. Sie hätte gehen müssen. Gleich. Es fiel ihr erst jetzt auf, dass es keine Musik in dem Lokal gab. Das laute Reden der Männer klang ungedämpft herüber. Aber sie konnte nichts Genaues verstehen.

Es dauerte lang, zum Anfang der Textnachrichten zu kommen. Sie musste immer wieder warten, bis die Texte aus

dem Speicher herausgeholt es möglich machten zurückzu-
scrollen. Das war alles lange her. Fast ein Jahr.

»… Ich freue mich auf Mittwoch …«

»… Ich tröstete mich mit dem Gedanken, dass wir auch
am Donnerstag telefonieren könnten …«

»… Und nächste Woche telefonieren wir, und ich hoffe, es
kehren ›normale Arbeitstage‹ ein …«

»… und denke an Sie. So. Nun schriftlich und als Dokument …«

»Ich würde lieber gemeinsam.«

»Aber wenn ich mir vorstelle, gemeinsam in die wärmen-
den Flammen zu schauen. An diesen kalten Abenden …«

»Ich bin im Zug nach Paris, weil ich zu einer Hochzeit
eingeladen bin. Denke an Sie …«

»Vermisse unsere Telefongespräche …«

»Einen lieben Gruß am Samstagabend. Und würde jetzt
gerne mit Ihnen zusammen reden und trinken und essen …
Gustav.«

»Guten Morgen. Wir haben uns leider zu lange nicht gehört … Liebe Adele, was machen Sie? …

»… Ich denke an Sie …«

»… Ich denke an Sie. Ihr Gustav.«

»Liebe Adele, was bin ich verliebt in Ihre Stimme. Ich vermisse sie und Sie …«

»… Ich hätte sehr gerne mit Ihnen geredet … und dann
Champagner getrunken … Naja … Gustav.«

»Darf ich noch anrufen – oder ist zu spät / ungünstig?
Gustav«

»Anrufen deshalb, um zu fragen, wie der Dezember ge-

plant ist, um die guten Vorsätze ›umzusätzen‹ – für den Anfang … Gustav«

»Wäre es schlimm, wenn ich jetzt anriefe? Gustav«

»Bin sehr glücklich, zur Zukunft der ›ganzen person‹ zu
gehören.«

»Wann ist ›morgen früh‹?«

»Jetzt wird das ein schöner Tag … Und später werde ich
Ihre Stimme hören … Es ist so schön … Ich möchte, dass Ihr
Tag so besonders schön ist wie meiner. G.«

»Wann trinken wir zwei das Glaserl zusammen und gemeinsam? G.«

»Ich bin gerne verantwortlich. Und bei der ›Geschichte‹
erst recht. Und Einseitigkeit – ich verstehe … von meiner
Seite – ich bin gleich aus dem Lesesaal hinaus. Zwar einseitig, aber wir machen es zweiseitig … G.«

»Guten Morgen und ein schönes, zufriedenes Frühstück
und dann: ein ganz erfolgreiches Arbeiten. Und ein paar Gedanken an mich. Dann könnten die sich von hier nach Wien
und umgekehrt treffen. G.«

»… und Stress pur … und immer denke ich an Sie. Ich
finde, das sollten Sie wissen …«

»Es tut gut. Mit Ihnen!«

»Gute Nacht. Es war eine richtig gute Diskussion heute
Abend. Es dauerte nur zu lang. Und jetzt hätte ich Sie gern
in meinen Armen.«

»Ja, wir sollten ganz bald …«

»ich finde es schön, zu erzählen und erzählt zu bekommen. ich mag das. es ist zu kalt. ich bleibe drinnen. aber
schön, sie begleiten zu können …«

»… und noch ein Glas Wein – aber allein? und es ist auch schon wieder spät. ich hoffe, ich wecke sie nicht mit meinen sms, aber ins bett zu gehen ohne gute Nacht zu wünschen, möchte ich auch nicht. ich wünsche ihnen einen guten erfrischenden schlaf. g.«

»hier kurz vor acht nach hause gekommen … und dann ihre mail erleichtert gelesen … und »Prüfung« bestanden, gefühlt und gedacht … wann sind sie in wien. kann ich dann ihre stimme hören? (soll ich wein bereitstellen) ich denke an Sie. g.«

»… ich hoffe, sie waren nicht enttäuscht. ihre sms tat mir jedenfalls wohl und gibt eine schöne, guttuende nähe und ruhe – wie überhaupt. seit wir prächtig miteinander sprechen …«

»ganz gleich wo. es ist schön aneinander zu denken. was sich ja auch ganz von selbst einstellt. und es ist gut voneinander zu wissen. mein gott. das klingt fast kitschig und wie kalenderblatt. aber im moment kann ich es nicht anders schreiben.«

»guten abend. das glas wein steht vor mir. kann ich anrufen?«

»guten morgen nach viel unerwarteter arbeit für mich. hoffentlich haben sie gut geschlafen! bin auf dem weg … und freu mich so auf sie … bis nachher. und einen guten flug. g.«

»Ja: wie bemerkenswert, dass das glück die gleiche wucht haben kann wie das unglück. schlafe gut, Adele.«

Das war nach dem Schubert-Streichquartett in G-Dur, Deutschverzeichnis 887 gewesen. Das Belcea Quartett hatte im Mozart-Saal im Konzerthaus gespielt. Sie hatte gerade noch eine Karte weit hinten ergattern können. Eigentlich hatte sie nicht mehr in Konzerte gehen wollen. Aber dieses Streichquartett. Es war die Befreiung vom Übervater Beethoven. So stand es in der Musikliteratur, und sie hörte es deshalb auf diese Weise. Es ängstigte sie Hunderte Jahre später, dass Schubert nach dem Hören der Uraufführung von Beethovens B-Dur-Quartett Op. 130 drei Monate nichts komponieren hatte können. Nach diesen drei Monaten hatte er dann das Streichquartett in G-Dur geschrieben. In drei Wochen.

Zu Hause. Die Mutter hatte Künstlerbiographien gesammelt. Und Politiker. Im Bücherkasten waren lange Reihen dieser Bücher gestanden. Die Mutter. Sie hatte die Unterschiede all dieser Biographien gewusst. Sie hatte diese Leben als Puzzles angesehen und sie zusammengesetzt. Aus den verschiedenen Berichten. Es waren immer Biographien von Männern gewesen, und sie baute deren Leben aus den vielen Berichten zusammen. Wie es ihr gefiel. Sie hatte sich Idealmänner gebastelt. Schubert. Beethoven. Michelangelo. Goethe. Schiller. Rodin. Debussy. Verdi. Molière. Metternich. Franz Joseph. Hitler. Speer. Und Napoleon. An das Buch *Schwammerl* musste sie bei jeder Erwähnung Schuberts denken. Ein Rudolf Hans Bartsch hatte das geschrieben. Eine Apotheose war das. Eine einzige Herablassung und Ver-

ächtlichmachung darin. Schubert war als sich selbst ausge-
lieferter, hilfloser Mann beschrieben worden. Ein Kranker.
Ein einziger Kuss war ihm zugedacht worden. Sex war in
die Landschaft verschoben gewesen. Da war eingedrungen
worden. In so ein Tal. Da war der Blick begehrlich über Hügel gestreift. Da war die Ebene in Besitz genommen worden.
Die Landschaft war dem Komponisten entgegengeschwol-
len. Hatte sich ihm eröffnet. Ihn umschmeichelt. Hatte seine
Sehnsucht gestillt. Hatte mit Lust den Regen empfangen.
War nach der Aufwühlung durch Donner und Blitz befriedigt dagelegen.

In der Pause des Konzerts. Sie hatte sich angestellt, ein
Glas Wein zu kaufen. Michael und Helene waren schon am
Fenster zum Eislaufverein hinaus gestanden. Er hatte sie am
Arm genommen. Hatte sich bei ihr eingehängt. Hatte sich
neben sie gestellt. Ob sie ihn erkenne, hatte er gefragt. Sie
hatten einen Augenblick zögern müssen. Aber es war genau
dieselbe Situation. Konzert. Pause. Das Glas Wein. An dem
Tischchen stehend. Ob sie oft in Konzerte ginge. Er käme
deshalb nach Wien. So oft wie möglich. IACA. Es sei ein
Glück für ihn, dass er nun so oft nach Wien kommen müsse.
IACA. Die Antikorruptionsakademie. In Laxenburg. Wisse
sie nichts davon. Und jetzt sei es sein Glück, sie wieder zu
treffen. Er wolle sich vorstellen. Gustav Jacobsen. Da waren sie noch angestanden, und sie hatte ihm zu einem Glas
Gelbem Muskateller geraten. Dieser Wein sei ein bisschen
fruchtiger. Nicht so spitz wie die Grünen Veltliner. Er hatte
sich bedankt. Ob er sie einladen könne. Nach dem Konzert.
Essen gehen. Er sei noch zwei Tage in Wien. Er müsse also

noch zwei Mal abendessen, und ob sie Zeit habe. Er hatte sie fragend angesehen. Ängstlich. Sie hatte zu ihm hinaufgelächelt. Er so viel größer. Nach dem Konzert. Das ginge nicht. Da sei sie schon verabredet. Aber am nächsten Tag. Das wäre möglich. Er hatte genickt. Erfreut. Sie hatten dann die Telefonnummern ausgetauscht. Vor dem Eingang zum Mozart-Saal. Sie hatte sein Glas gehalten. Während sie ihm die Nummer angesagt. Er hatte sie gleich angerufen, ihr seine Nummer zu schicken. Der Anruf war nicht gekommen. Ihr Handy hatte nicht geklingelt. Dann war ihr erst eingefallen, dass sie ihr Handy abgestellt hatte. Da musste dann wiederum er ihr Glas halten. Sie schaltete den Flugmodus aus. »Versäumter Anruf« war da gestanden. Das war die erste Nachricht von ihm gewesen. Die allererste.

Donnerstag, 31. Mai 2018. Fronleichnam. Wien.

Sie bestellte noch einen Espresso. Bieberstein hatte geantwortet. »Endlich.«, hatte er geschrieben und angerufen. Drei versäumte Anrufe von ihm waren registriert. Das Handy auf lautlos. Sie wartete auf den Kaffee. Sie lehnte sich zurück. Verschränkte die Arme vor der Brust. Das wolkige Gefühl zwischen Kehle und Scham. Es brandete an. Stieg auf. Leise. Schwappte nach vorne. Zog sie von der Bank weg und ließ sie nach vorne gebeugt an den Tisch gelehnt sitzen. Sie stellte die Beine nebeneinander. Fest. Stützte sich mit beiden Ellbogen auf. Sie wollte sich nicht in ihn verwandeln.

Das schreckliche Gefühl war davon gekommen. Sie wusste es ja. Sie wusste alles. Immer. Es war nur immer schwammig. Klarheit. Sie wollte keine Klarheit. Sie wollte nichts wissen. Genau. Erhellt. Sichtbar. Kristallin. Das konnte brechen. Das konnte in einen großen Schmerz zerbrechen. In einen von diesen Schmerzanfällen. Das Zerbrechen war dann der Grundton. Ein langgezogenes Zerbrechen innen, aus dem heraus sie in die Welt schaute. Dann. Das Zerbrechen war die Grundierung ihres Sehens, und die Welt davon grundiert. Der Hintergrund ihres Sehens stürzte ihr dann in die Welt, und sie war von diesem Zerbrechen umgeben, während es in ihr stattfand.

Mit Bananenbruch in der Hand waren sie die Josefstädter Straße hinauf und hinunter gelaufen. In die Innenstadt gestürmt. Marina hatte sich bei ihr eingehängt gehabt. Die Freundin hatte das Säckchen mit dem Zuckerzeug in ihrer Hand gehalten. Offen. Sie hatten diese Süßigkeiten im schnellen Gehen gegessen und hatten Ausschau gehalten. Nach dem Schwarm des Augenblicks. Marina hatte einen Martin sehen wollen. Er hatte im Nebenhaus von ihr gewohnt. Der hatte schon maturiert gehabt und längst studiert. Er ging ins Café Florianihof und las dort Zeitung. Sie waren um den Häuserblock gegangen und hatten durch die Fenster in das Kaffeehaus hineingeschaut. Nach ihm Ausschau gehalten. Wenn er dagesessen war. Sie hatten einander von den Fenstern weggezogen. Waren die Florianigasse hinuntergestürmt. Hatten nach der Schokolade greifen müssen. Hatten gekichert. Hatten wild kichernd hinunterlaufen müssen. Zur Innenstadt zu. Wenn er noch nicht im Kaffeehaus gewesen war. Um 5 Uhr am Nachmittag waren sie bei der Straßenbahnhaltestelle Lederergasse herumgestreift. Falls er von der Uni kommen sollte. Sie waren herumgewandert. Schokolade mampfend. Bananenbruch. Schwedenbomben. Rumkokos. Mozart-Kugeln. Schokotrüffel. Likörbonbons. Die Schokolade hatte das Zerbrechen innen überdeckt. Sie war mit der Freundin im Gleichschritt bergab gelaufen. Die Florianigasse hinunter. Die Josefstädter Straße bergauf. Sie hatten sich aneinandergeklammert. Hatten über diesen jungen Mann geredet. Über andere. Sie hatten nichts gewusst. Nichts über die Personen. Nichts über die Angelegenheiten. Sie hatten nur gelacht und gekudert und gekichert. Sie waren rücksichtslos dahingezogen. Sie hatten nicht Platz gemacht. Waren an den anderen angestoßen. Absichtlich kollidiert. Hatten andere gezwungen, ihnen Platz zu machen. Das Säckchen mit den Süßigkeiten hatte die Mitte gebildet. Zwischen ihnen. Die Freundin hatte das Säckchen vor sie beide hingehalten. Hatte es vor ihnen hergetragen. Ihre Monstranz. Ihr Futtersack. Die Schokoladeberuhigung. Und die ganze Zeit. In ihrem Inneren. Erwartung. Ankündigung. Ahnung. Aufregung. Es war aufregend gewesen. Dieses Dahinjagen. Und hohl innen. Brüchig. Etwas zu kippen gedroht hatte. Etwas Scharfes. Eine Metallplatte. Ein Messer mit doppelter Klinge. Eine Ansammlung war das gewesen. Innen. Ein Anschwellen. Innen. Und die Schokolade hatte alles zusammengehalten. Die Nähe der Freundin. Die Bewegung im Gleichklang. Die Bewegung und die Süßigkeiten. Irgendwann dann genug. Erschöpft. Und die Rückkehr nach Hause. Sie war dann nach Hause zurückgekehrt. Nach sol-

chen Ausflügen. Sie hatte gelesen. Nur gelesen. Tagelang. Tag
und Nacht. Für die Schule hatte sie nichts getan.

Samstag, 2. Juni 2018. Ulm.[31]

Sie lehnte sich zurück. Die Beine lang ausgestreckt. Sie be-
kam den Kaffee hingestellt. Das Handy lag auf dem Tisch.
Schon wieder dunkel. Bieberstein weggedrückt. Sie trank
den Kaffee. Sie schaute hinaus. Versonnen. Schaute den Vor-
beigehenden zu. Dann. Sie deutete dem Kellner. Der nickte.
Ging an die Kasse. Tippte etwas ein. Dann griff er unter die
Kasse. Musik. Einer der Männer kam auf sie zu. Blieb stehen.
Wandte sich an den Kellner. Der Kellner wies ihm den Weg
zur Toilette. Sie zahlte. Ging. Sie zog den Mantel erst auf der
Straße wieder an. Es war zu warm gewesen. In diesem Café.

Dienstag, 5. Juni 2018. Wien.[32]

Sie hatte das Handy auf den Tisch gelegt. Sie hatte auf das
Handy gestarrt. Hatte gewartet, bis das Display dunkel
wurde. Erloschen. Sie saß zurückgelehnt. Schaute weiter auf
das Handy. Saß da. Bewegte sich nicht. Sie erlosch ebenso.
Ihre Aufmerksamkeit. Ihre Bewegungen. Ihr Blick. Alles
versank. In sich. Es wurde langsam in ihr. »Ins Narrenkastl
schauen.«, hatte das geheißen. Aber sie schaute nicht in ein

Nichts. Sie schaute aus einem Nichts. Angenehm. Das war angenehm. Wie in einer dicken Flüssigkeit gefangen. Es war eine Pause. Eine große Ruhepause. Die Welt weit weg. Antriebslos. Das war ohne jeden Antrieb. Trieb. Sie stellte sich vor, er käme hier herein. Das war möglich. Wenn er zu Fuß Götgatan herunter zu Slussen gegangen kam. Er musste an diesem Café vorbeikommen. Er hätte sie sehen können. Sie saß da. Sollte sie ihn auf sich aufmerksam machen. Sollte sie aufspringen und hinauslaufen. Oder ihm winken. Ihn anrufen und hereinholen. Sie saß. Die Gedanken weit innen irgendwo. Langsam. Quellend. Die Gedanken stiegen aber nicht auf. Kamen nicht an die Oberfläche. Erreichten keinen Muskel. Sie hätte ihren Mund nicht einmal zu einem Lächeln verzerren können. Und sie wollte auch gar nicht. Es war nichts wichtig. Es war überhaupt nichts wichtig. Es war wunderbar. Flutend. Sie konnte sich selbst sehen. In Gedankenwellen flutend. Ihre Mühe mit ihrem Leben. Ihre Mühe mit der Liebe. Ihre Mühe, diese Liebe in ihre Vorstellungen einzupassen. Gerecht zu werden. Sich. Der Liebe. Ihm. Ihren Vorstellungen. Vor allem ihren Vorstellungen. Ihr fiel ein, wie Casanova in Venedig eine Wohnung nimmt und die Treffen mit der Nonne da stattfinden. So eine Wohnung. Ein Ort des Zwecks. Ein Ort der Absicht. Das Betreten des Orts der Abschluss der Vereinbarung. Oh, wie sie sich nach einer solchen Vereinbarung sehnte. Wie sie sich vorstellen konnte, in so einer Vereinbarung. Wie sie das konnte. Sie hätte einen anderen Namen angenommen. Für einen solchen Ort. Und ihm. Oder ihr. So ein Ort. Für einen solchen Ort. Da war das Geschlecht nicht so wichtig. Die Verabredung war es.

Die Verabredung auf den gegenseitigen Gebrauch des Geschlechts war es. Wie Schopenhauer das so sagte.

Ihr Handy leuchtete auf. Bieberstein. Das Handy vibrierte. Auf dem Holz des Tisches war das ein Brummeln. Sie schaute dem Anruf zu. Schaute dem Erlöschen des Displays zu. Eine Nachricht leuchtete auf. Dann war wieder alles dunkel.

So eine Wohnung. Diese Vorstellung war die Entfremdung, gegen die sie ihr ganzes Leben eingerichtet hatte. Warum stieg ihr diese Vorstellung in diesem kleinen Café in Stockholm auf. Sie konnte Casanovas Wohnung genau sehen. Diese Zimmer auf Murano. Mit dem durchbrochenen Wandschirm, durch den man das Treiben auf dem Bett beobachten hatte können. Casanova beschrieb das ja ganz genau. Sie ging dieser Erzählung natürlich auf den Leim. Sie glaubte dem Erzählen. Sie ging von einer Wahrheit aus. Es war aber immer schon Phantasie. Phantasie gewesen. In allem. Das war traurig. Casanova hatte nie genug Geld gehabt, eine solche Wohnung zu mieten. Das war mittlerweile bekannt. Aber auch wenn. Wenn sie de Sades Geschichten nicht als Wirklichkeit sehen wollte, dann musste sie auch auf Casanova verzichten. Aber auch wenn. Die Zusammenfassung der Ereignisse auf ein paar Seiten. Es waren ihre Phantasien gewesen, die diese Leidenschaften verständlich gemacht hatten. Gegenwärtig. Sie. Ihre Vorstellungen. Sie hatte die Leidenschaften geliefert. Die Erzählung hatte von Bettzeug geredet und von Vorhängen. Von Speisefolgen und Austern. Ein paar karge Hinweise auf Vollzüge. Solche Leidenschaft. Sie hatte gedacht im Leben. Ins Leben. Jeden

Augenblick. Die Wohnung nehmen und darin. Jeden Augenblick. Und dann wissen können, was Leidenschaft genannt werden sollte. Und wie sich die Leidenschaften und das Frühstückkochen in die umfassendste Liebe ineinander verwickeln hätten sollen. Was hatte sie nur für einen Ehrgeiz gehabt. Wie viel Begehren. Wie dringlich. Und doch nur begehrenswert sein hatte dürfen. Philosophischerweise war das verschrieben und damit die Wirklichkeit. Sie konnte begehrlich vor sich hinträumen. Wirklichkeit. Etwas zu kennen. Etwas zu Wissendes. Das würde es nun nicht werden. Und es war ja auch nicht besprechbar. War nicht zu bereden. Mit ihm schon gar nicht. Er blieb theoretisch. War das der Grund. Hatte sie zu viel darüber geredet. Davor. Sie hatten darüber geredet. Hatten darüber reden müssen. Ob das die Absicht. Vorsichtig waren sie gewesen. Beide. Andeutungen. Hinweise. Dann erst die Fragen. Aber dann doch. Es war ja zum wiederholten Mal. Die Vorsicht hatte eher damit zu tun gehabt, ihm nicht das Gefühl zu geben, in eine Wiederholung geraten zu sein. Bei ihr. Aber es war dann doch auch um die Zeit gegangen. Sie waren beide nicht so jung, noch jahrelange Studien betreiben zu wollen. Zielgerichtet. Wenn sie es sich jetzt überlegte. Es war zielgerichtet gewesen. Von ihm. Von Anfang an. Und sie. Sie hatte dahintersehen wollen. Was es nun war. Zwischen ihnen beiden.

Sie hielt inne. Trank Kaffee. War es nicht gleichgültig. Ging es nicht darum, die Lebenszeit. Es wurde wieder ganz still in ihr. Die Geräusche rundum weg. Sie saß da. Die Zeit des Lebens. Füllen. Erfüllen. Erfüllung. Gab es das. Oder nur immer wieder. Nie vollständig. Endgültig. Und irgendwie.

Das große Ereignis. Die Gelegenheit, auf die alles zustrebte. Dann war diese Wohnung von Casanova. Dann war das doch wie eine Kirche. Und dann war da nichts zu finden für sie. Die Kirchen Museen. Geplantes Getändel. Das. Das hatte sie doch nicht gewollt. Genau das nicht. Abenteuer hatte sie haben wollen. Eine Vereinbarung auf Abenteuer. Mit dieser einen Person. Sich einlassen mit dieser einen Person. Sie hätte sich eingelassen. Aber auch die Libertins die reine Erfindung. Die mussten Kampusch-Geschichten organisieren. Die konnten sich nicht einlassen. Die mussten es einseitig haben. Und ganz normal. Weiter ausgestülpt. Die wurden toleriert. In den Jobs war es schließlich auch nicht anders. Passiv und aktiv. Die beiden Möglichkeiten und keine Vermischungen. Es war ja auch in ihren Sprachstunden ein Glücksfall. Den Rahmen überschreiten und reden. Miteinander. Im Sprechen die eigene Person an die andere mitschicken. In der Nachricht die Person entdecken können. Schicksal durchschimmern lassen. Wie so eine junge Frau dasaß. Wie einer angezogen war. Und von den Studierenden. Bei ihr. Keiner und keine war aus Verliebtheit nach Wien gekommen. Nach Wien gezogen. Es waren immer die Berufe angegeben. Als Grund. Ausbildung. Berufsweg. Karriere. Abschluss. Sie deutete dem Kellner. Der nickte. Ging an die Kasse. Tippte etwas ein. Dann griff er unter die Kasse. Musik. Einer der Männer kam auf sie zu. Blieb stehen. Wandte sich an den Kellner. Der Kellner wies ihm den Weg. Sie zahlte. Ging. Sie zog den Mantel erst auf der Straße wieder an. Es war zu warm gewesen. In diesem Café.

Die Frau mit den vielen Hunden.

Zuerst hatte sie nur gewusst, dass diese Frau irgendwo in der Nähe wohnte. Die Frau hatte zwei oder sogar vier kleine Hunde an der Leine geführt. Am Morgen, am Nachmittag und noch spät in der Nacht war diese Frau mit den Hunden auf der Straße zu sehen gewesen. Sie hatte sie dann einmal an der Supermarktkasse angetroffen und nach den Hunden gefragt. Sie war gleich erschrocken. Sie hatte sich nichts überlegt. Sie hatte nach den Hunden gefragt, als wäre sie mit dieser Frau schon lange bekannt. Die Frau hatte gelächelt. Die Hunde wären in der Wohnung. Das ginge schon. Für kurz könne sie die Hunde allein lassen. Ob sie denn auch einen Hund habe, weil sie sich für ihre interessiere, hatte die Frau gefragt. Sie waren dann vom Supermarkt ein Stück gemeinsam nach Hause gegangen. Sie hatten über den Supermarkt gesprochen und dass man kein Gemüse da kaufen könne. Das Gemüse sei nie frisch.

Danach hatten sie einander gegrüßt. Sie war zur Straßenbahn gegangen, und die Frau war ihr aus dem Augarten entgegengekommen. Da hatte sie dann schon gewusst, wann die Frau mit den Hunden unterwegs war. Am Nachmittag ging die Frau zur großen Hundezone auf der Schlosswiese. Das mache sie mehr ihretwegen selber, hatte sie gesagt. Den Hunden sei das alles vollkommen gleichgültig. Die Hunde waren alle alt. Die Frau holte die Hunde aus dem Tierschutzheim und behielt sie, bis sie starben. Sie nahm auch Hunde, die krank waren oder verhaltensgestört. Die Frau kam mit den alten Hunden immer nur langsam vorwärts. Einen kleinen wolligweißen Hund hatte sie in einer Tragtasche mit. Sie setzte diese kleine weiße Hündin im Park ins Gras. Das Tier lag dann im Gras. Sie glaube schon, sagte die Frau. Sie glaube schon, dass es diesem Hündchen im Gras gefiele. Das Tier schnaufe dann nicht so ächzend wie sonst immer.

Sie war lange verreist gewesen und hatte die Frau mit den Hunden deshalb lange nicht gesehen. Sie erkannte die Frau dann nicht gleich. Die Frau kam ihr am Morgen auf der Straße entgegen. Die Frau hatte keinen Hund bei sich. Sie erzählte ihr ohne Einleitung, dass der letzte Hund vor drei Tagen verstorben sei. Also. Sie habe den Hund einschläfern lassen. Das wäre ihr letzter gewesen. Von nun an gäbe es keinen mehr. Sie habe sich geschworen, mit fünfundachtzig keinen Hund mehr zu nehmen, und das wäre jetzt so weit.

Sie war erschrocken. Sie hatte nicht gewusst, was sie sagen hätte sollen. Dann könnten sie ja einen Kaffee trinken gehen, hatte sie gesagt und war vorausgegangen. Ja, das ginge, hatte die Frau genickt, und sie waren nebeneinander zum Bäcker an der Ecke gewandert. Sie waren nahe der automatischen Tür gesessen. Es hatte gezogen. Sie hatte ihren doppelten Espresso getrunken. Die Frau entkoffeinierten Kaffee. Sie müsse jetzt nach dem Namen fragen, hatte sie zu der Frau gesagt. Sie könne sie ja nun nicht mehr »die Frau mit den Hunden« nennen. »Dorant«, hatte die Frau gesagt. »Melanie Dorant.«

Und dann hatte sie ihr Leben erzählt.

Sie arbeitete bei ihrem späteren Mann. Fremdsprachen-korrespondentin war sie. Sie verliebte sich in ihn und er in sie. Er ließ sich scheiden und sie heirateten. Sie hatten keine

Kinder. Er hatte schon Kinder aus seinen ersten zwei Ehen. Er war fünfundzwanzig Jahre älter als sie. Er starb, da war sie erst fünfundfünfzig Jahre alt. Zuerst hatte sie Reisen gemacht. Mit Freundinnen war sie gereist und dann auch allein. Die Bekannten von ihm waren alle auch sehr viel älter. Als dann alle tot waren und sie niemanden mehr hatte, begann sie das mit den Hunden. Sie verschönerte einundvierzig Hunden den Lebensabend. Sie hatte das so gesagt. Den Lebensabend verschönern. Und damit sei ihr Lebensabend sinnvoll geworden.

Sie hatte der Frau ins Gesicht geschaut. Die Frau war schön. Sie war sicher hübsch gewesen. Aber im alten Gesicht war die Freundlichkeit dieser Person zu sehen gewesen. Sie hatte genau geschaut. Die Frau war traurig gewesen. Aber sie hatte die Traurigkeit hinter Höflichkeit versteckt. Sie hätte diese Frau gerne gefragt, ob sie nicht etwas unternehmen hätte wollen. Mit ihr. Miteinander essen gehen. Spazieren. Einen Hund aufnehmen. Sie hätte dieser Frau sagen wollen, dass sie den Hund übernehmen hätte können. Falls sie nicht mehr gekonnt hätte.

Sie war dieser Person gegenübergesessen und hatte sie geliebt. Sie hatte diese Frau für ihre Unbeirrbarkeit geliebt, mit der diese Person mit ihrer Trauer gelebt hatte. Einundvierzig Lebensabende und Sterbensgeschichten hatte diese Frau an den Lebensabend und das Sterben ihres Manns angereiht, und nun war nur noch ihr eigenes übrig. Sie hätte dieser Frau beistehen wollen. Sie hätte von dieser Frau adoptiert werden wollen. Und gleich während dieser wilden Aufwallung des Mitgefühls war es deutlich gewesen. Sie hatte das alles bei ihrer Mutter versäumt gehabt. Sie hatte nichts sagen können. Es hatte sich ihr verboten, eine solche Zuwendung an eine wildfremde Person zu verschenken, weil sie sie ihrer eigenen Mutter vorenthalten hatte. Nach dem Kaffee beim Bäcker hatte sie die Frau Dorant nie wieder gesehen.

Sonntag, 10. Juni 2018. München.[33]

Eine perfekte, aufbauende, friedliche und fördernde Kindheit. Für alle. Vor allem für die, denen bevorstand, flüchten zu müssen. Auf die Flucht gehen zu müssen. Weichen zu müssen. Sich einreihen zu müssen. Für alle, die geldlos lustige Uniformen anziehen würden müssen und im Frühstücksraum eines 25hours Hotels die Bedienung abgeben. Die mit ihrem echten Lächeln ihre unechten Rollen als Wildwestkellner und Wildwestkellnerinnen verkleidet erfüllen mussten. Für die, die den entsetzlichen Weg durch Afrika herauf und übers Meer kommen würden und dann am Bahnhof in München alkoholkrank bei 30 Grad Celsius in Winterkleidung dastehen werden, weil sie es nicht zu einem Kleiderschrank bringen hatten können. Eine friedliche Kindheit mit Eltern, die in innere Figuren verwandelt allen Beistand verbreiten konnten und keine Angst auslösten. Angst nur außen. Von außen. Aber dann wiederum wäre das auch für alle immer schon notwendig gewesen. Wenn dieser Weißhaargauland sprach. Wenn der im Ton der bösen Eltern sprach. Dem Ton, der Rettung gegen Selbstaufgabe versprach. Unterwerfung als Ausweg. Wenn du mir folgst, sagte dieser Ton. Wenn du mir bedingungslos folgst, dann bist du schon gerettet, sagt diese Erziehung. Und dann kommt sie nie. Die Rettung. Weil es der Tanz des Bruders gewesen war. Der Augenblick des Schlagens. Der kam dann. Das Gesicht des Schlägers beim Schlagen. Peitschen. Vernichten. Da war die Bedingungslosigkeit zu sehen gewesen. Das war das Bild von Bedingungslosigkeit. Der Sohn das Opfer des eigenen Vaters. Der Sohn war nicht gewollt. Von ihm. Die Mutter hatte auf dem Gegenteil bestanden, und der Vater hatte ihn nur stückchenweise morden können. Die Mutter hatte den Bruder ja getröstet. Sie hatte ihm Heilsalbe auf die Striemen von der Rute gestrichen, und der Vater hatte im Wohnzimmer schlafen müssen. Das war der Kreis gewesen. Und die Atembeschwerden und Schwindelanfälle der Mutter. Die Migränen. Die Kreislaufzusammenbrüche. Der Drehschwindel. Das alles kam aus dem Tanz des Bruders. Seinem Kreiseln. Und der Bruder keine Kinder. Und sie. Keine Kinder. Nun keine. Die Garantie war ja nicht zu geben gewesen. Heimlich. Sehr heimlich. Sie konnte es sich nur in der äußersten Heimlichkeit gestehen. Sie war froh. Sie war auch froh, dass es das Kind nun nicht gegeben hatte. Dann ja doch nicht. Kinderlos. Den Eltern war das eine Strafe gewesen. Die hatten das als Absicht angesehen. Nie hatten sie es auf sich bezogen. Auch nach diesen Gesprächen nicht. Die Mutter hatte geweint. Der Vater hatte den Kopf geschüttelt. Irgendwann. Sie hatte es dann aufgegeben. Diese Personen. Sie wussten nichts mehr. Sie hatte es akzeptieren müssen. Die hatten das nicht erlebt. Während sie gelebt hatten, hatten sie all das nicht gelebt, was sie gelebt hatten. Gespenster. Die hatten in diesem ererbten Ton reden müssen und hatten selbst nicht geredet. Die hatten diesen Ton verwenden müssen, in dem dieser Gauland wieder sprach. Sie hatten als Retter gesprochen und verstanden nicht, warum die Geretteten so verloren waren. Die Böse-Eltern-Partei war das. Aber es waren die, die den Kreis vervollständigten, und nie die, die ins Kreiseln verbannt worden waren. Das war die Methode, sich der Klagenden zu entledigen. Lager in der Innerlichkeit. Verbannungen. Selektion ins Empfindliche. Wer das Kreiseln spürte, der war schon an den Rand gestellt. Von Anfang an. Es war ungeheuerlich. Sie war in Todesangst geworfen worden. Regelmäßig. Gewohnheitsmäßig. Bewährungsproben. Und sie hatte nicht bestanden. Sie hatte nicht weitermachen können. Keine Kinder, denen die Bewährung neuerlich. Schwaches Material für die einen. Miese Voraussetzungen andererseits. Schwaches Material, hatte der Militärfreund des Vaters über den Bruder gesagt. Und wie gut es wäre, dass es diesen Zivildienst gäbe. Man müsste das schlechte Material nun gar nicht erst bearbeiten, wenn die nicht zur Truppe kämen. So wie sie ja auch nie zur Truppe gekommen war. Kinderlos. Geschieden. Sie hätte doch nichts abgekriegt, hatte der Vater einmal gesagt. Sie hätte doch nur zugeschaut. Am Ende. Ganz am Ende. Der Vater hatte es nicht mehr verteidigt. Aber da war es auch schon nicht mehr wichtig gewesen. Der Vater war gestorben. Die Mutter. Der Bruder. Er hatte sich sterben gelassen gehabt. Einsicht. So war das System gebaut. Einsicht kam immer zu spät.

Auf der Straße. Vor dem Café die Straße steil. Sie wünschte sich nach Hause. Aber nicht in die Wohnung auf Helgagatan. Sie wollte in die Lange Gasse. In den Hinterhof. In die Wohnung der Eltern, und alle Türen und Fenster auf den Hof hin aufgerissen. Von der Ecke im Wohnzimmer konnte sie hinausschauen. Aber niemand hätte sie sehen können. Sie zog den Mantel enger um sich. Sie war ein paar Schritte die Straße bergauf gegangen. Zurück. Ihm entgegen. Womöglich. Sie drehte sich um und lief die Straße hinunter.

Es war das Wissen. Das machte es so schwer. Machte so unfähig. So langsam. Einstimmen. Mit den anderen. Mitsingen. Mitschreien. Mitlaufen. Das war schnell. Das war rasant. Lustvoll. Hineinversetzt war das. Mittendrin. Und von innen aus so einem Satz hinausschauen. Sich hineinstürzen in die Fluten des Rassismus. Sadismus. Gebadet davon wieder auftauchen. Unverletzlich. Keine Lindenblätter herabgefallen. Die Haare noch am Kopf angeklebt vom Hass. Taufe. Aufnahme. Einander gleich. Jüngerinnen und Jünger der Eindeutigkeiten. Der Lüge davon. Die Rettung, die nie notwendig hätte sein sollen. In die Zerstörung gedreht, und wer nicht hineinsprang. Das war der Weg in die Selbstverantwortung, und wurden Schwächlinge genannt. Die Eindeutigen taten sich zusammen und hoben die Arme wieder. Phallische Gemeinschaft des Gemächts. Totmacher.

Dienstag, 12. Juni 2018. Von Wien nach Paris.
Nicht nach Berlin geflogen.[34]

Die Sonne schien. Über die Brüstung den Gehweg nach Gamla stan hinüber das Meer zu sehen. Eisüberzogen. Weiß. Funkelnd im Sonnenlicht. Nach rechts die Wellen. Glitzernd. Schaukelnd. Schnee auf Skeppsholmen. Schiffe. Eine Fähre auf dem Weg nach Skeppsholmen. Das Museum der Moderne da. Oder zum Abba-Museum auf Djurgården.

Sie ging. Lief bergab. Sie ließ den Mantel offen. Stürmte am Stadtmuseum vorbei. Ging auf die Fußgängerbrücke. Der Holzboden da eisüberzogen. Sie musste achtgeben. Balancieren. In der Sonne. Das Eis hatte schon zu glänzen begonnen. Feucht. Fahrradfahrer kamen ihr entgegen. Eine Gruppe. Große Taschen über den Hinterrädern befestigt. Die Männer und Frauen schlängelten sich an den Fußgängern vorbei. An den Kinderwägen. Sie wich an den Rand aus. Die Gruppe zog vorbei. Sie war stehen geblieben. Vorne. Auf der anderen Seite. Sie konnte die drei Romafrauen sehen. Maria. Sie standen neben einem offenen Lieferwagen. Wütend. Es war von ferne zu sehen, dass es Streit gab. Ein Mann stand den drei Frauen gegenüber. Eine hatte die Hand zur Faust geballt und hielt die Faust dem Mann vors Gesicht. Ihr fiel ein, wie die Tochter von der Frau Jarmila gesagt hatte. Die Tochter hatte die Frau Jarmila abgeholt. Sie hatte das neue Baby mitgebracht. Im Tragetuch umgebunden. Sie hatte das Baby gar nicht sehen können. Das kleine Köpfchen war in den Mantel der Mutter und in die Schals eingehüllt gewesen. Versteckt. Sie hatte nur einen Blick auf ein Häubchen erhascht. Eine rosarote Wollhaube. Frau Jarmila hatte ihr die Geschichte der Geburt erzählt. Frau Jarmila sprach sehr schlecht Deutsch. Sie hatte sich aber geweigert, einen Kurs zu machen. Das sei etwas für Junge, hatte sie gesagt. Sie könne die Räume des Instituts auch ohne Deutschkenntnisse putzen. Die Tochter hatte knapp vor der Geburt stark zugenommen gehabt, und ihre Beine waren ungeheuerlich angeschwollen gewesen. Die Hebamme habe mit dem Finger ins Bein gebohrt und gesagt, dass das doch nichts sei. Nichts Ordentliches. Bei der Geburt. Es war ja doch Präeklampsie gewesen. Alle Komplikationen. Blutverlust. Die Plazenta war nicht ganz abgegangen. Eine Operation war notwendig geworden. Nach einem Tag. Danach immer noch nicht. Wieder eine Operation. Der Vater hatte das Kind übernehmen müssen und alles getan. Die Mutter hatte um ihr Leben kämpfen müssen. Frau Jarmila war aus der Slowakei gekommen. Sie hatte ihren Schwiegersohn abgelehnt. Er war aus der Türkei. Aber das habe er gut gemacht, hatte sie gesagt. Sie wusste das alles. Sie hatte Frau Jarmila einmal nach ihrer Familie gefragt, und seither erzählte Frau Jarmila. Beim Anblick des Babys. Beim Anblick des Bündels an der Brust dieser Frau. Sie hatte die Tochter von Frau Jarmila gefragt, wie es ihr ginge. Ihr ginge es hervorragend. Die Tochter von Frau Jarmila sprach akzentfreies Deutsch. Sie palatalisierte die Ms und die Ts und die Ls. Aber das klang wienerisch. Dass das ja nun eine schreckliche Geschichte mit dieser Geburt gewesen sein musste, hatte sie gesagt. Sie wolle davon nichts mehr hören, hatte die Tochter gesagt. Sie wolle das alles vergessen, und nur das Kind sei wichtig.

Sie ging auf die drei Frauen und den Mann zu. Wenn die Mutter das vergessen wollte. Das Kind wusste es schon. Die Mutter erzählte es dem Kind mit ihrem Körper. Schon wie das Kind verhüllt und versteckt worden war. Von dieser Frau. Vor der Welt bewahrt. Die Körper erzählten die Wahrheiten. Immer. Die Frau war nicht bereit gewesen, den Schal von dem Kind wegzuziehen. Hätte diese Frau schreien sollen. Toben. Im Nachhinein die Faust heben. Vom Gesundheitssystem verlangen, es solle funktionieren. Dass sie ein Recht habe, in einer Operation geheilt zu werden. Dass sie als Gebärende ernst genommen werden sollte. Und das Kind nicht gleich getrennt. Von ihr. Sie von ihm. Alle voneinander getrennt.

Die drei Frauen waren von dem Mann zurückgetreten. Eine Kiste stand auf dem Boden. Zwischen ihnen. Sie wollte gerade vorbeigehen. Sie sah bunte Stoffe in der Kiste. Stoffe, aus denen die bunten Röcke und Tücher waren, die die Romafrauen trugen. Sie blieb stehen. Die Romafrauen wandten ihr den Rücken zu. Sprachen miteinander. Laut. Schauten über ihre Schultern auf den Mann zurück. Deuteten auf ihn. Sie beugte sich über die Kiste. Zog einen Stoff heraus. Ein gelber Rock war das. Gelb und grün und rot geblümt. Rote Rosenblüten und Blättergirlanden in Grün und Blau. Ein langer Rock. Der Bund ein elastisches Band. Sie zog den Rock ganz heraus. Sie sah Fransen in der Kiste. Umhängetücher. Große Schultertücher mit Fransen. Sie nahm eines aus der Kiste. Es war auch gelb. Aber blau und rot geblümt. Rosenblüten und Blättergirlanden in Blau. Die Fransen gelb. Sie hielt dem Mann den Rock und das Tuch entgegen. Der hatte sich eine Zigarette angezündet. Wie viel er dafür verlange. Die Frauen wandten sich ihr zu. Die eine fragte etwas auf Schwedisch. Sie zuckte mit den Achseln. Sie könne nur Englisch oder Deutsch. Französisch. Italienisch. Dieser Mann sei ein Betrüger, sagte die jüngste der Frauen auf Deutsch. Akzentfrei. Klar. Ein Betrüger und ein Verbrecher. Sie schaute fragend. Ja, sagte die Frau. Ihr Onkel habe diese Lieferung schon bezahlt, und dieser Kriminelle wollte nun noch einmal kassieren. Wolle, dass sie noch einmal zahlten. Und sie bräuchten die neuen Kleider. Diese Stoffe. Die seien billig. Das könne sie ja sehen. Die Frau hielt ihr ihren eigenen Rock hin. Der Rock zerschlissen. Die Fäden auseinandergerutscht. Woher sie so gut Deutsch könne, fragte sie. Die junge Frau lachte. Das sei doch jetzt nicht wichtig, sagte sie. Maria und die andere Frau waren von ihnen beiden weggerückt. Standen stumm. Verärgert.

Sie holte ihre Geldbörse aus der Tasche. Da seien 50 Euro, sagte sie. Sie beugte sich zur Kiste hinunter. Sie zog noch drei Röcke heraus. Drei Fransentücher. Sie hielt dem Mann die zwei 20-Euro-Scheine hin. 10 Euro. Der schüttelte den Kopf. Grinste. Sie ließ einen 20-Euro-Schein in die Kiste fallen. Mit den Kleidungsstücken über dem Arm ging sie zu Maria und der anderen Frau. Die junge Frau blieb beim Lieferwagen stehen. Sie suchte einen Rock und ein Tuch aus dem Bündel. Den Rest legte sie Maria auf die verschränkten Arme und ging weiter. Der Mann rief etwas. Sie lachte und ging davon.

Vom Tod der Mutter hatte er ihr gleich erzählt gehabt. Bei einem dieser ersten langen Gespräche. Am Telefon. Sie hatten monatelang nur am Telefon gesprochen. Nur die Stimmen. Sie hatte eine billige Nummer ausfindig machen müssen, bei der die stundenlangen Gespräche nur ein paar Euro kosteten. Ihr Handy war gesperrt worden, weil sie 500 Euro überzogen hatte. Dann würde die Notbremse gezogen, hatte man ihr im Callcenter der Servicenummer gesagt. Die Telefonrechnung war aber trotzdem hoch gewesen. Zu hoch. Sie hatte sich einschränken müssen. Wegen der Karenz. Es war gar nicht einfach gewesen, mit so viel weniger Geld auszukommen und sich auf das Jahr ohne Arbeit zu vertrösten. Sie hatte sich vertröstet. Sich vorgesagt, wie wunderbar das werden würde. Im Bett bleiben. Reisen. Keine Beschränkungen. Jeden Augenblick als Augenblick benutzen zu können. Entscheidungen zu treffen. An nichts als sich selber denken zu müssen. Das Ziel erreicht. Unabhängig. Losgelöst. Frei beweglich. Selbstbestimmt. Wenn sie daran gedacht hatte. Wenn sie an ihre nahe Zukunft gedacht hatte. Es war so ein Glücksschluchzer aufgestiegen. Jedes Mal. Das Glück leuchtend aus dem Bauch in die Kehle gekippt. Hell nervös. Erwartungsvoll.

Dieses Sirren im Bauch. Sie kannte das am besten von einer Fahrt im Auto. Sie war auf dem Weg zu Valeriu gewesen. Eine Woche Skifahren. Sie hatte Semesterferien gehabt. Er hatte sich erholen müssen. Er hatte ein Stück in München inszeniert gehabt. Sie hatten einander lange nicht gesehen. Die Premiere war an einem Donnerstag gewesen. Sie hatte unterrichten müssen. Da war sie dem Vater nachgeraten. Unterrichten. Die Stundenpläne einhalten. Keine Stunde versäumen. Pünktlichst vor die Klasse treten. Vorbereitet sein. Die Studierenden mit Namen nennen können. Diese Personen bedenken. Ihre Möglichkeiten abwägen. Einschätzen. Ihre Muttersprachen kennen. Wissen, von welcher Grammatik sie in das Deutsche fallen mussten. Ihre Gefühle erraten. Das Lächeln deuten. Die ernsten Mienen. Die Abwehr unterlaufen. Ihr Kurs war hochangesehen. Sie unterrichtete andere im Unterrichten. Sie war die geschätzte Fachkraft. Nicht beliebt. Geschätzt. Deshalb hatte sie das Karenzjahr bekommen können. Und jetzt. Im Karenzjahr. Am Anfang. Sie dachte schon wieder an die Rückkehr. Und das Glücksschluchzen stellte sich nicht mehr ein.

Damals. Im Auto. Auf der Autobahn nach Salzburg. Auf dem Weg nach Saalbach. Da war das ein einziges Singen gewesen. Ihr ganzer Körper war in dieses Singen gespannt gewesen. Eine Anspannung war das. Wie knapp vor dem Orgasmus. Fast schon der Höhepunkt. Sie hatte sich vorgebeugt beim Fahren. Diese Anspannung ging weiter. War einfach weitergegangen. Das Gegenteil von Schmerz war das gewesen. Dieses Singen. Es kam und ging. Sie war dahin gefahren. Jubeln. Es war Jubeln gewesen. Erwartung. Jubelnde Erwartung. Seit damals. Es war immer nur kurz aufgetreten. Aber sie wusste, dass sie es konnte. Jubeln. Insgesamt glücklich sein. Damals. Dann gleich auch die Tragödie. Dann gleich auch der Verdacht, das Glücklichsein wäre am Unglück schuld. Mitbeteiligt. Sich versündigt. Aber es war auch lange her. Schattenhaft. Selbst die Tragödie verschwommen. Und manchmal. Es machte sie gerade das so verzweifelt und fügte sich zu den Sinnlosigkeiten. Wenn das alles so verblassen konnte. Was war es dann wert.

Die Geschichte vom Tod seiner Mutter. Das Vertrauen. Das Miteinander. Sie hatte sich beschenkt gefühlt. Eingeweiht. Das Leid des kleinen Gustav. Mit dreizehn. Der Leib der Mutter vom Krebs zerstört. Aufgelöst. Er habe sie in ihrem Schmutz liegen gefunden und danach nie wieder in das Zimmer der Sterbenden gehen habe können. Sie nie wieder gesehen. Die zerstörte Mutter das letzte Bild von ihr, und dann schon die Stiefmutter in Erinnerung. Er hatte zu der auch Mutter gesagt. Der Vater hatte ein Verhältnis mit der gehabt, da wäre seine leibliche Mutter schon krank gewesen. Die Stiefmutter war schon bereitgestellt gewesen. So. Und das Leben weitergegangen.

Sie war dagesessen. Sie waren bei einem Italiener in der Kantstraße gesessen. Am Savignyplatz. Er hatte sie vom Flughafen abgeholt, und sie waren gleich essen gegangen. Sie hatten nichts reden können. Erst. Die Nähe. Sie waren ans Telefonieren gewöhnt gewesen. Die Stimmen waren ihre Körper gewesen. Die Stimmen längst ineinander verstrickt. Im Restaurant. Sie war auf die Toilette gegangen. Hatte sich im Spiegel angeschaut. Sie hatte nicht mehr gewusst, wie sie aussah. Da bei ihm draußen, hatte er gesagt. Da draußen, wo er wohne. Da gäbe es nichts. Es wäre besser, sie gingen gleich essen. Im Restaurant. Sie hatte sich den Kopf zermartert. Was bedeutete so eine Geschichte für einen Dreizehnjährigen. Gustav war fast sechzig. Sie hatten viel über ihre Kindheiten gesprochen. Das war so beruhigend gewesen. Dieser Austausch. Es hatte sie sicher gemacht. Anerkannt hatte sie sich gefühlt. Ernstgenommen. Dann hatte sie sich gesagt, dass es gut sei, dass er ihr das als Erstes erzählte. Wenn sie einander gegenübergesessen hatten. Einander in die Augen schauend. An der Haltung des Kopfs. An der Art, wie die Hände auf dem Tisch lagen. Daran, wie das Besteck aus der Hand gelegt wurde. Das Brot zerbröselt worden. Das Glas gedreht. Wasser nachgeschenkt. Die Erzählung war so vollständig gewesen. Und trotzdem. Seit dieser Erzählung. Am ersten Abend. Gemeinsam. Vollzug zu vollziehen. Es war flacher gewesen. Die Erzählung nicht zur Szenerie geworden. Kein Bild entstanden. Am Telefon. Wenn sie am Telefon einander erzählt hatten. Es war plastisch gewesen. Dreidimensional. Bunt. Farbig. Vorstellbar. Die Szene vom Anblick seiner Mutter. In seiner Anwesenheit. Das war eine Postkarte gewesen. Schwarz und weiß. Hatte er das so vor Augen und deshalb die flache Schilderung. Oder hatte er aus dem überlebendigen Bild etwas Totes machen müssen. Oder waren sie als Anwesenheiten zu viel. War sein Körper ihren Bildern im Weg. Sie konnte nur ihn sehen und nicht das Geschilderte. Erzählte. Sie hatte den Kopf geschüttelt. Warum er Mutter zu dieser anderen Frau gesagt habe, hatte sie gefragt. Er habe die Wahl zwischen Mutter und Tante Erna gehabt. Mutter. Das hatte seinen Vater geärgert. Es war die Idee dieser Frau gewesen, ihm die Wahl zu lassen, und er hatte die Lösung getroffen, die für seinen Vater am schlimmsten war.

Im Gehen. Sie legte den Rock zusammen. Faltete das Umhängetuch. Der Stoff griff sich glitschig an. Als wäre er nass. Das Zusammenlegen im Gehen nicht leicht. Der Stoff rutschte davon. Ließ sich nicht einfangen. Am Ende rollte sie die Kleidungsstücke zusammen und hielt die Rolle unter dem Arm.

Sie ging nach links. Eine stark befahrene Straße. Autos sausten an ihr vorbei. Sie musste lange an der Fußgängerampel warten. Rund um sie viele Personen. Sie versuchte, die Stockholmer von den Touristen zu unterscheiden. Sie überlegte, wie sie dazu passte. Sie trug einen Daunenmantel wie die anderen. Wollhaube. Stiefel. Umhängetasche. Alle waren so angezogen. Daunenmäntel eher für die Frauen. Daunenjacken für die Männer. Jeans. Dicke Stiefel. Beim Überqueren der Straße. Sie ging außen. Wollte schneller gehen als die anderen. Aber sie war in den Pulk eingeschlossen und auch auf der anderen Straßenseite. Da war dann schon Gamla stan. Sie war von Leuten umgeben, und niemand ging schnell. Auf dem schmalen Gehsteig. Es gab keine Möglichkeit zu überholen. Es war unmöglich, vom Gehsteig auf die Straße hinunterzusteigen und an allen vorbei nach vorne zu kommen. Die Autos fuhren knapp am Gehsteigrand. Schnell. Ein Auto nach dem anderen. Sobald das ging, bog sie nach rechts ab. Verließ die Menge. Ging in die Fußgängerzone da. Die Straße schmal. Lieferwagen standen noch da. Sie mussten warten, hintereinander hinausfahren zu können. Es war kaum Platz, an den Fahrzeu gen vorbeizukommen. Sie wandte sich weiter nach rechts. Gässchen steil den Hügel hinauf. Sie stieg bergan. Mittelalter. Alles eng. Stiegen. Katzenkopfpflaster. Stufen zu kleinen Geschäften hinauf. Dunkel. Eis in den Ritzen zwischen den Pflastersteinen. Festgetretener Schnee. Die Häuser hoch hinauf. Sechs oder sieben Stockwerke. Sie stieg in der Dunkelheit der engen Gässchen den Hügel hinauf. Dann wieder nach rechts. Eine Schule. Sprechgesang aus einer Klasse. Ein Denkmal. Ein weißer Zaun um ein Gärtchen. Der Schnee unversehrt da. Sie kam wieder an eine steile Straße. Sie ging nach rechts hinunter. In den steilen Gässchen waren nicht so viele Touristen. Sie dachte, sie käme in eine ruhigere Gegend. Da war sie aber schon wieder auf der ebenen Straße unten. Weiter vorne hatte sie diese Straße von Södermalm kommend überquert. Sie ging ans Meer. Sie ging über die Straße. Musste wieder warten. Lange Ketten schnell fahrender Autos. Lastwagen. Drüben. Sie ging ans Meer. Ein breiter Gehweg. Bänke. Sie setzte sich.

Das Muster des Stoffs. Sie kannte das. Die Eltern hatten so ein Muster auf einem Tablett aus Russland mitgebracht. Volkskunst, hatten sie gesagt. Die Eltern waren dann viel gereist. Die Kinder aus dem Haus. Der Vater in Pension. Endlich Zeit für sich selbst. So hatte die Mutter es gesagt. Sie hatte sich in den läppischen Sätzen eines Allgemeinen wohl gefühlt. Sie hatte gelächelt und von den Reiseplänen erzählt. Zeit für sich selbst. Dazu musste verreist werden. Das war zu Hause nicht möglich gewesen. Die Zeit und das Selbst zu bedenken. Die Eltern hatten Kreuzfahrten gebucht. Nach dem Unglück der Costa Concordia hatte die Mutter aber dann Panikattacken befürchten müssen, und es hatte keine Kreuzfahrten mehr gegeben. Das Tablett mit den aufgemalten Rosen. Sie saß da. Schaute auf das Meer hinaus. Am Rand das Wasser zu Eis gefroren. Undurchsichtig weiß. Weiter hinaus. Das Eis wurde dünner. Durchsichtiger. Am Rand schaukelte es mit den Wellen. Die Wellen umspülten die Eisplatten. Ließen sie aufsteigen. Tauchten sie unter. Die Eisplatten reichten verschieden weit ins Wasser hinaus. Bildeten Inseln. Manchmal rollten Wellen bis zum dicken Eis am Rand herauf. Da blieb das Wasser liegen. Glänzte noch und wurde zu Eis. Sie schaute diesem Erfrieren zu. Sie hielt den Stoffballen vor sich. Wärmte sich an dem Stoffballen. Ein Muff. Und plötzlich. Der Wunsch. Übergroß. Himmelhoch. Der Wunsch, sich zurückzulassen. Sich aus diesen Rückfällen nach vorne befreien zu können. Das ganze Leben sein lassen. Zurücklassen. So. Wie es eben gewesen war. Sich um nichts bekümmern. Sich nicht mehr verwundern. Nichts mehr spüren. Keine Bilder mehr sehen. Nicht mehr sehen müssen, wie die Mutter gelächelt hatte. Bei der Übergabe des rosenbemalten schwarzen Tabletts aus Russland. Leichtigkeit. Sie wünschte sich eine allumfassende Leichtigkeit. Ihr Handy kündigte ihr eine Nachricht an. Sie hörte dem Schnarren zu. Nein, dachte sie. Nein. Oder besser. Nicht. Sie brauchte ein »Nicht«. »Ich will das nicht.« Das brauchte sie. Sie holte das Handy aus der Manteltasche. Ihre Hände kalt. Sie musste die Hand zur Faust ballen und öffnen. Immer wieder. Bis sie die Finger wieder gebrauchen konnte. Sie öffnete das Handy. Ein Text von ihm. Bieberstein. Sie drückte sofort auf die Hometaste, die Nachrichten nicht gleich lesen zu müssen. Den Anfang. Sie entsperrte. Bei den Nachrichten. Fünf Nachrichten war in dem kleinen roten Kreiselchen angezeigt. Sie suchte in den Kontakten nach Bieberstein. Suchte da nach »Kontakt sperren«. Das war in Rot geschrieben. Sie tippte das an. »Kontakt entsperren« stand jetzt da. Schwarz geschrieben. Sie steckte das Telefon in die Manteltasche zurück. Stand auf. Zog den Rock über den Kopf an. Zog den Rock über dem Mantel zurecht. Der Rockbund hielt ihren Mantel zusammen. Ballte den Daunenmantel um sie. Der Rock reichte weit über ihre Knie hinunter. Es war sofort wärmer. Sie schlug das Tuch um die Schultern. Dann zog sie das Tuch auf den Kopf hinauf. Schlug die Enden über die Schultern nach hinten. Schob den Stoff an den Schläfen nach hinten. Schob den Stoff da unter die Haube. Zog den Stoff fest ums Kinn. Dann zog sie den Rock hinunter. Zog den Mantel aus. Nahm ihre Umhängetasche unter den Mantel. Zog den Mantel wieder an. Den Rock hinauf. Das Umhängetuch. Sie ging an den Rand des Wassers. Wie war das mit den Gezeiten hier. Es schien ihr keine Unterschiede im Wasserstand zu geben. Oder bildete sich das Wasser am Rand durch das Absinken und Aufsteigen des Wassers. Sie stand lange und versuchte, sich das vorzustellen. Wie das Wasser anflutete und anstieg und jedes Mal eine dünne Schicht Eis hinzufügte. Wie das Wasser absank und das Eis dann über dem Wasser lag und erst wieder mit der nächsten Flut umspült wurde. Oder war das Eis eher ein Ergebnis der Ebbe.

Prinzessschnitt. Das Kleid hatten einen Prinzessschnitt gehabt. Der Rock gleich unter dem Busen angesetzt. Sie hatte das Kleid selbst genäht gehabt. Den Stoff hatte sie beim Komolka auf der Mariahilferstraße gefunden gehabt. Es war ein Sommerkleid. Sie konnte nur Sommerkleider nähen. Wenn es darum ging, ein Futter in das Kleid einzunähen. Das konnte sie nicht. Es war ihr nicht in Erinnerung geblieben, wie das Futter mit dem Kleidungsstück verbunden wurde. Theoretisch war das offenkundig. Die Verbindung musste am Bund erfolgen. Am Hals und an der Taille. An den Ärmeln. Das Futteroberteil musste deshalb in genau den Maßen genäht sein wie das Stoffoberteil. Mit einem Rock war das einfacher. Der wurde am Bund zusammengenäht. Aber sie mochte Futterstoffe nicht. Glatte Seiden. Glatte Kunstseiden. Rutschig. Die Nähte gerieten schief. Auch wenn sie alles gefädelt hatte und nur die Fädelfaden entlangnähen musste. Das Fädeln musste sie machen, weil sie sich den Schnitt nicht vorstellen konnte. Vergegenwärtigen. Die Lizzi hatte nur einen Strich mit Schneiderkreide gebraucht. Sie hatte gefädelt. Mit einem Doppelfaden die Schnittränder entlang durch beide Stoffteile hindurch lange lockere Stiche. Dafür hatte es einen eigenen Faden gegeben. Das Fädelgarn. Dicke grauweiße Rollen waren das gewesen. Mürb anzugreifen. Das Fädelgarn. Die Stoffteile wurden auseinandergezogen und die Fädelstiche zwischen den Stoffteilen durchgeschnitten. Das sah schön aus. Sie hatte das als den schönsten Teil des Nähens angesehen. Die Stoffteile waren etwas weiter als der Schnitt ausgeschnitten. Die Fädelfadenspur den Rand entlang. Die Teile waren dann spiegelbildlich dagelegen. Die Abnäher. Flach. Abstrakt. Und ja auch der wichtigste Augenblick gewesen. Der Schnitt hatte auf das Stoffmuster abgestimmt werden müssen. Bei dem Prinzesskleid. Sie hatte zwei Muster zusammengefügt. Kleine Blümchen in allen Farben auf grünem Grund der eine Stoff. Große gelbe und rote Rosen auf grünem Grund der andere. Die kleinen Blümchen für das Oberteil und die Ärmel. Die großen Rosen für den weiten Rock. Sie hatte ein kühles weites Kleid für die letzten Monate haben wollen. Und die großen Rosen. Sie hatte den Busen nicht noch mehr betonen wollen. Sie war erstaunt gewesen, wie der Busen angewachsen war. Wie sie immer runder geworden war. Obwohl sie auf ihre Ernährung geachtet hatte. Sie hatte nicht zu viel zunehmen wollen. Das war 1996 gewesen. Sie hatte noch Bücher über den Fortgang der Schwangerschaft in der Buchhandlung gekauft. Google war erst 1998 gekommen. In den Büchern. Es war von sieben bis zehn Kilogramm Gewichtszunahme die Rede gewesen. Sie hatte das alles ernst genommen. Hatte es richtig machen wollen. Hatte es richtig gemacht. Die Rosen waren mit lockerem Pinsel in großen runden Formen gemalt auf den Stoff aufgedruckt gewesen. Leinen. Bedrucktes Leinen. Und kein Futter. Kein Kunststoff an die Haut. Nur Natur.

Sonntag, 17. Juni 2018. Wien.[37]

Was sie an ihm liebte. Sie sagte »liebte«. Aber es war mehr ein Mögen. Sie sagte »Das liebe ich so an dir.«. Aber sie meinte mögen. Das war ein Verstehen im Blick. Im Schauen. Im Auf-die-Welt-Schauen. Ein Nebeneinanderstehen war das.

Aneinandergelehnt. Leicht. Die andere Person nahe wissend. Nicht das Ineinander-verstrickt-Sein von Leidenschaft. Dieses Blindwerden und nur noch einen einzigen Blick. Nichts anderes zu ertragen als dieses ineinandergewundene Schauen. Fühlen. Im Fühlen der anderen Person alles außerhalb stillgelegt. Stillgestellt. Verschwunden. Sie. Sie standen nebeneinander. Gerade so, dass sie ihrer Nähe gewiss waren. Er nahm ihre Hand. Sie lehnte sich gegen ihn. Leicht. Sie hatte Angst, ihn an seine Impotenz zu erinnern. Mit einer Geste der Leidenschaft diese Unmöglichkeit zu wecken. Und in dieser Rücksicht war Leichtigkeit entstanden. Nähe, die eine Möglichkeit war. Sie konnte mit ihm über den Holocaust reden. Er sagte nie, dass er darüber nicht reden wolle. Dass man darüber nicht reden könne. Dass darüber schon genug geredet worden sei. Er nickte dann und hörte ihr zu. Sie hatte ihm erzählen können, wie bestimmte Bilder sie verfolgten. Sie hatte die Frage stellen können, warum andere Bilder wieder abgesunken waren. Sie hatten gemeinsam spekuliert, was die Gründe für diese Unausgewogenheiten waren. Er selbst. Er lächelte nur und sagte, er habe nichts zu erzählen. Das seien ja die Geschichten der anderen. Seine spiele da keine Rolle.

Es waren die Kinder an der US-Grenze zu Mexiko. In Käfigen. Allein. Die älteren Kinder trösteten die jüngeren. Es war wie in den *Hunger Games*. Und wahrscheinlich. Diese Eingriffe. Solche Eingriffe. Ein Kind wurde da erwachsen gemacht. Wurde ins Wissen gestürzt und war beschäftigt. Damit. Es machte schon müde, es anzusehen. Sie sackte in sich zusammen. Bei solchen Bildern. Und sie konnte sicher sein. Es traten ihr die anderen Bilder vor die Augen. In ihrem schon Zusammengesunkensein. Es tauchten die schrecklichen Bilder auf. Die Bildfolgen. Liefen ab. Sekundenschnell. Von hinter dem Kopf durch den Kopf vor die Augen. Von hinter den Augen gingen diese Bilder durch die Augen hindurch und kamen vor die Augen. Waren außerhalb. Waren Wirklichkeit. Durchscheinend, aber Wirklichkeit. Geschichten. Die Bilder waren durchscheinende Geschichten. Mussten durchsichtig sein. Der Blick auf die Tat erhalten bleiben musste. Die Tat der Gründungsaugenblick der Geschichte. Die Begründung. Sie. Sie verstand alle, die nichts erzählten. Nichts erzählen wollten. Damit die Tat leugneten. Der Tat abschworen. Die Täter vernichteten. »Nein. Das ist mir nie passiert.« Die eine Wand aufzogen und ein Erzählverbot erließen. Ein Bilderverbot. Die sich selbst nicht mehr sehen wollten. So. Und war das der Grund für diesen Mauerbau wieder. An der US-Grenze. Die Gefangennahme der Kinder, während die Mütter weggeschleppt wurden. Die Väter. Musste dieser Präsident eine solche Szene nachstellen. Gewaltsame Trennung von der Mutter. War er vor einer verschlossenen Tür gestanden und hatte nicht zur Mutter können. Oder zu jemandem, der die Mutter bedeuten hätte können. War die Köchin entlassen worden, bei der der kleine Donald sich sicher fühlen hatte können. Und der Vater dem kleinen Donald drohen hatte müssen. Weil der so geweint hatte. Um die Entlassene. Musste er seine eigene Geschichte zur Geschichte aller machen. Eine Gegenwart herstellen, hinter der die Vergangenheit versteckt war. Aber durchschien. Durchschimmerte. Sein Überleben beschreiben konnte, aber nichts erzählen musste. War das der Grund für den Ehrgeiz gewesen. Es allen zu erzählen im Verschweigen. Dann war das Kunst. Kunst wurde so gemacht. Öffentliche Erzählung im Verschweigen. Die Wahrheit durchscheinen lassen. Verschlüsselte Enthüllungen. Dann wäre das Museum of Modern Art der richtigere Ort für diesen Mann. Und dort eine Mauer. Eine hohe Mauer. So hoch, dass die Vergangenheit sicher nicht herübersteigen konnte. Und jeden Sonntag an die Mauer gehen und klagen. Oder jeden Tag. Die Kinder hatten auch keinen Tag frei. Vom Weinen.

Montag, 18. Juni 2018. Wien.[38]

Der bunte Rock behinderte beim Gehen. Wenn sie große Schritte machte. Der Saum war nicht so weit. Sie musste sich gegen den zusammengeballten Mantel unter dem Rock den Schritt bahnen. Bei jedem Schritt gegen sich selbst anschreiten. Sie ging am Meer. Slussen. Sie wandte sich nach links. Das Waten gegen den Mantel mühsam. Sie schürzte den Rock. Sie steckte den Rocksaum rechts in den Bund und konnte ausschreiten. Sie wollte am Meer bleiben und folgte einem Radweg. Fußgänger hatten keinen Platz hier. Nach der U-Bahnstation Slussen verliefen die Straßen in Etagen übereinander. Sie erkannte keinen Namen auf den Richtungspfeilen. Sie wusste nur den Namen der Insel des Museums der Moderne. Skeppsholmen. Hier waren ganz andere

Namen auf den Richtungspfeilen. Sie kletterte über eine Böschung. Ging über Schienen. Schlüpfte unter Schranken durch. Immer das Meer entlang. Die Sonne heraußen. Die Wolken weiß leuchtend. Die Wellen schaukelten. Glitzerten. Schiffe. Fähren zwischen den Inseln. Auf dem Meer alles in Bewegung. Ein kaltes Venedig. Aber ein richtiges Meer.

Dienstag, 19. Juni 2018. Wien.[39]

Die Schienen führten zu einem Hafen. Ein Kreuzfahrtschiff lag vor Anker. Große Schiffe. Kleinere. Ein riesiges Containerschiff. Das Wasser klatschte die Schiffsrümpfe hinauf. Gluckste gegen die Mole. Mole. So wurde auch ein künstlich befruchtetes menschliches Ei genannt, das die ersten Schwangerschaftswochen nicht überlebt hatte. War das Leben, wenn das künstlich war. Gab es ein künstliches Leben. War das nicht Lebenserhaltung. Lebensverlängerung. Überlebten Eier. War Überleben die richtige Bezeichnung. Ein Ei. Überstanden die nicht. Ein Ei. Sie stellte sich Leben in einer dicken Schale geschützt vor. Die Schale war doch das Ei. Und. So ein menschliches Ei. Das war so winzig. Und nur eine Membran rundherum. Wie sonst sollte sich das Spermium den Weg bahnen. Oder die dünne Nadel. Das sollte anders heißen, und sie wollte auch Hafenmauer zur Mole sagen. Sie hatte alle Möglichkeiten recherchiert. Hatte im Internet gestöbert. War bei ihrer Frauenärztin gewesen. Ihm hatte sie nichts davon gesagt. Sie hatte erst alles über die Möglichkeiten wissen wollen. Es wäre nicht schwierig gewesen. Nicht sehr schwierig. Sie würde es dreimal versuchen müssen, hatte die Dr. Volkert gesagt. Sie hätte das Kind einfach bekommen. Erhalten hätte sie sich und das Kind gut können. Auch allein. Aufziehen. Eine alte Mutter, aber Mutter. Dann hatte sie aber nichts zu ihm gesagt. Das Thema nicht angeschnitten. Und sehr bald. Sie waren da schon in Berlin zusammen gewesen. Die Trennung von seiner langjährigen Freundin. Seine Lebensgefährtin. Die Frau, mit der er sein Leben verbringen hatte wollen. Mit der er dieses Haus in Alt-Tegel am Wasser gekauft hatte. Diese Trennung. Die ging auf Kosten der Töchter. Die beiden Töchter dieser Frau. Die wären von dem Ehemann gewesen. Mit dem wäre diese Frau verheiratet gewesen. Ein Psychotherapeut. Er. Er hätte ja Verständnis gehabt. Verständnis aufgebracht. Diese Töchter hatten ein Recht gehabt, ihre Mutter zu sehen. Aber dann seien die Enkelkinder gekommen, und er hasste kleine Kinder. Er hatte das so gesagt. Die Enkelkinder seien gekommen, und er hasse kleine Kinder. Diese kleinen Kinder. Sie hätten seine Kunstbücher aus dem Bücherkasten gezogen und angemalt. Aber es war natürlich etwas anderes gewesen. Seine Selbstbezogenheit. Und sie hatte es ohnehin nicht ernst gemeint. Mit einem Kind. Noch. Und er hätte nicht gekonnt. Konnte nicht. War das da schon der Grund gewesen. Missgunst.

Mole. Das hieß auf Englisch auch Maulwurf, Spion und Muttermal. Als Wienerin kannte sie das Wort Mole für Hafenmauer ohnehin nicht. Sie ging am Rand der Hafenmauer. Auf dem glatten Beton für die Radfahrer. Vermied das Katzenkopfpflaster. Nach rechts lag ein riesengroßer Parkplatz. Lastwagen. Lieferwagen. Tankwagen. Wohnwagen. Alle am Rand. Weit hinten. An den Felsen. Der Platz vorne leer. Oberhalb des Parkplatzes. Über einer hohen Böschung. Es begann eine Brücke zur nächsten Insel. Da oben fuhren Autos. Aber sie konnte sie nicht hören. Die Brücke zu weit weg. Im rechten Augenwinkel. Die Autos zogen in beide Richtungen in ununterbrochener Folge dahin. Links das Meer. Schaukelnd. Dann kam sie wieder auf Schnee zu gehen. Schnee angeschaufelt. Sie kletterte über Schneehaufen. Sie hatte eine kleine Halbinsel gesehen. Eine Bank da. Da wollte sie hin. Ein Paar kam ihr entgegen. Sie stapfte im alten Schnee. Die zwei gingen auf dem Kopfsteinpflaster. Hielten einander an den Händen. Sie waren beide schwarz gekleidet. Trugen schwarze Wollhauben. Hohe Stiefel. Die Frau hatte die Tätowierung einer aufgeblühten Rose auf der Wange. Sie musste lachen. Sie wandte sich ab, das Lächeln nicht zu zeigen. Aber die beiden schauten gar nicht auf. Sie gingen auf den Boden vor sich schauend schnell an ihr vorbei. Die Rosenblüten hatten einander geglichen.

Auf der kleinen Halbinsel hatte sich Eis gebildet. Sie musste über den eisüberzogenen Boden zur Bank balancieren. Sie rutschte aus. Taumelte auf die Bank zu. Sie konnte sich an der Lehne der Bank abfangen. Sie musste wieder lachen. Das sah sicher seltsam aus. Eine Frau mit einem hochgeschürzten bunten Rock und einem bunten Tschador. Wie sie mit fuchtelnden Armen ihr Gleichgewicht zu halten suchte und sich erst an der Banklehne wieder fangen konnte. Es war aber weit und breit niemand zu sehen, diesen komischen Anblick zu teilen. Auch das Punkpaar schon hinter Lastwagen verschwunden.

Sie setzte sich auf die Bank. Schaute hinaus. Rechts hinter ihr ein hoher Felsen gleich am Meer. Links hinüber Skeppsholmen. Eine weiße Fähre auf dem Weg dahin. Alles war weit weg. Nach vorne und nach links war alles weit weg und ohne Menschen. Sie war allein. Saß in der Sonne. Die Sonne hatte die Bank gerade erst erreicht. Das Eis noch matt und milchig kalt. Vor ihr. Am Rand des Wassers. Ein schmales Band Eis. Immer wieder das Glucksen zu hören. Sie stand auf und schaute. Es gluckste, wenn das Wasser unter dem Eisrand herausschwappte. Sie setzte sich wieder. Schaute auf das Meer hinaus. Der bunte Rock leuchtete in der Sonne. Die roten Rosen und der gelbe Grund. Sie hatte dieses Leuchten vor dem sonnenhellen Ausblick am unteren Rand ihrer Sicht. Das war schön. Das war perfekt. Sie breitete die Arme aus. Legte die Arme auf die Lehne der Bank. Sie seufzte. Zufrieden.

Das Telefon läutete. Sie war zu zufrieden, sich bewegen zu wollen. Das Läuten war nach viermal vorbei. Sie lehnte sich weiter zurück. Das Telefon erklang wieder. Sie seufzte. Es konnte nichts Wichtiges sein. Sie rührte sich nicht.

… dann zogen sie wieder her, waldferne silberne Glockenklänge aus ihrer goldenen Jugendzeit …

Es läutete. Eine Glocke. Scheppernd. Vom Hafen herüber. Nichts Silbriges.

Den Felsen hinauf wuchsen Bäume. Das war aber kein

Wald. Das waren einzelne Bäume. Birken. Die Stämme kaum auszunehmen vor dem Felsgrau und dem Weiß des Schnees. Im Sommer. Die Blätter der Birken würden silbrig im Wind flimmern. Hell schimmern. Das Glitzern des Wassers widerspiegeln. Sonnendurchlässig. Licht.

Wie war der Satz in ihren Kopf gekommen. War es diese metallene Schiffsglocke gewesen. Vorhin. Oder das Handyläuten. Rufe. Metallenes Rufen. Glockengeläut war ihr unheimlich. Machte ihr Angst. Hatte ihr immer schon Angst gemacht. In der Sommerfrische. In Hirschegg. Sie hatten bei einem Bauern gewohnt. Jeden Sommer. Aber das war auch schon Erinnerung. Ein paar Sommer lang. Dann nach Italien. Im Wald da. Im Sommerwald da. Es war dunkel gewesen. Winzige Bäche waren unter Moospolstern hervorgesprudelt. Von der Sonne hatten nur einzelne Strahlen den Boden erreicht. Auf den Moospolstern hatten kleine weiße Sternblumen geblüht. Damals hatte es begonnen. Das Weh. Innen. Hinter dem Brustbein. Und ein Wort wie »waldferne« oder »silbern«. Ihre goldene Jugendzeit. Es war wohl mehr die Kindheit gemeint. Es war alles golden genannt worden, was noch nichts mit dem Geschlecht zu tun gehabt hatte. Die Unwissenheit des Kinds war so vergoldet worden. Und die Benennung. Die goldenen Zeiten. Die Wirklichkeiten. Ihre Wirklichkeit war lange darin verborgen geblieben. Sie hatte lange. Lange Zeit. Sie hatte ihre Eltern verteidigt und hatte gesagt, sie habe eine glückliche Kindheit gehabt. Das alles gut gewesen wäre. Irgendwie. So gut das überhaupt ginge. Aber es war nicht gutgegangen. Immer schon waren diese Sätze von goldenen Zeiten und silbernen

Tönen Schleier für die Verhältnisse gewesen. Die waldfernen silbernen Glockenklänge ihrer goldenen Jugendzeit, die aber ihre Kindheit gewesen sein musste. Es war schon die Form des Aufrufs der Erinnerung falsch. Die Glocken der Dorfkirche hatten nichts Silbriges an sich gehabt. Barsche Befehle waren das gewesen, und ihre Angst vor Glocken eine dieser ungewussten Erbschaften. Wahrscheinlich von den Bombenalarmen. Von lange vor ihr, ihr mitgegeben. Dunkle Geschenke. In Hirschegg. Der Kirchgang war da eingeläutet worden. Die Wandlung erzählt. Die Verwandlung des Brots in den Leib. Das Jesuskind musste gegessen werden. Damals. Empfangen wurde das genannt. Sie hatte sich gefürchtet davor. Hatte wohl eine Schwangerschaft befürchtet. Hatte gedacht, die Kinder kämen vom Essen. Wurden nicht vom Storch gebracht. Wie gesagt worden war. Und sie würde ein neues Jesuskind zur Welt bringen müssen. Sie hatte die Hostie nie geschluckt. Hatte sie an der Wange innen aufbewahrt und in den Papierkorb gleich beim Eingang zur Piaristenkirche ausgespuckt. Und sie hatte die Freiwilligkeit nicht gelernt. Es war die Freiwilligkeit des Eindringens dieses Leibs verlangt worden. Gelehrt worden. Sie sah sich als kleines Mädchen. Die weißen Schühchen. Wenn sie hinuntergeschaut hatte. Aber der Wachsblumenkranz im Haar war nicht fest genug gesessen, den Kopf richtig vorzubeugen und die weißen Schühchen anzuschauen. Diese weißen Schühchen. Nur für diesen Anlass weiß. Diese Schühchen waren nach der Erstkommunion blau eingefärbt worden. Sie waren nur für diesen Anlass weiß gewesen. Sie konnte den Blick des Kaplans sehen. Über die schnatternde Horde der weißgekleideten Mädchen schweifen. Achtlos zählend. Desinteressiert. Material waren sie gewesen. Opferlämmer. Und sie waren ja auf dem Altar dieser verleugneten Geschlechtlichkeit geopfert worden. Bis heute. Es war nie ohne Schuldgefühle. Immer gab es den kleinen Augenblick dieses Gewissens. Und hatte sich dieses Weh entwickeln müssen, den Trieb über dieses eingepflanzte Gewissen siegen lassen zu können. Einen Augenblick. Sie wünschte sich in eine alles auslöschende Umarmung. In ein Atemaussetzen vor Ineinanderdringen. Sie wollte blind werden vor Nähe. Taub vom schnappenden Keuchen der hochschlagenden Lust. Und dann nichts mehr. Einen Augenblick. Sie hätte das Leben aufgeben mögen. Dafür. Danach dann. Nach einem Aufbäumen in erwiderter Leidenschaft. Es schien nichts Wichtiges zu geben. Mehr. Aber das. Das wünschte sie sich. Ersehnte sie. Sie richtete sich auf. Das Telefon läutete wieder. Es fiel ihr immer erst am Ende ein. Immer erst am Ende von Gedankenketten. Ihr Vater hatte nur einen Arm gehabt. Sein rechter Arm endete unterhalb des Schultergelenks. Ein kurzer Stumpf. Der sehr junge Österreicher war als deutscher Offizier im Winter 1942 in Russland angeschossen worden. Von der deutschen Armee. Wie sie Gustav das erzählt hatte, dass es friendly fire gewesen war. Und was hatte das bedeutet. Nicht vom Feind verletzt. Hatte das die Wut, aber auch das Ertragen bewerkstelligt. Gustav hatte sarkastisch gelächelt und genickt. Das könne er sich gut vorstellen. Sie hatten einander angesehen und mit den Achseln gezuckt. So war die Vorgeschichte. Ihre Vorgeschichten. Aber sie vergaß das dann gleich wieder. Konnte diesen fehlenden Arm mit nichts in ihrem Leben in Verbindung bringen. Dabei war das der Schlüssel. Ihre Mutter war ja dann der rechte Arm ihres Vaters geworden. Gewesen. Hatte als dieser rechte Arm gelebt. Als seine Hand. Sie konnte es vor sich sehen. Der Vater stellte den Schuh auf den Oberschenkel der Mutter und sie knüpfte das Schuhband zu einer Masche. Das war Verfügung gewesen. Das war ein einziger Körper gewesen. Und wo war sie dann. Wenn ihre Mutter der Körper des Vaters war. Seine rechte Hand. Hatte sie dann überhaupt einen eigenen Körper, oder gehörte das alles in diese Symbiose, die nur durch ihren Bruder auseinandergerissen werden konnte. Kurz. Immer nur. Der Vater war ja dann doch wieder ins Schlafzimmer zurückgekehrt, nachdem er gelobt hatte, den Bruder in Ruhe zu lassen. Was machte das wiederum aus ihnen allen zusammen. Ihr fiel nur Orgie ein. Eine Orgie der geborgten und verliehenen Gliedmaßen. Das war ekelhaft. Das Telefon begann wieder zu läuten. Sie nahm den Anruf an, diesen Ekel wegzubekommen.

Mittwoch, 20. Juni 2018. Wien.[40]

Die Frau am Telefon fragte auf Englisch, ob sie wisse, dass Gustav ihr eine E-Mail geschickt habe, in der er sie um ihre Rückkehr bitte. Heute Morgen wäre das gewesen. Wer da am Telefon sei, fragte sie. Solange, antwortete die Frau. Sie sei die Solange, die Gustav noch im Dezember heiraten hatte wollen und dann alles abgesagt habe. Die Papiere. Die Heiratspapiere. Die hatte sie doch gefunden. Jedenfalls habe Gustav ihr das so gesagt.

Und das stimmte. Sie schaute auf Skeppsholmen hinüber. Das Museum der Moderne auf dem Hügel. Obendrauf. Sie hatte ein Formular in einer Lade gefunden. Sie hatte nach Klebeband gesucht, und er hatte ihr geraten, in dieser Lade von seinem Schreibtisch nachzuschauen. Das Formular war gleich obenauf gelegen. Mit dem Blick darauf war es schon gelesen gewesen. Er habe sich für sie entschieden, hatte er gesagt. Das könne sie doch an den Daten sehen. Solange habe geheiratet werden wollen, um in der EU einen Aufenthalt zu bekommen. Er habe sich nicht dafür benutzen lassen wollen. Und außerdem. Das sei alles längst vorbei gewesen. Würde er sonst ein solches Formular so achtlos herumliegen haben. Und er hatte den Satz wiederholt. Dass sie doch wissen müsse, dass sie da nicht mehr herauskämen, wo sie jetzt seien.

Sie konnte ihn vor sich sehen. Am Tisch. Seitlich angelehnt. Die Beine übereinandergeschlagen. Zu ihr herüberschauend. Ruhig. Gelassen. Er hielt sie dann mit den Augen fest, bis sie zustimmte. Ja. Da kämen sie nicht mehr heraus, und sie wolle sich bemühen, nicht misstrauisch zu sein. Sie war aber gar nicht misstrauisch. Bis zu dem Formular war ihr nicht eingefallen, es könnte eine andere Frau geben.

Auf der Bank mit Aussicht auf Stockholms Meer. Er hatte sie dazu veranlasst. Sie wusste von Solange nur von diesem Dokument her. Von diesem Antrag auf Eheschließung. Mit einer Ausländerin. Und gleich fiel ihr auch noch das Foto ein, das neben dem Formular gelegen hatte. Auf dem Foto war die langjährige Freundin von ihm zu sehen. Die war einmal vorbeigekommen und hatte etwas aus dem Keller abgeholt. Andrea war füllig. Kleidergröße 46, hatte sie gedacht. Sie stand mit dem Rücken zur Kamera. Auf dem Foto. Sie stand vor einem Ausblick auf die Dächer eines italienischen Dorfs. Die terracottafarbenen Dächer ineinandergeschachtelt schiefe Ebenen. Winzige Dachgärten dazwischen und die Buntheit von blühendem Oleander und Hortensien. Geranien. Petunien. Nie hatte sie die Traurigkeit einer Person so in der Haltung ausgedrückt gesehen wie auf diesem Foto. Sie wusste aber, dass diese Solange der Grund für die Trennung gewesen war. Und die kleinen Kinder.

Sie saß da. »For now, I do not believe anything you say.«, sagte sie und stand auf. Sie hielt sich an der Banklehne fest. Schlitterte über die Eisplatte rund um die Bank. Ging auf die Straße zurück. Ging weiter. Auf den Felsen zu. Im Schatten der hohen Felsen. Der Schnee lag festgetreten am Straßenrand. Die Straße wurde eng. Führte in einen Tunnel. Durch den Felsen hindurch. Einspurig. Oben. Hoch über ihr. Sie konnte jetzt die Autos auf der Brücke über das Meer hören. Dann ging sie in den Tunnel. Sie dachte, die Verbindung würde da abreißen. Von alleine. Aber sie konnte die Frau den ganzen Weg durch den Tunnel reden hören. Das Ende des Tunnels ein Tor ins Licht. Vorne. Sie ging am Rand der Straße. Sie drehte sich immer wieder um. Die Straße so schmal hier. Sie dachte, der bunte Rock würde im Scheinwerferlicht eines Autos aufleuchten. Sie ging in tiefem Dämmer. Beeilte sich. Draußen. Nach dem Tunnel. Die Straße war da wieder breit. Ein Gehweg links. Das Meer entlang. Der Fel-

sen bildete hier eine Bucht. Die Straße an den Felsen angeklebt. Über dem Wasser. Dann wieder fester Boden. Wohnbauten rechts. Balkone. Ein Mann saß auf den Stufen zum
Eingang eines Hauses und sonnte sich. Keine Autos fuhren.
Keine Fußgänger. Es waren wohl alle an ihren Arbeitsplätzen
und die Kinder in den Schulen und Kindergärten. Sie fragte
sich, wie spät es nun eigentlich sein könnte. Sie konnte aber
nicht nachschauen. Die Frau sprach. Erzählte. Zählte auf.
Schilderte. Klagte. Schilderte Gustavs Machenschaften.

Machenschaften. Das war das richtige Wort. Sie nannte
das bei sich schon während der Erzählung so. Machenschaften. -schaft. Das war ein schönes Suffix. Es konnte eine
Gesamtheit ausdrücken. Oder das Ergebnis eines Tuns. Es
konnte einen Zustand beschreiben. Eine Beschaffenheit.
Gustavs Machenschaften waren das alles. Es war die Gesamtheit der Ergebnisse seines Tuns, das zu einer Beschaffenheit führte. Das ihren Zustand bestimmte. Sie war in eine
Gustav-schaft eingewickelt worden. Sie war in eine Gustav-
schaft verwandelt worden. Wie Solange auch. Oder war das
die Story einer Konkurrentin. War das eine geschickte Manipulation, sie aus dem Weg zu schaffen. Hatte Gustav Solange
dazu angestiftet. Wollte er sie vertreiben.

Wenn sie joggen ging. In Wien. Wenn sie in Wien joggen
gegangen war. Wenn sie Zeit gehabt hatte. Sie war an die
Donau gefahren. In die Donauauen. Solange sie ein Auto gehabt hatte, war sie in die Donauauen gefahren. An einer Stelle
da. Große Betonblöcke standen in einer langen Schneise im
Wald aufgereiht. Die Strommasten auf diese Blöcke mon-

tiert, um vor den jährlichen Überschwemmungen in der Au geschützt zu sein. Die Waldstraße führte an einem besonders großen Betonblock vorbei. Es schien eine Art Umspannstation zu sein. Armdicke Kabel führten von den Leitungen hoch oben zu dunkelglänzenden Keramikspulen auf dem Betonblock. Verschwanden wieder in Metallkästen. Wurden in großen Bögen wieder zurück zu den Überlandleitungen hinaufgezogen. An dieser Stelle. Unter diesen vielen Kabeln über ihrem Kopf. Sie war da immer besonders schnell gelaufen. Sie war gerannt. So schnell wie möglich. Die Vorstellung. Es quälte sie jedes Mal die Vorstellung, eines der Kabel könnte reißen. Die Vorstellung, von einem solchen Kabel getroffen zu werden. Ein riesengroßer Kabelriss. Ein ungeheurer Peitschenschlag. Und sie würde getroffen werden. Sie konnte das Pfeifen des niedersausenden Kabels hören. Ein metallischer Peitschenhieb. Und sie entzweigehauen. In zwei geteilt. Sie konnte sich sehen, wie sie in der Mitte geteilt zu beiden Seiten auseinandersank und wie das Innere ihres Leibs glatt durchgeschnitten offen dalag. Ein glatter Schnitt. In zwei gepeitscht und das Letzte, was sie gehört hätte, dieser metallisch pfeifende Knall. Mit dem Ton gespalten.

Donnerstag, 21. Juni 2018. Wien.[41]

Sie ging in die Sonne hinaus. Erst noch der hochaufragende Fels. Grau. Schnee auf den Vorsprüngen. Hier waren die Autos auf der Autobahnbrücke hinter ihr nur noch leise zu hören. Ein leichter Wind kam ihr entgegen. Trieb kleine Wellen die großen Wellen entlang. Nach links das Wasser flussbreit. Die nächste Insel ganz nah. Dann aber. Weiter vorne. Das Meer ausgebreitet. Eine funkelnde Fläche.

Sie ging den Fußweg am Rand des Wassers. Die Mole entlang. Über der Straße drüben Wohnbauten. Große Häuser. Viele Wohnungen. Balkone. Die Bauten ineinandergeschachtelt. Den Hügel hinauf ansteigend. Stufen. Es war ruhig. Kein Auto auf der Straße. Keine Fußgänger. Auf den Stufen zu einem der Wohnhäuser hinauf saß ein Mann. Er saß zurückgelehnt. Hatte die Arme auf den nächsten Stufen über ihm aufgestützt. Er hielt sein Gesicht der Sonne entgegen. Die Augen geschlossen. Still. Bewegungslos.

Kaputt gemacht, dachte sie. Du bist kaputt gemacht, sagte sie zu sich. Du bist von Anfang an kaputt gemacht, und jetzt wird der letzte Nagel eingeschlagen. Sie ließ es sich selber gegenüber offen, ob der Nagel in ihren Sarg eingeschlagen werden sollte. Oder die Nägel Jesu gemeint waren und sie an ein Kreuz angenagelt wurde. Es war beides. Sie fühlte sich lang ausgestreckt liegen und die Dunkelheit über sich endgültig werden. Und sie fühlte sich dem hellsten Licht ausgesetzt, und allen zu sehen, wie ihr das Mal aufgedrückt wurde. Es war alles ganz klar. Es war sofort klar gewesen. Mit dem ersten Ton der Stimme dieser Frau war alles klar gewesen. Das Bild vollständig. Die Lücken gefüllt. Die offenen Stellen ausgefüllt. Die Schatten ins Licht gezerrt. Aber nein. Es war kein Bild. Es war etwa Mechanisches. Ein Uhrwerk. Ein Werkelchen, und die Zahnräder ergänzt. Kleine Zahnrädchen eingesetzt und das Werk zum Ticken gebracht. Die

Vergangenheit. Die letzten Monate. Plötzlich funktionierte das. Die Zeit funktionierte. Der Ablauf. Die Auslassungen sichtbar und zugleich ausgeglichen. Der Strom der Zeit war wieder eingesetzt. Sie atmete auf. Sie hatte das nicht gewusst. Nicht begriffen. Die Logik der Ereignisse war offenkundig. Mit einem Mal. Plötzlich alles übersichtlich. Vollständig. Logisch. Mit einem Mal konnte sie verstehen, was er gemeint hatte. Mit seinem Recht auf Alleinsein. Er hatte sich ihr gegenübergesetzt und gesagt, er habe nachgedacht. Er war am Samstagmorgen zu seinem Aldi gefahren und hatte für das Wochenende eingekauft. Sie hatte lange geschlafen. Es war der Anfang des Karenzjahrs gewesen. Jänner. Winter. Dunkel. Selbst in seinem gläsernen Haus in Alt-Tegel dunkel. Sie hatte Kaffee getrunken. Sie hatte überlegt, ob sie eine Espressokanne kaufen sollte oder eine Cafetiere. Seine Espressomaschine taugte nichts. Er hatte sie bei Aldi in einer Aktion gekauft, und es mussten ganz bestimmte Pads dafür verwendet werden. Keine Kapseln. Darauf war er stolz gewesen. Aber der Kaffee in den Pads war bitter. Er trank Tee. Sie wollte keinen bitteren Kaffee trinken. Sie war an seinem Esstisch gesessen und hatte auf die Küchenzeile geschaut. Sie hatte sich vorgestellt, für ihren Kaffee einen eigenen Platz zu beanspruchen. Sie sollte ja nun für immer hier sein. Er hatte das gesagt. Sie hatte nichts darauf geantwortet. Hatte ihn angesehen. Ihm ins Gesicht gesehen. Er hatte den Kopf gebeugt und gesagt, »Das weißt du doch auch.«. Dann aber. Er war ihr gegenübergesessen und hatte gesagt, er habe nachgedacht und es ginge ihm das alles viel zu schnell. Er fühle sich bedrängt. Er sei verwirrt. Brauche Zeit. Und könne sie nicht sehen, wie schwierig ihm dieses Geständnis fiele. Wie schwer es ihm falle, sie wegzuschicken. Aber er habe Angst, es könne ihm wieder so schlecht gehen. Er könne sich das nicht leisten. Er müsse arbeiten. Müsse arbeitsfähig bleiben. Seine Pension. Die berechne sich nicht aus krankheitsbedingten Fehlständen. Und er habe Ziele. In seinem Beruf. Er sei endlich in diese Gruppe aufgenommen worden, die das ganz große Geld jagten. Das sei wichtig. Er dürfe das nicht verlieren. Er brauche Platz. Raum. Bewegungsfreiheit. Sie wisse doch alles über ihn. Von ihm. Sie müsse das verstehen. Es ginge um die letzten Jahre. Für ihn.

Sie war dann zu einer Freundin gegangen. Fürs Erste. Dann war sie wieder nach Wien. Ins Gästezimmer eines Freunds. Ihre Wohnung war ja vermietet. Und sie hatte nachgedacht. Hatte einer oder eine das Recht, so viel zu verlangen. Sie war aber nicht traurig gewesen. Dabei. Oder verzweifelt. Leer. Sie war leer gewesen. Seine Forderung hatte sie leer zurückgelassen. Diese Leere und das Scheitern der Pläne. Sie war ans Institut zurückgegangen und hatte ausgeholfen. Die Grippewelle. Sie. Sie war nicht krank geworden. Sie hätte sich das gewünscht. Hohes Fieber. Fieberzeiten. Von einer Krankheit angefallen und gehetzt. Heiß, ohne laufen zu müssen. Ohne Anstrengung so angestrengt. Im Liegen ins Kreiseln geraten. Bewegungslos Saltos schlagen. Und dämmrig. Alles in Dämmer. Diese Erlösung war nicht gekommen. Sie war wieder arbeiten gegangen. War in die Arbeit gegangen und dort geschützt gewesen. Ihre Chefin hatte das so gesagt. »Können Sie nicht wieder in die Arbeit kommen.« Sie war also in der Arbeit gewesen und hatte ausgeholfen. Es waren Scherze gemacht worden. Sie sei ja nun nicht entkommen. Die Arbeit habe sie also nun wieder eingeholt. Sie könne es eben nicht lassen. Sie hatte dazu nichts gesagt. Die ganze Zeit. Sie hatte fieberhaft überlegt, was sie nun tun sollte. Welche Pläne schmieden. Und da war er nach Wien gekommen, sie zu holen. Sie zu bitten, zu ihm zu kommen. Für immer. Wieder.

Eine steile Straße rechts führte Stufen zu Häusern weiter oben hinauf. Sie setzte sich auf die Stufen. Jetzt wusste sie, dass Solange davor bei ihm gewesen war. Solange lebte in Beirut. Sie hatte ein billiges Ticket nach Paris und von da nach Berlin aufgetrieben. Sein Recht auf Alleinsein war also von den Ticketpreisen Beirut – Paris – Berlin diktiert gewesen. Sie hatte da nach Miami fliegen wollen. Eine Schulfreundin hatte sie eingeladen. Die lebte dort. Sie hatte gedacht, sie reise einmal dahin und dann ließe sie sich treiben. Die drei Monate erlaubten Touristendaseins in den USA ausnützen. Sie hatte Flucht spielen wollen.

Sie schloss die Augen. Die Sonne hell durch die Lider. Sie hörte Geräusche. Schaute auf. Eine Frau mit Kind kam die Stiege herunter. Sie rückte an den Rand. Die Frau hob das Kind auf und trug es rasch an ihr vorbei. Die Frau schaute nicht in ihre Richtung. Die Frau eilte an ihr vorbei. Setzte das Kind erst am Ende der Stufen wieder ab. Zog es an der Hand davon. »Ach ja.«, dachte sie und seufzte. »Ich bin ja eine Roma.« Sie saß. Legte die Arme um die Knie. Zog das Kopftuch nach vorne. Beschattete das Gesicht mit dem Tuch. Sie musste lachen. Lachte auf. Laut. Das Lachen riss ihre Schultern in die Höhe. Dann fühlte sie gleich, wie ihre Schultern nach unten sackten. Nach vorne sackten. Die Brust gegen die Oberschenkel warf.

Das Wasser vor ihr. Das Sonnenlicht tanzte auf den Wellen. Fing sich in Schlieren im Wasser. Grünblau. Aber es war nicht schwer. Sie setzte sich wieder auf. Nichts drückte auf die Schultern. Beschwerte den Rücken. Wie damals. Auf dem Weg zur Freundin in Berlin an jenem Samstagmorgen. Und warum war sie gleich gegangen. Aber die Forderung nach Freiheit. Sie war sofort zurückgetreten. Zurückgewichen. Freiheit. Das war heilig. Das war ein Fetisch. Sie hatte sich an seine Stelle versetzt und sich vorgestellt, sie müsste Angst haben, neuerlich in eine Depression. Zu verfallen. Zu geraten. Er hatte erzählt, eine Psychoanalyse gemacht zu haben. Aber das hatte sie gleich nicht geglaubt. Sie hatte ja vieles gleich nicht geglaubt. Sie hatte ihn so gelassen. Und es gab kein Maß der Wahrheit. Wenn er etwas so gemeint hatte. Was hätte sie ihm entgegenhalten sollen. Hätte sie gleich sagen müssen, dass er ein egoistischer Versager war, dessen Beziehungsunfähigkeit sie zum Opfer gefallen war. Das konnte sie jetzt sagen. Jetzt. Es war nachgewiesen. Sie lehnte sich zurück. Saß so, wie der Mann zwei Häuser zurück auf den Stufen saß. Zurückgelehnt. Die Arme auf den höheren Stufen aufgestützt. Sie schaute das Muster ihres Rocks an. Der Rock war pelzig geworden. Zog sich zusammen. Riß die Seitennaht entlang auseinander. Sie stand auf. Der Stoff rollte sich ein. Wurde ein Bündel. Sie sprang zur Seite. Sprang die Stufen hinauf. Weg von diesem sich windenden Ding. Das Pelzige wurde stärker. Eine Form. Langgestreckt. Die Farben des Stoffs begannen ineinanderzurinnen. Ein Durcheinander. Grell.

Dann sanfter. Ein mildes Braun. Rötlichgelbbraun. Beige-
bräunlich. Heller am Bauch. Dann fast weiß. Milchweiß. Ein
Hermelin saß auf der Stiege. Sie stieg zu dem Tier hinunter.
Das Tier lag auf dem Bauch. Stellte sich auf. Sie setzte sich.
Das Tier sprang ihr auf den Schoß. Die kleinen Tatzen durch
den Daunenmantel zu spüren. Sie streichelte das Tier.

Das Hermelin. Sächlich. Mit »der Hermelin« war der Pelz
gemeint. Das abgezogene Fell.

Samstag, 23. Juni 2018. Wien.[42]

Während die Mutter im Sterben lag. Sie hatte in die Wohnung gehen müssen. Nachschauen. Sachen holen. Die Mutter im Spital gelegen. Es hatte noch eine Operation versucht
werden sollen. Der Tumor am Kopf der Bauchspeicheldrüse
gesessen. Die Ärzte hatten sich von einer Operation eine
Lebensverlängerung versprochen. Die Mutter war zweiund-
achtzig Jahre alt gewesen. Man hatte sich nicht über Heilung
unterhalten. Eine Whipple-Operation hätte den Krebs entfernen können und ein lebenswertes Leben ermöglichen. So
war das gesagt worden. Der Kopf der Bauchspeicheldrüse
sollte entfernt werden. Der Körper und der Schwanz dieser
Drüse sollten erhalten bleiben. Zwölffingerdarm. Gallen-
blase. Gallengang. Das sollte mit entfernt werden. Nach der
Operation Medikamente. Gute Aussichten.
   Sie war mit der Mutter dagesessen. Der Arzt hinter einem

großen leeren Schreibtisch. Die Mutter im tiefen blauen Sessel. Sie auf einem Thonet-Stuhl. Gute Aussichten. Die Mutter hatte schon lange schlecht ausgesehen gehabt. Grau. Die Haut grau und trüb. Leblos. Schmerzanfälle hatten sie erstarren lassen. Aber sie hatte nichts gesagt. Sie hätte die Mutter lassen sollen. Nicht zum Arzt. Keine Diagnose. Nicht diese Weissagungen. Gute Aussichten. Fernsicht. Der Tod erst am Horizont zu sehen. Wer konnte davon leben. Sie hatte die Mutter in diese Medizinwelt verschleppt. Hatte sich gut gefühlt. Besorgt. Die Retterin ihrer Mutter. Verantwortungsvoll. Aber die hatte sich nicht retten lassen. Ihre Mutter. Die war zu Hause ohnmächtig geworden. Am Tag vor dem Antritt des Spitalaufenthalts. Die Haushaltshilfe hatte sie gefunden. Hatte die Rettung geholt. Die Rettungskräfte hatten sie in ein ganz anderes Krankenhaus gebracht. Dort war sie in ein künstliches Koma versetzt worden. Es wäre damit auf Angstzustände und Inkohärenzen reagiert worden. Sie hatte nie herausfinden können, was da wirklich geschehen war. Ob ihre Mutter nun ohnmächtig dagelegen hatte, oder ob sie vor Angst und Schmerzen schreiend vorgefunden worden war. Bis die Situation zwischen den Spitälern geklärt werden hatte können. Ihre Mutter war aus dem eingeleiteten Koma nicht mehr aufgewacht. Sie war still dagelegen und gestorben. Langsam.

Wenn sie in die Wohnung gekommen war. In dieser Zeit. Sie hatte ein unbändiges Verlangen verspürt, die Augartenvase mit den aufgemalten Rosen und dem dunkelblauen Band rund um den Rand oben mitzunehmen. Zu stehlen. Die Mutter hatte Augartenvasen und das Service Wiener

Rose gesammelt. Und das würde alles ihr gehören. Ohnehin. Aber sie hatte diese Vase gestohlen. Noch zu Lebzeiten der Mutter. Sie hatte jedem ihrer eigenen Handgriffe zugesehen. Registriert. Mit Wohlgefühl. Der Vorgang. Schon die Überlegungen. Sollte sie. Sollte sie nicht. Sie war in der Wohnung herumgegangen und hatte nur das gedacht. Ihr Wunsch. Aber es war ein Begehren gewesen. Ein inneres Zerren war das gewesen. Ein Ziehen. Eine Lenkung. Ein Befehl. Gegen sich selbst ein Befehl. Sie hatte diese Vase aus der Vitrine genommen und auf den Couchtisch gestellt. Sie war um die Vase herumgegangen. Sie war in der Lage gewesen, die Vase noch einmal zurückzustellen. Sie war dann bei der Mutter gesessen. Aber sie hatte auch der bewusstlosen Mutter nicht davon erzählen können. So hatte sie auch keine Absolution erhalten. Bei Lebzeiten. Die Kenntnisnahme ihrer Not. Ihres Zustands. Eine Erklärung. Sie war sicher gewesen, die Mutter hätte eine Erklärung gewusst. Hätte eine Episode aus ihrer Kindheit aufrufen können und ihr den Freispruch erteilen. Sie hatte die Vase dann in Zeitungspapier gewickelt. *Die Presse.* Das Abonnement. Sie hatte das Abonnement nicht abbestellt gehabt. Hatte das nicht gekonnt. Zuzugeben. Sich zu gestehen, dass die Mutter starb. Gerade. Im Sterben lag. Es war so unfeierlich gewesen. Sie hatte sich diesen Vorgang nicht so banal vorstellen können. Sie hatte etwas Großes erwartet. Eine Musik. Ein Rauschen von Engelsflügeln. Das war ihre Mutter. Eine Mutter. Auch wenn ihre das nie erfüllt hatte. Wie konnte das alles so nebensächlich geschehen. So bedeutungslos. Das Sterben dieser Frau war bedeutungslos vor sich gegangen und hatte sie weiter entwertet. Der Tod.

Der war dann zur Kenntnis genommen worden. Da hatten alle den Kopf gebeugt und einen Augenblick ans eigene Sterben gedacht. Die Vase. Sie hatte die Vase in ein Billa-Sackerl gesteckt und nach Hause mitgenommen. Sie hatte das Billa-Sackerl herumgeschwenkt. Hatte sich mit sich auf ein Gottesurteil geeinigt. Wenn sie bei so unachtsamer Behandlung die Vase unbeschädigt nach Hause bringen konnte, dann hatte sie das Recht auf diese Vase erworben. Es war nichts geschehen. Nicht auf der Straße. Nicht in der U-Bahn. Nicht im Stiegenhaus. Jetzt. Während die Wohnung vermietet war. Sie hatte die Vase in den Vorzimmerkasten gestellt, in den sie ihre persönlichen Sachen weggesperrt hatte. Alles, was sie nicht nach Berlin mitnehmen hatte können oder wollen. Das war in diesen Kasten eingesperrt. Es war ja die totale Übersiedlung ausgemacht gewesen.

Sonntag, 24. Juni 2018. Wien.[43]

Das Aufstehen war ganz leicht. Gerade hatte sie sich noch beschwert und unförmig gefühlt. Quallig. Eine dunkle Masse. Ihr Körper war nur noch Gewicht gewesen. Sie hatte sich selbst als dieses Gewicht auf der Stiege sitzen gefühlt und stand auf und war wieder leicht. Sie hielt das Tierchen im linken Arm. Streichelte es mit der rechten Hand. Wie war das auf dem Bild. Sie musste das googeln. Später. Sie hatte das so in Erinnerung. Sie schaute auf das Tierchen hinunter. Sie ging. Begann zu gehen. Stieg die Stufen hinunter.

Verharrte einen Augenblick. Schaute sich um. Wandte sich nach rechts. Sie wollte mit dem Tier im Arm nicht durch den Tunnel gehen. Sie ging langsam.

Ein Mann ging hinter ihr. Sie hörte seine Schritte. Sie verbarg das Tierchen. Hielt es enger an sich gedrückt. Hob den linken Arm, das Hermelin zu umfangen. Der Mann ging an ihnen vorbei. Schaute nach vorne. Er ging rasch. Sie ging rascher. Der Mann ging vor ihr. Vor ihnen. Sie hielt das Tierchen an sich gedrückt. Eilte. Der Mann sah sich um. Sie blieb stehen. Musste stehen bleiben. Sie konnte sich nicht bewegen. Musste stehen. Wie der Mann. Sie musste sich anstrengen sich nicht umzudrehen wie er. Sie schaute starr nach vorne. Der Mann wandte sich wieder zum Gehen. Schritt aus. Nun musste sie gehen. Schreiten. Wie er. Sie wurde vorangezogen. Ihre Gliedmaßen wurden bewegt. Ferngelenkt. Panik. Einen Augenblick. Dann ließ sie sich in die Bewegungen fallen, wie sie diktiert wurden. Sie trottete hinter dem Mann her. Hatte das mit dem Tierchen zu tun. Das Tierchen war in ihre Armbeuge genestelt. Es gab kleine fiepende Laute von sich. Sie streichelte es während dieses erzwungenen Gehens. Das Pelztierchen schloss die Augen. Sie gingen. Langsam. Ruhig. Gleichen Schritts. Es gab wohl ein Ziel.

Sie hatte sich auf Berlin gefreut gehabt. Auf das Leben in Berlin. In Berlin. Sie war da zu Wochenenden gewesen. Nach der Scheidung. Zur Ablenkung. Städtetourismus. Ausstellungen. Konzert. Sie hatte das Wochenende durchgeplant gehabt. Sie hatte einen Block Kultur in ihr Leben schieben wollen. Teilnehmen. Erfahren, was so gedacht wurde. Was wichtig war. Was gemacht. Wie gelebt. Was sie davon lernen konnte. Sie hatte ins KaDeWe gehen wollen und Austern essen. Champagner trinken. Das gute Leben. Auch allein. Sie hatte sich selbst da gesehen. Ruhig und bestimmt. Sie hatte ruhig und bestimmt wirken wollen. Überlegen. Nicht so vom Leben niedergerissen. Lange Zeit. Sie hatte sich in einem steten Niedergerissensein gefühlt. Erstarrt im Fallen, und die Hunde beim Niederreißen ihre Kleider im Maul. Oder wildere Tiere. Oder unsichtbare Tiere. Und dann. Sie war in den 249er Bus gestiegen und zur Fasanenstraße gefahren. Sie hatte im Literaturhaus frühstücken wollen. Im Bus dann. Sie hatte stehen müssen. Beim Aussteigen. Eine Leichtigkeit. Ein Schweben. Die Füße unbeschwert. Ihr Leib ohne Gewicht. Sie war sofort in den nächsten Bus eingestiegen und an die Endstation gefahren. Immer noch leichtfüßig. Sie hatte an einer Bude eine Coca-Cola gekauft und war gegangen. Hatte wieder eine Bushaltestelle gefunden. An einer Waldstraße. Sie war in diesen Bus eingestiegen. Das Schweben immer noch. Sie hatte sich in dem Doppeldeckerbus oben hingesetzt. So früh an einem Samstagmorgen. Sie war allein da oben gesessen. Sie hatte ganz vorne hinausschauen können. War zum Hauptbahnhof gekommen. Dort umgestiegen. Irgendwohin gefahren. Sie hatte ihrer Leichtigkeit zugesehen. Hatte lachen müssen. Hatte mit einer Frau ein langes Gespräch über das Wetter geführt. Sie hatte gelächelt. Alle hatten zurückgelächelt. Die meisten. Dann doch wieder der Bahnhof Zoo. Zum Flughafen. Tegel. Von dort zurück. Auf den Kurfürstendamm. Dann hatte sie die U-Bahn genommen. Berlin Mitte. Alexanderplatz. Pankow. In Pankow war sie herumgegangen. In einer Buchhandlung hatte sie Kaffee getrunken und ein Buch gekauft. Ein Roman aus Finnland. Realismus. Hart und herzzerreißend. Gegen Mittag war die Leichtigkeit flacher geworden. Selbstverständlicher. Das Schweben war gelernt gewesen. Am Nachmittag hatte sie es nicht mehr spüren können. Dann. Danach. Sie konnte sich aber gut daran erinnern. Es war eine leuchtende Bewegung gewesen. Als wäre das Fliegen erlernbar.

Montag, 25. Juni 2018. Wien.

Linien. Es waren Linien. Sie wurde von Linien verführt. So eine Linie, wie ein Wangenknochen Schatten auf der Wange erzwang. Wie ein Nacken sich gegen den Polster abhob. Wie ein Knöchel scharfkantig abgezeichnet war. Sie konnte in den Anblick solcher Linien für lange verfallen. Den Linien mit den Fingern nachgehen. Mit dem Mund. Oft waren es auch weibliche Linien, und sie wünschte sich diese für sich. Ein kleines rundes Ohr. Der Schwung eines Nackens. Ein Haaransatz. Eine Wange. Seitlich gesehen. Hände in Bewegung. Flatternd. Sie wünschte sich, er fände solche Linien an ihr und verfiele denen. Für lange. In ihren Vorstellungen von Feriennachmittagen. Einmal. Sie waren in Zagreb gewesen. Ihr Ehemann. Damals. Noch. Es hatte eine Konferenz da gegeben, und sie war mitgekommen. Auf dem großen Platz da. Ein langgestreckter Platz. Grünflächen in der Mitte. Leicht abfallend. Breite Straßen rechts und links. Breite Stiegen. Promenaden in der Mitte. Brunnen. Blumenbeete. Blumen in der Form des Landeswappens eingepflanzt. Gründerzeithäuser an den Rändern. Im letzten Haus unten. Ganz oben. Im sechsten oder siebten Stock. Oder noch höher. Eine große Loggia. Hinter der hohen Steinbrüstung in einem dämmrigen Zimmer. Da hätte sie sich solche Feriennachmittage gewünscht, und nur seine Knöchel. Oder seine Hände. Oder er ihre. Oder einander. Aber dieses Beide-Einander. Das war nur gesprochen möglich. Da war keine Übertragung auf den Körper erlaubt. Er erlaubte keine Übertragung ihrer Nähe auf den Körper. Es war eine rhetorische Liebe. Sie hatte gedacht, er müsse das abwehren. Müsste eine Überwältigung verhindern. Müsste sich vor Überflutungen schützen und könne ihr deshalb den Zugang zu sich nicht erlauben. Sie hatte gedacht, er müsse sich abgrenzen. Müsse seine innere Welt geordnet halten, und sie müsste nur Geduld haben. Oder es so hinnehmen. Das konnte sie nun nicht mehr denken. Denn das hatte die Frau am Telefon schon erzählt. Für Solange war es zu viel an Penetration gewesen. Das musste sie nun neu denken. Seine Impotenz. Das war alles ausgedacht gewesen. Ausgeklügelt. Ein Roman, sie zu überzeugen. Es war der Roman einer Treibjagd. Wie seltsam. Sie war in eine Treibjagd verwickelt worden. Was war für sie vorgesehen gewesen. Wie hätte dieser Roman weitergehen sollen. Was für einen Ausgang hatte er sich vorgestellt. Und Roman. Das war schon richtig. Es war ein Ende vorgesehen gewesen. Das immerhin wusste sie nun. Es war darum gegangen, um ein Ende zu pokern. Das Ende sich selbst herstellen lassen.

Die Mitspielerinnen aufreihen und warten, welche welchen Einsatz leisten würde. Das Ganze. Es war zur Leistungsschau gemacht worden. Nichts anderes als Berufsalltag. Da ging es auch darum, wer den größten Einsatz brachte. In den Freitagsbesprechungen im Konferenzzimmer. Während des Semesters. Die Selbstdarsteller. Zum Semesterende die Evaluierungen und Ergebnisse. Da drehte sich das Bild dann und im nächsten Semester war alles wieder bei den Selbstdarstellern. Die Wirklichkeit der Messungen. Für die meisten war das alles eine Bühne. Sie musste dankbar für die Direktion sein, die den Messungen Gewicht gab. Spitzenkraft. Sie war eine Spitzenkraft. Sie wurde so genannt, weil die Direktion sich an die Auswertung der Bewertungsbögen hielt. In den Augen der anderen. In den Augen der meisten anderen. Da war sie unbedeutend. Zurückhaltend. Je nach sozialer Herkunft der Beurteilenden. Würde das demokratisch entschieden werden. Sie würde nicht Spitzenkraft genannt werden und so eingestuft. Sie hätte das Karenzjahr nicht bekommen. Es wäre nichts unternommen worden, sie zu halten. Verzichtbar. Sie wäre als verzichtbar eingestuft in der Primärgruppe. Und war sie das für ihn gewesen. Verzichtbar. Was war das. Verzichtbar sein. War das eine Eigenschaft. Oder eine Art Accessoire. Wie ein neues Halstuch, seinen Anblick zu vervollständigen. War sie dazu eingefangen worden, seine Unmöglichkeiten auszustatten. War sie dazu da gewesen, ihn sich selbst zu verdecken und seinem Roman zu lauschen. Seinem ausgeklügelten Roman. Das immerhin hatte sie bekommen. Einen eigens für sie erfundenen Roman. Gelebte Literatur. Realfiktion und deshalb ohne Ficken. Er, der Autor ihres Denkens. Und Fühlens. Hätte er mit ihr geschlafen. Richtig. Hingebungsvoll. Hätte er sich selbst einen Orgasmus gestattet. Es hätte ihm die Storyline abhandenkommen können. Er hätte sich als sich selbst verraten. Womöglich. Was für eine Furcht wohnte in diesem Menschen, sich diesen Augenblick versagen zu wollen und ihr dabei zuzusehen. Sie konnte den Blick von ihm auf sich spüren. Die Lider geschlossen, hatte er sie angestarrt. Mit der Hand zwischen ihren Beinen hatte er sie gesehen. Mit seinem Körper gegen ihren hatte er sie wahrgenommen. Und am Ende. Die Feuchtigkeit seiner Augäpfel im Licht der Morgensonne hinter dem Vorhang ein schmaler Widerschein gewesen.

Sie löste den Knoten des Fransentuchs hinten im Genick. Sie zog das Tuch nach unten. Sie hatte nur die rechte Hand frei. Im linken Arm das Tierchen. Sie hielt den einen Zipfel des Tuchs zwischen Kinn und Brust fest. Ließ das Tuch nach unten gleiten. Zog den rechten Zipfel unter ihrem Arm durch und um den Hals. Von links. Dann hielt sie dieses Ende des Tuchs mit dem Kinn fest und zog die linke Ecke unter dem Arm durch. Im Genick nach rechts. Dann hielt sie das Tierchen an sich gepresst. An sich geklemmt. Kurz. Mit den Armen an sich gedrückt. Sie knüpfte das Tuch im Genick fest. Hastig. Dann ließ sie das Tierchen in das Tuch gleiten. Das Tuch nahm das Gewicht des Hermelins auf. Ihr linker Arm. Sie schüttelte den Arm aus. Der Arm steif vom angespannten Halten. Dann umfing sie das Tierchen mit beiden Armen. Während sie das Fransentuch für das Tier eingerichtet hatte. Der Mann war stehen geblieben. Er stand zehn Meter von ihr entfernt. Er stand mit gesenktem Kopf.

Sie begann zu gehen. Er begann zu gehen. Es ist also beidseitig, dachte sie. Er kann sich auch erst bewegen, wenn ich das tue. Sie ging rasch. Sie wollte den Mann einholen. Der ging aber auch schnell. Der Abstand immer gleich. Sie blieb stehen. Eine Welle heißen Schmerzes in ihr. Sie hielt das Tierchen gegen diese brennende Hitze im Rumpf. Ihr Kopf hell. Sirrend. Wenn Gustav. Er war nicht mehr »Er«. Er war sein Name. Nur noch sein Name. Er war in seinen Namen gebannt. Er war weggesperrt in seinen Namen. Abgekapselt und nicht mehr das unbegrenzte Personalpronomen. Das Er für ihn. Er hatte alle Ers bedeutet. Bedeutet gehabt. Das tat weh. Das zu begreifen schmerzte. Sie hatte ihn in seinen Namen abführen müssen. In seinem Namen festsetzen. Er war nicht mehr Er, und sie kannte ihn ja auch gar nicht. Sie kannte nur den Roman eines Gustav. Eines gewissen Gustav. Von ihm vorgelesen. Vorgebetet. Was musste das für ein Vergnügen für diesen Gustav gewesen sein. Sie zu sehen. Sie anzuschauen. Wie sie ihm treugläubig in die Augen geschaut hatte. Ihr vorzuspielen. Den Roman. Und wenn das alles erfunden gewesen war. Fiction. Dann war ja auch der Tod der Mutter. Dann war auch die Geschichte vom frühen Tod der Mutter keine Wahrheit. Dann war das Mord. Jedes Mal. Jedes Mal wenn er diesen Tod in seine Erzählung eingesetzt. Wenn er erzählt, wie sie in ihren Exkrementen liegend im Sterben gelegen hatte. Wie sie so doppelt hingeworfen gewesen. Da war das dann jedes Mal ein neuer Mord gewesen. Matrizid. Und Gustav hatte es oft erzählt. Immer wieder. Und.

Sie musste sich umdrehen. Sie musste sich von diesem vor ihr dastehenden fremden Mann abwenden. Sie musste das

Tierchen an sich drücken. Das Tier gegen den Bauch und die Brust halten. Umfangen. War dann die Szene am Morgen. Waren diese Szenen am Morgen. Sie daliegend. Lang ausgestreckt. Er seinen linken Arm unter ihrem Nacken durch ihre linke Schulter haltend. Und mit der rechten ihre Orgasmen abrufend. Seine Augen geschlossen und doch nicht. Sie beobachtend. Sie ihren Leib entlang gegen seinen Körper spürend. Ihre Zuckungen. Ihre Aufbäumungen. Sie gegen ihn drängend. Sie hatte sich in ihm verkriechen wollen. Von seinen Händen gelenkt in ihn versenken. In seiner Leibesmitte Zuflucht nehmen. Finden. Und er hatte weitergetan. »Fühlen. Suchen.«, hatte er gemurmelt. Einmal. Immer. »Suchen. Fühlen.« Nein. Das hatte er in einer SMS geschrieben. Dass er das machen wolle. Zum Beweis seines Begehrens war das gewesen. Gegen ihre Zweifel, dass das reichen konnte. Dass das keine gerechte Aufteilung wäre. Und dann. Dann war das eine Wiederholung. Sein Blick auf ihren Leib. Nackt. Enthüllt. Entblößt. Auf einen Leib. Nackt. Enthüllt. Entblößt. Preisgegeben. War das Verzweiflung gewesen. Diese Behandlung von ihr. Oder böse Überwältigung. Diese Kontrolle ihrer Lust. Dieses morgendliche Ritual. Ihre Befriedigung sein Zwang. Sein Zwang zum morgendlichen Muttermord. Die Ersetzung des krebszerfressenen Leibs durch ihren Körper. Durch ihren nicht mehr jungen Körper. Gustavs Mutter war bei ihrem Tod so alt gewesen wie sie jetzt.

Sie musste sich setzen. Bänke am Rand des Wegs entlang der Mole. Sie lief zur nächsten Bank und ließ sich fallen. Das Tierchen maunzte. Sie setzte es sich auf die Oberschenkel.

Das Hermelin rollte sich wieder zusammen. Lag ruhig da. Warm beschwerend. Sie hielt ihre rechte Hand auf dem Rücken des Hermelins. Spürte die Wärme. Spürte wie es lebte. Vibrierte. Wie das Leben schimmernd um dieses Wesen lag. Wir leben zu lange, dachte sie. Das ist nicht auszuhalten, was sich da ansammelt. Sie schaute sich um. Der Mann saß auf der übernächsten Bank und schaute auf das Meer hinaus.

Der Betrug, dachte sie. Dieser riesengroße Betrug. Der junge Mann auf dem Plakat im Supermarkt. Und wie der auf die anderen jungen Männer in den Sümpfen und Mangrovenwäldern von Vietnam verwies. Damals. Und wie sich das alles zusammenfügt. Sie beugte sich über das Tierchen. Holte tief Luft. Sie war gelackmeiert. Dieses komische Wort. Sie fühlte sich genau so. Gelackmeiert. Nur sie lag nicht zerschossen zwischen Mangrovenwurzeln. Sie war auch nicht mehr so schön wie diese jungen Männer. Sie stellte sich die Trauer vor. Die Trauernden. Die wie sie Gelackmeierten. Die Frauen. Die Verlobten. Die Liebhaber. Die Schwestern. Die Mütter. Die Väter. Die Brüder. Die Freunde. Die Kameraden. Alle betrogen. An der Nase herumgeführt. Und als Tragödie abgebucht. Die Bilder der Toten. Und die Bilder der Toten. Waren das nun die Blaupausen der Übriggebliebenen. Was für Romane hatten da entwickelt werden müssen. Wie viel Fiction war da notwendig gewesen, dieser Bilder Herr zu werden. Oder Herrin. Was stellten diese Bilder für ein Geschlecht dar. Waren Tote nicht ein eigenes. Wie musste in den Leibern der anderen gewütet werden, diese Bilder zu vernichten. Jeden Tag. Und das hatte er. Er hatte gewütet. An ihrem Körper. Seine Wut ausgetobt. Sie wünschte sich ihren

Unterleib weg. Sie schob das Tierchen tiefer in die Grube zwischen den Oberschenkeln und dem Bauch. Wer wollte so ein Zeugs haben, das zum Besitz eines tobend wütenden Trauerverweigerers gemacht worden war. Statt Revolution zu machen und den Krebs zu besiegen, hatte Gustav sie vergewaltigt. Das Wort Notzucht kam ihr in den Sinn. Gezüchtigt von Anfang an. Das hatte ihr Vater begonnen. Es hatte nur die Not noch dazukommen müssen. Und die hatte Gustav seinem Schicksal abgerungen. Er hatte sich die Not erhalten. Seine Not. Schrumpfkopfkonservierung, dachte sie. Ein Gegen-Siegfried. Es wurde nicht die Unverwundbarkeit gefeiert. Es wurde eine Wunde am Leben erhalten. Ein dunkler Weg. Dem Töten entgegen. Sie war riskiert worden. Sie hatte von ihren Versuchen berichtet gehabt. Hatte Bericht abgelegt von ihrer Verwundbarkeit. Und er. Gustav. Er war gegen die AfD. Aber auch gegen Ausländer. Sie. Sie war eine Ausländerin. Technisch gesehen. Und die Libanesin. War das eine Voraussetzung. Gewesen.

Dienstag, 26. Juni 2018. Wien.

Sie sei eine unbedeutende Frau, hatte der Kollege gesagt. Sie hätte ihn korrigieren sollen und sagen, dass sie nicht sehr bedeutend war. Unbedeutend. Das war eine Verneinung jeder Bedeutung, und das stimmte nicht. Dass sie nicht sehr bedeutend war. Das hatte sie so gewollt. Es war delikat genug gewesen, mit den Studenten und Studentinnen zu arbeiten und herauszufinden, wie sie mit ihnen gemeinsam am schnellsten in die deutsche Sprache fand. Sie hatte noch ein Pädagogikstudium absolviert. Dafür. Sie hatte immer alles sehr genau wissen wollen und sich dieses Wissen mit Studienabschlüssen beweisen müssen. Sie war eine Vorläuferin der vielen jungen Frauen, die sie traf, die eine Ausbildung auf die andere stapelten und vor lauter Lernen in keine Karriere kamen. Sie hatte das Pädagogikstudium neben ihrer Arbeit gemacht. Sie unterrichtete auch noch an einer Fachhochschule. Das war nicht die große Karriere. Aber sie wollte nicht unbedeutend genannt werden. Der Kollege hatte das im Konferenzzimmer im Institut gezischt. Sie hatte ihm am Vorabend nach der Abschlussfeier eine schöne junge Italienerin davongeführt. Der nicht mehr so junge Kollege hatte den ganzen Abend nur mit dieser Frau geredet. Gelacht. Geflirtet. Schäkern. Das war Schäkern gewesen. Er hatte seinen Kopf gewendet und gedreht und aus allen Haltungen der jungen Frau bedeutungsvoll zugelächelt. Die junge Frau hatte zu viel getrunken gehabt. Es war sehr heiß gewesen. Der Grinzinger Wein war in großen Karaffen auf den Tischen gestanden. Sie hatte die junge Frau in die Stadt zurück mitgenommen. Es war spät geworden, und der 38er schon längst nicht mehr gefahren. Sie hatte ein vorbeifahrendes Taxi angehalten. Die junge Frau war gerade durch das Tor zum Heurigen herausgekommen. Der Kollege hinter ihr. Sie hatte die junge Frau gefragt, ob sie mitkommen wolle. Die junge Frau war wortlos eingestiegen. Der Kollege hatte gar nicht begriffen, was da geschah. Sie hatten ihn stehenlassen. Darüber hatte er sich aufgeregt. Er hatte schlecht sagen können, dass er sicher damit gerechnet habe, mit der jungen Frau im Bett zu landen. Er konnte nur ihre Unfreundlichkeit beklagen, ihn nicht im Taxi mitgenommen zu haben.

Sie hatte sich gedacht, MeToo, und hatte nichts gesagt. Der Mann regte sich auch sonst über alles auf. Am Ende hatte der frustrierte Kollege ihr nachgerufen, sie sei nicht nur eine unbedeutende Frau, sondern sie wäre eine bittere Frau. Sie hatte nur den Kopf schütteln können. Wie konnte eine Unbedeutung bitter sein. Sie hatte geseufzt und war weggegangen. Auf der Bank. Vor dem Meer. Das Tierchen auf dem Schoß. Sie war sicher, nun bitter werden zu müssen. Verbittern zu müssen. Nun ihr Schicksal gefunden zu haben. Endgültig. Sie sah lange Jahre der Bitterkeit vor sich liegen. Sie beugte sich über das Tierchen. Hielt ihr Gesicht knapp über den kleinen Rücken. Streichelte das Fell. Seidig glatt. Die Schulterknochen waren zu spüren. Sie fuhr mit den Fingerspitzen das Fell entlang. Leicht. Vorsichtig. Die kleinen Knochen. Das Hermelin legte sich zurecht. Nestelte sich zurecht. Unter das Streicheln. Sie hatte den linken Arm um das Tier auf ihrem Schoß gelegt.

Sie setzte sich dann wieder auf. Sie wunderte sich, nicht zu weinen. Nicht geweint zu haben. Nicht einmal aus Wut. Ihr Gesicht kalt. Sie zog die Haube tief in die Stirn. Ihre Umhängetasche baumelte über den Rand der Bank hinten. Zog an der rechten Schulter. Die Wärme des Tierchens vorne. Sonst war ihr kalt. Der Kopf. Die Schultern. Der Rücken. Die Oberschenkel. Die Füße in den Stiefeln noch warm.

Endstation, dachte sie. Das war also die Endstation. Bei minus 15 Grad Celsius vor der Ostsee. Sie war einem Demagogen in die Hände gefallen und aufgesessen. Gefallen und aufgesessen. Und der Zuruf »selber schuld«. Der war ihr sicher. Sie sagte es sich ja selbst. Er war ein Lügner. Ein Betrüger. Ein Spieler. Unverantwortlich. Antisozial. Grausam. Sie hatte ihm alles geglaubt. Was war es gewesen. Was musste sie sich selbst vorwerfen. In einen Glauben verfallen zu sein. In ein Vertrauen.

Sie ließ sich vorfallen. Nein, sagte sie sich. Es mag schon sein, dass du nie gelernt hast zu vertrauen. Dass du dir das nie richtig beigebracht hast. Dass Vertrauen für sie so neu gelernt gewesen war. So neuerlich gelernt. Aber das stimmte gar nicht. Sie hatte ihrem Bruder vertraut. Vertrauen können. Sie hatte sich auf ihn verlassen können. Sie hatte das gelernt gehabt. Gekonnt. Sie durfte sich nicht aus sich selbst verjagen lassen. Sie musste langsam und vorsichtig denken. Sie war gehetzt. Jetzt. Gerade. Ihre Gedanken purzelten durcheinander. Fielen übereinander her. Trieben einander vor sich her. Es war noch nicht in allen Gedanken das »Er« mit seinem Namen ersetzt. Sie dachte immer noch an ihn, und dann blieb ihr der Atem stehen, und sie konnte ihren Herzschlägen zuhören. Der Puls begann in der Schläfe zu pochen. Sie schob die Mütze wieder aus dem Gesicht auf die Haare zurück. Die Kälte war gut gegen dieses Pochen. Eine Pause, dachte sie. Sie musste eine Pause machen. Eine Lebenspause. Sie musste sich hinlegen. Sie musste in das nächste Hotel gehen und sich hinlegen. In die Wohnung konnte sie nicht zurück. Sie hätte packen müssen. Pläne machen. Organisieren. Sie hätte ihre Sachen von seinen unterscheiden müssen. Den Stoß Unterwäsche aus dem Fach im Wandschrank nehmen und ja doch seine Unterwäsche daneben berühren. Das konnte sie nicht. Jetzt nicht. Noch nicht. Jetzt. Sie musste liegen.

Sie stand auf. Der Mann stand auch auf. Sie setzte sich wieder. Der Mann setzte sich wieder. Sie begann zu weinen. Die Tränen quollen ihr aus den Augenwinkeln und blieben da hängen. Erst nach langem hatte sich genug Wasser angesammelt. Eine große Träne rann ihr links über das Jochbein am Ohr vorbei. Das auch noch. Sie musste diese Zauberei ignorieren. Sie wusste, dass sie das Tierchen zurücklassen musste. Aussetzen. Auf die Bank legen und weggehen. Dann war sie auch den Mann los. Wahrscheinlich. Dann war sie alles los. Aber das konnte sie nicht. Sie wollte es nicht. Das Tierchen

Mittwoch, 27. Juni 2018. Wien.[44]

Donnerstag, 28. Juni 2018. Wien.[45]

Samstag, 30. Juni 2018. Wien.[46]

Es ging Stufen hinauf. Betonstufen. Scharfrandig. Eine Straße quer. Die Stufen von da weiter hinauf älter. Ältere Stufen und nicht so perfekt grauer Beton und die Kanten nicht mehr gerade und genau. Abgetreten.

Der Mann schon weiter oben. Sie musste ihm nach. Er wusste ihren Namen. Sie hatte ihm den Namen gesagt und er hatte ihren Namen mitgenommen. Sie musste ihn fragen, wie sie hieß. Er musste ihr ihren Namen sagen. Geben. Zurückgeben. Das Tierchen jetzt schwer. Im Nacken. Das Tuch zog im Nacken. Es zog ihr die Schultern nach vorne. Sie hatte zu keuchen begonnen. Sie stieg die Stufen hinauf. Nach der Querstraße Büsche rechts und links. Keine Bauten mehr. Schnee unter den Büschen. Die Stufen eisüberzogen. Niedergetrampelter Schnee.

Dann die Stufen in den Felsen gehauen. Sie schaute hinauf. Sie konnte seine Schuhe von unten sehen. Bergschuhsohlen. Er stieg stetig. Sie musste stehen bleiben. Sie musste das Tierchen zurechtrücken. Das Tuch war rutschig. Sie musste das Hermelin mit beiden Armen tragen. Schleppen. Sie schleppte das Hermelin. Wurde dieses Tier schwerer oder war sie müde. Sie begann zu gehen. Musste stehen. Sie schaute zurück. Hinunter. Das Meer schien gleich unterhalb des Felsens zu beginnen. Sie konnte nichts mehr von den Wohnhäusern sehen. Sie konnte auch nicht mehr die Hausboote an der Mole sehen. Die nächste Insel weit weg. Die Autobahnbrücke nicht mehr sichtbar.

Sie stieg weiter hinauf. Der Mann war nicht mehr vor ihr

auf den Stufen. Sie stapfte. Sie stapfte hinauf. Hinunter. Sie hätte nicht hinuntergehen mögen. Eis und Schnee. Die Stufen rutschig. Der Felsen steil und rau. Mit dem Tierchen. Es schien ihr gefährlich. Wieder eine Straße quer. Das war eine Sandstraße. Eisbedeckt. Gehen nicht möglich. Das Eis spiegelglatt. Sie schleifte über das Eis. Schob die Schuhsohlen auf dem Eis vorwärts. Dann stieg sie die nächsten Stufen weiter hinauf. Hier die Stufen Holzplanken. Holzpflöcke hielten die dicken Holzbretter fest. Sand quoll über die Ränder der Holzplanken, und es gab kein Eis. Der Schnee an den Rändern unberührt. Weiß unter den Büschen. Rote Hetscherln in den Heckenrosenbüschen.

Sie stieg. Rang nach Atem. Die Stiegen waren hier noch steiler. Eine Leiter. Eine Hühnerleiter. Dann aber doch das Plateau. Oben. Ein Bergrücken. Abgeflacht. Hier lag der Schnee hoch. Rechts ein Häuschen. Unter Bäumen und hohen Sträuchern versteckt. Ein langgezogenes rotes Holzhäuschen mit weißen Fensterrahmen und einer weiß gestrichenen Tür. Das Gatter zum Garten stand offen. Sie ging durch. Der Zaun niedrig. Kniehohe weiße Pfähle. Die Tür zum Haus ging auf. Das hatte sie gewusst. Sie hatte gewusst, sie würde ihn in diesem Häuschen finden. Gleich als sie des Häuschens ansichtig geworden war, hatte sie das gewusst.

Sie musste lächeln. Hierher waren also die schwedischen Häuschen ausgewandert. Bullerbü, dachte sie. Sie stellte sich einen weißen Kachelofen in der Stube vor. Der Ofen war aber schwarz und gusseisern. Das Zimmer buttergelb ausgemalt und die Fenster rot umrahmt. Der Mann saß am Tisch und las Zeitung. Sie legte das Tierchen auf das Bett in der

Ecke. Ein weißlackiertes Eisenbett. Ob man ein Hermelin in der Kälte lassen müsse, fragte sie den Mann. Der antwortete nicht. Sie ging zu ihm. Stellte sich ihm gegenüber auf. Sie müsse mit ihm reden. Sie beugte sich vor. Schaute über den Rand der Zeitung dem Mann ins Gesicht. Hörte der denn nichts. Sie sagte laut, dass er ihr ihren Namen sagen müsse. Ihr ihren Namen wiedergeben. Er habe ihren Namen davongetragen. Sie wolle ihn zurück.

Der Mann blätterte um. Es war keine schwedische Zeitung, die der Mann da las. Sie wollte die Schriftzeichen gerade entziffern, da faltete der Mann die Zeitung zusammen. Sie nahm ihm die Zeitung aus der Hand. Wenn er sie nicht hören könne, dann eben so, sagte sie. Der Mann saß unschlüssig. Zögernd. Sie tupfte ihm auf die Schulter. Stieß ihn leicht an. Der Mann hob den Kopf. Schaute erstaunt auf. Wie blind, dachte sie. Aber er hatte doch gerade Zeitung gelesen. Also konnte er nicht blind sein. Oder.

Sie tupfte ihn wieder an und sagte, »Du sollst ein grüner Spargel sein.«. Die große grüne Spargelstange fiel vom Sessel. Das Hermelin sprang vom Bett und schnupperte an der Stange. Sie nahm das Hermelin und setzte sich mit dem Tierchen im Arm auf das Bett. Sie überlegte. Sie streichelte das Tier. Konnte sie den Mann aus dem Spargelsein zurückverwandeln. Sie wusste seinen Namen nicht. Konnte ihn nicht nennen. Was sollte sie sagen. »Du sollst wieder ein kräftiger mittelgroßer Mann sein.« Was hatte er angehabt. Musste sie die Kleider mitbeschreiben. Für die Umwandlung. Für die Rückverwandlung. Es war aber auch gar zu schnell gegangen. Mit der Verwandlung. Das Hermelin strebte aus ihren Armen. Sie konnte es noch einen Augenblick festhalten, dann entschlüpfte ihr das Tier. Es glitt ihre Beine entlang zu Boden. Lief zur Spargelstange. Schnupperte an dem grünen Spargel.

Sie saß da. Angstüberfallen. Angsterfüllt. Schreckensgelähmt. Sie spürte die Hitze, die der Ofen ausstrahlte. Hitzestrahlen. Sie trafen aber nur ihre Brust. Am Boden lag die Luft kalt. Ein Kältesee. Das Gesicht. Im Gesicht spürte sie noch die Kälte von draußen. War das Hermelin deshalb vom Bett hinuntergesprungen. Wollte es Kälte. Oder wollte es den Spargel fressen. Sie hatte gedacht, das Hermelin war ein Raubtier. Ernährte sich von Gejagtem. Jagte kleinere Tiere. Aber die Angst. Es war dieselbe Angst wie am Totenbett ihres Vaters. Wie in dem Augenblick, in dem sie begriffen hatte, dass ihr Vater eine abgetrennte Person war. Erst in seinem Sterben hatte sich das herausgestellt. Bis dahin war er zweidimensional aufgemalt gewesen. In ihr. Papierdünn und sprachlos. Sein Sterben erst hatte es an den Tag gebracht. Hatte ihn zu sich selbst gemacht. Für sie. Sie hatte ihm nachgerufen, dass sie ihn brauche. Sie hatte lange nicht verstanden, warum sie diesen Satz gerufen hatte. Aber es war die Wahrheit gewesen. Sie hätte ihn so gebraucht, wie er im Sterben dagelegen war. Eine Person für sich. Eine Person selbst. Und die namenlose Angst ganz richtig. Sie hatte ihn ja nie kennengelernt. Hatte nie ein ernstes Gespräch geführt. Mit ihm. Sie. Sie war für ihn auch so ein papierdünnes sprachloses Wesen gewesen. Das kleine Mädchen. Sie hatte nichts anderes gelernt gehabt. Und wenn das Hermelin doch vom Spargel abbiss. Was würde dann geschehen.

Sie starrte auf das Tier. Das schnupperte. Schnüffelte. Schnüffelte die große Spargelstange entlang. Aber der spielte das nur. Dieser Mann spielte, eine Spargelstange zu sein. Gar nicht wie im Film von Suzan Pitt. Sie stand auf. Schaute auf den Boden. Das Hermelin kam zu ihr zurück. Sie hob es auf. Es war wieder leicht. Sie drückte es an sich. Es hatte nichts von diesem Mann gegessen. Sie war dankbar dafür. Sie hatte Angst gehabt. Davor. Sie hätte nicht gewusst, was zu tun gewesen wäre. Wenn das Hermelin vom Spargel gefressen hätte. Es hätte ja dann diesen Mann in sich getragen. Einen Teil von ihm. So eine Spargelstange. Die war konsistent aufgebaut. Da reihte sich eine Spargelzelle an die andere. Keine Organe. Keine Organsäcke. Keine Knochen. Keine Hüllen. Häute. Haare. Nur die Spitze ein bisschen anders. Keime. Aber imgrund immer die gleichen Zellen. Spargel. Vielleicht die Außenhaut. Da wäre es ungewiss geworden, was das Hermelin da in sich verschlungen hätte. Es war wie bei der Wiederauferstehung. Oder wenn der Engel die Juden und Jüdinnen aus ihren Gräbern rief und deshalb die Namen in Hebräisch auf den Grabsteinen angeschrieben stehen mussten. Damit der Engel das sicher lesen konnte. Und rufen. Richtig aufrufen.

Sie lehnte sich gegen den Kopfteil des Betts. Fuhr mit den Fingern über die Wand. Blumen sprangen auf, wo sie hingegriffen hatte. Sie wiederholte die Geste. Wieder Blumen. Blüten. In allen Formen. Lippen. Glocken. Becher. Dolden. Trauben. Kolben. Ähren. Quirl. In allen Farben. Und die Blätter dazu. Bald wuchs alles von alleine. Sie nahm das Hermelin auf den Schoß. Setzte sich auf dem Bett zurecht.

Rund um. Die Wände überzogen sich mit den buntesten Blumen und den grünsten Blättern. Die Blumen wuchsen über den Boden. Überzogen die Spargelstange. Den Tisch. Die Sessel. Nur der Ofen blieb der Ofen und schickte Wärmestrahlen, die ihre Brust trafen.

Sie war die Stufen hinaufgestiegen. Die Höhe erklommen, dachte sie. Erklimmen. Die Laute des Worts passten in die Landschaft. Auf dem Bergrücken. Teile der Stufen waren in den Fels gehauen gewesen. Heroben. Schnee bedeckte alles. Sie konnte nicht sehen, was der Untergrund war. Weiter vorne ragte der Felsen zwischen den Bäumen heraus. Bildete einen grauen Buckel. Der Schnee in Wächten angeweht und festgefroren. Es war das Meer zu sehen. Nach Osten und Süden. Tief unten. Unterhalb. Sie musste weitergehen. Die Kälte. Der dicke Daunenmantel schützte sie nicht mehr. Oder sie konnte nicht mehr genug Wärme selbst erzeugen. Die Kälte hatte ihren Bauch erreicht. Ihre Oberschenkel. Die Stiefel noch dick genug. Sie wickelte sich in den Mantel. Hielt die beiden Mantelteile vor dem Bauch übereinander. Aber sie musste irgendwo hineingehen. Sich aufwärmen. Eine Toilette. Wie lange war sie herumgegangen. Herumgesessen. Sie war müde. Aber in die Wohnung. Nein. Das ging nicht. Wenn er da war. Der Brechreiz stieg wieder auf. Ein Hotelzimmer. In einem Hotelzimmer und in ein Bett kriechen. Aber was wollte sie dann tun. Weinen. Schreien. Betteln. Wüten. Das Zimmer verwüsten. Das alles. Es wäre ihr selbst unverständlich erschienen. Haltung. Haltung bewahren. Es war ihr nichts geschehen. Nichts Äußeres. Ihr sinnloses Leben war nur um eine Stufe sinnloser geworden. Aber das hatte sie doch erwartet. Und hatte sie nicht immer anderen geraten, das zu nehmen, was da war. Und etwas machen. Daraus. Fernsehserienweisheiten waren das. Aber praktisch. Und wirksam. Es würde sich alles zum Besten herausstellen. Sie musste nur die nächsten Stunden überstehen. Das Toben abwarten. Stillhalten. Bis der Klumpen im Leib abgeschmolzen war. Die Krise abgeklungen. Und Ruhe. Stille. Innen. Eine schneebedeckte Bank stand am Rand des Felsens. Steil hinunter. Der Rand abgerundet zum Abgrund. Sie hätte über den Rand rollen können und dann fallen. Rollen und fallen. Und dann nichts. Sie rechnete fest mit der Schmerzlosigkeit des unvermeidlichen Schocks einer solchen Tat.

Die schönsten Töne, die sie je gehört hatte. Es war auch im Winter gewesen. An der Donau. Da, wo das Wasser für das Kraftwerk Greifenstein angestaut wird. Sie war auf dem Damm gegangen. Das Wasser nach links. Das Ufer gleich neben dem Damm heroben. Die Auwälder rechts. Tief unter dem Damm. Die Wipfel der Ölweiden und Weißbuchen von oben zu sehen. Sie hatte es schon von weitem gehört gehabt. Ein hell aufklingendes Glucksen. Silber klingelnd war das gewesen. Ein sanftes Schmatzen in einer mittleren Tonlage darunter. In einer Bucht des Stausees. Gleich an dem schilfigen Ufer. Das Wasser im Schilf zu Eis gefroren. Vom Schilf weg. Es waren sehr kalte Tage gewesen. Eine Eisplatte hatte vom Schilf weg auf den Stausee hinausgereicht gehabt. Das Eis wellig. In Wellen gefroren. Um das Schilf. Je ein Schilfhalm in der Mitte einer solchen Welle. Von Eis umgeben. Das Eis am Halm hinauf. Glockenförmig. Das Wasser, von einem leichten Wind bewegt, schaukelte unter diese welligen Formen hinein. Das Geräusch erklang, wenn das Wasser sich zurückzog. Das war zu sehen. Das Eis dünn und wasserhell durchsichtig. Es waren viele kleine Buckel rund um die Schilfhalme in der Eisplatte. Und sie waren verschieden groß. Die Töne erklangen einzeln und versammelten sich dann zu Chören. Es war eine Abfolge. Aber nur ungefähr. Nie gleich. Nie klang es wie vorher schon. Immer neue Folgen waren zu hören. Sie war stehen geblieben. Hätte stehen bleiben wollen. Für lange. Für immer. Sie war dann doch weitergegangen und bei der Wiederkehr wieder dagestanden. Sie hatte an die Sturmorgel des Kapellmeisters Kreisler denken müssen. Und wie glücklich sie war, ein solches Instrument angetroffen zu haben. Sie war am nächsten Tag wieder an die Stelle gegangen. Aber die helle Eisplatte war verschwunden gewesen. Es war noch kälter geworden und das Eis dick und undurchsichtig weiß.

Sich nicht nach Gustav richten. Es war nicht vorstellbar gewesen. Dann. Das war insgesamt dann nicht mehr vorstellbar. Im Leben. In der Beratungstheorie. Da war es vorstellbar, aber da wurde nicht gelebt. Wenn sie dasselbe von Gustav verlangt hätte, was sie für ihn getan hatte. Sie hatte ihr Leben auf Gustav eingestellt gehabt. Sie war übersiedelt. Hatte in Berlin begonnen, sich nach einem Job umzuschauen. Gustav. Für Gustav war es notwendig gewesen, in Berlin zu sein. Aber er hätte auch von ihrer Wohnung in

Wien arbeiten können. Homeoffice. Das wäre für Wochen möglich gewesen. Er hätte seine Reisen starten können. Von da. Die Treffen so organisieren, dass er viel Zeit mit ihr in Wien. Er hatte sein Amt angeführt. Aber in Wirklichkeit. Und die Wirklichkeit begann eben immer erst, wenn es ernst wurde. Es war um dieses Haus gegangen. Gustav war an dieses Haus gebunden. Das hatte sie nicht wissen können. Sie hatte das nicht wissen können. Sie hatte nicht vermuten können, dass Gustav eine Ungebundenheit behauptet hatte, die es nicht gab. Gustav hatte im Sprechen über sich ein Kunstwerk geschaffen. Eine Fiktion. Gustavs Dominanz hatte darin bestanden, das besser gesprochene Kunstwerk vorzulegen. Gustav hatte sie überzeugt gehabt. Aber wenn sie es jetzt überlegte. Sie hatte Gustav diesen Platz gelassen, weil Gustav impotent war. Sie hatte Gustavs Impotenz gehegt. Sie hatte nichts dazu gesagt. Zu Gustav. Sie hatte aber dauernd daran gedacht. Wie sie Gustav aus diesem Zustand heraushelfen hätte können. Sie hatte sich mächtig gefühlt. Fürsorglich mächtig. Wie den toten jungen Männern gegenüber. Fürsorglich trauernd. Um Leben trauernd, um die, die sich selbst nicht gekümmert hatten. Die Soldaten. In den Mangrovenwurzeln liegend. Die waren da selbst hineingegangen. Zwänge. Träume. Pflichten. Es hätte auch ein Heldentum werden können. Die waren dieses Risiko eingegangen. Wie der Vater. Der trug den Abstand zwischen dem Versprochenen und der Wirklichkeit dann ein Leben lang mit sich herum. Die alle. Sie trugen diesen Abstand mit sich herum. Gaben diesen Spalt. Diese Kluft. Die gaben das dann weiter. Oder blieben in den Mangroven liegen. Sie hatte Gustav gepflegt wie einen Kriegsverlierer. Und es war Gustavs Stress gewesen. Gustavs Verpflichtungen. Gustavs Arbeit. Die Überprüfungen. Die Recherchen. Das Nachrechnen. Sie hatte das alles sich wichtig werden lassen, damit Gustav mit ihr. Vielleicht doch. Und ein Austausch möglich. Und die Körper miteinander. Aber sie war wie jede andere Frau gewesen, die das Essen kochte aus dem, was sie besorgt hatte und das sie auch bezahlen hatte dürfen. Der kleine Schritt zur Wahrheit der Verhältnisse. Sie. Sie hatte gleich die Impotenz serviert bekommen. Immerhin. Sie hatte nicht dagegen ankämpfen müssen. Wenn es immer seltener. Und dann gar nicht mehr. Mit dem Mann davor. Jahre damit vergangen. Mit diesem Kampf um ihn. So. Und Gustav. Gustav hatte keinen Verlust erleiden müssen. Aushalten. Ertragen. Er hatte sich versorgt. Neben ihr. Nebenbei. Von ihr aus gesehen. Gustav hatte mit ihr nicht gekonnt. Oder gewollt. Und hatte sie damit unterworfen. Gustav benutzte seine Impotenz, und sie entschuldigte sich dafür. Warf Gustav nichts vor. Hatte Gustav nichts vorgeworfen. Sie war genauso verantwortungslos und unwürdig. Und das war das Schreckliche. Die Würdelosigkeit. Sie war von dem Paar, das sie mit Gustav gewesen war. Sie war von diesem Paar in eine abgrundtiefe Würdelosigkeit gestürzt worden. Und wieder eine Trauerarbeit, dachte sie. Kurz. Diesmal. Eine kurze Trauerarbeitszeit. Ein paar Monate würden reichen müssen. Wenn Trauerarbeit die Hälfte der Beziehungszeit dauerte, dann waren ein paar Monate genug. Diesmal. Die Rundung des Felsens. Einladend. Auf der Bank sitzend. Es war nur diese Rundung zu sehen und dann gleich das Meer. Eine Illusion.

Es wäre den Abhang-Hinunterzustürzen gewesen und gegen eines dieser Häuser. Geschleudert. Von Aufprall zu Aufprall. Das Meer nicht zu erreichen. So.

Montag, 2. Juli 2018. Wien.[48]

Mittwoch, 4. Juli 2018. Wien.[49]

Einen Blick noch, sagte sie sich. Schlug sie sich vor. Trug sie sich auf. Sie verbot sich zu flüchten. Reden. Mit ihm reden. Das musste nicht sein. Das musste sie nicht tun. Das sagte sie sich zur Beruhigung. Beruhigend. In den Gesprächen. In den langen, langen Telefonaten. Sie hatte eine billigere Telefonnummer ausfindig machen müssen. Das mit dem Handy, das ihr gesperrt worden war. Bei 500 Euro sperrten die die Nummer. Sie hatte das bezahlt. Sie hatte das einfach bezahlt gehabt. Sie hatte ihm gegenüber nichts davon geltend gemacht, und das war schon nicht mehr richtig gewesen. Die Balance war aufgegeben. So. Es war ihr. Da schon. Es war ihr mehr wert gewesen. Und wenn er so lange mit ihr reden hätte wollen. Sie hätte ihm die Hälfte der Kosten zumuten müssen. Sie hatte sich nicht getraut. Es nicht gewagt. Sie hatte Angst gehabt, es würde zu teuer. Für ihn. Die Nachtgespräche. Stunden um Stunden waren das gewesen. Sie hatte es sich selbst als Versprechung von ihm angerechnet. Sie war

auf dem Sofa gesessen. Gelegen. Gekauert. Gelungert. Und
sie hatte seine Stimme in sich rinnen lassen. Oder gleiten.
Oder stoßen. Wenn er zornig geworden war. Er hatte zornig werden können. Kalt zornig. Das war gegen Feindliches
gerichtet. Erst. Erst war das gegen die Feinde außen gewesen. Beruflich. Politisch. Kollegen. Kolleginnen. Aufträge.
Vermutungen. Verdachtsmomente. Und dann aber. Schlei-
chend. Dieser Zorn hatte sich anders gerichtet. Nicht gegen
sie. Nicht richtig gegen sie. Es war nur mit einem Mal so
gewesen, dass sie das gegnerische Argument vertreten hatte.
Unmerklich. Nicht feststellbar. Für sie. Wann. Und dann.
Sie war in eine Position geraten. In eine Position manöv-
riert. Sanft. Er hatte sie sich selbst gegenüber aufgestellt. Er
hatte sie zurechtgerückt. Und sie war in Verwirrung gestürzt
gewesen. Dunkel nebelig war es in ihrem Kopf geworden.
Dunkel nebelig und sie war herumgetappt darin. Hatte seinen Zorn gefühlt. Sie war dumm gemacht worden. Sie war
dann ins Taumeln geraten. Hatte während des Arguments
den davorliegenden Satz vergessen. Sie war in diesem tiefen Dämmer in ein nächstes Dämmerlicht geschwankt. Und
da. Während des Taumelns. Währenddessen. Da war dieses
Begehren aufgesprungen. Riesig groß war das gewesen. Un-
geheuer groß. Allumfassend riesig. Und es hätte alles kosten
können. Jede Telefonrechnung und das Leben selbst. Da.
Dann. Dabei. Sie hätte alles gegeben. Hingegeben. Für diesen Körper. Seinen Körper. Über und in und auf ihr. Ihrem
Körper wiederum. Hatte Gustav ihr so beigebracht, nichts
von ihm zu erwarten. Nichts und schon gar keine Männlichkeit. War dieser Zorn die Antwort auf die Selbstverständ-

lichkeit ihres Begehrens. Oder auf die Größe. Oder auf ihre Selbständigkeit darin. Darüber. Darüber war ja nie gesprochen worden. Alles zärtliche Geflüster über den Schwung seines Jochbeins und wie in eine Raserei zu geraten war und alles knapp an einen Kannibalismus herankommen konnte. Gestoppt. Sie konnte es vor sich sehen. Die Hand hochgehalten. Die Handfläche ihr zugewandt. Abwehr. Stopp. Halt. Nicht weiter. Und sie hatte das respektiert. Und das war falsch gewesen. Aber sie hatte nicht ein Leben lang gegen die Folgen der Symbiose ihrer Eltern gekämpft, um dann als Weibchen das mühsam Verlernte doch wieder zur Anwendung zu bringen. Darüber wiederum. Darüber war geredet worden. Die Beziehungen der Eltern. Seiner und ihrer. Sie hatten ihre Kindheiten ausgetauscht. Sie wusste, wie Gustavs erstes Fahrrad ausgesehen hatte. Welche Schallplatten seine leibliche Mutter ihm geschenkt hatte. Welche Musik das gewesen war. Welche Kleider seine Mutter getragen hatte. Sie musste genauer denken, sagte sie sich. Sie musste aus der Verwirrung der Gedankenüberfälle herauskommen. Sammlung. War das Sammlung. Sie ging. Stapfte im Schnee auf der Wiese. Der Weg eisüberzogen. Sie musste ihm das Personalpronomen entziehen. Sie musste Gustav sagen. Nicht das Fürwort für alles Männliche verwenden. Sie musste ihn aus dem Fürwort herausnehmen. Ihn vereinzeln. Zunächst. Einmal. Sie überlegte. Sie stellte ihn frei. Nahm ihn heraus. Schuf eine Kategorie für ihn. Bezog ihn endgültig nicht auf sein Geschlecht. Jetzt. War das das Gute, das mit dem Schlechten versprochen wurde. Gemeinhin. Und es war nur gerecht. Sie nahm alle anderen Männer von ihm aus und ließ sie im Besitz des Personalpronomens. Würde sie Gustav das Personalpronomen lassen. Es würde sich verschleifen. Auf alle Er abfärben. Er, der alle Er sein hätte sollen. Das war wie mit den Ausländern. Die wurden »Die« genannt. »Sie« und in der dritten Person Plural zu den anderen gemacht, die nicht mehr erwähnt werden konnten. Gustav hatte immer gesagt, er rede nie so über Frauen wie andere Männer das taten. Das konnte sie jetzt nicht mehr glauben.

Sie blieb stehen. Sie wollte Trost. Sie wollte getröstet werden. Sie wollte jemanden zum Erzählen haben. Sie hätte erzählen wollen, wie beschämend das nun war, so lange in Onanie ausgeharrt zu haben. Aus Liebe. Und dann hatte es diese Liebe gar nicht gegeben. Sie blieb wieder stehen. Ging weiter. Sie musste um einen kleinen Baum herumwandern. Musste dem Eis ausweichen. Sie geriet auf den Abhang des Bergrückens zur Stadt hinab. Nein. Sie würde nicht ins Sophistische abrutschen. Dieser Liebe die Existenz aberkennen, weil Gustav geheuchelt hatte. Gelogen. Betrogen. Gemordet. Ihre Liebe totgeschlagen. Und Gustav ein Totschläger. Ein Mörder. Ein Töter. Sie schlug mit der Faust auf den Stamm des Bäumchens. Eiskristalle rieselten auf sie herunter. Blieben an dem bunten Tuch hängen. Rutschten über das glatte Material des Daunenmantels und verfingen sich im bunten Rock. Sie hatte vergessen gehabt. Sie trug ja diesen Rock. Sie zog das Tuch vom Kopf. Schüttelte es aus. Sie sprang herum. Trampelte im Schnee. Klopfte und schlug gegen den Rock. Drehte sich im Kreis. Schwenkte das Tuch. Drehte sich um sich selber. Drehte sich schneller. Sah von oben den Rock wirbeln. Um sich gebreitet im Drehen. Von den bunten Blumen nur noch die Farben zu sehen. Sie musste lachen. Sie lehnte sich gegen das Bäumchen. Hielt ihr Gesicht hinauf. Ließ die Eiskristalle in ihr Gesicht rieseln. Kalte Stiche auf der Haut. Eiskalte Nadelstiche. Und das war ihre Kälte. Ihre eigene und nur ihr zugängliche Kälte. Niemand konnte sie aus dieser Kälte vertreiben. Aus ihrer Wahrnehmung der Kälte. Aus ihrer Wahrnehmung. Es war ihre Liebe. Es war ihre eigene Liebe. Es war nicht verhandelbar, ob sie etwas anders machen hätte können. Hätte sollen. Hätte müssen. Besser. Klüger. Richtiger. Es war ihr Leben. Und jetzt sollte sie gehen und einen Blick auf ihn werfen. Noch einen. Noch einmal einen Blick. Auf Gustav. Und Gustav an ihn selbst zurückgeben. Mit dem Blick auf diesen Gustav, der er jetzt geworden war für sie, ihn zu trennen. In den von ihr gedachten Gustav. Den geliebten Gustav. Ihre Erfindung. Und in den, der er war. Für sich. Wahrscheinlich. In den Gustav, von dem sie nichts wusste und nie etwas gewusst hatte. Nichts wissen hatte können. Hätte können. Ein Gesicht auf einem Foto würde er werden. In ihrer Erinnerung. Ein Abbild. Nicht geschaffen aus Liebe. Seine Wirklichkeit. Nur. Seine Wirklichkeiten. Ausschluss. Kluft. Abgrund für sie.

Donnerstag, 5. Juli 2018. Wien.[50]

Das Hermelin. Musste das hinausgelassen werden. Wie eine Katze. Sie stand auf. Trug das Tierchen. Der Boden weiches Gras. Sie trat vorsichtig auf. Sie fand keine Tür. Alles von den

Pflanzen überwuchert. Die Fenster gerade noch frei. Sie ging zum Bett zurück. Legte das Tierchen ab. Setzte sich auf den Bettrand. Dann zog sie die Stiefel aus und legte sich auf das Bett. Sie schlug den Bettüberwurf über ihre Füße. Hielt den Mantel eng um sich geschlungen. Wollhaube und Kopftuch waren weit über die Stirn heruntergerutscht. Beschatteten die Augen. Das Tierchen lag zusammengerollt neben ihr. Sie setzte sich wieder auf. Schaute das Hermelin an. Strich ihm über den Rücken. Das Tierchen öffnete die Augen. Wimpernlos falbfarbene Lider. Augendeckel. Das waren Augendeckel. Sie dachte, das Tierchen hätte sie angesehen. Aber dann schloss es die Augen wieder. Nestelte sein Köpfchen näher an die Flanken. Verkroch sich in sich. So solltest du es auch machen, dachte sie.

Sie wachte auf. Die Stube dunkel. Grün. Durch die Blätter und Stauden vor dem Fenster konnte sie die Sonne draußen sehen. Beim Aufsetzen. Sie war von Ranken bedeckt. Dicke grüne Stängel krochen über sie hin. Entfalteten die Blätter.

Freitag, 6. Juli 2018. Wien.[51]

Sex war so wichtig, weil sie da ganz werden konnte. Werden hatte können. So vollständig sein. So in sich und ohne Einschränkungen. Sie konnte auch denken. Währenddessen. Daneben. Musste denken. Aber. Die Gedanken blitzten auf. Sternschnuppig. Absurd und oft störend. Aber sie war nicht die Gedanken. Sie war nur ihre Wünsche in ihrem Körper

195

und die Wünsche eine Sprache und der Körper das Sprechen. Die Gedanken am Rand. Leuchteten den Raum aus.
Es machte sie lächeln beim Verfolgen ihrer Wünsche. Und
oft der Wunsch ja auch gewesen, in eine Harmonie mit den
anderen Wünschen zu kommen. Manchmal hatte sie überlegt, ob diese Harmonie nicht besser mit einer Frau erreich-
bar sein sollte. Aber es hatte sich nicht ergeben. Und mit
Gustav. Gustav, der seinen Körper nicht teilte. Mit ihr. Der
seinen Körper stumm gemacht hatte. Der ihr das Sprechen
abgewöhnt hatte. Durch Entzauberung seiner Männlichkeit
hatte er sie verzaubert. In eine Salzsäule. Für ihr Begehren
in eine Salzsäule verwandelt. Eine luststöhnende Salzsäule
verwandelt, war sie in seine Unfähigkeit gebunden worden.
Es war Inzest gewesen. Seine Vaterschaft in der Erziehung
beschlossen. Ihrer Erziehung zur Folgsamkeit. Er schlief
ja mit anderen Frauen. Machte die zur Frau. Machte sie zu
Müttern, während er den Vater gab. Und sie. Die Tochter.
Und war es richtig gewesen, links von ihm zu liegen zu
kommen. Abend für Abend. Dass seine rechte Hand sich
zwischen ihren Beinen zu schaffen machen hatte können.
Sie hatte bei ihrem Vater gelegen. Der Arm, der im Krieg
geblieben. Wieder hergestellt. Die Wünsche der Tochter die
Unversehrtheit des Vaters. Aber kein Ekel. Keine Empörung.
Nur Leere und nichts innen, und ein abgerundeter Rand in
diesen Abgrund zu rollen während des Liegens neben ihm.
Er hatte sie geopfert. An irgendeinem hässlichen Altar seiner
inneren Schuldhaftigkeit. Da hatte er sie hingelegt. Hingelegt und dem Richtspruch von Telefonaten ausgesetzt. Die
Wahrheit über sie kommen lassen.

196

Aufstehen. Es ging um Aufstehen. Wieder aufstehen. Aus dem Liegen neben ihm. Aufstehen und sich erheben. Gegen ihn. Aufrichten und ohne Blick zurück vom Altar steigen. Jeder Blick zurück die Gefahr einer Bannung. Erneute Bannung in Gustavs Geschichte von Kinderleid und Vernachlässigung. Von Muttertod und Vaterschuld. Und hatte Gustav nicht. Sie musste sich an dem Bäumchen festhalten. Hatte wiederum die feinen Schneekristalle über sich hinrieseln. Das war eine Wiederholung. Sie war zur Staffage einer Wiederholung gemacht worden. Gustavs Vater hatte mit der späteren zweiten Ehefrau schon während der Krankheit und dem Krebstod der Mutter ein Verhältnis. Gleich nach dem Begräbnis der ersten Frau war er mit der späteren zweiten und da noch zukünftigen Ehefrau weggefahren. Auf Erholung. Sich mit der zukünftigen Ehefrau vom Sterben und dem Tod der ersten Ehefrau zu erholen. Weggefahren. Den Sohn. Gustav. Der Dreizehnjährige war einem Bruder der verstorbenen Mutter anvertraut worden. Die Hochzeit mit der zweiten Ehefrau hatte dann bald stattgefunden. Gustavs Vater war auch Schuldirektor an einem Gymnasium gewesen. In einer Kleinstadt. In Norddeutschland. Und wenn. Wenn das alles so war. Welche war sie dann. Welche von den Müttern. Doch wohl die Tote. Sie war tot gehalten worden. Keusch.

Sie stand im Schnee. Hielt sich an dem Bäumchen fest. Es war wie in ihrem Land. Die größten Grausamkeiten ermöglichten sich aus der Abwehr der Trauer. Schlimmeres konnte einer nicht widerfahren. Sie war an die Stelle einer Toten gesetzt worden und hätte sterben sollen. Das war klar. Vollkommen eindeutig. Sie hätte sterben sollen. Langsam waren alle Lebensgrundlagen entzogen worden. Den Job aufgeben. Übersiedeln. Kein eigenes Geld mehr. Abhängigkeit. Und ewiges Sterben in der kunstvoll hergestellten Depression. Gustav hätte abgewartet. Eine Krebserkrankung. Ein Selbstmord. Unwissentlich wäre das seine Hoffnung gewesen. Ihr Tod seine Erlösung. Kurz. Und dann die nächste. Die nächste Wiederholung der Wiederholung. Hätte er sie gepflegt. Hätte er in ihr Sterbezimmer gehen können. Oder wäre er mit Solange auf Erholung gefahren. Gleich. Sie stieß sich vom Bäumchen ab. Musste lachen. Laut. Sie schüttelte den Kopf und ging. Sie ging zurück zur Bank und setzte sich. Rechts. Am Rand des Felsrückens stand ein kleines rotes Häuschen. Ein Holzhäuschen war das. Mit weißen Rahmen um die Fenster und die Tür und ein niedriges weißes Gatter um den kleinen Garten. Bäume überragten das Reetdach, und aus dem Rauchfang stieg Rauch. »Bullerbü.«, dachte sie und begann zu weinen.

Samstag, 14. Juli 2018. Wien.[52]

Wie sie gelernt hatte, sich nicht aufzulehnen. Die Tat als Schicksal. Die Tat als Besonderheit. Ihr Schicksal. Ihre Besonderheit. Das, was ihre Schönheit sein hätte sollen. Ihre Liebe. Ihr Blick. Ihre Haut. Ihre Lippen. Wie sie sich zuwandte. Ihm. Die Augen schloss. Das Bild der Person innen und das Bild außen alles ausfüllend. Sie diese Person werden konnte.

Vollkommen zugewandt. Angesichts. Immer angesichts. Still und sicher und sprudelnd und heftig. Das alles. Es fiel auf sie ein. Fiel auf sie zurück. Suchte sie heim. Trennte sie von sich. Fuhr in sie. Spaltete sie. Ließ sie hilflos stehen und sich selbst davonsegeln sehen. Heine fiel ihr ein. »Ich versichere euch, ich bin kein Patriot, und wenn ich an jenem Tage geweint habe, so geschah es wegen des kleinen Mädchens. Es war schon gegen Abend, und ein kleines deutsches Mädchen, welches ich vorher schon unter den Auswanderern bemerkt, stand allein am Strande wie versunken in Gedanken, und schaute hinaus ins weite Meer. Die Kleine mochte wohl acht Jahr' alt sein, trug zwei niedlich geflochtene Haarzöpfchen, ein schwäbisch kurzes Röckchen von wohlgestreiftem Flanell, hatte ein bleich kränkelndes Gesichtchen, große ernsthafte Augen, und mit weich besorgter, jedoch zugleich neugieriger Stimme fragte sie mich, ob das das Weltmeer ist. – Bis tief in die Nacht stand ich am Meer und weinte.« Und welcher Teil von ihr würde davonkommen. Von sich selbst ins Exil geschickt. In die Auswanderung. Oder war es Duldung. Diese christliche Duldung. Sie. Sie war dann doch das katholische Mädchen geworden. Konnte sich nicht erinnern. War aber zum Instrument geworden. Ohne ihr Wissen. Unwissentlich. Und Gustav der Vollstrecker ihres Schicksals. Ihres Ausschlusses. Nicht anders als schon immer in der Geschichte. Sie hatten einen Krieg geführt. Sie hätte es wissen müssen. Es herausfinden. Rechtzeitig. Wahrnehmen. Sie war ein Territorium. Als Frau war sie ein Territorium. Nicht die lebendige Person. Ein zu besetzendes Territorium weiblicher Nation. Und Gustav hatte besetzt. Hatte geherrscht. Regiert.

Gustav hatte ihre Orgasmen gezählt und seine Macht daran gemessen, wie er sich ihrer fernhalten hatte können. Wie er seine eigene Nation geblieben. Das hatte sich daran gemessen, wie wenig sie eine Frau für ihn gewesen war. Es war wohl als Demütigung gedacht gewesen. Als Strafe. Wie doch immer zuerst bestraft worden war. Beim Besetzen. Wie die Eroberung den Eroberten eingebrannt werden musste. Bevor sie ins Joch. Das Brandzeichen. Gustav hatte sein inneres Drama mit ihr besetzt. Sie war besetzt worden, die sterbende Mutter zu spielen. War für den Inzest als Tochter verkleidet gewesen. Die Frau aus dem Libanon sollte die Geliebte des Vaters vorstellen. Mit der musste er. Aus dramaturgischen Gründen hatte er müssen. Sie hatten nun beide für die innere Balance eines Lügners sorgen müssen und mussten sich das der therapeutischen Schadenfreude wegen selber anrechnen. Nicht die richtige Wahl getroffen. Nicht richtig gewählt. Den Wahlzettel falsch angekreuzt.

Sie stand am Ufer und musste sich selbst bei der Überfahrt zusehen. Sich selbst zur Flucht in zwei teilen. Sich selbst zur Flucht raten. Wissend, dass kein Asyl zu gewähren war. Das neue Land musste ja erst geschaffen werden. Selbst. Selber. Und sie war privilegiert. Sie musste nur ihre Seele retten. Ihre Seele einschiffen und übers Meer schicken. Den Körper nicht.

Heilfleisch. »Heilfleisch.«, hatte der Arzt gesagt. Der Arzt in Köln hatte zur gerade operierten Freundin gesagt, sie habe gutes Heilfleisch. Die Freundin war Diabetikerin, und das Heilen nicht selbstverständlich. Es war entscheidend, wie das Fleisch sich wieder um den Fußknochen schließen würde. Den Fuß umhüllen. Umfangen. Es war dieses Fleisch, was den Körper so weich machte. So prall weich. Fleisch und ins Fette ausufernd. Wenn sie ein Mann gewesen wäre. Jedes Mal, wenn im Sommer die Menschen so sichtbar wurden. Sich enthüllten. Wenn das Fleisch sichtbar wurde. Sie. Wenn sie ein Mann gewesen wäre. Sie hätte alle diese dicken Frauen haben wollen. Sie hätte sich in dieses fettweiche Fleisch werfen wollen. Greifen. Wühlen hätte sie wollen. Außen und innen. Und schauen. Sehen, wie die Linien unscharf wurden. Verschwanden. Sich auflösten. In den Rundungen versickerten. Sie hätte sich mitauflösen wollen, und sie konnte sich das vorstellen. Wie das war. Abspritzen. So war das genannt worden. In der Sexualkunde. Sie waren die ersten Klassen gewesen, in denen Sexualkunde abgehalten worden war. Die Schaubilder der Geschlechter. Es hatte jeweils ein neues Bild über das vorhergehende gerollt werden müssen. Die Bilder waren in Rollen am Haken über der Tafel befestigt gewesen. Schlaufen hatten die Rollen zusammengehalten. Die Professorin. Sie wusste noch, wie die ausgesehen hatte. Den Namen hatte sie vergessen. Die Professorin hatte die Schlaufen gelöst, und die Schaubilder hatten sich ausgerollt. Das Geräusch davon. Ein Rascheln erst und dann ein kleiner Knall, wenn das dicke Papier glatt ausgerollt dahing. Schaubilder. Die Knochen. Die Muskeln. Die Blutströme. Die Organe. Die Nerven.

Die letzte Schautafel. Das waren die Geschlechtsorgane gewesen. Die Professorin. Sie hatte ein gelbes Sommerkleid angehabt. Sie hatte den Zeigestab weggelegt und gemeint, dass ja nun jeder sehen könne, was zu sehen sei.

Die meisten hatten gekichert. Es war noch erstaunlich gewesen. Damals. In der Gegenwart einer Autoritätsperson schamlos werden zu müssen. Das war schwierig gewesen. Nicht vorstellbar. Wissenschaftliche Schamlosigkeit. Abgetrennt von sich und die Bedeutungen im Allgemeinen lernen zu müssen. Nicht von sich ausgehen. Das war da so deutlich geworden. Es war ja in keinem Unterricht um eine selbst gegangen. Nie hatte sich eine Verbindung zwischen sich und dem eigenen Leben und dem zu Lernenden ergeben. Das war nur in Religion passiert. Da war davon gesprochen worden, wie und wo das Böse schon in den kleinen Körper der dasitzenden Kinder Wohnung genommen hatte. Das Böse hatte da immer »Wohnung genommen«. Es war »eingezogen« und hatte »gehaust« in ihren Körpern. Das Böse, das in Qualen seine Lust erfüllte. Das in Höllenqualen die hässliche Arbeit der Strafe erledigte, und oft nach den Katechismusstunden die Müdigkeit, dass es ihr ohnehin nicht gelingen würde und dass sie sich gleich hingeben sollte. Dem Bösen. Sie sollte sich dem Bösen überlassen, das nun ohnehin schon in ihr wohnte und hauste. Sich nach innen fallen lassen. Sich in eine Bewohnerin von sich selbst verwandeln. Nicht so zerrissen in Gut und Böse. Sicher und fest dastehen und im Bösen so genau wissen können, was zu tun. Und was nicht. Das Gute. Im Guten. Sie war da immer schon allein gewesen. Sie war zur Verräterin geworden. Im Guten. Niemand sonst hatte die Regeln befolgt. Der Vater war nie so aufrecht dagesessen, wie es die Regel gewesen war. Die Mutter hatte gelogen und falsche Preise für das Einge-kaufte angegeben. Sie war angeschrien worden, wenn sie das aufdecken hatte wollen. Von beiden Elternteilen war sie angeschrien worden. Sie hatte die Eltern retten wollen. Vor der ewigen Verdammnis. Aber die hatten sie angeschrien. Gut sein. Das hatte schreckliche Konsequenzen gehabt. Gut sein. Am Ende fiel immer alles auf sie zurück, und das Je-suskind kam nicht daher und vertrieb alle aus den vielen Tempeln. Im Guten. Es war einsam geworden, und sie hatte diese Zigarette damals versucht, etwas Verbotenes zu begin-nen. Aber sie hatte es nicht gekonnt. Sie hatte den Rauch nicht in die Lungen hinunterwürgen können. Sie war auch da verlacht worden. Im Café Heumarkt. Sie hatte bei den Spiegeln sitzen müssen. Da. Wo der Rauch sich zur hohen Decke hinaufkräuselte und sich dort bräunlich niederschlug. Ein braves Mädchen. Sie hatte gelernt. Lernen müssen. Sie hatte gelernt, sich dafür zu schämen, ein braves Mädchen zu sein. Im Pfarrhof. In der Erinnerung blühte da immer der Apfelbaum. Weiße rosarandige Blüten vor dem blauen Him-mel schaukelnd und zarte winzige grüne Blättchen. Rosa-weißgrünblau. Weshalb mochte sie Gelb nicht.

Oh, sie konnte diese Scham vergessen. Sie konnte vergessen, welches Urteil über sie verhängt worden war. Sie konnte ent-

kommen. Es gelang. Es war ihr gelungen. In einem obsku-
ren Vorstadttheater war das gewesen. In der Jörgerstraße. Sie
war mit einem Mann hingegangen. Sie wusste noch, dass sie
das Konzert vorgeschlagen hatte. Ohne irgendetwas zu wissen, hatte sie da hingehen wollen. Wer war der Mann gewesen. Sie konnte sich nicht erinnern. Eine Kontur. Neben ihr.
War das der Hans gewesen. »Es ist doch immer irgendein
Hans.«, hatte die Bachmann geschrieben. Und das stimmte.
Dieser Hans. Der war ihre Version davon gewesen. Wenn sie
ausgewesen waren. Manchmal war sie mit ihm ins Bett gegangen. Manchmal nicht. Und sie hatten nichts vereinbart.
Nie. Beim Abschied war kein nächstes Mal erwähnt worden.
Sie hatte dieser Geschichte zugesehen. Von weit oben. Diese
Geschichte hatte sich quer zu anderen Geschichten gelegt.
Sie hatte mit diesem Mann eine Transversale über ihr sons-
tiges Leben gelegt gehabt. Hatte auf einem schmalen Grat
weit oben balanciert. Irgendwo weit oben. Sie hatte gelacht,
weil sie alles sehen hatte können. Von diesem quergespann-
ten Seil herunter.

Beim ersten Bandoneonklang schon. Die Klänge. Eine Er-
kenntnisüberschwemmung. Sofort war alles vollkommen
verständlich geworden. Gewesen. Die Musik. Tango. Geige
und Bass waren dabei. Klavier. Aber es war nicht Tango gespielt worden. Dieser Mann hatte die Trauer über den Tango
auf seinem Bandoneon gespielt. Die Trauer darüber, dass
es den Tango gab. Geben musste. Sie hatte das sofort wissen können. Es war keine Eintrittsprüfung vor dieses Wis-
sen-Können geschaltet gewesen. Sie war eingeladen. Alle

waren eingeladen gewesen. In diesem Konzert. Sie hatte vergessen, wer sie war. Sie hatte nicht mehr gewusst, wie sie lachte und ob. Dass sie weinen wollte. Dass sie im wilden Schauen auf diesen Mann auf der Bühne und im Hören seiner Klage zur Bühne hingelehnt gesessen hatte. Und bei jedem Applaus. Sie hatte »Bravo« gerufen. Geschrien. Als wäre sie in der Oper. Sie hätte pfeifen mögen. Schrill und laut ihre Zustimmung pfeifen. Ihre Bewunderung. Ihrer Begeisterung einen Ton. Der Musiker. Es war kaum jemand in diesem Konzert. In diesem Lokal. Man konnte trinken während des Konzerts, und die Geräusche an der Bar am Anfang lauter als das Bandoneon. Leise ziehende Klänge. Am Anfang. Sehnsucht und ein weiter Blick erhofft. Dann. Sie hätte nichts anderes mehr hören wollen. Der Mann war an den Bühnenrand gekommen. Neugierig. Wie wenig Besucher da waren. Nachher. Sie hatte sich für die Wiener geschämt, die ein solches Konzert zehn Leuten überlassen hatten. Es war Astor Piazzolla gewesen. Wer das war. Was er machte. Was er wollte. Das hatte sie alles erst danach herausgefunden. Zuerst war diese Musik gewesen, und der Musiker, der sich schon bei der zweiten Nummer nicht mehr um ein Publikum bekümmert hatte. Er hatte gespielt. War auf der Bühne umhergegangen. Hatte die anderen Musiker angesehen. Machte sich einsam. Sie war in diese Musik gerissen gewesen. Eingesponnen. Wiegend. Stampfend. Schwebend. Gewirbelt. Gejagt. Und nervös gedreht. Sie war vollkommen außer sich geraten, und hatte alles verstehen können. Einen Augenblick lang. Süßes Unverständnis war das gewesen. Sie hatte sich zu diesem Hans umdrehen können und ihm sagen, er solle doch einfach gehen, wenn es ihm zu fad wäre. Aber der war nicht gegangen. Am Ende. Sie war aufgesprungen und hatte geklatscht. Gerufen. Wild. Der Musiker hatte sich nur einmal verbeugt. Er hatte gelächelt und war gegangen. Wahrscheinlich hatte er seinen Tourmanager gleich beschimpft dafür, ihn in so einer Klitsche auftreten zu lassen. Er hatte danach erst seine Oper komponiert. *María* hatte die geheißen. *María di Buenos Aires.* Sie hatte davon in der Zeitung gelesen. Sie war in die Kärntner Straße gegangen und hatte die Platte gekauft. Aber da hatte sich schon die Erinnerung an den Nachbarn der Großmutter dazugesellt gehabt. Dieser Nachbar hatte Ziehharmonika gespielt, und die Großmutter und sie hatten ihm am Hoffenster zugehört. Sie hatte sich fragen müssen, ob sie je eine neue Erfahrung machen würde können oder ob sich immer schon alles ereignet haben würde und sie nur noch in Spiegelbildern leben durfte.

Sonntag, 29. Juli 2018. Wien.[54]

Maria Goretti. Das war. Der Name katapultierte sich in den Vordergrund. In den Mittelpunkt. Das war diese Heilige gewesen. Die, die sie vorgesetzt bekommen hatten. Eine zwölf Jahre alte Heilige. Damit sie wissen hatten können, dass es schon so früh ging. So jung. Das Heiligwerden. Sie. Sie hatte damals schon gesagt. Sie hatten das besprochen. Untereinander. Und die Meinungen waren einhellig gewesen. Aber sie hatten auch nichts gewusst. Hatten nicht gewusst, wovon da die Rede gewesen war. Sie. Wie alle anderen hatte sie gesagt, sie würde diesen Mann alles machen lassen. Mit sich. Nur nicht sterben. Sie hätte ihren Körper schon als Kind nicht zum Sterben freigeben wollen. Aber es war eben unklar geblieben, was das geheißen hatte. Alles. Alles mit ihr machen. So. In dieser Verheimlichung. Es war interessant geworden. Heimlich. Die Überlegungen, was das sein konnte. Notzucht. Sie hatte den Kaplan angelächelt und daran gedacht, wie sie mit dem Unhold reden würde. Wie sie ihn anlächeln sollte. Das mit dem Lächeln. Das hatte sie aus der Drogerie in der Josefstädter Straße gewusst. Wenn sie nicht gelächelt hätte, dann hätte der Mann ihr den Rücken zugekehrt und sich an den Regalen zu schaffen gemacht. Lange Zeit. Sie war jeden Tag in diese Drogerie gegangen und hatte mit dem Mann geredet. Ihn angelächelt. Über die Welt. Sie hatten über die Welt geredet. Mit diesen allgemeinen Sätzen, wie das alles so wäre. Wie die anderen so wären. Wie man das oder jenes zu tun hätte. Sie hatte diese Herumrederei mit ihrem Lächeln erobert. Maria Goretti war zwölf Jahre alt gewesen, als sie ihre Jungfernschaft mit dem Tod verteidigte. Bei den Besuchen beim Drogisten. Einen cremefarbenen Arbeitsmantel mit dunkelbraunen Rändern am Kragen und an den Taschen hatte der getragen. Sie hätte noch Zeit, hatte sie gedacht. Es waren noch fünf Jahre bis sie selber zwölf sein würde.

Samstag, 4. August 2018. Wien.[55]

Kein Bild hatte ihr je etwas gegeben. Immer nur genommen. Die Ruhe genommen. Die Bilder in der Kirche. Und jede Fernsehserie hatte eine Geste gekostet. Ein Lächeln. So. Wie es zu sehen war. Es war nicht mehr ihres. So. Wie sie es mit Gustav gehabt hatte. So war es nie zu sehen gewesen. Seine Impotenz eine Exklusivität. Eine unbeschriebene Insel und Abenteuer dann doch. Nur ihr Leben. Keine Blaupause zuvor.

Montag, 20. August 2018. Wien.[56]

»Was ist es denn.«, hatte sie geflüstert, und er hatte sie zu sich gezogen. An sich. Er hatte den Kopf geschüttelt. Das hatte sie spüren können. Sie waren aneinandergepresst gelegen. Als wäre gerade alles vorbei. Die Körper entlang dicht aneinander. Aneinandergeklammert waren sie gelegen. Dagelegen. Dichter wäre es nicht gegangen. Aber ohne Antwort und unerreichbar. Sie war in diesem Liegen verblieben. Sie hätte in die Frage schlüpfen sollen. In die Ungewissheit. »Was ist es denn.« Er hatte nicht geantwortet. Antwortlos. Nicht erreicht. Unerreichbar. Ohne Antwort hatte er ihr diese Unerreichbarkeit gegeben. Sein Geschenk.

Die Stängel drängten sich unter ihren Armen durch. Entfalteten ihre Blätter über ihre Arme. Schoben Knospen vor ihren Bauch. Die Knospen kaum geöffnet, fingerten schon dünnere Stängel nach Halt. Züngelten suchend. Wurden dick und wieder knospig. Wucherten über ihre Schultern. Schmiegten sich an ihre Ohren. Stiegen um ihre Beine auf. Die Blätter weich und samtig. Wärmend. Sanfte Umspannung. Sie saß gehalten. Die dickgrünen Stängel ein Gitterwerk, sie zu tragen. Zuerst hatte sie Angst gehabt. Das Wuchern ging nicht schnell vor sich. Stetig. Um den ganzen Körper und sanft. Die Blätter auf der Haut. Ein Reiben und Gleiten. Summend. Leise summend wurde sie umhegt. Umsponnen. Sie hätte lachen können. Schmunzeln. Sich freuen. War das eine Pflanze oder viele. Das Zimmer. Die Wände voll davon. Die knospigen Stängel ragten von den Wänden. Stiegen vom Boden auf. Hingen von der Decke. Entfalteten die Blätter. Rankten sich die Bettpfosten empor. Schwankend suchend. In kleinen Schwüngen Halt findend und dann gleich wieder entfaltet schwankend. Sie verfiel ins Schauen. Folgte dem Schwingen und Verharren. Die Knospen waren hellgrün. Die Stängel dunkler grün. Das Hellgrün kam näher. Kam ihr vors Gesicht. Sie starrte die Knospen an. So nah. Kühlsamtig. Sie wollte die Knospen aus dem Gesicht schieben. Dem Gesicht fernhalten. Sie konnte sich nicht bewegen. Sie hielt auch das Hermelin nicht mehr. Wo war das Tierchen. Sie konnte den Kopf nicht bewegen. Sich nicht nach vorne beugen, das Hermelin zu sehen. Sie wurde ins Liegen gebeugt. Nach hinten gebogen. Die Knospen an den Wangen streichelnd in Blätter aufgehend. Der Kopf dicht umwoben. Kurz. Einen Augenblick. Sie ließ sich liegen. Ließ sich hinlegen. Ließ sich betten. Ließ die Blätter sich zwischen ihre Beine schmiegen. Die Schamlippen umfassend. Auseinanderhaltend. »Warum leben Menschen überhaupt.« Das schwule Paar vom Vorabend war ihr eingefallen. Die Leblosigkeit des Gesprächs. Über Verfilmungen. Gustavs Fachwissen zur Beratung. Eine Dokumentation. Das Gespräch mit Gustav über den Kauf von Bank-CDs durch den Staat. Steueroasen. Schweiz. Österreich. Wie das vor sich ging. Wer da tätig wurde. Wo das stattfand. Was dann geschah. Wer die Daten dann hatte. Wer wem glaubte. Wer wem nicht. Wie das darzustellen sein konnte. Die wichtigsten Augenblicke des Vorgangs. Sie war danebengesessen. Stumm. Mit ihr hatte niemand gesprochen. Sie war die Begleitung gewesen. Aber nichts an dem Gespräch schien Dringlichkeit zu haben. Das machten die so, hatte Gustav ihr erklärt. Wenn das zu wichtig wurde, dann fürchteten die Kosten. Die wollten alles umsonst haben. Es war ja auch ein billiges Lokal ausgesucht gewesen. Die Filmleute. Die beiden Männer hatten sondiert. Hatten Gustav alle Informationen abgenommen. Hatten nicht einmal Versprechungen gemacht. Sie hatten nur angedeutet. Ein Spiel. Wie überall. Andeutungen als Köder ausgeworfen und den Anbeißenden die Interpretation überlassen. Populismus. Im Privaten und im Öffentlichen. Das gestern Abend. Das war wirtschaftlich gewesen. Ein Unternehmen und die Geldgeber die Populisten, die Populistisches herstellen mussten. Film. Dokumentarfilm. Das war subventioniert. Filmförderung. Und das nächste Projekt ja nur, wenn das letzte erfolgreich gewesen war. Preise. Kartenverkauf. Gustav würde seine Informationen ausgebeutet vorfinden und nicht mehr erkennen können. Seine Wahrheit. Die Wahrheit eines Steuerfahnders. Die war zu wenig, die Leinwand zu füllen. Marketing zu generieren. Aber diese beiden Männer. Warum lebten die. Wofür. Sie konnte die Leblosigkeit des Blicks wieder sehen. Wie die auf Gustav geschaut hatten. Wie sie ihn kategorisiert hatten. Ihn als zu gefangen in seinem Thema eingeschätzt. Die hatten einen Krimi gewollt, und den würden sie auch machen. Gustav hatte ihnen alles erzählt. Die würden sich nicht einmal mehr melden bei ihm. Aber warum lebten die. Leblos, wie die dagesessen hatten. Die Leblosigkeit war ansteckend gewesen. Und dann. Sie fühlte ihre Brüste steif werden. Sie lag in dieser Leblosigkeit. Sie lag genau so, wie Gustav sie liegen haben hatte wollen. Ausgestreckt und festgehalten. Bewegungslos gemacht. Das Hermelin. Und plötzlich wusste sie, was nicht richtig gewesen war. Der Schwanz. Ein Hermelin musste eine schwarze Schwanzspitze haben, und ihr Hermelin hatte einen weißen Schwanz. Der Pelz weiß. Hell. Sie musste etwas tun. Das Hermelin brauchte die schwarze Schwanzspitze. Sonst konnte es kein Symbol für Gerechtigkeit und Gericht sein. Sie wollte sich aufsetzen. Gegen das Gewinde der Pflanzen. Die Pflanzen wegschieben. Sie schaffte es nicht. Sie konnte den rechten Arm nicht bewegen. Sie wusste gar nicht, ob sie noch einen rechten Arm hatte. Sie musste alles mit dem linken machen. Sich abstützen. Sich aufstemmen. Sie rollte sich auf die rechte Seite und begann, den linken Arm aus dem Pflanzengewucher herauszuziehen. Als zöge sie eine Jacke aus. Oder ein Kleid. Sie musste sich herumwerfen und mit dem Arm die Stängel locker schlagen, um den Arm herausziehen zu können. Dann erst konnte sie ihr Gesicht frei machen. Die Stängel und Blätter wegschieben. Währenddessen rankten sich die Knospen in ihre Vagina. Das war angenehm. Unfühlbar angenehm. Es hätte nur kleiner Bewegungen bedurft. Das aber. Depression. Das hieß auf Deutsch auch Mulde. Die Vertiefung. Die Senkung. Und dann erst die Betrübtheit. Ihre Vulva. Ihre Vagina. Der Ort ihrer Betrübtheit. Sie wollte ihn nicht mehr preisgeben. Sich nicht mehr. Und sie schlug mit dem linken Arm gegen die Pflanzen über ihrem Bauch. Schloss die Beine. Rollte auf den Rücken zurück. Zerrte an den Ranken. Sie musste das Gesicht frei machen. Wieder. Sie wollte sehen. Es war dämmrig im Zimmer, und sie wusste nicht, wo sich das Hermelin befand. Dann begriff sie. Die Stängel kamen von dem Spargel. Sie riss an den Stängeln um ihren Hals. Rupfte an den Ranken im Genick. Sie keuchte und begann zu jammern. Der rechte Arm hing an ihr hinunter. Sie spürte ihn nur an ihrem Rumpf. Im Arm konnte sie nichts fühlen. Ein Stumpf war das. Ein fremdes Ding baumelte an ihr herum, und sie begann zu schreien.

»When I am from him, I am dead till I be with him.«

Das war so gewesen. Wissentlich so. Alles in ihr. Alles an ihr. Sie hatte gelebt, mit ihm lebendig zu sein. Sie hatte ihre Lebendigkeit aufbewahrt für die Zeit mit ihm. Sie war glücklich gewesen. Zu allen Zeiten. Sie war seiner ansichtig geworden und war aus dem Warten gefallen. Aber das Warten war eine Anspannung gewesen, aus der sie auf ihr Leben schauen hatte können wie sonst nie. Das Warten als Warte. Sie hatte Ausschau gehalten und alles sehen können. Sie hatte angenommen. Gehofft. Vermutet. Sie war sicher gewesen, das alles war für ihn ebenso. Ein erhöhter Zustand. Ein besonderer Zustand für sie beide, und nur die Normalität wäre zu fürchten gewesen. Dagegen hatte er Einspruch erhoben und gesagt, nur die Normalität könne die Norm sein, ihnen beiden gerecht zu werden. Und das war ja nun geschehen. Seine Normalität. Die hatte ihn zurückgeholt. Sie. Sie war auf ihrer Warte festgesetzt. Ohne Warten. Und ohne dieses Warten. Das ließ sie so leer in der Brust zurück, dass sie dachte, ersticken zu müssen. Imgrund. Sie hatte nur das Warten verloren. Wenn sie es genau überlegte, dann hatte sie nur das Warten verloren. Es war nicht mehr zu verlieren gewesen. Aber das machte den Schmerz. Wie sie jetzt wusste. Ihn. Gustav. Es hatte ihn nie so gegeben, wie er sie das glauben gemacht hatte. Ihr Bild von ihm war nie er gewesen. Er hatte sich aus der Deckungsgleiche von Bild und Abgebildetem herausgeschwindelt. Das wusste sie nun. Das zu wissen. Sie musste lächeln. Ihr Glaube an die Liebe. An diese Liebe. An die Liebe insgesamt. Der war ihr geblieben. Sie glaubte weiter. Aber das war ihr Grundprinzip. Sie musste glauben, um leben zu können. Das Leben bestreiten zu können. Vertrauen, dass in der Schachtel Cornflakes Cornflakes enthalten waren. Es war immer das Bild zuerst da und dann die Wirklichkeit. Sie war auf diese Bilder angewiesen, ihre Entscheidungen zu treffen. Das gelang, und das gelang nicht. In der Politik war das auf die Spitze getrieben. Wie in einer arrangierten Hochzeit bekam man die Bilder vorgelegt und musste dann die Ehe mit denen geführt bekommen. Ein schreckliches Prinzip. Altmodisch. Jeder und jede, die wählten, eine blindgemachte Braut. Jeder Politiker und jede Politikerin der herausgeputzte Bräutigam, dem der Betrug an den Bräuten zum Beruf geworden war. Warum war der Ehrbegriff bei der Aristokratie geblieben. Hätten die Bräute eine Ehre. Eine eigene und nicht nur die des Vaters. Die Bräutigame könnten zur Verantwortung gezogen werden. Das hatten sie nicht bedacht, bei den Revolutionen, dass sie keine Waffen zurückbehalten hatten. Der Ehre den Kopf abgeschlagen und nichts für sich behalten. Sich dem Betrug preisgegeben. Nicht insistent genug auf sich bestanden. Oder war das Stolz, was sie meinte.

Und hasste sie ihn jetzt. Es war aber alles leer. Nicht nur die Brust. Auch die Knochen abhanden. Baumelnde Leere und dunkel. Innen. Von der Leere gestützt. Gehalten. Und sie durfte nur so allgemein denken. Nicht sich. Nicht selbst. Vorsichtig. Sich schützen. Außen um sich herum und freundlich. Und das. Das hatte sie gelernt. Das hatte sie lernen müssen. Das war es, was die Eltern nicht verstanden hatten und was deshalb ihr gehört hatte. Sie. Ihre Freundinnen. Die jungen Frauen ihrer Generation. Die lange nach dem Krieg. Sie hatten das lernen müssen. Trennen. Trennungen. Liebesgeschichten beginnen und dann die Trennung. Auftrennen. Immer wieder. Und alles schnell. Sehr schnell. Ins Bett. Fast sofort. Sex. Sie konnte das Atmen hören, wie das in den Autos geklungen hatte, in denen. Alles so rasch gewesen. Und sie waren Generationen ohne Selbstwert gewesen. Junge Frauen, von denen die Eltern nichts begriffen gehabt hatten. Sie hatten kein Selbstwertgefühl mitbekommen, der Schnelligkeit und der Hast etwas entgegenzuhalten. Das hatte sie alles erlernen müssen. Das hatte sie erlernt. Sie hatte ihr Leben gerettet. Ganz allein. Sie hatte ihr Leben als das Einzige, was ihr gehörte, retten wollen und hatte deshalb nehmen müssen, was sich vorfand. Es war schön, Ideale und Diagnosen vorgesetzt zu bekommen. Aber wenn die keine Wirklichkeit hatten. Bekamen. Am Ende war es die Erreichbarkeit von Ressourcen, die entschied. Und in der Liebe. In der Gesellschaftlichkeit. Da hatte sie wenige Oasen gefunden. Das hatte sie gleich gewusst. Das Kaputte an der Geschichte mit Gustav. Und es war ja schon zur Geschichte geschrumpft. Zur Erzählung. Das Kaputte an Gustav. Es war das, was zu haben war. Auf dem Markt der Auswahl. Sie war als nicht mehr junge Frau. Was war sie da. Angewiesen. Das war das Wort, das ihr einfiel. Aber das stimmte nicht. Das stimmte alles nicht. Sie konnte klug aus dieser Geschichte hervorgehen, aber das Glück war ihr vorenthalten worden. Sie wurde vereinzelt gehalten und bedeutungslos. So. Unbedeutend. So wollte man Personen wie sie haben. Hochausgebildet. Viel durchschauend. Deshalb gute Fachkräfte. Motiviert daraus. Unerfüllt. Auch das Motivation im Job. Aber genug behindert im Privaten, kein politischer Faktor werden zu können. Sie alle. Heerscharen von Mittelklasse. Einander im Persönlichen behindernd. Antisolidarisch das Geschäft der Rechten erledigend. Postbürgerliche Fisimatenten, dachte sie. Sie hatte sich ablenken lassen. Sie hatte wieder einmal geglaubt, die verschriebene Metaphysik durch ihre Vorstellung von Liebe ersetzen zu können. Wieder gescheitert, sagte sie sich. Nichts zusammengebracht. Ohne ihr Zutun und ihr Wissen hatte sie den Inzest mit dem Vater nachgestellt und sich so zurückreißen lassen in die Nazizeit, in der ihr Vater geprägt worden war. Arbeitsdienstsuperego. Sie war den Geboten von damals verfallen und war dieser Lüge zu Verfügung gewesen. Gustav hatte sich ja auch geteilt gehabt. In ein Berufsleben und alle diese Privatleben. Wie ein SSler. Das Private musste die Kampfkraft befeuern, und dafür waren alle Mittel erlaubt. Alle Mittel freigegeben. Auch Vielweiberei. Vor allem Vielweiberei. Und war sie nicht schon eine Ausländerin. Wenn er gesagt hatte »Wir Deutschen.«. Sein Deutschenhass war auch nichts anderes als eine Art von Überlegenheit. Und sein Hass auf die AfD reine Überheblichkeit. Sie stieß sich vom Baum ab. Wieder rieselten Eisflöckchen auf sie nieder. Sie stapfte durch den Schnee auf die nächste Bank zu. Im Sommer saßen hier wohl viele und schauten auf das Meer hinaus. Auf die anderen Inseln. Sie setzte sich. Sie musste wieder aufstehen. Der bunte Rock. Der Gummibund war hinuntergerutscht und ihr Daunenmantel fast um die Knie zusammengeballt. Sie zog den Rock hinauf und setzte sich wieder. Sie war müde.

Einen Augenblick alles grün. Die Pflanzen füllten alles aus. Ein dichtes Gewirr von Stängeln und Blättern reichte über sie hin bis zur Decke hinauf und wuchs weiter. Das Gewucher. Das Lianengeflecht. Es war nicht schwer, aber sie lag darunter. Musste atmen. Atemnot. Sie ordnete sich. Befahl sich, ruhig zu bleiben. Das Hermelin. Was war mit ihrem Hermelin. Wieder Panik. Der Versuch, sich aufzurichten. Die Ranken über ihr waren elastisch. Aber sie konnte sich nicht aufrichten. Die Pflanze wich ein wenig zurück und senkte sich gleich wieder über sie. Sie hatte zu schreien aufgehört. Sie schrie wieder. Hörte sich selbst. Hörte ihre Angst. Todesangst. Ihre. Die gehörte Angst fügte sich zur gefühlten Angst. Wollte explodieren. Drängte nach außen. Sie schrie wieder. Ein Todesschrei. Sie konnte es hören. So hatte es geklungen, wenn im Wald ein Tier gerissen worden war. Das war vom Sommerfrische-Bauernhaus aus zu hören gewesen. Und als hätte der Todesschrei den Tod hervorgerufen. Sie verfiel in Dunkelheit und wusste nichts mehr. Sie wusste nichts mehr vom Außerhalb. In ihr. Sie sprach mit sich. Dass das Sterben war. So war das also. Und dass sie allein war. Damit. Aber dass es ihr damit auch ganz allein gehörte. Ganz allein. Ganz allein. Immer wieder sagte es sich. Ganz allein. »Mein gutes Kind.«, fügte sie an. »Mein gutes Kind.«, sagte sie zu sich. Immer wieder. »Mein gutes Kind.« Sie wurde ruhig. Sie lag da und wartete. Aber es änderte sich nichts.

Das Zimmer grün dämmrig. Die Pflanze still wachsend über ihr. »Was ist es denn.«, fragte sie die Pflanze. »Was ist es denn.«, und bewegte die Hände. Fühlte die Pflanze. Streichelte über die prallen Stängel. »Was ist es denn.« Sie seufzte, und die Pflanze schien mitzuseufzen. Ein Rascheln begann. Sie konnte den Kopf heben. Die Ranken zogen sich zurück. Die Knospen schlossen sich, und die Stängel schrumpften. »Was ist es denn.« Sie konnte aufstehen. Rollte sich unter der Pflanze hervor. Der Spargel lag klein inmitten der verzweigten Lianen. Sie hob den Spargel auf. Legte ihn auf das Bett. »Was ist es denn.«, fragte sie noch einmal.

Das Hermelin war gleich neben dem Spargel gelegen. Sie lockte das Tierchen. Das hob den Kopf. Schlief gleich wieder ein. Sie ging zum Ofen. Nahm ein Stück Kohle. Zerrieb die Kohle auf dem Boden. Dann hob sie das Hermelin und rieb die Schwanzspitze im Kohlenstaub. Das Hermelin erwachte und begann sich zu winden. Die Schwanzspitze war nicht richtig schwarz geworden. Nicht so schwarz wie die Schwanzspitzen auf Kronen und Königsroben. Aber dunkler als der Pelz sonst. »Jetzt bist du ganz.«, sagte sie zu dem Tier. Sie machte die Tür auf und ließ das Hermelin laufen. Das lief zurück. Es trank Wasser aus einer Schale am Boden. Sie blieb in der Tür stehen. In der Stube schrumpfte die Pflanze. Summend. Raschelnd. Sie wollte diesem Mann nicht mehr begegnen. »Willst du hierbleiben.«, fragte sie das Hermelin. Das sprang durch die Tür und über den Schnee davon. Sie ging aus dem Haus und schloß die Tür hinter sich. Die Pflanze durfte es sicher nicht kalt haben, dachte sie. Ein eisbedeckter Weg führte über das kleine Plateau. Bänke standen da. Die Aussicht auf das Meer. Sie musste in den Schnee auf der Wiese ausweichen. Das Eis auf dem Weg unbetretbar glatt und spiegelnd.

Sonntag, 26. August 2018. Wien.[59]

Sie saß. Unter lachender Sonne. Sie hätte das so beschreiben müssen. In einem Schulaufsatz hatte die Sonne zu lachen gehabt. Im Schulaufsatz. Da lachten Sonnen, und Gewitter drohten. Die Natur brach über eine herein, und die Dinge, die Gezeiten und die Elemente hatten Gewalt über die Welt. Göttliche Gewalt. Unzähmbar.

Sie holte tief Luft. Das helle Licht und die kalte Luft und alles so weit hinaus. Weithin und rundum. Und nur der Schatten ihrer Wangenknochen die Begrenzung. Die Wangenknochen, die ihr das Erwachsenwerden angezeigt hatten. Mit einem Mal waren im Spiegel Schatten unter den Wangenknochen zu sehen gewesen. Sie hatte den Kopf nach hinten legen müssen, das Gesicht ausgeleuchtet zu bekommen. Schattenlos zu werden. Und sie hatte mit einem zweiten Spiegel eine Technik entwickelt, ihr Gesicht von oben oder von schräg oben beobachten zu können. Ihr Gesicht so zu sehen, wie es andere zu sehen bekamen. Schon damals. Gleich. Nie anders. Immer schon. Sie hatte sich selbst nur sehen können, wenn sie sich vorstellte, jemand anderer sähe sie. Keinen Blick auf sich selbst. Lange nicht. Keinen eigenen. Und das damals so gut gelernt gehabt hatte.

Sie hatte sofort dorthin zurückfallen können. In seinen Blick. Aber dafür hatte sie Gustav ihren auf ihn geschenkt. Sie saß. Wie gut es war, sich den Blick rundum zurückgeholt zu haben.

Deshalb. Sie mochte kaum noch einen Film anschauen. Fernsehen. Videos auf dem Handy. Das hatte sie aufgegeben. Sie hatte das Fernsehen eines Tages aufgehört, so wie sie von der Gerti Kimmel einmal gehört hatte, wie die das Rauchen aufgegeben hatte. Die Gerti war eine ältere Kollegin und schon in Pension. Sie waren manchmal nach den späten Kursen zusammen in ein Beisl gegangen. Und dort trafen sie einander immer noch. Einmal im Monat oder so. Die Gerti hatte gesagt, dass sie eines Tages eine Zigarette angezündet hätte und beim Anblick der Zigarette in ihrer Hand von einem solchen Ekel überfallen worden wäre, dass sie die Zigarette sofort ausdrücken hatte müssen. Danach hätte sie nie wieder geraucht. Nicht einmal der Wunsch nach einer Zigarette sei in ihr aufgestiegen. Danach. Und wie erstaunlich das doch sei. Eine Befreiung ganz aus sich selbst. Die Zigaretten hätten sich selbst eliminiert.

Genauso war es ihr mit dem Fernsehen gegangen. Da hatte sie mit Gustav schon telefoniert. Jeden Abend. Und tagsüber kleine Nachrichten. SMSen. Kleine Botschaften zur Begleitung waren das gewesen. Sie war in die Sprache gefallen gewesen. In das Sprechen mit ihm. Bilderlos. Das Reden mit ihm. Blicklos. Ohne Bild. Aber die Sprache. Das Sprechen. Ein Silberfaden. Hinter der Stirn. Die Worte helle Bewegung. Es hatte sie den Bildern entwunden. Die Bilder langweilig gemacht. Sie hatte plötzlich die Filme in die Reihe der Standbilder aufgelöst sehen müssen. Wie sie sich zum Film zusammenfügen. Die Bildschirmbilder als geschriebene Programme. Pixelzerfallen. Aber es war keine Entscheidung gewesen. Oder eine kluge Zurückhaltung. Es war Platzangst gewesen. Wegen des Rands. Wegen der Unendlichkeit des Rands außerhalb der Bilder. Außerhalb des Rahmens. Und nie war Alleinsein so deutlich geworden als neben jemandem in Kinositzen. Nur das heftigste Küssen hätte dagegen geholfen, sich allein in das Bild aufgesogen zu fühlen. Nie war sie trauriger aus dem Kino gegangen, als wenn ein Film sie die Welt vergessen hatte lassen. Triste Rückkehr war das dann gewesen. Immer schon. Nur jetzt so deutlich. Sie wollte das nicht mehr. Sie sagte ab. Erteilte die Absage. Und sie musste weit herumschauen können. Ohne Rahmen. Ohne Format. Ohne Formatierung. Und Gustav. Er ging ins Kino. Sah fern. Jeden Tag. Gustavs Leben. Das war zu sehen. Aber erst jetzt. Eben erst jetzt. Und warum erst jetzt.

Gustav spielte eine Fernsehserie. Das war keine Heiratsschwindelei. Keine Blaubarterei. Sie war ja nicht abhängig von einem Gustav. Ihr Leben. Das bestritt sie selber. Da war für einen Mann nichts zu gewinnen oder zu verlieren. Auch von Gustav für sie. Nichts. Nicht wie ihre Mutter, die eine Pension dafür bekommen hatte, für den Vater den Haushalt geführt zu haben. Sie stand für sich. Gustav konnte der Frau aus Beirut nicht einmal die Staatsbürgerschaft mehr übertragen. Das hatten sie sich nehmen lassen. Die Männer Europas. Dafür mussten sie nicht mehr für die Frauen aufkommen. Das war wie in Ungarn bei der Bauernlegung von

1848. Da hätten die Aristokraten den abhängigen Bauern die Dächer der Häuser richten lassen müssen. Das war der alte Vertrag gewesen. Gegenseitige Abhängigkeit und Verpflichtung. Da hatte die Aristokratie die Bauern lieber sich selbst überlassen. Wie die Frauen in den 70er Jahren. Und weder die Bauern noch die Frauen hatten es geschafft. Fallengelassen. Keine neue Welt war ihnen gebaut worden, der neuen Gleichheit Platz zu machen. Es war das Geld gewesen, das seine Gültigkeit behalten hatte. Zum Vorteil der schon im Besitz Gewesenen. Aristokraten und Männer. Die Frauen. Es war wie immer. Herrschaft. Die stellt sich aus der Gewalt gegen die anderen außerhalb her und aus der Gewalt innerhalb der herrschenden Gruppe um die Herrschaft. Zuerst Grenzen hochziehen und aussperren. Und dann innerhalb der Grenzen der Kampf. Der Platz neben Gustav. Gustav war gewalttätig gegen Frauen mit seinem Lügen, und die Frauen waren gewalttätig untereinander. Den Platz neben ihm zu erobern. Der Anruf aus Beirut. Nein. Die Frau hatte gesagt, sie riefe aus Paris an. Und die Gewalt der Wahrheit. Die Gewalt des Wissens. Und sie. Wollte sie einen solchen Kampf aufnehmen. Zurückgehen. Gustav sehen. Mit ihm reden. Sitzen. Liegen. Essen. Nicht wissen, was er wusste. Kämpfen. Um ihren Mann kämpfen. Eine Rolle spielen. Sich eine Rolle ausdenken und dann die Aufführung. *Liaisons dangereuses*. Hofintrige. Spiel der Verstellung.

Das war Machiavelli. Die Ethik der Verstellung. Für Gustav. Für Gustav war das alles die Grundlage. Er war schließlich schon da. Er hatte die ganze Zeit schon die Aufführung gelenkt. Method acting. Er glaubte sicher jeden Augenblick der zu sein, den er vorgab. Das Interessante. Das mussten die Wechsel sein. Wie war das. Wie konnte das vor sich gehen. Von einer Figur zur anderen. In die andere. Sich selbst penetrieren damit. Ein stetes Schlüpfen. Hinein und hinaus. Ein Hochgefühl des wahren Seins. Macht. Wie so ein Kanzler oder Präsident. Wenn so einer unterschrieb und für einen Augenblick die Repräsentation vollständig. Sein Körper der Staat. Und wie war das dann für Gustav. Sein Körper die jeweilige Liebe zu der jeweiligen Person. Vollständig erfüllt davon. Gläubig und von sich selbst überwältigt. Ein Autor seines Selbst. Jeweils und wechselnd. Von einem Hochgefühl ins andere. Narzisstische Selbstüberwältigung und Triumph über die tote Mutter. Die tote Mutter, die als Gründungserzählung allem zugrunde lag. Die als erfundener Gründungsmythos jeden Tag neu ermordet werden musste. Nicht trauern zu müssen. Den Verlust zu akzeptieren. Traueraufschiebung. Trauervermeidung. Trauervernichtung. Und wie Gewalt und Herrschaft das so gut konnten. Sie war mit Gewalt und Herrschaft über sich selbst beschäftigt worden und aus sich selbst vertrieben. Sie stand aus sich selbst vertrieben da. »Was für ein Elend«, sagte sie laut und ließ sich in den Schnee neben der Bank fallen. Die dünne Schicht festgebackenen Schnees brach unter ihr ein und sie sank tief. Die zackigen Ränder der obersten Schneedecke ihrem Blick auf den Himmel ein Rahmen.

Sie hatte ihm viel geschenkt. Sie lag und starrte in den Himmel hinauf. Schloss die Augen. Lag schneeumschlossen. Ließ sich liegen.

Sie hatte ihm die Blätterfalltage geschenkt. Sie hatte ihr Auto aufgegeben. In Berlin hatte sie das Auto Gustavs benutzen können. Und sie hatte ohne Auto leben wollen. Aber ohne Auto. Sie hatte nicht mehr nach Laxenburg fahren können. So oft wie möglich. Im Herbst. Fast jeden Tag. Auf die Stunden lauern. Sie war um den ganzen Park herumgegangen und hatte Ausschau gehalten. Es war nicht immer gelungen. Nicht jedes Jahr hatte sie die Stunden des Blätterfalls der Buchen und Ahorne erhascht. Oder der Pappeln. Gelbe Herzchen im Herbstwind rieselnd heruntertanzen. Goldmarie-Momente waren das gewesen. Dazustehen und die goldgelben Buchenblätter zu Boden sinken sehen, und der Flor unter dem Baum goldbraun ausgebreitet. Reines Entzücken. Die Freude darüber hatte sie ausgefüllt. Das Schauen. Der Vorgang in der Weite des Sehens vor sich und im Abstand in das Schauen hineingezogen, und so, in sich zurückgeraten nur ihrem eigenen Blick folgend, eine Vollständigkeit da gewesen. Eine vollkommene Vollständigkeit war das gewesen. So wie sie das von seiner Anwesenheit gedacht hatte. Das Entzücken, der geliebten Person ansichtig zu werden. Und warum sollte sie nicht den Schritt in die Fiktion machen und einfach so tun, als wüsste sie nichts. Die Buchen waren genauso zeitlich und würden nicht ewig da sein. Wieso wollte sie von dieser Person die Ewigkeit verlangen. Alle Zeit für sich. Aber der Gedanke half nichts. Die Person musste nicht vollständiger sein als so ein Baum. Aber genauso existent. Das schon. Die Person musste die Wörter füllen können. Wie die Buche an der Wiese bei der Abzweigung zum Turnierplatz in Laxenburg musste Gustav der Gustav sein, der sagte, dass sie beide da nicht mehr herauskämen, worin sie sich gerade befänden. Es ging gar nicht um eine Wahrheit. Es ging um eine Richtigkeit. Der Satz musste stimmen. Sich bestätigen. Eine Praxis sein. Und jederzeit. So. Gustav hatte diesen Satz nicht gesagt und gemeint. Auch. Diesen Satz. Er hatte diesen Satz auch gesagt. Neben anderen, gleichlautenden und gleichgemeinten Sätzen zu anderen Personen. Und deshalb stimmte der Satz nicht. War eine leere Wiederholung gewesen. Oder hatte er ein Gefängnis gemeint, in dem sie sich befänden und aus dem sie nie wieder entlassen werden sollte. Aber auch da. Er war nur auch da. Auch. Da. Es war kein neuer Platz gewesen. Für sie. Beide. Oder sie. Von ihm gedacht.

Sie lag da. Der Schnee an ihren Wangen schmolz. Sie war sicher, Gustav würde sich natürlich nicht wiederholen. Nicht wörtlich. Er hatte andere Sätze verwendet. Es anders gesagt. Aber das Auch blieb. Sie musste den Kopf schütteln und Schnee rieselte unter den Rand ihrer Wollhaube. An den Hals. Das würde Gustav als Wahrheit beschreiben. Als Errungenschaft. Jeder Frau ihren eigenen Satz. Gustav würde sagen, dass er es mit jeder ernst gemeint hatte, und sich bei sich darauf beziehen, dass er sich auf jede Frau eingelassen hatte. Gustav hätte es nicht schematisch gemacht. Gustav war ein begabter Mensch. Aber die eigentliche Beleidigung.

Sie dachte, es wäre leichter, wenn sie in der Bezeichnung Geliebte aufgehen würde und nicht mit ihrem Namen persönlich betrogen worden wäre. Die Frau am Telefon hatte sie mit ihrem Namen angesprochen, als hätte es schon viele Gespräche über sie gegeben. Und das war ja vielleicht auch der Fall. Vielleicht hatten die die ganze Zeit über sie geredet, und ihr Name war gefallen. Ihr Name. Immer und immer wieder.

Natürlich würden nun alle sagen, dass eigentlich er sich selbst betrogen habe. Aber das war Anpassungspsychologie. Wie die Welt funktionierte. Die Täter mussten nie etwas von den Folgen ihrer Tat ertragen. Es war falsch gewesen, das Duell abzuschaffen. Sie hatte sich satisfaktionsfähig gemacht, aber die Männer waren abgehauen und versteckten sich hinter einem Begriff von Fortschritt. Sie wünschte sich, Gustav wäre ein ungarischer Adeliger am Anfang des 19. Jahrhunderts und sie hätte ihn per Gericht zwingen können, das Dach ihres Hauses ordentlich zu decken, und er wäre ruiniert gewesen.

Sie lächelte. Die Buchen hatten sie zurück. Die Ahorne. Eichen und Platanen. Aber sie würde von vorne beginnen müssen. Die Natur und ihr Schauspiel hatten es nicht verdient, die Kulisse einer Rückkehr zu sein. Vielleicht sollte sie überhaupt an einen ganz anderen Ort gehen. Oder in Berlin bleiben. Sie hatte ja Zeit.

Sie lag in den Schnee geschmiegt. Sie musste lachen. Sie wusste nicht einmal, wie spät es gerade war, und sie brauchte eine Toilette. Sie wollte sich aufrichten. Da beugte sich eine Person über sie. Eine Frau. Eine himmelblaue Wollmütze war der Frau beim Hinunterbeugen fast über die Augen gerutscht. Die Frau sagte etwas. Auf Schwedisch. Sie verstand das nicht. Sie wollte sich aufsetzen. Das Missverständnis klären. Sie wollte Englisch sprechen. Aber es fiel ihr nur »Abbandonata« ein und dass das »verlassen« und »ungepflegt« zur gleichen Zeit bedeutete. Sie wollte erklären, warum sie diesen Rock und dieses Kopftuch trug. Aber dann wusste sie das gar nicht mehr. So angezogen. Verkleidet. Verkleidung. Wie das ihr Lieben beschrieb. Dass sie von einem Mann in Verkleidung betrogen worden war und jetzt selber eine Verkleidung brauchte. Und dass sie jetzt nicht wusste, wer sie war. Wo. Sein wollte. Sie war außerhalb. Der bunte Rock und das Kopftuch eine Beschreibung. Vor allem aber. Sie hatte keine Kraft, normal zu sein.

Sie musste sich auf die Seite drehen, um sich aufsetzen zu können. Sie wälzte sich im Schnee. Die Frau sagte etwas von »Polis« in ihr Handy. Du lieber Himmel, keuchte sie. Ich tue doch nichts. Sie krabbelte auf. Sie musste sich an der Bank in die Höhe ziehen. Ihre Haube und das Kopftuch waren über ihr Gesicht gezogen. Alles nass. Sie war schneebedeckt. Sie begann den Schnee abzuschütteln. Sie zog den Rock aus. Nahm das Kopftuch ab. Sie schwenkte ihren Mantel. Schlug alles aus. Klopfte sich ab. Sie sprang im Kreis, den Schnee vom Mantel wegzubekommen. Die Stiefel. Sie hielt den bunten Rock und das Tuch in der Hand. Schüttelte alles aus. Die Frau war zurückgetreten. Weg von ihr. Mied sie. Die Frau war an den Felsen zurückgetreten. Die Rundung in den Abgrund gleich hinter ihr.

Sie stand da. Sie machte einen Schritt auf die Frau zu. Die schreckte zurück. Kam noch näher an den Rand zu stehen.

Die Frau schaute sie furchtsam seitlich abgewendet an. Die Frau. Sie konnte den Rand zum Abgrund nicht sehen. So wie sie stand und sie anschaute. Die Frau sprach aufgeregt in ihr Handy. Nickte. Warf ihr Blicke zu.

Sie stand da. Zwang sich stehen zu bleiben. Ruhig. Diese Frau war so knapp am Abgrund. Der kleinste Schritt. Sie musste diese Frau bitten, vom Felsen wegzugehen. Zu ihr zu kommen. Weg von dort. Keinen Schritt zurück mehr. In ihrem Kopf. Alle Sprachen fielen übereinander her, und es fand sich kein Wort. Keine Phrase. Sie dachte, selbst wenn sie dieser Frau sagen konnte, dass sie zu nah am Felsabgrund stand. Die Frau würde sich umwenden, um zu sehen, wo sie war. Aber das konnte schon genug sein. Eisüberzogen, wie alles hier war. Sie konnte es vor sich sehen. So ein kleines Zurückschrecken, wenn sie nur zu sprechen begann. Sie machte einen Schritt in die Wiese unter dem Baum zurück und ließ sich fallen. Seufzend. Ein Wehlaut. Die Frau kam an die Bank gegangen. Schaute vorsichtig nach ihr, und sie begann zu weinen. Sie begann zu heulen. Sie rappelte sich wieder auf und kroch auf die Bank. Sie schluchzte. Rang schnappend um Luft. Sie wollte etwas sagen. Es ging nicht. Sie war so glücklich, dass diese Frau eine gute Person war. Eine gute Person, die sich überwunden hatte und nach ihr zu sehen an die Bank zurückgekommen war. Sie war so froh. Kein Absturz. Das Schluchzen verwandelte sich in einen Schluckauf. Ihr Zwerchfell schlug gegen ihren Atem. Sie wollte diese Frau anlächeln und alles erklären. Es ging nicht. Ihr Brustkorb war steif geworden, und das Zwerch-fell schlug von unten hart dagegen. Jeder Schlag. Sie war erstaunt über jeden Schlag. Überrascht. Sie versuchte noch, ihren Atem zu kontrollieren. Der Schluckauf verging auch. Aber unter den rechten Rippen. Sie konnte nicht mehr atmen. Der Schmerz da. Sie musste ganz flach über diesem Schmerz Luft holen. Sie konnte sich nicht bewegen. Sie musste sich hochaufgerichtet gerade halten, ihren Brustkorb von diesem Schmerz nach oben wegzuhalten. Es war nicht genug Luft. Sie würde ersticken und sie würde der Frau nicht sagen können, was für ein guter Mensch sie war. Dass ihre Güte diese Person gerettet hatte. Sie hätte weinen mögen. Still und ruhig und beruhigend. Aber es war kein Platz dafür. Das Luftholen schon nur noch im Mund. In der Mundhöhle. Sie lebte nur noch hoch über der Mundhöhle. Dachte nur noch weit oben im Kopf. Das Denken an der Schädeldecke zerstiebend. Verrinnend. Das war also Ersticken, dachte sie. Darüber musste sie lachen. Und dann war es vorbei.

Als wäre sie am Ertrinken gewesen und doch aufgetaucht, holte sie Luft. Holte. Sie hätte mit den Händen die Luft in den Mund und die Nase schaufeln mögen. Sie war nur zu müde dazu. Alle Arbeit in das Luftholen. Und dann war auch das vorbei, und sie stand auf. Die Frau war an die Stiege gegangen und rief etwas hinunter. Sie raffte den Rock und das Tuch zusammen und ging in die andere Richtung davon. Sie stahl sich davon. Sie eilte durch den Schnee. Bemühte sich, keinen Lärm zu machen. Sie drehte sich immer wieder um. Die Frau schaute in die andere Richtung. Sie lief. Es war nicht richtig. Sie sollte alles erklären. Aber ihr Körper ging davon. Wollte nichts erklären. Ihr Unbewusstes war wohl mürrisch, dachte sie und ließ sich davongehen. Bald waren

Bäume und Sträucher zwischen ihr und der Frau. Schneebedeckt und schneeverhangen alles. Dann ein bestreuter Weg. Häuschen rechts. Katzenkopfpflaster. Bergab. Dann eine Straße. Freigeschaufelt. Im Gehen. Sie faltete den Rock und das Tuch zusammen. Stopfte die Bündel Stoff in die Manteltaschen. Es ging nur ein Teil in je eine Tasche. Die Manteltaschen prall gefüllt. Sie sah wohl dick aus, dachte sie. Lachte auf. Wie gleichgültig das sein konnte. Ob dick. Ob dünn. Sie musste eine Toilette finden. Es ging steil bergab. Rechts die Reihe der roten Holzhäuser. Weiße Zäune. Schnee auf den Dächern. In den Gärten. Eis auf dem Gehsteig. Sie ging in der Mitte der Straße. Dann eine Kreuzung. Autos. Verkehr. Leute. Die Stadt wieder.

Sie wandte sich nach links. Eine breite Straße. Leicht bergab. Geschäfte. Ein Geschäft für Gummistiefel. Regenschuhe. Schneeschuhe. In jeder Auslage nur ein Stiefelchen. Mattes Licht dahinter. Elegant. Exklusiv. Besonders. Im Nebenhaus ein Fitnessstudio. Sie ging hinein. Es sind die Männer, die den Kampf um ihren Platz aufgegeben haben, dachte sie, während sie die Tür aufstemmte. Was bedeutete es, wenn der ödipale Kampf aufgegeben war. War das dann ein Zurückweichen. Ein Freigeben des Schlachtfelds. Aber ohne Friedensschluss. Und sie war darauf hereingefallen. Sie hatte gedacht, wenn sie sich bewährte wie ein Mann, dann würde sie in die Rechte des Sohns eingesetzt. Zumindest. An die Stelle des Vaters hatte sie nicht gewollt. Da hätte sie ja einarmig werden müssen.

Die schwere Haustür öffnete auf einen Gang. Weiß. Alles weiß. Glastüren. Nach vorne. Nach rechts. Zum Fitness-studio ging es nach rechts. Sie wandte sich dorthin. Die Glastür glitt auf. Hier alles rot. Dunkelrot. Ochsenblutrot. Eine Bar links. Rechts Regale. Ochsenblutrote und weiße Badetücher gerollt. Je nach Farbe in je ein Fach des Regals gestopft. Rot und weiß. Der Blutstropfen auf dem Schnee. In welchem Märchen war das. Meditationsmusik. Langge-zogene Töne und leise weiche Percussion. Es war niemand da. Auf der Bar links Orangen in einem Korb. Zitronen. Kiwis. Bananen. Mixer und Saftmaschine, die Smoothies zu machen. Kräuter in Blumenstöcken auf den Regalen unter den Gläsern. In einer langen Reihe. Basilikum. Minze. Sie ging weiter. Suchte nach der Toilette. Ihre Stiefel. Sie hatte ihre Stiefel nicht gut abgestreift. Sie schaute zurück. Nasse Spuren. Ihre Schritte zu sehen. Sie zuckte mit den Achseln. Sie würde sich entschuldigen. Der Traum fiel ihr ein. War das heute Nacht gewesen. Sie konnte die türkisfarbenen Ka-cheln fühlen. Wie sie mit der rechten Hand an die Kacheln gegriffen hatte und zu jemandem hinter ihr gesagt hatte, dass die Leute eingemauert wären. Dass die für das Anstel-len zum Einsteigen ins Flugzeug schon eingemauert wären. Damit es schneller ginge. Und dass sie keine Angst gehabt hatte. Weil es sein musste. Sie hatte dann gleich sehen kön-nen, dass alle mit einem Portapotty versorgt worden wa-ren. Das war guter Service, hatte sie gedacht. Wahrschein-lich hatte sie in der Nacht auf die Toilette gehen sollen und hatte deshalb so geträumt. Und der Traum fiel ihr ein, weil sie nun gerade auch wieder auf der Suche nach einer Toilette war. Die Angstlosigkeit hatte sie so gut in Erinnerung. Erstaunt. Sie war schon im Traum über ihre Compliance erstaunt gewesen. Erfreut hatte sie gewusst, dass die Eingemauerten nun sicher zu ihrem Flug kommen würden. Hinter türkisfarbenen Kacheln eingemauert. Sicher. Was war da wieder symbolisiert.

Die Toilette war neben den Duschen im Umkleideraum. Es gab keine Hinweisschilder für Damen oder Herren. Sie hörte eine Person hinter einer Tür in einer Tasche kramen. Sie sperrte sich auf der Toilette ein. Zog den Mantel aus. Hängte ihn auf einen Haken. Setzte sich. Beugte sich über die hinuntergezogene Hose und begann, ihre Stiefel mit Toilettenpapier zu reinigen. Sonst. Alles funktionierte. Nichts war anders. Ihr Körper hatte keinen Streik ausgerufen und alles stillgestellt. Kein Protest. Nun wieder in eine Krise geraten zu sein. Eine Krise ertragen zu müssen. Überstehen. Bewältigen. Kein Aufbegehren gegen den Missbrauch als Symptomlieferant für ihr persönliches Leben. Das Herzjagen. Die Atembeschwerden. Die Druckgefühle. Die inneren Leeren. Still und geduldig hatte ihr Darm die Arbeit erledigt. Die Nieren. Die Blase. Ihr Urin roch nach Kaffee. Die Scheiße pferdemistig. Sie hatten mit den Dokumentarfilmern vegetarisch gegessen. Sie spülte. Ein Schwall Wasser ergoss sich über ihren Hintern. Sie spülte noch einmal. Trocknete sich ab. Wie zivilisiert. Sie zog sich an. Fühlte sich sauber. Gesäubert. In Wien. In so einer Stimmung. Sie wäre joggen gegangen. Eine Runde um den Ring. Oder in den Prater.

In Berlin. Sie hatte da noch keine solche Runde gefunden. Sie joggte da auf und ab. Auf dem Fahrradweg am Tegeler See entlang. Aber das waren nur Versuche gewesen. Es war der Winter gleich zu kalt geworden, joggen zu gehen. Plus 4 Grad war die unterste Grenze für sie. Es war immer gerade ein bisschen kälter gewesen und hier minus 15.

Sie ging aus der Toilette hinaus. Im Umkleideraum niemand. Niemand zu hören. Die Türen zu den Umkleidekabinen standen offen. Die Garderobenschränke alle geschlossen. An der Bar niemand. Sie stand da. Durch eine Glastür konnte sie in die Halle sehen. Die Geräte in langen Reihen. Laufbänder. Ihre Unruhe. Sie war unruhig. Sie musste sich bewegen. Sie lehnte sich an der Bar an. Die Temperatur würde stimmen. Hier herinnen.

Freitag, 31. August 2018. Wien.[62]

Sie stieß sich von der Theke ab. Stand. Drehte sich. Lehnte sich mit dem Rücken gegen die Theke. Legte den linken Arm auf die Theke. War es so früh. Aber es musste Vormittag sein. Gegen Mittag zu. Sie wandte sich der Gerätehalle zu. Die Geräte silberglitzernd und schwarz auf schwarzem Boden. Das Silberglitzern schwerelos schwebend gegen das Schwarz. Sie konnte sich schon laufen sehen. Schwerelos vor dem Schwarz. Über dem Schwarz. Sie schaute sich um. Sie rief, »Hallo. Hallo.«. Sie rief das Hallo deutsch und dann englisch und langgezogen beim Einatmen, wie sie das im

Schwedischen immer hörte. Keine Antwort. Sie ging in den Umkleideraum zurück. Schaute in die offen stehenden Kabinen. Sie fand nichts. Sie ging an den Empfang zurück. Nahm ein weißes Handtuch aus dem Regal. In einer Lade fand sie T-Shirts. Sie nahm ein XL. Wieder im Umkleideraum zog sie sich aus. Ließ ihre Unterhose an. Sie musste lächeln. Sie hatte nie die weibliche Bezeichnung für Unterwäsche gelernt. Sie trug Unterhosen und Unterleiberln wie ihr Bruder. Die sahen auch so aus. Und wie gut das war. Sie konnte in ihren Boxershorts jetzt auf so ein Laufband gehen. In einem verführerischen Slip wäre das nicht so gut gewesen. Sie hielt inne. Hielt das T-Shirt vor sich. Stand still.

Verführerische Unterwäsche. Gustav hatte gesagt, dass die noch von der Freundin früher herumläge. Das müsse alles noch abgeholt werden. Sie solle sich keine Gedanken machen. Das sei doch alles nicht so wichtig. Das wäre doch alles nicht wichtig, hätte er sagen sollen. Er hätte im Irrealis sprechen müssen. Es hatte ja nicht gestimmt. Diese cremefarbene BH- und Slip-Kombination mit schwarzem Spitzenbesatz. Die war nie getragen gewesen. Die war noch in der Verpackung im Kasten gelegen. Die hatte ihrer Bestimmung noch geharrt. Und da. Sie musste laut lachen. Gustav als Unterwäscheconnaisseur. Er hatte sich über ihre Unterwäsche lustig gemacht. Boxershorts und Herrenleibchen. Glatte unverzierte BHs. Und immer schwarz. Nonnig, hatte er das genannt. Und nonnig würde sie nun hier laufen. Nonnig. Er wusste einfach nichts über sie. Im Bett. Er wusste, wo ihre Klitoris war. Mehr nicht. Und war das nicht erstaunlich. Es gab auch bei dieser Praxis ein »Wham bam thank you ma'm«. Erotisch war das nicht gewesen. Befriedigung. Gut. Das war das gewesen. Befriedigung.

Sie musste nach einer Fünfkronenmünze suchen. Sie schloss ihre Kleider und die Tasche in einem Garderobenkasten ein. Nummer 63. Sie ging bloßfüßig an die Rezeption. Alle Geräte da waren aufgedreht. An der Espressomaschine blinkte ein grünes Lämpchen. Unter der Spüle hörte sie einen Geschirrspüler summen. An der Saftpresse glühte ein rotes Licht. Der Boden war warm. Ihre Schneespuren schon getrocknet. Graue Ränder waren zurückgeblieben. Kaum erkennbar. Sie rief wieder. Sie zog die Luft tief ein und rief »Hallo.« währenddessen. Sie fühlte sich schwedisch dabei. Wollte sich schwedisch fühlen. Sie sagte noch ein »Ja.« nach, bei dem sie tief Luft holte. Niemand antwortete. Sie stand im leisen Summen der Lüftung und der beruhigenden Soundkulisse. Sie rief noch einmal. Dann ging sie in die Gerätehalle.

Die Glastüren glitten auf. Hier war es viel kühler. Sie ging nach links. Die Laufbänder an riesigen Fenstern in einen Hinterhof hinaus. Draußen. Fast ein Park. Hochgewachsene Bäume. Ein Kinderspielplatz in der Mitte. Blumenbeete. Alles schneebedeckt. Auch hier niemand. Sie suchte sich ein Laufband in der Mitte aus. Sie war noch nie barfuß gelaufen. Der schwarze Kunststoff weich unter ihren Füßen. Sie hielt inne. Wenn sie nun Blasen bekam. An den Fußsohlen. Sie studierte den Monitor. Nein. Sie wollte nicht fernsehen. Sie wollte ihr Handy nicht anschließen. Musik wollte sie auch nicht. Sie wollte laufen. Sie wollte acht Kilometer in der Stunde laufen. Sie wollte keine Steigung. Sie brauchte keinen Hinweis, dass sie nur hundertneunzig Kilo schwer sein durfte, um das Gerät zu benutzen. Sie hielt sich mit der linken Hand am Seitengriff fest und drückte auf manuelles Programm. Dann »Slow start«. Das Band setzte sich in Bewegung.

Sie begann, sich zu bewegen. Sie hatte vergessen, dass sie keine Schuhe anhatte. Ihre nackten Füße klatschten gegen das Laufband. Dann lief sie. Hatte die Haltegriffe losgelassen. Sie ließ sich laufen. Ihre Schultern wollten nicht mit. Erst. Sie zog den Kopf hinauf. Ließ die Schultern sinken. Ließ sie baumeln. Sie schaute auf die Stoppuhr auf dem Display. Sie wollte zehn Minuten laufen. Das würden ihre Fußsohlen gut aushalten, und sie würde ins Schwitzen kommen. Das musste reichen. Erst einmal. Nach den zehn Minuten konnte sie neu überlegen. Beschließen. Was weiter. Was sie tun sollte. Sie lief. Schaute hinaus. Rund um sie. Das alles. Wohlhabend fiel ihr ein. Das alles. Der Park draußen. Die Balkone und Fenster gegenüber. Das sah alles wohlhabend aus. Sie lief. Sie hörte sich zu. Gedämpft klatschend. Aufgehoben. Das machte die Umgebung. Sie fühlte sich aufgehoben. Sie verstand das Ochsenblutrot und die Größe der Fächer in den Regalen. Sie verstand die Dusche und die Umkleidekabinen. Sie hätte gewusst, was für einen Smoothie sie bestellen sollte. Sie würde sich charmant entschuldigen, wenn nun doch jemand auftauchte und sich über sie wunderte. Sie würde besonders charmant sein. Ihre Freundlichkeit sie aus ihrem eigenen Sumpf ziehen würde. Umgänglich würde sie sein. Ein nettes Gespräch führen. Wie das war. In Stockholm und Wien. Oder in Berlin. Imperiale Lebensweise wurde das genannt, wie sie lebte. Wie die hier lebten. Obwohl sie das Auto aufgegeben hatte. Aber das hatte sie nicht aus Gründen der Weltrettung getan. Sie hatte das wegen Gustav und ihrem Leben gemacht. Sollte sie dabei bleiben. Was sollte sie tun. Sie musste neu beginnen. Sie konnte andere Entscheidungen treffen. Sollte ihr die Wohlhabenheit hier ein Beispiel sein. Das angenehme Leben. So ein Leben. Sie hatte das einmal spießig gefunden. Aber es war verführerisch. Jetzt gerade. In so einer Krise. Wie würde sich das anfühlen ohne Geld. Einen Augenblick. Sie war auf der Flucht. Sie hatte Rechte verloren. Anrechte. Hatte keine Zuflucht mehr. Sie war wohnungslos. Sie war zweiundfünfzig Jahre alt. Ihr Marktwert damit nicht hoch. Sie war attraktiv, aber nicht jung. Sie verdiente nicht gut, aber genug. Sie verlangte Aufmerksamkeit und Zuwendung. Das würde sie nicht mehr bekommen. Sie hatte sich schon bisher mit wenig zufriedengeben müssen. Befriedigung hatte sie bekommen. Ekstase nicht. Im Laufen. Sie musste den Kopf schütteln. Ihr Verständnis für ihn. War das ohnehin nur das Eingeständnis ihres niedrigen Marktwerts in Partnerschaftsangelegenheiten gewesen. Das war schändlich. Wenn das so war. Und Partnerschaftsangelegenheiten. Sie konnte ihren Marktwert erheben. Sie konnte sich bei einer Partnerschaftsagentur ins Internet stellen lassen und an den Klicks ihren Status ablesen. Sie musste nur ihr Bild preisgeben und die Vorstellung überwinden, in einem Katalog vorzukommen. Und was würde sie als Beruf angeben. Was machte sie in ihrer Freizeit. Wie konnte sie sich selbst zusammenfassen. War sie dahingekommen, ein Inserat zu verfassen. Sich selbst anzupreisen. Sie hatte das diskutiert. Oft. Die Heiratsannoncen in *Die Zeit*. Wie oft hatte sie mit anderen darüber gelacht. Wie die Bausteine zusammengefügt wurden, ein Leben zu beschreiben. Theater. Musik. Reisen. Spaziergänge am Strand. Ausstellungen. Oper. Aber sie kannte ein Paar, das so zusammengekommen war. Eine Frau aus Dresden mit einer Frau aus Tirol. Gegen alle Entfernung. Und die waren glücklich. Und wieso ging sie davon aus, dass sie einen Mann suchte. Sie lebte doch ohnehin schon allein. Sie sollte zugeben, dass sie ein Single war. Sie war doch wirklich wieder gescheitert. Scheitern. Trieb sie dieses Wort. Sollte sie eine Therapie machen. Die Beziehung. Es war doch fast ein Jahr. Insgesamt. Die Überwindung. Aber was für ein Ausdruck. Die Überwindung. Die Verarbeitung. Alles Beschreibungen mechanischer Vorgänge. Es dauerte halb so lang wie die Beziehung gedauert hatte. Das war die Faustregel. Für sie. Für ihn sicher nicht. Für ihn war jeder Tag ein Gewinn gewesen. Jeder Tag, an dem er nicht überführt worden war. So wie er auf die Entdeckung der Lügen hingearbeitet hatte. Die neugekaufte Reizunterwäsche in der Lade für die Bettwäsche. Bei den Leintüchern. Wieso hatte sie da nicht gleich alles gewusst. Aber wie hatte sie eine solche Ehrlosigkeit annehmen können. Und ja. Ein Pistolenduell. Sie hätte Lust gehabt, im Morgengrauen auf einer verschneiten Wiese bei minus 20 Grad. Auf Leben und Tod. Am besten auf diesem Felsplateau da oben. Und zusehen, wie er über den Felsrücken nach unten verschwand. Und dann weggehen. Und die Ehre nicht mehr wichtig. Was ihr widerfahren war. Ihr war die Achtung vorenthalten worden. Ihr war von der Achtung nichts zugeteilt worden. Es gab Anerkennung, aber sie bekam keine Zuteilung. Sie war nicht beteiligt worden. Sie hatte sich alles beigebracht, um wenigstens an der Anerkennung teilhaben zu können, und dann war sie gar nicht vorgelassen worden. An die Stelle. In die Räume. In denen die Achtung ausgegeben wurde. Sie hatte sich angepasst. Sie hatte sich assimiliert. Und dann war nichts davon angenommen worden. Gar nicht gesehen waren ihre Anstrengungen. Unsichtbar gemacht. Alle ihre Anstrengungen und Errungenschaften. Unsichtbar gemacht. Sie musste am Rand stehen und zusehen.

Gustav. Der Mann, der die Steuersünder jagte. Privat ein Regime der Verstellung. Das, was er jagte, er machte es privat zur Regel. Er war ein Privatsünder. Wie die rechten Politiker. Die waren Privatfaschisten. Und alle wussten es voneinander. Jedenfalls die, die sich in der Verstellung bewegten. In der Öffentlichkeit. Aber. Es war öffentlich nicht zu verhandeln. Nicht gerichtlich. Aber von Mann zu Mann. Von Mann zu assimiliertem Mann. Von Mann zu Frau, die wie ein Mann leben musste. Längst. Die nicht anders sein konnte, als wie sie geworden. Sie hätte ihn zum Duell auffordern wollen und es mit ihm abmachen. Von gleich zu gleich. Ebenbürtig. Das war sie. Es abmachen. Es. Manifest. Sie hätte seine Verfehlungen manifest machen wollen. Nicht öffentlich, aber manifest. Sichtbar. Ein Ergebnis. Die ganze Geschichte hätte in einem solchen Akt zusammengefasst werden können. Nicht so im Geheimen. Wie es nun vor sich gehen würde. Sie würde nach Wien fliegen. Ihre Sachen verlangen. Eine Kiste würde ankommen. Und sonst nichts. Die Zeit. Die Schönheiten. Die Errungenschaften. Die ganze

Entworfenheit dieser Liebesgeschichte. Zerschießen. Sie hätte das alles zerschießen wollen. In die Luft sprengen. Eine Explosion, und die Zeit und die Schönheiten und die Errungenschaften durch die Luft wirbeln. Zum Himmel hinauf jagen. Ein Feuerwerk. Und alle das Verglühen sehen sollten. Ein explodierendes Himmelsobjekt.

Sie. Sie würde die Liebe zurückbehalten. Die Liebe. Sie musste sie vor Gustav nun retten. Sie musste mit der Liebe auf die Flucht gehen. Damit ihre Zeit nicht verlorenging. Es ging darum, die Liebe zu retten, damit diese Zeit nicht auch nicht gewesen war. Sie stellte das Laufband auf zwölf Kilometer in der Stunde. Fünfzehn. Siebzehn. Lief schneller. Es ging darum, sich diese Liebe in die Erinnerung zu retten, damit diese Zeit nicht aus ihrer Geschichte gelöscht wurde. Durch Gustav. Seine Lüge führte zur Tilgung ihrer Zeit. Lebenszeit. Lebensweise. Seine Lügen konnten sie alle ihre Errungenschaften kosten. Ihre Selbständigkeit. Ihre ganze Person. Wie ein Einsatz beim Kartenspiel war ihre Person behandelt worden. Warum war das kein Verbrechen. Warum konnte sie ihn nicht anklagen. Sie dachte Verbrechen, und ein Bilderrahmen fiel ihr aus dem Mund.

Es war nicht gleich ein Bilderrahmen. Schmales Kirschholz. Es kam etwas Wolkiges aus ihrem Mund. Das Wolkige kringelte sich aus ihrem Mund heraus. Beim Ausatmen. Es schwebte davon und ließ sich als Bilderrahmen an der Fensterfront vor ihr nieder. Holzrahmen. Dünn. Glatt. 40 mal 30. Die Rahmen leer. Mit jedem Atem. Die Rahmen stapelten sich vor ihr auf. Langsam. Bedächtige Saltos. Aufeinander. Ineinander. Übereinander. Die Rahmen stapelten sich zu einem prekären Turm hinauf. Fast schon bis an die Decke. Sie lief. Sie atmete aus. Sah den Emanationen zu. Den Verfestigungen. Dem Aufsteigen. Dem Turmbau. Sie musste hinaufschauen. Dann. Ihren Kopf nach hinten legen. Es schien ihr der Kollaps des Bilderrahmenturms unvermeidlich.

Ein Sonnenstrahl. Von draußen. Der Kinderspielplatz sonnenüberflutet. Der Schnee auf dem Dach des Kinderspielturms aufglänzend.

Rund um sie waren Leute. Viele Maschinen besetzt. Rechts und links von ihr liefen Frauen auf den Laufbändern. Die eine rief ihr etwas zu. Wies auf ihre Füße. Hielt den Daumen hoch. Lachte. Sie drückte auf die Quick-Stop-Taste. Sie hielt sich an den Haltegriffen fest. Lief mit der Maschine langsamer. Die Frau hielt immer noch ihren Daumen hoch und rief etwas herüber. Sie rief auf Englisch zurück, dass sie leider kein Schwedisch könne. Sie fände es toll, rief die Frau ihr auf Englisch zu. Sie fände es toll, dass sie ohne Schuhe liefe. Die Frau winkte. Lief weiter. Sie stieg vom Laufband. Ihre Füße. Sie spürte nichts. Keine Blasen vom ungewohnten Barfußlaufen. Aber sie war verschwitzt. Ausgepumpt. Ohne Gefühl. Nur ausgepumpt. Lächelnd ging sie hinaus. Die Glastüren glitten wieder auseinander. Wieder die Entspannungsmusik. Ein junger Mann mit hoch aufgesteckten Haaren stand hinter der Theke. Sie ging zurück in die Garderobe. Ihre Kleider. Zwei Männer und zwei Frauen standen da und redeten. Nickten einander zu. Gingen auseinander. Sie blieb zurück. Sie setzte sich neben ihren Garderobenkasten. Ausschwitzen, dachte sie. Wie perfekt gefühllos alles gerade war. Sie wühlte sich in diesen Augenblick. Sie ließ sich in die Erschöpfung fallen. In ihrem Garderobenkasten läutete ihr Handy. Sie saß zurückgelehnt und hörte dem gedämpften Brummen zu.

Samstag, 1. September 2018. Wien.[63]

Sie blieb sitzen. Ihr Gesicht. Der Schweiß perlend. Unter den Augen. Auf dem Nasensattel. Nach dem Abtrocknen. Immer wieder. Sie lehnte den Kopf an den Garderobenkasten hinter sich an. Ließ den Schweiß perlen. Wartete, ob der Schweiß den Weg der Tränen nehmen würde. Aber dann tupfte sie den Schweiß doch weg. Sie musste nichts denken. Das war das Wichtige. So lange sie dasaß und mit dem Nachschwitzen beschäftigt war. Und damit, ob der Puls sich schnell genug normalisierte. Ihr Bruder hatte schwere Herzrhythmusstörungen gehabt. Immer nach dem Joggen. Nach jeder Anstrengung. Sie schon die mittleren Finger ihrer rechten Hand unter die Sehnen am linken Handgelenk. Der Puls kaum wahrzunehmen. Alles in Ordnung. Krank. Krank hatte sie das jetzt einmal nicht gemacht. Nicht gleich. Sie hätte es schöner gefunden. Diese pralle Gesundheit. Das war nicht passend. Sie konnte alles tun. Nichts hinderte sie, und sie musste Entscheidungen treffen. Nichts hielt sie auf. In Stockholm. Hier war sie heimatlos. Warum hatte sie nicht darauf bestanden, dass Gustav seine Sachen packte und auszog. Er hatte doch Verbindungen hier. Würde versorgt werden. Da gab es doch diesen Wolfgang. Der Verbindungsmann. Der sollte sich um ihn kümmern. Im Zimmer der Tochter von Wolfgang. Die war ausgezogen, und wer hätte es ihr vorgeworfen. Der Vater. Es war schwerverständlich, warum Gustav Wolfgang. So schätzte. Aber dann konnte Gustav doch Wolfgangs Kind spielen. Gustav dachte sich doch ohnehin in den Uterus seiner Mutter zurück, konnte dorthin aber nicht zurück, weil er den Bauch seiner Mutter so zerstört gesehen hatte. Bei seinem letzten Besuch. Der Schock war ja der Schmutz gewesen. Nicht das Sterben. Sterben. Das klang doch schon sauber. Vokalharmonie auf E, dachte sie. Glatt. Streng. Sauber. Ehre. Das war auch so ein sauberes Wort. Ehe. Und sie war auch davongegangen. Sie hatte auch Angst gehabt. Vor der sterbenden Mutter. Hatte sich gefürchtet. Aber das war die Verwirrtheit gewesen. Wie hätte sie ihrer Mutter zureden können, wieder ins Bett zu gehen. Sie hätte Gewalt anwenden müssen. Hatte Gewalt anwenden müssen. Reden. Das hatte nichts mehr bewirkt. Diese Unmöglichkeit, von ihr aus zu der Mutter zu sprechen. Die war von lange her. Es hatte nur die Mutter zu ihr sprechen können. Nicht sie zu den Eltern. Sie hatte ja nichts, was sie denen verschweigen hätte können. Und das war mit ihr gewesen. Und ihrem Bruder. Mit den anderen. Ihr Vater hatte mit seinen Schülern lebenslängliche Verhältnisse gehabt. Maturatreffen. Besuche. Abendessen. Einvernehmlich. Beschwingt. Für die anderen waren diese Personen fröhlich gewesen. Die Eltern. Fröhliche, offene Menschen. Keine Geheimnisse. Nur Freundlichkeit und Offenheit. Sie hatte von Schülern ihres Vaters die Geschichte seiner Verwundung erzählt bekommen. Ihr. Ihr war das nicht erzählt worden. Und war sie auf Gustav hereingefallen. Deswegen. Wegen dieses Doppellebens. Draußen und drinnen. Und sie sollte sicherer sein. Und empörter. Wütender. Nicht so resigniert. Hätte sie Gustav zuhören sollen. Seine Version anhören. Und war das der Grund ihrer Müdigkeit. Er. Nein. Gustav hatte jede Möglichkeit zu reden zunichtegemacht. Er hatte das Sprechen und die Sprache zu seiner Waffe gemacht, und das war ein Verbrechen.

Versprechungen. Nichts als Versprechungen. Und das Wort war wörtlich zu nehmen. Nichts hatte gestimmt. Die Schönheit, Liebe zu sprechen, war zu ihrer Erblindung benutzt worden. Wie der billigste Populist hatte Gustav ihr Versprochenes vor die Augen gezogen. Und so lange sie daran glaubte. Was hatte er davon gehabt. Die Macht über sie. Ihr Vertrauen erschlichen. Ihre treuherzige Wahrheit Nahrung seinem Vampirismus. Ihr Vertrauen eine Währung seiner Perversion. Alles hohl. Sie verstand nichts. Mist, dachte sie. Mist. Mist. Mist. Rund um sie. Personen zogen sich aus. Gingen unter die Dusche. Kamen in Badetücher gewickelt wieder heraus. Sie zog sich auch aus. Ging ins Handtuch gehüllt herum. Nackt. Wie die anderen. Geschwisterlich. Familiär. Sie trug ihre Unterhose zum Haarföhn und föhnte sie trocken. Sie stand da. Die Luft an der Haut. Unbeachtet. Hier eintauchen. In diese Welt hier eintauchen. Dazugehören. In diesem freundlichen Abstand. Alle so höflich. In einer dieser Wohnungen wohnen. Ruhig. Es schien alles so ruhig vor sich zu gehen. Gesammelt. Versammelt. Eine Geschichte wie ihre. Eine so schmutzige Geschichte. Eine so ekelhafte Geschichte. Kam so etwas hier vor. Sie konnte sich das nicht vorstellen. Sie wollte sich das nicht vorstellen. Das hier war ein Paradies. Es sich wenigstens vorstellen können. Sie musste den Kopf beugen. Ihr Herzeleid. Sie lief unter die Dusche, ihr Weinen zu verbergen. Sie stand unter der Dusche und ließ das Wasser über sich rauschen. Sie stand lange da. Sie wusste nicht, ob ihr noch Tränen über die Wangen liefen oder nicht. Es waren diese entsetzlichen stillen Tränen gewesen. Die. Die Tränen, die ihren Augen einfach entsprangen. Die Tränen, die die Trauer abpresste. Der Bruder. Eine zweite Existenz in ihr und unerreichbar. Das Wasser. Sie hätte unter dieser Dusche bleiben wollen. Aber die Dusche funktionierte nach einer Intervallschaltung. Umweltschonung. Und sie hatte schon dreimal nachgestellt gehabt. Sie ging in den Umkleideraum zurück. Sie wollte keine soziale Sünde auf ihr Elend aufhäufen. Auch noch den Planeten zerstören, weil sie zerstört worden war. Nein. Sie schloss ihren Kasten auf. Zog die Unterwäsche wieder an. Setzte sich. Schaute vor sich hin. Nach Wien zurück. Zurück nach Wien. Nicht davongekommen. Es nicht geschafft. Mit der Übersiedlung nach Berlin. Es war schon ein wenig triumphal gewesen. Nicht bleiben müssen. Weg können. Nicht in diesem neufaschistischen Siegesgeheul sitzen zu müssen. Verändert werden davon. Das war doch unvermeidlich. Diesen Kinderkanzler hören zu müssen. Sich verhalten. Und diese Kinderwelt. Das war ganz wie in der Kinderwelt im Shopping-Center Nord. Da spielten die Buben Müllabfuhr und Polizei, und die Mädchen wollten schön angezogen sein und fuhren mit Puppenwägen. Alles, was sie als Gewinn angesehen hatte. Ihr Studium. Das Lesen. Ihr Ringen um das

Richtige. Ihre Sorge um die Welt. Ihr Sprachkurs für Asylbewerber. Das alles war nicht mehr wichtig. Wie ihre Liebe.
Gustav hatte ihr wohl die richtige Lehre erteilt. Es war gar
nichts mehr wichtig. Sie war veraltet. Sie war ausgeschaltet.
Insgesamt. Null und nichtig gemacht. Ein altmodisches Modell. Eine Person. Sie musste lachen. Sie sah sich. In schwarzem BH und schwarzem Höschen in einem Stockholmer
Gym sitzen und wie sie abgeschaltet wurde. Sie fühlte sich
gedreht. Gedreht werden. Es war ein Drehschalter, mit dem
das gemacht wurde. Ein altmodischer Drehschalter. Und danach. Dunkelheit.

Sonntag, 2. September 2018. Wien.

Müttersterben. Mütter sollten nicht sterben. Es war die
größte Beleidigung. Die deutlichste Erinnerung. Der Leib,
der. Aus dem. In dem. So lange. Schwebend. Erinnerungslos.
Nur lebendig und noch kein Leben. Warm. Weich. Driftend.
Wissenslos zufrieden. Wenn ihre Mutter noch nicht gestorben wäre. Es wäre alles anders. Auch jetzt. Die Endgültigkeit.
Sie wäre nicht dieser Endgültigkeit gegenübergestanden. Es
hatte diese Person vor ihr gegeben. Hinter ihr. Eigentlich.
Im Rücken. Zeitlich. Und das Wissen, dass es sie gab. Wie es
sie gegeben hatte. Ihre Geschichte. Sie hätte ihre Geschichte
nicht allein herumtragen müssen. Und ja auch noch die Geschichte des Bruders.

   Für die Mutter. Für die war das alles richtig gewesen. Ihre

Mutter hatte die Kontrasterinnerungen gehütet. Um an die Wahrheit zu kommen, musste sie nun beides denken. Ihre Geschichten und die, die die Mutter aufbewahrt gehabt hatte. Und ja. Sie hatte sich das so vorgestellt. Selbständigkeit. Autonomie. Allein. Für sich. Nur für sich. Das hätte etwas Gutes ergeben sollen. Stolz. Sie war stolz darauf gewesen, es allein dahin gebracht zu haben. Aber nun war niemand da, der gegenüber das Allein behauptet werden hätte können. Und es war wie immer. Kaum hatte sie das Verlangte. Auch nur das Notwendige erworben. Da war es außer Kraft gesetzt. Stolz galt nicht mehr. Die Eliten hatten Stolz aufgegeben. Geächtet war der sogar. In der Kunst war das am auffälligsten. Als ginge es darum, den Wettlauf der Auflösung der Moral zu gewinnen. Die meinten Kunst und machten Kultur. Und Frauen wie sie. Personen wie sie. Nun. Sie hatte gerade die Rechnung bekommen. Gustav hatte den Ausschluss erledigt. Für die Doppellebensselbstverständlichkeit Deutschlands. Des Westens. Das heimlich gelebte Patriarchat. Fürchterlichstes Schlachthaus und auf dem Dach oben die Diskurse. Gustav hatte das schwule Paar zu Hause nachgemacht. Am Abend. Gestern. Noch nicht vierundzwanzig Stunden zurück. Sie waren in dem winzigen Zimmer auf den Betten gesessen, und er hatte die Schwulen nachgespielt. Eine Stürmerversion war das gewesen. Effeminierte Handbewegungen. Kopfwendungen. Mundstülpungen. Gleich nachdem er diesen Männern erklärt gehabt hatte, dass er. Dass man den ganz großen Skandalen von ganz wichtigen Personen auf der Spur sei. Und dass Regierungen in Schwierigkeiten kommen würden. Aufgrund der gemeinschaftlichen Recherche in der EU. Und die Bürokratie da der einzige Garant für das Richtige. Aufs treuherzigste hatte er diese Männer angeredet. Gleich danach die Komik. Das dürfe schon sein, hatte er geschluchzt. Vor Lachen. Sie wussten von der Schwulität nur, weil die gesagt hatten, dass sie verheiratet wären. Miteinander. Sie hatte protestiert. Aber auch lachend. Sie hatte noch während der kleinen Vorstellung von ihm überlegt, wie sie ihn bei Laune halten könnte. Wie sie vielleicht doch. Wie so ein kleiner Rassismus ihn vielleicht in Stimmung. Sie war noch scheußlicher als er. Und es war gut, dass es nun dunkel war. Diese Szene. Sie war nun Teil der Geschichte. Diese Geschichte. Sie konnte sie nicht mehr auf eine Mutter oder einen Vater abwälzen. Die fiel auf sie zurück. Und warum war sie nicht moralisch gewesen. Gestern Nacht. Das Begehren fiel wieder über sie hin. Die Erinnerung daran und die Gegenwart davon. Aber nun. Es war eine Anwesenheit. Ihr Begehren machte sich lustig über sie. Über ihre Halbherzigkeit. Wie alle anderen. Sie war wie alle anderen. Für den persönlichen Vorteil. Und war so eine Penetration ein persönlicher Vorteil. Überhaupt. Ihre Schuld war dadurch. War die kleiner. Durch ihre Zurückgestoßenheit. Seine Abwehr. Wenn sie es genau nehmen sollte. Ihre Schuld war dadurch genauso groß. Größer. Ihre Absicht war gewesen, diesen Mann bei guter Laune zu halten. Und so ging das überall. Die ganze Welt war nur dazu da, so einen Mann bei guter Laune zu halten. Irgendwo einen Mann an der Macht bei guter Laune zu halten. Der Mann. Der brauchte Stolz nicht mehr. Anerkennung. Achtung. Im Gegenteil. Er durfte das gar nicht mehr haben wollen. Er hatte das alles ersetzt. Mit

der Macht. Dem Geld. Dem Zugriff. Mit seiner Lautstärke.
Der Stolz. Die Anerkennung. Die Achtung. Das hätte ihm
doch die gute Laune verdorben. Für die Erniedrigungen. Die
Vernichtungen. Die Demütigungen. Er hätte das nicht verstehen können. Die Lust daran. Da musste einer sich in die
Respektlosigkeit versetzen und Schwule nachmachen, wie er
sich vorstellte, wie Schwule waren. Der Wirklichkeit seine
Vorstellung überziehen. Für solche Zufügungen. Die gute
Laune irgendeines Manns. Es hätte alles anders gemacht
werden müssen. Eine Revolution hätte es geben müssen. Und
den Frauen hätte die Rechtsfähigkeit aufgezwungen und die
Ehe abgeschafft werden müssen. Und alle Güter gleich verteilt werden. Ein Augenblick der vollkommenen Gleichheit.
Gleichstand. Und alle in ihre Autonomie geschleudert. Die
Frauen hätten sich zusammenschließen können. Und nicht
mehr um den Reichtum der Männer buhlen müssen. Wenn
alle alles gleich gehabt hätten. Einen Augenblick lang. Aber
es half nichts. Das Revolutionieren. Die Aufträge der Großeltern lebten in den Enkeln weiter. Und es schien, dass es
die Nazis gut geschafft hatten. Vom Großvater zum Enkel.
Zumindest Zustimmung durch Unterlassung. Des Protests.
Des Widerstands. Gegen die Regeln zum Wohlbefinden so
eines Manns an der Macht. Und auf der Rechten. Da wussten
sie eben, was das war. Das Wohlbefinden eines Manns. Auf
der Linken. Da verheimlichten sie sich dieses Wissen.

»Är du där.«, fragte eine Männerstimme. »Är du där.« »Ja.
Ich bin hier.«, antwortete sie. »Aber ich kann dich nur lieben, wenn du eine Ehre und deinen Stolz in meine Würde

verwandelst, so wie ich das mit dir tun werde. Ich kann dich nur lieben, wenn aus dem Zufall der Begegnung der zwingende Fall der Gegenseitigkeit werden kann. Und ich kann dich nur lieben, wenn das Wissen, dass es dich gibt, mit dem Wissen, dass es mich gibt, eins wird und ich dabei ganzer werde, als ich es ohne dich war. Und ich werde dich nur lieben, wenn an uns gebunden bedeutet, dass keine Macht dieser Welt mich mehr gefangen nehmen könnte.« »I do not speak German.«, sagte der Mann.

Montag, 3. September 2018. Wien.[64]

Es war doch kühl. Sie wühlte in ihrem Kleiderhaufen. Suchte nach dem Unterhemd und der Strumpfhose. Eine Frau. Es war die Frau vom anderen Laufband. Sie setzte sich neben sie. Die Frau hatte ein Handtuch um den Hals gewunden und tupfte sich den Schweiß von den Wangen und der Stirn. »Is something the matter.«, fragte die Frau. Bevor sie etwas sagen konnte. »My name is Yvonne.«

Die Rettung war die Namensnennung. Bei der Frage, was denn los sei. Mit ihr. Wut war da aufgestiegen. In ihr. Widerstand. Ärger. Zorn. Alles, was sie falsch an sich selber gefunden hatte, war gegen diese Person gerichtet worden. Hatte sich angesammelt. Hinter der Kehle. Hinter dem Brustbein. Diese Wut. Sie hätte sie in giftig feurigen Wolken aus dem Mund hinausstoßen können. Diesen Augenblick des Hörens und Verstehens des Satzes lang. Der Ton.

Der verständnisvolle Ton. Sie hätte diesen Ton zermörsern wollen. Zerstampfen. Zerreiben. Hassen. Sie hätte ihre Abwehr zischen mögen. Zischend kreischend. Die Töne direkt aus ihrer Brust, und die Worte nur Hüllen für das Zischen. Worte spucken.

Mit der Namensnennung. Die Wut klappte zusammen. Brach in sich. War weg. Ließ sie müde zurück. Hilflos. Ihr Geliebter. Sie habe gerade entdeckt, dass sie betrogen worden sei, sagte sie. Es tue ihr leid, aber das sei ein wirklich schwieriger Augenblick. »A difficult moment.«

Yvonne lehnte sich zurück. Schaute sie an. Schaute ihr ins Gesicht. Verzog den Mund. »Double lifes.«, sagte sie. »They lead double lifes.« Sie konnte nur die Schultern hinaufziehen. Ja, sagte sie. Im Nachhinein stelle sich das so dar. Sie fand kein englisches Wort für Generalverdacht und gab auf. Es hatte keinen Sinn, sich mitteilen zu wollen. Es war offenkundig. Auch Yvonne konnte nur von ihren eigenen Erfahrungen ausgehen. Es gab keine Möglichkeit, ein Frauenschicksal in ein allgemeines Schicksal einzuhängen, ohne nicht in den schrecklichsten Opferstatus zu geraten. Sie war kein Opfer. Sie war hintergangen worden. Von Mann zu Mann. Es war Gewalt unter Männern, der sie ausgesetzt war. Und das war der Unterschied. Sie war nicht das arme Frauerl, dem Unrecht geschehen war. Diese Vorstellung. Die machte das alles möglich. Ihr Geschlecht hatte nichts damit zu tun, dass Gustav ihr nichts als Lügen erzählt hatte. Sich ihr gegenüber als Person erfunden hatte. Zu seinem Wohlbefinden. Sie waren nach dem Geschlechterkrieg. Kriegsversehrte wohl. Aber nach dem Kriegsende. Der Friedensschluss wohl ausständig. Nur. Er hatte sich nicht an die Abmachungen davon gehalten. Er hatte spioniert und ausgespäht. Als könnte der Krieg jederzeit wieder ausbrechen. Aber er war domestiziert. Er hatte sich domestizieren lassen. Zur gehorsamen Frau altmodischer Sorte machen. Sein Job war sein Meister. Sein Wunsch, da hineinzupassen. Dort zu reüssieren. Es war schon wahr. Leben musste sie als Frau. Aber Gustav war das bessere Frauchen in der Erfüllung der Anforderungen seines Berufs. Wie er da pünktlich war. Wie er da vorbereitet war. Wie er sich da Zeit nahm. Wie er sich genau überlegte, wie er seine Kollegen behandeln sollte. Die Vorgesetzten. Öffentlich. Gustav war ein guter Soldat. Er wusste, was seine Vorgesetzten von ihm verlangten. Wollten. Erwarteten. Ein Mann nur noch unter ihm. Nach oben das folgsamste, verführerischste Weibchen. Eine Kurtisane des Jobs. Die selbständigen Frauen des Jetzt. Die waren sein privates Jagdgebiet. Ihre Dummheit war gewesen, sich nicht vorstellen zu können, ein solches Objekt darzustellen. Weil sie das für sich so sehr nicht gewesen war. Sie hatte nicht einmal in die Nähe eines solchen Verdachts kommen können. So sicher hatte sie sich ihre Unabhängigkeit vorstellen müssen. Wäre sie ein Weibchen gewesen wie er. Er hätte sie auf sein Territorium holen müssen. Hätte einen Platz haben müssen. Aber Gustav lebte als Parasit in Frauenwelten. Ging von einer zur anderen. Wanderte herum und musste sich nur daran erinnern, wie die Parfümfläschchen auf der Etagere im Badezimmer hingestellt wurden. Sie hatte ihre Fläschchen immer auf derselben Stelle wieder vorgefunden. Bereit. In Wien. Sie hatte ihm einen Platz im Badezimmer

freigeräumt gehabt. Nein. Sie war keine betrogene Frau. Sie
war eine betrogene Vertragspartner. Ein rechtlicher Zwitter.
Es ging um die Sprache. Um die Deckungsgleiche. Das war
ein Krieg um die Wahrheit. Die Gültigkeit. Deutung. Und
immerhin. Sie konnte ihre Deutung sagen. Sprechen. Musste
nicht sprachlos in Katatonie verfallen, sich auszudrücken.
Fortschritt war das. Das war der Fortschritt. Sprache statt
Körper. Sprechen statt Krankheit. Sieg, in gewisser Weise.
Und schmerzvoll. Die verheimlichte Seite des Siegs.

Yvonne lächelte zurück. »You know.«, sagte sie. »Sie sprechen doch Deutsch.«, fragte Yvonne. »Irgendwie habe ich
das Gefühl, dass Sie Deutsch sprechen.«

Sie seufzte. »Mein Akzent. Ja? Ich sollte endlich etwas gegen meinen Akzent tun.«

»Nein. Nein.«, meinte Yvonne. »Ich habe nur so lange in
Deutschland gelebt. Ich bin froh, wenn ich mein Deutsch
verwenden kann.«

Wo sie in Deutschland gelebt habe, fragte sie.

»In Hamburg.«

Sie nickte. Das sei eine schöne Stadt. Ja, aber sie sei dann
in ihre Heimat zurückgegangen. Nach der Trennung.

»Eine Jüngere?«, fragte sie.

»Natürlich.«, lachte Yvonne. Aber sie habe auch etwas
ganz anderes mit ihrem Leben vorgehabt. Das hätte sich alles gut gefügt.

»Und ich heiße Adele.«, sagte sie. Sie schwiegen beide. Was
sollte gegen diese Marktlogik auch gesagt werden, dachte sie
sich und schaute Yvonne an. Yvonne war ein wenig plump.
Rundlich. Sie konnte das Alter nicht schätzen. Irgendwie um

die fünfzig, dachte sie. Oder doch vierzig. Frisch. Yvonne
sah frisch aus. Rosige Wangen. Blonde Haare. Blaue Augen.
Langsame Bewegungen. Langsame, schöne Bewegungen.
Yvonne sprach auch langsam. Bedächtig. Es dauerte, bis sie
ihre Sätze zu Ende geführt hatte. Sie strich sich die Haare
aus dem Gesicht und hielt inne, während dieser Bewegung.
War mit dieser Bewegung beschäftigt und redete erst danach
wieder weiter.

Sie seufzte. Sie begann nach ihrem Unterhemd zu suchen.
Sie saß immer noch in BH und Höschen herum. Sie würde
sich verkühlen. Sie zuckte mit den Achseln. Eine schöne
Krankheit. Das war auch ein Ausweg. Ein schönes, hohes
Fieber. Aber das gab es nicht. Nicht auf Wunsch. Oder war
sie als junge Person anders krank gewesen. Sie konnte sich
an so ein Fieber erinnern. Konnte sich erinnern, wie das gewesen war. In diesem aufgeheizten Körper liegen. Nur die
Hitze und kein Denken. Nur so ein Herumgedenke. Bilder
entlang. Erinnerungsbilder. In den letzten Jahren. Es änderte
sich doch viel. Und war das die Menopause oder so ein allgemeines Anderswerden. Oder war die Welt anders geworden
und die Infektionen so viel böser. Im vergangenen Winter.
Vor einem Jahr. Sie war im Bett gelegen und hatte sich angefallen gefühlt. Gehetzt von Tieren. Ein Wolfsrudel hinter
sich. Sie war im Bett gelegen und hatte sich am Kopfende
zusammengekauert gefunden. Immer wieder. Gekrümmt
am oberen Ende des Betts. In ihrer Vorstellung. Und nur
wenige klare Momente. Dann Wasser getrunken. Zur Ärztin. Sie war zur Ärztin gegangen auf der Flucht. Hatte sich
dorthin getragen. Hatte sich präsentiert. Sie war weit hinter

sich geblieben. Erschöpft und unfähig. Hilfe suchen. Sie war Hilfe suchen gewesen. Ihre Ärztin konnte das. Hilfe geben. Dann nur noch die Apotheke und dann wieder umnachtet und schwach. Eine Person allein für sich sorgend. Sie hatte gedacht, dass das vielleicht das Ende war. So konnte das Ende aussehen. Sich anfühlen. Sie war nicht erstaunt gewesen. Hieß das, sie hatte es schon gelernt gehabt. Dieses Alleinsein auch darin. Aber sie hatte keine Weisheit aus dieser Erfahrung mitgenommen. Im Gegenteil. Sie hatte gedacht, Gustav stünde nun davor. Er würde kommen und ihr den Tee kochen und in die Apotheke gehen. Sie hatte gedacht, ein neues Leben zu beginnen. Nicht allein. Sie musste weg. Von hier. Sie musste aus diesem Gym hinaus. Sie zog ihr Unterhemd über.

Yvonne erzählte. Ihrer Schwester sei es auch so ergangen. Ihre Schwester war mit einem Mann verheiratet gewesen. Zwei Kinder. Hier in Stockholm. Der Mann hatte viel reisen müssen, aber das war sein Beruf gewesen. Hatte er gesagt. Bis sie, Yvonne, ihn in Malmö mit einer anderen Frau und zwei Kindern in einem Restaurant gesehen hatte. Er hatte sie nicht gesehen, und sie hatte ihn nicht angeredet. Sie war ihm nachgegangen. Sie hatte so ein Gefühl gehabt. Er war mit dieser Frau und den Kindern in einem Wohnhaus verschwunden. Sein Name stand unter einer Klingel. Sie läutete und ging zur Wohnung hinauf. Er traf sie auf dem Gang. Wenn sie einen Skandal mache, drohte er ihr, dann würde er ihre Schwester verlassen und sich zu dieser Familie zurückziehen. Sie, Yvonne, sei dagestanden und hätte nicht gewusst, was zu tun sei. Sie habe ihn beschimpft und sei davongegangen. Sie habe es ihrer Schwester erzählt. Die habe das alles nicht glauben wollen. Sie sei mit ihr nach Malmö gefahren. Sie waren bei der anderen Frau gewesen. Ihre Schwester hatte immer noch nichts geglaubt. Am Ende habe ihre Schwester mit ihr gebrochen und sie wüsste nicht mehr, wie das alles weitergegangen sei. Es hätte wohl eine Scheidung gegeben. Aber sie habe keine Ahnung mehr, wo ihre Schwester wohne oder was ihre Nichten machten. Sie bereue immer noch, sich eingemischt zu haben. Aber was hätte sie anderes tun können. Die Wahrheit. Yvonne seufzte.

Sie hatte ihre Strumpfhose angezogen und war aufgestanden, die Strümpfe glattzuziehen. »Die Wahrheit.«, sagte sie. Was der Spaß daran sei, die Leben anderer zu ergaunern.

»Alles haben wollen.«, sagte Yvonne. Mit Kinderstimme. Sie lachten beide. Sie setzte sich wieder. Kramte ihre Hose aus dem Kleiderhaufen heraus. Was für ein Nachteil diese Erziehung zum Mitgefühl doch ist, dachte sie. Wie sie immer weite Landschaften der Gefühle der anderen denken musste. »Wir sind so schön wehrlos.«, sagte sie und zog den Zippverschluss hinauf. Legte den Pullover zurecht. »Ich gehe besser noch einmal auf die Toilette. Wenn es gerade eine gibt.«, sagte sie und ging davon. Yvonne nickte. Während des Gehens. Sie musste den Kopf schütteln. Ein Unmut. Diese Szene. Jetzt. Gerade. Das hätte auch vor dreißig Jahren so sein können. Da war sie zwanzig gewesen, und es war genauso geredet worden. Hätte sie doch Kinder haben sollen. War diese heimliche Zufriedenheit, dass diese Frage sich nicht mehr gestellt hatte. War diese heimliche Zufriedenheit auch nur eine Form der Selbstzerstörung. Der Selbstzensur. Widerstand gegen die Eltern in einem Schlusspunkt. Auslöschung. Die Nichtwiederholung. Ende. Hatte Gustav nur ihre Eltern gerächt. Ihre Verweigerung in seine verwandelt.

Aber sie hielt das nicht aus. Wurde sie von den Möglichkeiten des Sprechens selbst dahingebracht. War dieses Gespräch schon die äußerste Form der Verständigung über ihr Leid. Und leiden. Das widerfuhr ihr gerade. Leid. Sie hielt vor der Tür zur Toilette inne. Sie war hohl und leer innen und bedrückt und beschwert von außen. Sie musste sich jeden Schritt befehlen und wie in Sirup watend die Schritte setzen. Sich gegen eine stete Sturmbö stemmen. Jederzeit die Gefahr, nach hinten geschleudert gegen Wände oder in Ecken geworfen zu enden. Und sie war blind. Im Kopf. Sie konnte sich kein Weiter vorstellen. Wirre dunkle Schwaden hinter der Stirn und keine Vorstellung über einen nächsten Augenblick. Sie wandte sich um. Yvonne saß zurückgelehnt und sprach in ihr Handy. Yvonne winkte ihr zu, und sie konnte die Tür zu den Toiletten aufmachen. Hineingehen. Der Raum finster. Das Licht sprang nach einem Schritt in den Raum an. Einen Augenblick. Ganz kurz war es finster. Sie schloss die Tür zur Garderobe hinter sich. Das Licht war angesprungen. »Schreiben.« Sie hatte es laut gesagt. Sie ging zur Toilettentür ganz rechts. Wieder ein finsterer Raum. Sie schloss die Tür. Zögerte. Wieder der Augenblick Dunkelheit. Dann erst die Beleuchtung. Sie zog sich aus. Setzte sich. Sie hatte schreiben wollen. Aber das war unmöglich geworden. Sie stand wieder auf. Zog sich an. Sie hatte nichts getrunken. Nicht genug. Sie musste etwas trinken. Sie ging in den Vorraum. Wusch sich die Hände. Schaute sich im Spiegel an. Schreiben. Das ging nicht. Schreiben. Das war auch so ein fleischlicher Vorgang. Wie Schwangersein. Oder Kinder säugen. Der Körper musste sich dem Vorgestellten anverwandeln und seine Rolle erfüllen. Eine literarische Figur mit sich herumtragen. Zur Disposition haben. Und wenn sie es selber gewesen wäre. Das war viel zu ähnlich dem, was Gustav ihr angetan hatte. Das war ekelhaft fleischlich. Parasitisch. Vom Wirtsfleisch ernährt. Er hatte sich doch in sie hineingedacht. Sich ihr anverwandelt. Er war sie geworden. Er hatte in seinem Körper sie gedacht. Sie eingehen lassen in sein Fleisch. Und so alles gefühlt, was sie gefühlt hatte. Und deshalb alles so maßgemacht gewesen. Er war in ihr gesessen und hatte sie belauscht. Ihre Stimme. Er hatte ihre Stimme in sich fließen lassen und alles abgelesen. Die Stimme sprechen lassen und die Reaktionen beobachtet. An sich. Oder war er über seine Stimme in sie gelangt. Penetration ja doch. Nein. Wie sollte sie mit sich an ihn so verloren etwas schreiben. Sie konnte die Geschichte von der Tante Daisy erforschen und aufschreiben. Dokumentation. Das war kühl. Da durfte es nur Interesse geben. Keine Leidenschaft. Sie beugte sich zum Wasserhahn und trank vom Wasser. Sie hatte sich vertrocknet gefühlt. Ausgedörrt. Ausgesogen. Wie hießen diese Dinger, die vom Schwein kamen und sich einnisteten. Maden. Überall dann. Auch im Hirn. Sie wusch sich das Gesicht mit kaltem Wasser. Das Schlimmste an Parasiten war, dass sie das Wirtstier mitveränderten. Sich das Wirtstier zurechtrichteten. Wie die Rechten das gerade mit ihrer Welt machten. Unvermeidliche Veränderungen zog das nach sich. Und dahin musste sie nun zurück. Wien. Sie war sicher, in Deutschland eher Leute zu finden, die dagegen redeten. In Wien. Da ging man weg. Da schwieg man dazu. So wie sie jetzt schwieg. Und weggegangen war. Das Unrecht damit. War das geleugnet so. Filmbilder fielen ihr ein. Wie Frauen sich an Männern rächten. Das waren Kassenschlager gewesen. Dafür gemacht. Kulturindustriephantasien, wie man zu Geld kam. Dann erfanden sich solche Geschichten. Unglaubwürdige Geschichten. Unglaubwürdig beruhigend. Abfuhr. Wutabfuhr und Wutverfestigung zugleich. Unterhaltung.

Dienstag, 4. September 2018. Wien.[65]

Yvonne war nicht mehr da. Sie zog sich fertig an. Schal. Haube. Die Handtasche unter dem Mantel quer. Mantel. Die Stiefel. Die Stiefel wurden beim Eingang an- und ausgezogen. Eine breite weiße Bank stand dafür da. Das hatte sie nicht verstanden. Beim Hereinkommen. Sie nahm den bunten Rock und das Tuch. Ihre Handschuhe. Sie setzte sich auf die Bank. Zog ihre Stiefel an. Sie hatte einen Orangensaft trinken wollen. Aber es war wieder niemand hinter der Theke. Sie zögerte. Dann ging sie schnell hinaus. Die Glastür zum Gang ging surrend auf. Schloss sich hinter ihr. Etwas abgeschnitten. Im Rücken. Geschlossen. Auf dem Gang zum Haustor. Sie wollte den bunten Rock und das Tuch über den Türknauf hängen. Dann zog sie den Rock wieder über und wand sich das Tuch um den Kopf. Sie schaute an sich hinunter. Das Kopftuch rechts und links die Wangen entlang. Rahmte den Blick ein. Der Rock über dem Daunenmantel. Sie sah dick aus. Fett. Gerade noch schlank gewesen. Nackt. Sie konnte sich in sich selbst stehen sehen. Unsicher. Sie ging hinaus. Die Großmutter mit dem Fenster auf den Hof. Die war so angezogen gewesen. Nicht so farbig. Aber weite Röcke. Schürzenkleider. Kopftücher. Sie schloss das Tor hinter sich. Ging nach links. Bergab.

Ein Weg führte nach rechts durch eine Wohnanlage. Bäume. Spielplätze. Blumenbeete. Bänke. Mäuerchen. Sie bog ein und setzte sich auf eine Bank. Sie schob das Kopftuch zurück. Ließ es auf die Schultern hinunterrutschen. Sie seufzte. Der weite Blick. Sie schaute sich um.

War sie nun verändert. War sie schon eine andere. Wie hatte sie sich in eine Situation begeben können, in der sie so verwundbar war. Die Flanke bieten. Was war es, was sie zu diesen Wiederholungen zwang. Das war doch ihre Angst. Ihre tiefste Angst. Von den Eltern gemacht zu sein. Das war doch die Beleidigung gewesen. Ihrer Generationen. Ihre Eltern waren Verbrecher gewesen. In Deutschland und in Österreich. Von einem Regime geförderte Verbrecher. Und Verbrecherinnen. Wenn sie an ihre Mutter dachte. Wie die vergessen hatte können. Die sich selbst ihre Verletzungen verheimlichen hatte können. Und es hatte sie nicht so getroffen. Ihre Mutter hatte über das Fräulein Zisser böse reden können, weil die Russen wegen des Fräulein Zisser an die Haustür geschlagen hatten. Unten. Bei der Hausmeisterin. Weil die Russen nach dem Fräulein Zisser verlangt hatten und hinaufgestapft waren. Zur Nummer 7. Und die Mutter auf Nummer 10. Schon verheiratet. Mit einem Schwerkriegsversehrten. Und was für ein Wort das. Der Krieg war schwer und versehrt. Nicht die Person. Wieder eine von diesen Wahrheiten. Die Hausmeisterin hatte den Russen aufgemacht, und alle hatten den Atem angehalten. Im Haus. Alle hatten den Atem angehalten und zugehört. Party hätten die gefeiert. Da wäre es hoch hergegangen, hatte die Mutter erzählt. Russenliebchen. Ein Russenliebchen halt. Sie hatte sehen können, wie es angestiegen war. Wie die Zustände sich in Erinnerung gebracht hatten. Wie es ja die Absicht war, wenn einer oder eine in solche Zustände gebracht wurde. In Hilflosigkeit versetzt. Ihre Mutter hatte sie mit der Erzählung in diese Hilflosigkeit versetzt. Sie hatte diese Hilflosigkeit vermehrt. Mit jedem Wort. Bis sie nur noch aus Hilflosigkeit bestanden hatte. Die Mutter hatte sich in das Erzählen geflüchtet. Erinnern oder nicht. Ihre Mutter hatte sich außerhalb der Erzählung sehen können. Auktorial. Göttlich allwissend ihre Urteile fällend. Während ihre Mutter sich an diesen Erzählungen gesättigt hatte, war sie in die Zustände der Erzählten verfallen. Eine große Macht war das. Die Vergangenheit so ungerührt erzählen zu können. Und es waren nur die Standpunkte. Entscheidend. Sie hatte ihren Eltern nichts mehr geglaubt. Ihrer Mutter nicht, weil sie die verachtet hatte. Als Hausfrau. Sie hatte sich eine Mutter gewünscht, die selber etwas war. Deshalb. Genau deshalb war sie diesen Geschichten so ausgeliefert gewesen. Geschwächt. Die Verachtung hatte sie geschwächt. Ihre Mutter hatte sie geschwächt. Hatte ihr die Vorurteile vorgesetzt und sie beschäftigt damit. Weil sie die Mutter nicht ernst genommen hatte, konnte sie deren Leben gar nicht begreifen. Sie hatte ein Urteil über ihre Mutter gefällt gehabt und zu denken aufgehört. Dahin. Aber dann wieder. Es war so viel an Erbschaften. Was da vererbt worden war. Sie schaute in den Himmel hinauf. Das Schreckliche an dieser Zeit jetzt war doch, dass es weitergegangen war. Die einen waren in der Mitte der Geschichten sitzen geblieben und erzählten ungerührt weiter. Stark und eindeutig. Erbarmungslos. Beredt an Rednerpulten und selbstgerecht.

Sie schnaubte. Die Empörung. Sie versteckte das Schnauben in einem Hustenanfall. Frau Zschäpe hatte sich während des Prozesses die Haare wachsen lassen. Sie hatte die Fotos in der *Süddeutschen* angeschaut. Immer länger waren die Haare geworden. Offen getragen. Frei. Diese Frau hatte mit ihren Haaren ihre Freiheit demonstriert. Ihren Sieg. Hart und unbarmherzig. Sie hatte ihre Haare wachsen lassen können. Sie sei am Leben, erzählte sie den um die Ermordeten Trauernden. Sie könne ihre Haare wachsen lassen. Der Triumph der Täterschaft. Nachweis des Siegs. Wallende Haare und der karge Nachwuchs der Toten im Grab. Sie beugte sich vor und schaute auf den Kies auf dem Weg. Auf dem Betonweg lag der Kies des ganzen Winters. Staubig trocken. Weiter unten. Die Sonne schien. Das Eis auf dem Weg taute auf. Schimmerte nass.

War sie schon verwandelt. Hatte sie schon seine Gegenwart aufgegeben und dachte alles als Vergangenheit. Unveränderbar. Nichts mehr zu machen. Hatte sie sich in die Wehrlosigkeit dieses vergesserischen Denkens führen lassen. Um sich keine Vorwürfe machen zu müssen. Alles gleich Vergangenheit. Warum war es einfacher, die Zerstörung zu ertragen, als gegen die Zerstörung anzukämpfen. Was war es, was sie so mutlos machte. Kampfloses Eingeben. Masochismus. Alle Wut. Alles Toben. Gegen sich selbst gerichtet. Und zivilisiert genannt. Erwachsen. Wir sind doch Erwachsene, wurde da gesagt.

Sie hob einen Kieselstein auf. Vieleckig und scharf. Aber das war ihre Stärke. Oder. Sie rollte den Kieselstein auf ihrer Handfläche. Sie war doch masochistisch genug, sich zu erinnern. Teilweise. Wenigstens.

Eine Frau ging vorbei und legte ihr eine Krone auf die Hand. Zum Kieselstein.

Die Frau ging schnell weiter. Sie saß da. Starrte auf die Münze.

Warum musste sie es wissen. Sie wollte nicht mehr denken. Nichts mehr fühlen. Keine Vergleiche mehr. Keine Geschichten und dass es anderen noch viel schlimmer ginge. Frei. Leicht. Leer. Ein kleines Mädchen legte eine Zweikronenmünze auf ihre Hand. Das Mädchen hatte sich vor sie hingestellt und ihr vorsichtig die Münze hingelegt. Sie hatte automatisch die Hand aufgehalten. Das kleine Mädchen schaute sie ernst an. Dann drehte sie sich um und lief schnell davon. Die Mutter stand oben. An der Querstraße. Die beiden waren wohl vorbeigegangen. Sie hatte nicht aufgepasst.

Drei Kronen hatte sie auf dieser Bank verdient. Das Kind war zu der Frau zurückgelaufen. Hielt sich am Mantel der Frau fest. Die Frau schaute auf das Kind hinunter. Das Kind schaute zur Frau hinauf. War an die Frau angelehnt.

Das kleine Mädchen war vielleicht fünf Jahre alt. Sie trug einen roten Skianzug und eine rote Mütze mit angestrickten Katzenohren. Dicke grüne Fäustlinge baumelten an einem Band aus den Ärmeln des Skianzugs. Über dem roten Skianzug trug das Mädchen ein rosarotes Ballettröckchen. Die Frau war dunkel. Schwarzer Parka. Schwarze Hosen. Schwarze Stiefel. Eine braunrote Wollmütze. Peruanisch. Die Frau schaute zu ihr herüber. Sagte etwas. Das Kind sagte etwas. Die Frau kramte in ihrem Rucksack. Holte eine Geldbörse heraus. Zog mit den Zähnen einen Handschuh aus. Hielt den Handschuh mit den Zähnen fest. Sie holte ein Geldstück aus der Geldbörse. Verstaute die Geldbörse. Zog ihren Handschuh wieder an. Sagte etwas. Das kleine Mädchen hielt das Geldstück. Schaute zu der Frau hinauf. Die lächelte das Mädchen an. Das kleine Mädchen straffte sich. Hielt den Rücken gerade und machte sich auf, wieder zu ihr zu kommen. Das kleine Mädchen ging langsam. Schaute auf den Boden. Schaute zu ihr hin und schaute gleich wieder weg. Zögerte. Ging weiter. Das Mädchen ging auf sie zu. Sie schaute dem Kind zu. Sie war nicht sicher. Sollte sie nicht aufspringen und das Missverständnis aufklären. Sollte sie diesem Kind nicht erklären, dass sie sich verkleidet hatte. Wie das kleine Mädchen. Aber dass sie traurig war. Dass sie Trauer trug. Trauer, um alle die rosa Tutus zusammen. Sie sah dem kleinen Mädchen entgegen. Ernst. Sie wollte dieses Kind ernst nehmen. Lächeln. Das war nett. Aber es verwischte auch so. Das Kind ging auf sie zu. Schaute sie an. Sie schauten einander an. Sie saß vorgebeugt. Das Kind hielt die Hand mit der Münze vor sich. Schaute die Münze an. Immer wieder. Dann blieb sie vor ihr stehen. Reichte ihr die Münze. Sie hielt ihre Hand auf. Die rechte Hand. Das Kind zögerte. Sie zog ihren Handschuh aus. Hielt die nackte Hand auf. Das Kind legte die Münze auf ihren Handteller. »Tak så mycket.« Sie sah dem Kind in die Augen. Blaue Augen. Ernst. Prüfend. Sie nickte dankend. Das Kind schaute sie noch einen Augenblick an. Dann lief sie wieder zu ihrer Mutter zurück. Stürmte davon. Flüchtete. Sie dachte, dass diese Frau die Mutter sein musste. Wieder warf das kleine Mädchen sich gegen die Frau. Hielt sich am Parka fest. Die Frau nahm das Kind an der Hand. Sie gingen den Hügel hinauf davon. Schauten sich nicht mehr um. Nach ihr.

Sie blieb sitzen. Vier Kronen hatte sie auf dieser Bank gesammelt. Hatte der Rock gesammelt. Sie krempelte den bunten Rock hinauf. Schob die Münzen in die Manteltasche unter dem Rock. Sie wartete, bis die Frau und das Kind nicht mehr zu sehen waren. Dann stand sie auf. Ging hinunter davon. Sie ließ den Rock schwingen. Beim Ausschreiten. Sie zog das Tuch wieder über die Haube hinauf. Sie hielt die Handschuhe in der Hand. Trotz der minus 15 Grad war ihr an den Händen nicht kalt. Das ist so, dachte sie. Das ist so mit Prinzessinnen.

Bergab. Kies. Hoch aufgeschüttet. Sie musste achtgeben. Der Kies auf dem Katzenkopfpflaster rutschig. Im Gras der Schnee niedergetrampelt und vereist. Die Sonne war noch nicht hierhergekommen. Das Eis hellgrau und weiß. Sie musste auf dem Kies bleiben. Sie breitete die Arme aus. Musste die Balance halten. So. Surfen, dachte sie. Kiessurfen. Das war lustig. Und sie hatte nicht verloren. Jedenfalls nichts Greifbares. Sie hatte nur wieder nichts gewonnen. Bekommen. Erhalten. Ganz in der Logik spätestkapitalistischen Konsums westlicher Mächtigkeit. War das das Problem der Flüchtenden. Dass die die Not des Allerwichtigsten nach Mitteleuropa zurückgebracht hatten. Und die Geschichten ihrer Mutter diese Not in Erinnerung behalten hatten, ohne es zu sagen. Und war deshalb der Glaube an die Mächtigkeit erschüttert. Hatte alle Großzügigkeit geraubt. Die äußere Not. Die war unbekannt geworden. Die äußerste Not. Und doch erkannten sie alle. Wussten von dieser Not. Sie. Sie hatte sich auch darauf verlassen, dass der Staat sich dessen annahm. Auch der Flüchtenden. Dazu war diese Organisation da. Staat. Sich der Probleme anzunehmen, die allein nicht zu lösen waren. Aber da gab es kein Vertrauen mehr. Oder immer noch die Scham vor staatlicher Versorgung. Hilfe. War das die Angst der Rechtswähler. Und hofften die, im Pulk in den Genuss von Vorteilen zu kommen. Oder war es so, dass die keine Hilfe vom Staat wollten, sondern gleich den Staat sich zur Verfügung machten. Eine Identität anstelle der Vorstellung von einer eigenen Zukunft. Sie konnte auch nur auf die mäßige Pension rechnen. Sie würde weiter-arbeiten. Da waren ohnehin nur 400 Euro Zusatzverdienst erlaubt. Sie würde 800 Euro verdienen müssen, um 400 behalten zu dürfen. Sie war in Wien geboren. Ihre Mutter auch. Der Vater nicht. Seine Mutter. Die Geburtsurkunden gaben Krakau an. Der Nachname der Großmutter nicht deutsch. Ob das für die Autochthonie reichen würde, die die FPÖ im Programm hatte. Das war die Frage. Da waren drei Generationen österreichischer Geburt verlangt. Wirklich berechtigt. Nach diesen Vorstellungen jedenfalls. Wirklich berechtigt wären erst ihre Kinder gewesen. Die dritte Generation. Die sie nun nicht produziert hatten. Ihr Bruder und sie. Würde ihre Pension gekürzt werden, weil sie erst die zweite Generation war. Angedeutet war das. Das war der Vorteil, keine Kinder zu haben. Sie musste sich keine Sorgen machen.

Obwohl. Für ihre Studenten und Studentinnen. Wenn sie die Stunde abhielt, in der alle über ihr Leben sprechen sollten. Gegen Ende. Wenn alle miteinander vertraut geworden waren. Wenn das Sprechen einen großen Raum eröffnet hatte. Und jedes Mal einen anderen. Beim Sprechenlernen. Es ging um Großzügigkeit. Wenn einer oder eine in der Gruppe war, die so freundlich lachend ihre Fehler und ihr Können ausbreiten konnte. Die frei über sich sprechen konnte. Dann lernte die ganze Gruppe das Mehrfache. So freundlich verschenkt, erreichte das Sprechen eine große Weite. Für alle. Nur geteilt konnte da etwas erreicht werden. Und wieso hatte sie dieses Karenzjahr gewollt. Sie konnte ihren eigenen Wunsch nicht mehr verstehen. Sie hatte sich unnütz gemacht. Auch für sich selbst. Vor allem für sich selbst. Um sich selber kümmern. Allein sein. Richtig allein. Was hatte sie sich erwartet. Wenn sie doch wusste, dass eine allein sprechen konnte, aber zu keiner Sprache kam. Das war nur gemeinsam möglich. Wie sie wusste. Wie sie sehr genau wusste.

Sie war auf eine Straße gekommen. Ging auf dem Gehsteig. Ein Bistro an der Ecke. Tische im Freien. Es saßen Raucher da. Männer. Mit dem Rücken zur Hauswand. Eine Markise über sie gespannt. Sie ging in das Bistro. Setzte sich an einen Tisch am Fenster. Sie konnte hinausschauen. Den Mantel. Sie hätte erst den bunten Rock ausziehen müssen. Sie machte den Mantel auf. Nahm die Haube ab. Sie bestellte ein Tonic und ein Mineralwasser. Sie musste trinken. Sie hatte beim Gehen in der Nierengegend einen Schatten gespürt. Die Nieren. Sie wusste genau, wo die lagen. In ihr. Aber lagen Nieren. Die hingen. Die waren in Netze eingehängt. Und sie wusste auch genau, wo die Harnleiter verliefen. Die führten in einem Bogen rechts und links durch den Bauch nach vorne in die Mitte. Sie konnte diesen Bogen im Kopf denken und im Bauch den Ort denken. Es war ein furchterregender Augenblick gewesen. Sie war gesessen. Sie wusste nicht mehr wo oder wann. Sie hatte sich selbst sitzend in Erinnerung und einen Augenblick lang. Wie ein elektrischer Schlag waren die Harnleiter aufgetreten. Zur Erscheinung gekommen. Erschienen. Mit einem elektrischen Schlag waren sie durch die Stille des Bauchs gefahren. Ein Bogen ein wenig nach innen von den Nieren weg und dann nach außen durch den Bauch zur Blase. Die Blase wiederum kannte sie von einer Blasenentzündung. Sie hatte einen schmerzhaft ziehenden

Ball in Erinnerung. Dahin war der Blitz gefahren. Sie war dagesessen. Von diesem Blitz getroffen. Gelähmt. Erstarrt. Nach langem erst hatte sie wieder Luft holen können. Aber es war eine kostbare Erinnerung geworden. Eine Erinnerung, die in ihrem Körper aufgehoben war. Sie hatte von da an sich auch das Herz so vorstellen können. Sensationen. Sich näherkommen, hatte sie gedacht. Wir lernen einander ja doch noch kennen, hatte sie zu ihren Organen gesagt.

Das Tonic wurde vor sie hingestellt. Der Kellner machte das Mineralwasser auf. Vöslauer Mineralwasser. Vöslau. Bei Wien. Da war sie oft gewesen. Im Sommer. Als Kind. Eine Freundin der Mutter hatte da eine Kabane gehabt. Sie hatten nie übernachtet. Da. Das hatte sie sich immer gewünscht. Im Freibad übernachten. Noch in der Nacht schwimmen gehen. Sie hatte sich das ausgemalt. Im dunklen Wasser ungesehen zu treiben. Aber es war nie die Gelegenheit gekommen. Sie hatten nach Wien zurückfahren müssen. Nie hielt ein Gewitter sie von der Fahrt ab. Nie versäumten sie den Bus. Der Vater war nicht ins Bad mitgekommen. Der Vater hatte sich in der Öffentlichkeit nie ausgezogen. Er hatte aber Scherze darüber gemacht. Niemand wolle einen Krüppel sehen, hatte er gesagt. Wenn die Erinnerung an den Krieg begraben worden wäre, dann wären die Kriegsversehrten mit begraben. Der Vater hatte deshalb den Waldheim unterstützt. Weil sie alle nicht wüssten, wie das gewesen war. Aber sie hatten es ja nicht einmal erzählt. Oder eine Lehre daraus gezogen. Die Geschichte war ein Felsklotz gewesen, um den alle herumgegangen waren, und die einen hatten ihn nicht einmal sehen können, und die anderen hatten verzweifelt das Gegenteil beweisen wollen. Es war davon ausgegangen worden, dass solche Schrecklichkeiten nicht wiederholbar seien. Dass man die Schrecklichsten gewesen war. Stolz waren sie darauf gewesen. Monsterstolz. Deshalb war der Holocaust gepredigt worden. Im Gymnasium. Immer und immer wieder. Bis sie sich an die Bilder gewöhnen hatten müssen. Übertrieb sie jetzt. Dafür war zu Hause das Wort nie gefallen. Holocaust. Das hatten die der Schule überlassen. Die Ausflüge ins KZ. Da hatte es Auswahl gegeben. In Wien allein drei KZ-Nebenlager. Aber das war die Forschung der letzten Jahre. Während der Schulzeit war das Mauthausen gewesen. Und Auschwitz. In der 7. Klasse. Klassenfahrt. Da waren sie auch in Krakau gewesen, und sie hatte sich zu Hause gefühlt. Wegen der Großmutter. Es war die reine Vorstellung, so ein Nationalismus. Fiktion. Klassisch.

Die Mutter ihres Vaters war streng gewesen. Ihr Bruder und sie. Bei ihr. Sie hatten durchgedreht. Warum war das so gewesen. Was hatte diese kleine Person ausgelöst. Sie hatten dieser Frau unendliche Mühe gemacht. Sie konnte sie vor sich sehen. Klein und zart. Sie hatten sich in den neuen Kästen im Schlafzimmer der Eltern versteckt. Die alte Frau hatte sie herausbeordert. Sie würden ersticken. In diesen Schränken. Aber sie hatten gewusst, dass diese Großmutter nichts gegen sie ausrichten hatte können. Der Bruder war damals schon größer als die Großmutter gewesen. Sie waren aneinandergedrängt im Kasten gesessen und hatten gekichert. Gelacht. Geprustet. Sie waren erst wieder herausgekommen, als es zu heiß geworden war. Die Großmutter war gegangen gewesen. Sie war einfach weggegangen. Hatte sie allein

270

gelassen. Die Eltern waren zwei Tage später zurückgekommen. Bis dahin hatten sie alleine wirtschaften müssen. Sie hatten keinen Wohnungsschlüssel gehabt, und sie hatte sich vor Dieben gefürchtet. Sie hatten Möbel vor die Wohnungstür geschoben, und der Bruder hatte sein Luftdruckgewehr genommen. Sie hatten im Bett der Eltern gelegen. Die Schlafzimmertür der Eltern hatte versperrt werden können.

Sie mischte das Tonic mit Mineralwasser. Trank. Schenkte sich das zweite Glas ein. Trank wieder. Das Laufen hatte ihr gutgetan. Sie saß in ihrem Körper wieder über sich. War nicht so in sich gestoßen und beengt. Sie seufzte. Sie würde das hier auch wieder überstehen. Wie langweilig. Eigentlich. Sie lehnte sich zurück. Zog den Mantel aus. Arbeitete sich aus den Ärmeln. Eine Zeitung. Das wäre nett gewesen. Kaffeehausgewohnheiten. Wiener Kaffeehaussitzerei. An eine Zeitung geklammert mit abweisendem Gesicht sich die eigene Existenz vorführen können. Weil andere da waren. Wieder dieses Gemeinsame. Sie zog die Schultern hinauf. Die unabhängige Existenz. Es war nicht weit her damit. Immer die Bestätigung von außen. War es das, was sie so unzufrieden machte. Dass sie sich selbst erschaffen hatte können. Müssen. Dass sie aber dann doch die Bestätigung von außen nötig hatte. Nötig. War es das gewesen. War es ihr nicht gelungen, ihre Unabhängigkeit unabhängig zu halten. Und war das dann noch Unabhängigkeit. Überhaupt. Und war das die allgemeine Unzufriedenheit und das Trauma, das in den sozialen Medien verwunden wurde. Die Unabhängigkeit von anderen erst bestätigen lassen müssen. Hatten sich alle. Und sie. In kleine Kosmen zerteilt und auseinandergestrebt und waren dann darauf gekommen, dass sie ihre Insel nur haben konnten, wenn die anderen sie auch sahen. Kenntnisnahme. Und ja. Das war es gewesen, was sie sich von der Geschichte mit Gustav versprochen hatte. Die Kenntnisnahme ihrer Person. Exklusiv und luxuriös. So hatte sie es haben wollen. Gelandet war sie jetzt einmal in einem Tschecherl in einem Bohemeviertel von Stockholm und musste froh sein, vom Kellner zur Kenntnis genommen zu werden. Das war nicht so einfach. Eine Frau in ihrem Alter. Es konnte schon sein, dass sie aus einem Lokal hinausging, weil sie eine halbe Stunde nicht zur Kenntnis genommen worden war. Dabei sah sie nicht alt aus. Sie sah nur nicht mehr jung aus. Und sie wusste nicht, wie das geschah. Aber es schien eine Vereinbarung zu geben, in der über das Alter von Personen bestimmt wurde. Dann kam die Geschlechterfrage dazu. Die wirkte am stärksten. Es war oft so, dass man auf ihr Geld verzichtete, weil sie als alt und als weiblich eingestuft war. In Lokalen war das oft so. In Geschäften. Deshalb war das Einkaufen im Internet so erholsam.

Hatte sich das auf sie ausgewirkt. War sie unter dieser Einschätzung eingeknickt und fand sich selbst nicht mehr berechtigt. Und machte es den anderen damit leicht. Sie saß da. Nippte an ihrem Tonicwassergemisch. Sie seufzte. Sie deutete dem Kellner, sie wolle zahlen. Wie schön mussten es die Leute haben, die immer noch an einen Gott glaubten. Wie erleichternd musste das sein, so einen Schiedsrichter anrufen zu können. Die Beschwerden und Verletzungen vor jemanden hinlegen können. Zur Betrachtung. Zur Kenntnisnahme. Zur Heilung. Zum Vergessen. Wissen, dass es diese

Instanz immer gab. Dass es immer eine Zuflucht dorthin geben würde. Warum aber waren diese Personen dann nicht glücklicher. Wie hatte es sein können, eine so praktische Institution aufzugeben. Ging es also doch allen gleich, und es war schwer. Blieb schwer, sich in das Leben zu beugen, wie es so daherkam.

Sie stand auf. Sie schaute in der kleinen Karte auf dem Tisch nach, was ein Tonic und ein Mineralwasser kostete. Legte das Geld hin. Kein Trinkgeld. Das hatte sie sich abgewöhnt. Frauen ihres Alters. Frauen über vierzig. Es wurde ja entweder als Selbstverständlichkeit oder sogar als notwendiger Tribut angesehen. Extrabezahlung. Dafür, dass sie geduldet worden war. Und sie wollte sich nicht dafür entschuldigen, dass sie hier etwas konsumiert hatte. Nur Insignien des Reichtums enthoben eine Frau dieser Behandlung. Oder sehr hohe Absätze. Als wären die ein Tribut, wurden Frauen mit hohen Absätzen jeden Alters vorsichtiger behandelt. Aber es war ein Tribut. Die Füße zu ruinieren und die Ballen zu botoxen, damit eine die Schmerzen aushalten konnte. Sie musste lachen. Sie arbeitete sich in ihre Mantelärmel zurück und ging. Eine Kirche. Sie wollte in eine Kirche. Sie wollte in der Ruhe eines solchen Raums sitzen. Sie kannte sich aus. In Kirchen. Sie hatte erst mit sechzehn aufgehört, regelmäßig in die Kirche zu gehen. Das waren unendlich viele Kirchenbesuche. Bis dahin. Sie hatte noch in der Kirche geheiratet. Damals. Sie war erst mit dreißig aus der Kirche ausgetreten. Es war ein Reenactment. Wie die Militaristen die Schlachten nachstellten. Sie wollte ein Reenactment ihres Kampfs um den Seelenfrieden.

Sie setzte sich. Fiel ins Sitzen zurück. Gegen die Holzwand hinter sich gelehnt. Das Handy. Der Kellner kam an den Tisch. Er hielt eine Rechnung in der Hand. Sie wies auf das Geld. Er schob die Münzen auseinander. Nahm jede Münze einzeln. Er ging davon. Sie seufzte. Holte Luft. Schaltete das Handy an. Schaltete den Flugmodus aus. Sofort Benachrichtigungen. Nachrichten. Versäumte Anrufe. Bieberstein. Gustav. Sie tippte auf Google Maps. Katholische Kirchen auf Södermalm. Es gab drei katholische Kirchen in Stockholm. Eine davon auf Södermalm. Und sie wusste auch gleich wo die war. Sie erkannte das Foto. Hinter dem Sozialpalast auf Medborgarplatsen. Ein rotes Gebäude. Neoromanisch. Sie wusste den Weg dahin. Sie musste nur zu Götgatan zurückfinden, dann wusste sie den Weg. »Biestig« stand da. Das hieß wohl Bistum. Biestig. Hier. Wäre sie eine von diesen Personen vom Gym vorhin. In den Wohnungen da. Sie müsste reformiert sein. Sie hätte die Trennung von Kirche und Staat 2000 mitbestimmt. Erst. Und davor. Sie hätte die Papisten zum Tod verurteilt. Hätte eine noch ganz anders gemeinte Besiegelung des Schicksals unterstützt. Hätte das nichtkörperliche Leben einer Person verurteilt. Was war das für ein Gefühl gewesen. Dieses Nichtkörperliche einer anderen Person in den Körper zu bannen. Durch Folter und Tod. Zu wissen. Zu wissen, dass es eine ewige Erinnerung gäbe. In so einem Urteil. Gustav hätte annehmen müssen, dass seine Verbrechen bis in alle Ewigkeit bekannt bleiben würden. Im Urteil über ihn. Gott hätte es gewusst. Ihre Seele hätte es gewusst. Seine Seele hätte es wissen müssen. Hätte er anders gehandelt. Und war die schlechte Behandlung von Frauen eine Sünde gewesen. »Du sollst nicht lügen.« Gustav war katholisch aufgewachsen. Er hatte ministriert. In Gustavs Erzählungen hatte das eine große Rolle gespielt. Ein Pfarrer. Der Pfarrhof. Die Lesungen. Das Fahrrad, auf dem Gustav zu der weitentfernten Kirche gefahren war. Oder war das seine erste Freundin gewesen, die so weit weg gewohnt hatte. War Gustav zu Kirche gefahren oder zu dieser ersten Liebe und hatte gegen den Wind kämpfen müssen. Gegen den ewigen Wind im Norden.

Aber dann. Sie waren beide durch diese Welt des Katholischen gegangen. Er hatte die gleichen Bilder gesehen wie sie. Dieselben Worte. Er hatte dieselben Regeln erlernt. Aber natürlich nicht die Qualen. Gustav war in die Herrschaft aufgenommen gewesen. Damals. Als Ministrant. Damals war das noch für Buben reserviert gewesen. Er war ein Lehrbub der Herrschaft gewesen. Noch nach den alten Regeln. Er hatte gelernt, vor Publikum aufzutreten. Vor Publikum sich bewegen. Handeln. Lesen. Läuten. Er war an den Stufen des Altars angekommen und durfte hinaufsteigen. Er war ein Mitarbeiter bei der Wandlung. Hatte mitgewirkt. Mit dem Rücken zum Publikum. Er würde heute nicht mehr ministrieren, hatte Gustav gesagt. Wenn diese Mädchen um den Altar herumschlichen. Und habe sie bemerkt, hatte er gefragt, was für eine schlechte Haltung diese Mädchen alle hätten. Und die Schuhe nie geputzt. Das war in dem Tapas-Lokal gewesen. Gleich beim U-Bahnhof Alt-Tegel. Sie hatte immer zu streiten begonnen da. Wenn sie in dieses

Lokal gegangen war. Es hatte immer Streit gegeben. Sie hatten das auch schon gewusst. »Wollen wir da hingehen und streiten.«, hatten sie einander gefragt. Sie waren in dieses Lokal gegangen und hatten die besten Vorsätze gehabt. Und dann hatten sie wieder gestritten. Sie hatten gerätselt, woran das liegen hätte können.

Sie ging. Wanderte bergab. Lilla Mejtens gränd. Malmgårds-vägen. Gotlandsgatan. Katarina Bangata. Skånegatan. Göt-gatan. Folkungagatan.

Sie ging vor sich hin. Sie hatte die Hände in die Taschen des Mantels gesteckt. Sie musste den Rock hinuntergescho-ben tragen dafür. An den Straßenecken schaute sie auf das Handy. Wie es weiterging. Dann vergrub sie die Hände und das Handy wieder in den Manteltaschen. Wenn sie nicht zu schnell ging, dann schwenkte der Rock auch so geschürzt mit. Verwickelte sich nicht. Verfing sich nicht zwischen den Beinen. So hinuntergezogen. Der Rock reichte ihr bis weit unter die Knie. Beim Gehen. Sie schaute vor sich auf die Straße. Auf den Gehsteig. Am unteren Rand konnte sie dem Rock zusehen. Wie er sich beim Schritt vorwärts aufblähte und auf der anderen Seite nach hinten zurückfiel. Ein bunter Rand.

Sie musste Kerzen anzünden. Eine Kerze. Unter einem Marienbild. Unter der Statue des heiligen Antonius. Unter dem Gekreuzigten. Unter dem Bild von Jesus mit dem brennenden Herzen. Das war eine Pflicht. Das Anzünden der Kerzen. Einer Kerze. Aber anzünden. Sie musste dieses kleine Feuer entfachen. Eine Kerze an eine brennende Kerze halten und anzünden. Wenn sie in Kirchen geriet mit elektrischen Kerzen. Dann ging sie wieder. Sie wollte nicht für Elektrizität zahlen. Das war nicht heidnisch. Das Flackern eines Kerzenlichts. Da konnte sie sich vorstellen, dass das in den dunklen Raum des Abergläubischen reichte.

Auf Götgatan. Wenn sie Gustav nun treffen sollte. Wenn Gustav ihr nun über den Weg laufen sollte. Wenn Gustav hier vorbeikam. Auf dem Weg zu Helgagatan. Auf der Suche nach ihr. Sie ging schnell. Lief auf die Kirchentür zu. Sie flüchtete durch das Tor. Kirchenasyl, dachte sie. Kirchenasyl. Gustav würde sie nie hier vermuten. Sie blieb stehen. Das Innere der Kirche. Die Stille. Der Geruch. Sie ging vor. Das Geräusch ihres Gehens.

Rechts außen saß ein Mann. Vorgebeugt. Auf die Bank vor ihm aufgestützt. Regungslos. Sie ging nach vorne. Die Rundbögen entlang. Sie setzte sich in die erste Reihe. Stand wieder auf. Ging an den Kerzentisch vor dem Nebenaltar links. Schwarz eisern der Behälter für die Kerzen. Sie zog zwei Kerzen heraus. Warf die Kronen in den Schlitz dafür. Wie sie das Kaufen wusste. Sie schüttelte den Kopf. Sie hätte erst zahlen können und dann die Ware. Wie im Supermarkt hatte sie die Ware genommen und dann gezahlt. Und warum überhaupt bezahlen. Hier. Das Lob Gottes. Sie hätte auch drei Vaterunser beten können. Als Währung hätte das gelten müssen. Obwohl sie ja ausgetreten war. Der Vater hatte ihr danach erklärt, dass sie gar nicht austreten könne. Dass die Taufe für immer gälte. Für immer eingetaucht, dachte sie. Sie zündete die Kerzen an. Hielt den Docht der ersten Kerze an eine brennende Kerze und stellte diese Kerze ganz nach vorne. An den ersten Platz zum Altar. Die andere Kerze zündete sie an und stellte sie in die unterste Reihe.

Sie ging zurück. Setzte sich. Saß in der ersten Reihe. Sie schaute die Kerzen an. Schaute den Kerzen zu. Die in der ersten Reihe brannte ruhig. Die unten. Diese Kerze flackerte. Die vorne. Die war für die Ihren. Bruder. Eltern. Familie. Die Toten. Die Begrabenen. Die Betrauerten. Die Nichtvergessenen. Für sie. Für sich. Dahin gehörte sie. Und unter allen Umständen und namentlich. Die zweite Kerze. Die unten. Die war für Gustav. Sie brannte unruhig. Ein Lufthauch machte sie schmaler. Züngelnd. Gustav. Gustav hatte sich zum Vergessen preisgegeben. Gustav hatte es darauf angelegt, getötet zu werden. In ihr. In ihrem Fleisch. Das war seine Befriedigung. Dass sie ihn nun. Entfernen aus sich. Aus sich herausschneiden. Aus ihrem Fleisch herausschneiden. Sie musste sich diese Schnitte zufügen, ihn aus sich herauszulösen. Sie musste sich zerschneiden und hoffen, dass es wieder zusammenwuchs. Sich schloss. Heilfleisch. Sie. Insgesamt. Sie musste zu Heilfleisch werden und von da weiter.

Sie saß da und fühlte es. Wie die Schnitte spitz schreiend am ganzen Leib. Dann war sie gleich wieder müde. Sie saß. Auch so vorgebeugt. Sie dachte an den Mann auf der anderen Seite. Spiegelgleich. Sie auch so zusammengesunken. Hängend. Den Kopf in die Hände gestützt. Auf die Betbank geworfen. Sie hatte es zugelassen. Sie hatte es Gustav überlassen. Besitz ergreifen. Sie musste sich aufsetzen. Sie hatte sich stöhnen gehört. Sie saß aufrecht. Starrte zum Altar hinauf. Nein. Es war nichts bei ihm geblieben. Sie saß da und prüfte nach. Überlegte. Zweifelte. Fragte sich. Aber dann. Es war so. Sie war zerstört. Kaputt. Verzweifelt. Verloren. Aber es war nichts bei ihm geblieben. Sie hatte sich vollständig mit. Bei sich. Die Wünsche. Sie hielt inne. Die Wünsche. Wenn sie an den Morgen dachte. Keine Wiederholung wäre möglich gewesen. Gustavs Körper. Seine Hand. Seine Hände. Seine Wärme an ihrem Körper. Alles weit weg, und ein Eismeer dazwischen. Sie saß da. Hier. An so einem Ort. Hier war ihr die Liebe gepredigt worden. Das Wort. Sie hatte es hier gelernt gehabt. Und den Satz in jeder Messe. Das Geheimnis des Glaubens als Geheimnis der Liebe. »Erfülle uns mit dem Geist deiner Liebe, damit wir ein Herz und eine Seele werden.«

O ja. Sie war vergiftet. Dasitzend wusste sie es. Wie das war. Vergiftet sein. Insgesamt von Gift erfüllt. Ausgefüllt. Erfasst. Verändert. Und zu der Angst wegen des Gifts kam eine ganz andere Angst. Musste sie es Gustav sagen. Musste sie ihm sagen, dass sie ihn tötete. Gerade. Ihn in sich zunichtemachte. Mit spitzen Dolchen. War sie sich das schuldig. Sie konnte es sehen. Sie stand da. Wagnerianisch geständig. Und er sich abwendend. Angeekelt vom Pathos. Das hatte ihr der Vater beigebracht. Er hatte sich ebenso geekelt. Wenn es zu dicht wurde. Zu hoch. Zu sehr um Leben und Tod. Aber dann wieder. Er war im Krieg gewesen. Er musste etwas von Leben und Tod gewusst haben. Und war es die Nebensächlichkeit, mit der das vor sich ging. Hatte ihn das vor Pathos zurückschrecken lassen. Sie. Sie hatte das nie begreifen können. Sie hatte immer gedacht, es müsste Musik und eine große Kulisse geben. Für diese Augenblicke. Wenn die Entscheidung fiel. Wenn sie Gustav sagte, dass sie ihn

nie wieder sehen werde. Für sie. Da wäre die rauschendste
Musik richtig gewesen. Aber immer und für jeden und jede.
Große Gesten. Große Tränen. Riesige Worte. Es ging ums
Leben. Sie hätte es schreien mögen. Es ging ums Leben,
und genau das musste verborgen werden. Kein Wunder. Sie
lachte auf. Als müssten alle in einer ewigen Schwangerschaft
im Fruchtwasser gedämpft hinter dicken Wänden versteckt
dahinleben. Und auch so sterben. Und erst beim Begräbnis die Totenglocken und laut. Und Gustav. Er hatte einen
solchen Pakt abgelehnt. Im Lügen hatte er eine solche Mit-
teilung unmöglich gemacht. Mit wem in ihm hätte sie da
die Anklage führen können. Er war kein Ansprechpartner.
In seiner Vielteilung war er nicht ansprechbar. Darin war er
normal. Er hatte es nicht geschafft. Sie lehnte sich zurück. Er
hatte es nicht geschafft, sich zusammenzuraffen und einer
zu werden. Er konnte nicht lieben. Oder vermied das so. Er
war in seine Zersplitterung aufgeteilt geblieben. Hatte er sich
die Mühe nicht machen wollen. Oder hatte er es absichtlich
so getan. Sicherheitshalber. Hatte er Wahlkampf geführt.
Seine Versprechungen seinen Wählerinnen vorgelegt. Nein.
Er hatte sie Wahlkampf führen lassen. Er hatte sie auftreten
lassen. Gladiatorinnen und den Daumen. Hinauf oder hinunter. Aber so. Er musste nichts wissen. Er tat so, als lebte er.
Er wusste nicht. Er hatte nicht gewusst. Er konnte nicht wissen. Sie war eine andere Person. Sie konnte genauso fühlen
und lachen und leiden wie er. Er kannte nur sich. Er hatte
nur seine altmodische Männeridentität. Von da konnte er
auf sie herausschauen. Er lebte, und sie sollte in ihm leben.
Von da aus musste er nichts wissen. Durfte nichts. Und war

sie nun an seiner Impotenz beteiligt worden. Impotent gemacht. Leblos wie er. Hätte sie sich einen Liebhaber suchen sollen. Mit dem Bieberstein in Wien im Bett wälzen. In Berlin mit ihm der kontrollierte Körper. Hätte ihr das zupass sein sollen. Sie auch geteilt und dem Pathos entkommen. So.

Er hatte erzählt, eine Analyse gemacht zu haben. Das glaubte sie nicht mehr. Oder war es ihm gelungen, die Analytikerin über Jahre hinweg zu belügen. Das gab es. Aber dann. Gustav hatte von bösen Zeiten berichtet gehabt.

Sie seufzte. Es ging um sie. Sie sollte sich freuen, so vollständig geblieben zu sein. Einen Augenblick lang. Sie fühlte sich gesammelt. Um sich selbst angeordnet. Sich selbst umgebend. Dann aber doch gleich wieder das Elend. Verlassen. Gestrandet. Dann jedoch. Sie konnte denken. Überlegen. Bedenken. Sie hatte keine anderen Sorgen. Sie richtete sich auf. Sie durfte es sich nicht sagen. Diesen Wunsch nach einem realen Unglück. Um von den Phantomschmerzen abgelenkt zu sein. Sie konnte das. Ein verstauchter Knöchel und die Nächte in Schmerzen. Ein Fieberschub und Tage im Nebel und ungenauen Träumen. Aber der Denkzwang gebannt. Die Selbstbeschuldigungen. Die Versagensvorwürfe. Diese Art der Selbstverletzung. Sie war zu alt dafür. Appetitlos zum Gerippe abmagern. Bulimistische Anfälle und sieben Topfengolatschen auf einmal. Das ging nicht mehr. »Face the facts.«, sagte sie zu sich. »Face it.« Und sie wandte ihr Gesicht wieder dem Altar zu. Schaute auf. Die Kerze für ihre Familie brannte niedrig. Die Flamme für ihn war jetzt groß und ruhig. Er braucht das, dachte sie und konnte wieder atmen. Ganz kurz. Die Selbstvergessenheit des Liebens.

Die Leichtigkeit davon. Dann wieder die Gewalt des Verlusts. Sie beugte sich über die Betbank. Traurig. Sie wusste ja, wie es weiterging. Wie das weiterging. Sie tat so, als wäre das ihre erste Trennung. Aber es konnte ihre letzte sein. Möglicherweise war das nun ihre letzte Trennung.

Sie hörte den Mann auf der anderen Seite der Kirche aufstehen. Er raschelte. Kratzte. Scharrte. Dann ging er. Er ging langsam. Schwer.

Sie seufzte. Wie hatte man ihr diese Bezogenheit beibringen können. Einbläuen. Sie dachte gleich, dass dieser Mann wahrscheinlich viel größere Probleme hatte. Ein Verlust durch Tod. Unglück. Wie kam es, dass sie sich nie Platz für sich selber machte. Sie hatte doch den größten Verlust erlitten. Sie war in ihrer Liebe gescheitert. Hatte den Sinn ihres Lebens verloren. Die Hoffnung auf einen Sinn. Eigentlich. Sie hatte ja von ihren Umerziehern zu allen Zeiten den Auftrag bekommen, sich selbst als Erste ernst zu nehmen. Sich selbst in den Mittelpunkt zu stellen. Und hatte den Ort nicht bekommen. Für sich selbst als den Mittelpunkt. »Und was wollen Sie.«, hatte die Richterin bei der Scheidung gefragt. Sie hatte keine Antwort gehabt. Aber sie hatte das gelernt. Nachgelernt. Sie hatte sich in unendlich langen therapeutischen Sitzungen mit sich selbst dahin gebracht. Sich selbst ernst zu nehmen. Und eine Frau bleiben. Dabei. Sie lehnte sich zurück. Rückfall, dachte sie. Wir haben alle unsere Rückfälle. Sie verfiel in die Mädchenreligiosität zurück und wurde anarchistisch damit. Er fiel in seine Burschenüberlegenheit zurück und war altmodisch und vorurteilsbeladen geworden. Und war sie nun nicht schon mit der Vergebung beschäftigt. So wie man es ihr an diesem Ort beigebracht hatte. Für das Wohlgefühl in diesem Gott. Wehrlosigkeit. Wehrloses Mitgefühl. Aber so wusste sie von den anderen. Von ihm. Hatte ihn sich schaffen können. Und das war der Trick. Den anderen vergeben, um sich selbst unschuldig sprechen zu können.

Samstag, 8. September 2018. Wien.[68]

Sie hatte keine Tür gehört. Es war kein Tor ins Schloss gefallen. Der Mann war nicht gegangen. Sie drehte sich um. Der Mann stand hinten im Mittelgang. Er schaute zum Altar hinauf. Inbrünstig, dachte sie. Der Mann schaute inbrünstig zum Altar hinauf. Er kam nach vorne. Sie drehte sich wieder weg. Der Mann trat vor den Tisch mit den Kerzen. Er suchte in seinen Taschen. Er trug einen Wollmantel. Er musste den Mantel zur Seite ballen, um zu seinen Hosentaschen zu kommen. Jackentaschen. Er schaute etwas in seinen Händen an. Dann faltete er einen Geldschein. Steckte den Geldschein in den Schlitz des schmiedeeisernen Opferstocks. Es gelang nicht. Er musste den Geldschein neuerlich falten. Dann ließ der Geldschein sich durch den Schlitz schieben. Der Mann nahm eine Kerze. Zündete sie an. Er zündete seine Kerze an der Kerze an, die für Gustav gedacht war. Dann stellte er die Kerze ganz nach links. An den Rand. Er stand vor den Kerzen. Hatte den Kopf gebeugt. Hob den Kopf. Schaute zum Altar hinauf. Er hob die Arme und verschränkte sie vor der

Brust. Beugte den Kopf wieder. Er stand lange. Sie schaute auf seinen Rücken. Der dunkle Mantel. Der Kopf darüber. Der Mann hatte die Haare sehr kurz geschnitten. Fast rasiert. Nur ganz oben. Nach vorne fiel eine Strähne. Grau. Der Mann war älter als sie. Oder nicht. So. So hätte ein Mann bei seiner Hochzeit da vor dem Altar stehen können. Sie konnte es vor sich sehen. Die Braut im langen weißen Kleid. Eine weiße Pelzjacke. So standen hier wahrscheinlich jeden Samstag Paare. Weiterhin. Warteten auf das Glück. Erwarteten die Verzauberung durch das Ritual. Sie war selbst so dagestanden. In einem anderen Leben. Sie dachte das. Ärgerte sich über diese Formulierung. Aber das war eine andere Person gewesen. Damals. Sie hätte die nicht bleiben können. Sie hätte gar nicht überlebt, wenn sie sich nicht davongemacht hätte. Er atmet, und sie atmet in ihm. Bei diesem Prinzip wäre sie umgekommen. Der Mann damals. Die Männer damals. Die hatten gar nichts mehr davon gewusst. Das hatten die Mädchen gelernt. Das war ein Geheimwissen gewesen. In den Frauenzeitschriften sorgfältig weitergeführt als Aussehensvorschriften. Aber die Männer hatten sich auch nicht für die Frauen interessiert. Sie hatten es als selbstverständlich angesehen, dass die anders waren. Wie, das war gleichgültig. Das war unter den Witzen und der Gewalt dahinter untergegangen. Das war bis heute so. Und es wäre gleichgültig gewesen, wenn es nicht überall der Fall war. Wenn sie nicht dreimal so gut sein musste, um die besten Kurse zugeteilt zu bekommen. Wenn Gustav ihr gesagt hätte, dass sie nicht die Einzige war. Sie hätte sich entscheiden können. Sie wäre nicht diesen Ungeklärtheiten ausgesetzt gewesen. Nicht so

284

von ihm abhängig, wie sie jetzt wusste. Von seinen Erklärungen. »Das muss noch abgeholt werden.«, und sie hatte nichts gewusst damit. Sie hatte geglaubt. Das war es doch. Dass er ihr einen Glauben abgezwungen hatte und sie gedacht hatte, sie wüsste das dann. Und das war ein Verbrechen. Sie holte laut Luft. Der Mann bewegte seinen Kopf. Schüttelte ihren Laut weg. Aber das war das Verbrechen. Sie in einem Glauben zu belassen. Sie glauben zu lassen, sie wüsste alles. Gustav hatte sie ins 14. Jahrhundert zurückgeschickt. Aber sie musste heute leben. Und so. Er hatte alles außer Kraft gesetzt. Zwischen ihnen galt nichts mehr. Kein Wort galt mehr. Nichts konnte mehr gesagt werden. Bedeutungslos. Er hatte das Sprechen zwischen ihnen bedeutungslos gemacht. Unterschwemmt. Ausgehöhlt. Der Glaube. Sie schaute sich um. Der Mann stand zwischen ihr und dem Altar. Er hatte den Kopf wieder gesenkt. Die Schultern. Die Arme. Hängend.

Sie musste allein weitermachen. Sie hatte gedacht, es würde diese Person geben, der sich mitzuteilen in eine Wahrheit münden würde. Eine Wahrheit, die, zwischen ihnen hängend, ihnen beiden den Glauben zurückgeben könnte. Ein vertrautes Wissen hätte das sein sollen, auf das sich in allen Dingen zu berufen möglich sein sollte. Vertrauen. Ein nacktes Denken hatte sie sich erhofft. Ein klares unverhülltes Denken. In den Tiefen der Seele ohne Angst. War seine Verweigerung. War seine Impotenz die Verweigerung dieser Nacktheit. Ungeschützt. Das Wort. »Ungeschützt.« Ein Schluchzen entfuhr ihr. Sie hielt erschrocken die Hand vor den Mund. War das wieder laut gewesen. Hatte der Mann das wieder hören müssen.

Der Mann stand unbewegt. Sie saß. Ungeschützt. Nicht einmal eine Illusion war ihr geblieben. Gustav hatte sie nicht einmal vor diesem Verlust bewahrt. Das war nicht zu ertragen. Sie unterdrückte ein Seufzen. Sie musste sich besser beherrschen. Aber sie schrie. Sie schrie. Sie ließ sich schreien. Sie saß da und schickte ihre Schreie hinauf. Zum Altar. Die Schreie beugten die Flammen der Kerzen.

Sonntag, 9. September 2018. Wien.[69]

Das Schreien hielt an. Es machte sie schweben. Riss sie hinauf. Die Schreie nahmen sie mit hinauf. Zogen sie hoch. Sie kam zum Stehen, und es war wieder still.

Sie hatte nicht geschrien. Sie sagte es sich vor. Es war alles innen. Die Kerzen brannten ruhig. Aber wo war der Mann. Er war doch gerade noch dagestanden. War sie allein. In diesem Raum. Sie schaute hinauf. Die Rundbögen. Gestreift. Rot und weiß. Gleich neben ihr der Aufgang zur Kanzel. Ein steinernes Geländer. Der Volksaltar weit vorne in der Apsis. In der Apsis. Die Decke. Die Bänke. Die Fenster. War das achtziger Jahre. Oder früher. Siebziger. Plump. Das viele Rauchgold da. Alle Materialien rauchgolden. Das war eher achtziger Jahre. Die Kirche so in zwei Teile geteilt. Die große Halle aus dem 19. Jahrhundert. Die Apsis neu. Fast neu. Moderne nicht. Das war gleich Postmoderne. Unskandinavisch klobig. Ungraziös. Ungeschlacht. Nur viel Licht und rauchiges Gold an der Decke. Sie stand. Schaute. Wie hässlich das war. Da vorne. Der Volksaltar. Wie richtig war der Historismus gewesen. Sie zwängte sich aus der Bank heraus. Ging zum Nebenaltar zu den Kerzen. Schaute zu Maria hinauf. Wieder fiel ihr Maria Goretti ein. Sie hatte mindestens dreißig Jahre nicht mehr an diese Figur gedacht. An dieses Motiv. Jungfernschaft. Mädchenehre. Wie man ihr beigebracht hatte, ihren Körper als schuldbeladenen Gegenstand männlicher Begierde zu sehen. Ihr Körper selbstverständliche Verführung und verbrecherisch darin. Ein dämonischer Vorgang war da entworfen worden. Sie musste den Kopf schütteln. Das hatte ja nun nicht funktioniert. Das Verbrechen der automatischen Verführung war ihr in diesem Fall nicht vorzuwerfen. Das hatte ihr Gustav erspart.

Sie wandte sich um. Sie stand neben der untersten Stufe zur Kanzel. Sie stieg auf die Stufe. Blieb stehen. Zauderte. Sie stieg weiter. Es war interessant. Ein Perspektivenwechsel. Den Kirchenraum so von oben. In der Mitte. Sie kannte Kirchenräume vom Chor aus. Sie hatte im Kirchenchor gesungen. Von hinten oben aus. Da lag der Raum weit nach vorne und von oben verkürzt vor einer. Die Personen waren von hinten zu sehen. Klein und schon nicht mehr genau zu erkennen. Von der Kanzel aus. Die Gesichter würden hinaufgewandt sein. Helle Flächen. Oder redete man von hier aus über die Köpfe hinweg. Gab es eine einfache technische Erklärung für den Abstand von Priester und Gemeinde. War es um die Lautstärke gegangen. Wäre mit Mikrophonübertragungen von Anfang an ein anderes Predigen möglich gewesen. Eine andere Anordnung. Mehr nebeneinander und Verbrüderungen. Aber das war es nicht. Nicht nur. Es sollten immer so viele wie möglich sein. Das war es. Mikrophone brachten nichts näher. Hitler hatte immer schon Mikrophone gehabt. Schon im Brauhaus. Und er war auch immer oben gestanden. Hatte auch von Brüdern gesprochen. Hatte lange Pausen gemacht. Den Hall verklingen lassen, als spräche er im Dom. War mit dem Gesprochenen in den letzten Winkel gedrungen. »In eurer Mitte.«, und war oben gestanden. Wie hier. Obwohl. Es war immer Jesus gewesen, der in »eurer Mitte« gelebt hatte. Was für eine Erfindung. Diese eine Person. Alles auf diese eine Person. Jeder Priester danach. Jeder Christ. Niemand musste mehr ein eigenes Leben verantworten. Was für eine Heimat. Alle konnten im Schatten dieser Vorstellung leben. Und sie. Und alle kleinen Mädchen. Sie sollten sich in den Schatten dieses Schattens denken. Ableitung. Secondhand. Und die Gustavs ministrierten. Die Mädchen ministrieren erst, wenn es die Buben nicht mehr interessierte.

Sie stand auf der Kanzel oben und schaute in den Kirchenraum rundum. Von da die Apsis weit ab. Der Überblick nur über den neoromanischen Raum. Diesen Auftrag. Den hatte sie erfüllt. Sie hatte keinen eigenen Schatten geworfen. Sie war keine brave Tochter des Herrn. Aber sie befolgte alle Gebote. Weil es richtig war, ein guter Mensch zu sein. Für hier. Sie war hochfahren. Hatte die aufgetragenen Gebote zu ihren eigenen gemacht. Besitz ergriffen. Ausgewählt. Beschlossen, was sie befolgen wollte und was nicht. Sie war nicht keusch geblieben. Damals. Und sie bestand auf Gerechtigkeit. Nicht auf dem Gesetz. Und das entfernte sie von dieser Religion und den Lebensberatungen zum gleichen

Ausmaß. Sie sollte ihr Leid übergeben. Weitergeben. In der Beichte oder in der Therapiesitzung. Zu bezahlen war beides. Die Kirchensteuer und die Therapiekosten. Die bekam sie unter Umständen von der Krankenkasse bezahlt. Aber das alles war ein Kreis. Durch das Geld zusammengehalten. Gebildet. Durch das Geld gebildet. Unlösung. Betrug. Und in beiden Fällen würde man ihr sagen. Und es war ein »man«, das da das Reden hatte. In beiden Fällen würde man ihr sagen, dass doch nichts passiert sei. Nichts geschehen. Kein Unheil größerer Natur. Und wie sollte sie sich selbst ernst nehmen, wenn es wieder um nichts anderes ging, als zu vergessen. Wie sollte sie ihren eigenen Wert einschätzen, wenn sie doch ihr Geld verdienen musste, dieses Vergessen zu bezahlen. Berufsfähig zu bleiben. Das war das Ziel. Immer alles bezahlen können. Das war der Auftrag. Wenn sie den Verlust der Liebe nicht beklagen durfte. Die Schmähung, belogen worden zu sein. Die Missachtung ihrer Person. Den Missbrauch ihres Geschlechts.

Sie setzte sich auf das kleine steinerne Bänkchen an der Säule. Lehnte sich gegen die Säule. Musste sie doch Rache nehmen. Aber sie wollte Gustav nicht sehen. Sie wollte seine Version nicht hören. Sie wollte nicht um ihre Version kämpfen müssen. Gustav hätte Erklärungen abgegeben, die sie wieder überprüfen hätte müssen. Sie hätte wie er werden müssen. Lebensprüferin wie er Steuerprüfer war. Oder Gustav hätte nichts gesagt. Gar nichts. Hätte sie toben lassen und hätte nur geschaut. Sein Gesicht dann. Sie dachte ihn. Schaute ihm ins Gesicht. Aber es war schon nur mehr in Einzelteile zerlegt. Die Augen. Die Nase. Die Wangen. Das

Kinn. Die zarte Dicke seiner Ohrläppchen. Er war schon kein Gesicht mehr. Ihre Wut. Sie würde sich steigern und an irgendeinem Punkt. Er würde sagen, dass er nun diese Geschichte nicht weiter. Er werde diese Geschichte beenden müssen. Wenn sie so. Er könne in einer solchen Geschichte keinen Sinn finden. Wenn sie ihm nicht vertraue. Da lasse sich nichts mehr machen. Dann. Und er hätte gewonnen gehabt. Kindischerweise hätte er gewonnen gehabt. Aber es war ja alles schon kindisch gewesen. Seinerseits. Jeden Augenblick der Entdeckung gewärtig. Jeden Augenblick mitdenken müssen und alles arrangieren. Und sie. Sie hatte jede Weiblichkeit aufgegeben. Jedes Misstrauen gegen das andere Geschlecht. Sie hatte sich gleich gefühlt und war nicht gleich gewesen. War sie nur zu schwach, ein solches Kasperltheater zu spielen. War sie faul. Nicht abenteuerlustig genug. Ängstlich. Nur kam man da weit. Mit der Ethik der Verstellung. Die Populisten machten das gerade alle. Ein Kasperltheaterskript für die Öffentlichkeit. Ein Machiavelli-Skript für die eigentliche Realität. Das wurde Politik genannt und war doch nur eine ganz normale Ehe mit dem Volk. Darauf lief das hinaus. Kein Vertrag, sondern eine Beziehung. Privat. Voller Gefühl. Und nicht prüfbar.

Warum hatte sie diesen Mann nicht hinausgehen gehört. Sie saß an die Säule gelehnt. Predigen. Von hier heroben. Sie stellte sich wieder an den Rand. Stützte die Hände so auf, wie sie das von Priestern gesehen hatte. In ihrer Kirche. Man hatte den lateinischen Ritus nie so richtig aufgegeben, und es war von der Kanzel gepredigt worden. Nicht vom Volksaltar. Der Ort. Sie konnte sich das vorstellen. Das Richtige verkünden. Sich richtig fühlen. Sich in dieses Sprechen werfen und nichts mehr von sich wissen. Außer sich geraten im Furor des Wissens vom Richtigen. Ein Akt. Das Ganze eine Art Akt. Von hier. Von hier heroben. Es waren alle kleiner. Kinder. Aufschauende Kinder. Oder schuldvoll gebeugte Häupter. Den Vater nicht anschauen. Kein Treffen der Blicke, und die Schläge dann unvermeidlich. Ihn zu sehen. Den Vater sehen in seinem Zorn. Das hieß, seinen Besitz des Wissens in Frage zu stellen. Im Sehen seines Zorns wieder ihn zu wissen. Ihn beobachtet. Dabei. Ertappt. Der ertappte Zorn des Vaters schlug sich dann selbst die Bahn. Brach aus. Der Vater hatte dabei nicht gesehen werden dürfen. Und die Rache war grauenhaft gewesen. Eine Aufsage von allem war das gewesen. Die Aufsage aller Gebote und der Ausbruch ins Töten. Der Vater hatte in seinem Zorn alles aufgesagt gehabt, woran er geglaubt gehabt hatte. Der Vater war ein Humanist gewesen. Ein Republikaner. Öffentlich. Er hatte sich diese Ausnahmezustände gestattet gehabt. Oder war er ausgeliefert gewesen. Hatte er im Schlagen seines Sohns sich den Arm neu geschaffen und hatte sich ganz gemacht. Obwohl. Nach dem damals noch herrschenden bürgerlichen Recht hatte er das Gesetz auf seiner Seite gehabt. Er war nach dem Gesetz der römische Hausvater gewesen, dem das Leben seiner Frau, seiner Kinder und seiner Sklaven in die Hand gegeben war. Er hatte sich das Recht genommen. Auf dem Teppich. Im Wohnzimmer. Sein kleines Ebenbild zerschlagend. Und zur gleichen Zeit. Der Vater hatte als besonders fortschrittlicher Pädagoge gegolten. Seine Schüler waren ihm treu geblieben. Er hatte alle Ehrungen des Landes

Wien erhalten. Wohl auch dafür, dass er dieses Doppelleben so schön geheim gehalten hatte. Vorbildlich. Und dafür, dass er in der Familie alle so in der Hand gehabt hatte, dass keiner und keine hinausgegangen war und es weitererzählt hatte. Oder geschrieben. Darüber war viel gesprochen worden. Zwischen den Eltern. Die Frau eines Universitätsprofessors aus Graz hatte ein Buch darüber geschrieben, wie ihr Mann sie geschlagen und misshandelt hatte. Wie sie dem Mann damit geschadet habe, hatte die Mutter gesagt. Was für eine böse Person diese Frau doch sei. Und dass das schon so sei, mit den Frauen. Dann hatte die Mutter die Nadel besonders heftig durch das Gewebe gezogen, wenn sie die Socken stopfte. Der Vater hatte gestopfte Socken nicht angezogen. Nach dem Tod der Mutter hatte sie Schachtel um Schachtel gefunden. Die Socken waren zusammengerollt. Die gestopften Stellen nach außen gekehrt und zu sehen, wie die gestopften Stellen sich kaum abhoben. Die Mutter hatte die perfekt gestopften Socken aufgehoben. Und die Frau hatte dem Mann nicht geschadet gehabt. In Graz. Der Universitätsprofessor war dann schon noch Landesrat bei der steirischen Landesregierung geworden.

Das Hinunterschauen machte sie schwindlig. Die Brüstung niedrig. Sie musste sich weit vorbeugen, ihre Hände aufstützen zu können. Sie stieg hinunter. Ihre Kerzen brannten. Sie überlegte, Gustavs Kerze auszulöschen. Auszublasen. Eine magische Handlung. Dann aber. Sie ging zur Kirchentür nach hinten. Es ging nicht mehr um ihn. Es ging um sie in der Welt. Sie wollte Anerkennung für das Geschehene. Kenntnisnahme und Abschluss. Sichtbarkeit wäre schön gewesen. Eine Öffentlichkeit, aus der eine Rückkehr möglich wäre, und nicht diese anonyme Öffentlichkeit, die sich in sie hineinpresste und sie mit Selbstbefragung überflutete. Wäre es mit einem Facebook-Account besser gewesen. Und sie musste lachen. Das war also der Grund gewesen. Gustav hatte sich als Fortschrittszweifler gegeben und war nicht auf Facebook gegangen, weil er da entdeckt worden wäre. Deshalb war er kein Freund auf Facebook geworden. Er hatte das als Exklusivität verkauft. Zivilisierte und kulturell hochstehende Exklusivität. Enthaltsamkeit. Social media als Verfallserscheinung. Und am Ende war es um die Organisation des Lügenlebens gegangen. Das war komisch. Aber konnte sie zu Facebook zurückkehren. Konnte sie »Ich bin wieder da.« rufen und sich einreihen. Und es wäre richtig gewesen für ihn. Auf Facebook hätte er ewig gelebt. Auf Facebook starb niemand. So ein Account. Das war für immer.

Sie wünschte sich jemanden zum Sprechen. Streiten. Argumentieren. Sich beruhigen. Sich beruhigen lassen. Die Öffentlichkeit hassen, aber zu ihr gehören. Irgendeine Beziehung zur Umgebung. Aber sie war eine Touristin. Insgesamt. Sie hatte sich nicht niedergelassen. Sie war dumm gewesen und hatte die Folgen zu tragen. Ihr Problem würde nicht einmal in der Lifestyle-Rubrik im *Guardian* oder in *Die Zeit* aufgenommen werden. Obwohl. Seine Impotenz. Die würde da besprochen werden können. Sie würde fragen können, warum die Frauen mit dem Dildo ein mechanisches Sexspielgerät zugestanden bekamen und für die Männer die Prostituierten als Roboter nachgebaut wurden. Lebende Sexspielgeräte gegen Mechanisches. Oder war das mit männlichen Prostituierten ohnehin schon weiter, und sie hatte es noch nicht begriffen. Würde sie das wollen. Schiere Befriedigung. Aber es ging nicht. Haut. Es war die Haut. Sie konnte sich der Haut nicht nähern, ohne die Person zu denken. Oder Atem. Und auch wenn so ein Boy nichts sagte. Es war unvermeidlich festzustellen, eine Person gekauft zu haben. Sie ging zur Tür. Die Tür ließ sich nicht öffnen. Sie konnte die Tür nicht öffnen.

Montag, 10. September 2018. Wien.[70]

Lilla Mejtens gränd. Malmgårdsvägen. Gotlandsgatan. Katarina Bangata. Skånegatan. Götgatan. Folkungagatan.

Sie ging. Sie stellte sich Glocken vor. Kirchenglocken. Wie die zusammenriefen. Wie sie einmal erwartungsvoll gewesen war, wenn sie diese Glocken gehört hatte. Was war da die Erwartung gewesen. Das Ritual. Die anderen. Die Freundinnen. Dieses immer gleiche Uhrwerk, das da abgelaufen war. Die Buben, nach denen sie geschielt hatten. Die großen Ministranten in den langen weißen Chorröcken. Die, die die Lesung lesen durften. Die Versammlung. Die Freunde der Eltern. Die, die nur vom Sehen bekannt waren. Da war ein Platz gewesen, und sie hatte dorthin gehört. War berechtigt gewesen, da zu sein. Da hatten alle gewusst, wer sie war. Wer ihr Vater war. Ihre Eltern. Sie war vor dem Ritual geflüchtet und vor der Versammlung. Und warum hieß das »vor« etwas flüchten. Sie war doch davongeflüchtet. Aber es stimmte auch. Die Kirche. Der Kirchgang. Das war vor ihr gewesen. Aufgerichtet. Ein aufgerichtetes Ziel. Jeden Sonntag. Und sie hätte nur die Lüge mitmachen müssen und hingehen und dennoch leben, wie sie wollte. Wie der Vater. Wie die Väter. Die hatten sicher nie gebeichtet, was sie mit den Kindern gemacht hatten. Diese Gewalt. Der Pfarrer hätte sie ohnehin zu gut verstanden. Sie waren alle im Besitz dieser Kinder gewesen und hatten mit denen gemacht, was sie wollten. Über die Seele war das gelaufen. Über das Gutsein. Und wie diese Männer Stellvertreter Gottes waren und im Besitz der Macht. Und war ihr Leben nun gelungener durch ihr Davongehen.

Sie überquerte Götgatan. Sie erinnerte sich an die Kirche. Sie hatte sie beim Überqueren des Platzes seitlich im Blickfeld gehabt. Das rote Gebäude. Rot und weiß gestreift. Sie wartete an der Kreuzung. Immer wieder liefen Personen bei Rot über die Straße. Ein Motorradfahrer bog mit hoher Geschwindigkeit von Folkungagatan auf Götgatan ein. Eine Frau lief gerade über die Straße. Der Motorradfahrer musste ausweichen. Kam ins Rutschen. Schleuderte. Er gab Gas. Fing sich. Brauste davon. Die Frau war stehen geblieben. Wie angewachsen stand sie da. Sie ging dann wieder. Kopfschüttelnd. Sie war bei Rot über die Kreuzung gegangen. Der Motorradfahrer wäre im Recht gewesen. Die Frau benahm sich, als hätte er den Verstoß begangen. War wütend. Stapfte davon. Gerade, dass sie nicht die Faust hob und hinter dem Motorradfahrer hinterdreinschrie.

Sie ging bei Grün. Sie ging Folkungagatan weiter. Wieso hatte diese Frau keine Einsicht und beschuldigte den Motorradfahrer. Geradeaus ging es in einen Tunnel zwischen Södermalm und Gamla stan hinunter. Die Kirche rechts von ihr. Der Platz davor leer. War die Kirche offen. Sie ging auf die Kirchentür zu. Sie bemerkte es erst an der Tür. Sie war klein geworden. Der Türgriff war in Augenhöhe. Als wäre sie zehn Jahre alt. Sie stemmte die Tür auf. Ging in die Kirche. Der Geruch. Das dämmrige Licht. Das Goldgeglitzere. Die Bankreihen. Es war katholisch. Katholisch genug. Sie ging den Mittelgang nach vorne. Ein neuer Kirchenraum war vorne angeschlossen. Cremefarben und braungolden. Klobig. Trotzig. Entschlossen hässlich. Sie ging an den Marienaltar links. Gleich bei der alten Kanzel. Unter der Marienstatue mit dem Kind brannten Kerzen. Sie krempelte ihren Rock hinauf. Suchte nach Münzen. Die Umhängetasche unter dem Mantel. Die Münzen. Alles war mit ihr geschrumpft. Ihre Kronenmünzen waren winzig. Sie nahm eine Fünfkronenmünze. Sie überlegte. Eine Kerze. Eine Kerze und nur für sie. Sie stellte die Kerze an die erste Stelle, damit sie gesehen wurde. Sie setzte sich.

So knapp am Altar. Sie konnte hinaufschauen. Über den Rand der Betbank vor ihr hinauf. Ihre Füße reichten nicht bis zum Boden. Sie musste die Füße auf die Kniebretter der Betbank stellen. Wurde sie noch kleiner. Sie wollte zehn Jahre alt bleiben. Und davor. Davor konnte sie nicht zurück. Das war das Problem mit Schrecken. Schrecken lagen quer und versperrten die Rückkehr. Wie jetzt auch. Es gab keine Rückkehr in die Welt ohne Gustav vor Gustav. Wie gut es ihr da schon gegangen war. Wie friedlich. Wie eben. Sie schaute zur Madonna hinauf. Am Ende. Es waren ihr die Hände zwischen ihren Beinen nicht erspart worden. Geboren hatte es dann doch werden müssen. Auch wenn es schon. Es hatte nicht verschwinden können. Und eine Zerstückelung in ihrem Leib. Die andere Möglichkeit. Unmöglich. Obwohl es da eine Narkose gegeben hätte. Es waren alle grimmig gewesen. Die Hebammen. Die Krankenschwestern. Ihre Ärztin. Ein grimmiger Vorgang. Nicht beschreibbar. Keine Worte dafür. Eine Höllenfahrt ins blendende Licht. Sie hatte in die Scheinwerfer über dem Operationstisch gestarrt. Sich in dieses Licht gesogen und abgespalten. Und vielleicht war sie immer noch in diesem Licht und ohnehin nicht am Leben. Lag da. Immer noch. Und neben ihm. Das Liegen. Seine Hände zwischen ihren Beinen. Und nicht er. Und sein Penis. Sein Körper ihre Beine auseinanderdrängend sich in sie. War dieses Liegen. Dieses hölzerne Liegen. Wie eine Holzfigur war sie dagelegen. Eine Heilige. Eine gotische Heilige. Vom Altar genommen und hingelegt. Ach. Wie widerlich. Alles falsch. Auch seine Hände nicht freundlich. Auf seine Art fürchterlich. Und das alles sollte männlich benannt sein. »Der« Hand. »Der« Hand Gottes. »Der« Kirche. »Der« Seele. »Der« Lesung. Das waren alles Erfindungen von denen, und wahrscheinlich waren auch die Hände der Hebamme »der« Hand gewesen. Im Auftrag des Allerhöchsten. Ihr ein hässliches Schicksal zu machen. Und sie wurde nicht mehr kleiner. Aber sie wollte nicht wieder wachsen. Nicht groß werden. Nicht in die Welt treten, die mit zehn Jahren vor ihr gelegen hatte. Eine dämmrige, kühle Leere, durch die zu gehen war. Sie saß da. Fühlte ihre schmalen Schultern. Die dünnen Arme und Beine. Leicht. Die spitzen Knie. Sie musste sich vorsichtig bewegen. Die Leichtigkeit. Sie würde dann laufen. Draußen. Sie wusste es wieder. Wie das war. Ins Laufen fallen und rennen und lachen müssen, weil es so schnell wird. Mit zehn Jahren. Und alles klar. Das Leben. Wie es sein würde. Das Leben. Es hatte übersichtlich vor ihr gelegen, und sie hatte nur den Weg beginnen müssen. Hatte sie gedacht. Sie seufzte. Hier war es jetzt einmal warm. Und es roch nach Kerzen und Weihrauch. Dann. Sie wollte dann laufen. Dann wieder. Die Kerzen brannten ruhig. Sie starrte auf ihre Kerze. Sie hörte Sprechen hinten. An der Kirchentür. Türknarren. Ein Luftzug. Sie wandte sich um. Sie fürchtete, die Kerzen könnten erlöschen. Wegen des Lufthauchs.

Dienstag, 11. September 2018. Wien.[71]

»Zigenare.« Sie hörte es. An der Tür. Jemand hatte das gesagt. Es waren Leute an der Tür. Sie rutschte tiefer in die Bank. Klein, wie sie war. Sie konnte gar nicht gesehen werden. Die Tür wurde geschlossen. Die Leute waren wieder hinausgegangen.

Sie setzte sich auf. Lehnte sich gegen die Seitenwand der Bank am Gang. Legte den Kopf gegen das abgerundete Kreuz oben auf dieser Seitenwand. Dann kniete sie sich hin. Zog den bunten Rock über den Mantel hinunter und unter dem Mantel wieder hinauf. Zog den Gummizug des Rockbunds bis fast unter die Brust. Sie nahm das bunte Tuch ab. Faltete es und schob es unter den Rockbund. Sie legte die

Seiten des Mantels sorgfältig übereinander. Sie würden sie nicht finden. So. Sie hatte den Ton gehört. »Zigenare.« Verstecken. Das konnte sie. So ein bunter Rock. Das war nichts. Sie hatte gelernt, die Wahrheit ihrer Familie zu verstecken. Zu verstecken, dass sie diese Wahrheit gar nicht kannte. Nicht kennen konnte, aber wusste, dass sie da war. Und deshalb versteckt werden musste. Vor der Familie zu verstecken, dass sie wusste, dass sie die versteckte Vergangenheit versteckte. Dasitzen und ein Versteck sein. Unzugänglich für alle und von der Mutter gehasst dafür. Die Mutter hielt den Hass versteckt vor dem Vater und hasste nur sie. Sagte ihr, dass nie etwas Ordentliches aus ihr werden würde, und sie sagte darauf, dass sie ohnehin nicht werden hätte wollen wie sie. Die Mutter. Dass sie nicht als Fettklotz enden wollte, und die Mutter zu weinen beginnen hatte müssen. Geschluchzt hatte, dass sie, Adele, nicht wüsste, was das alles bedeute. Bedeutete. Hieß. Was das alles gekostet. Dass sie, die Mutter, nicht mehr weiter wüsste und dass sie tot sein wolle.

Und es war richtig gewesen. Die Mutter hatte recht gehabt. Sie hatte es nicht gewusst. Wusste es nicht. Würde es nie wissen. Deshalb ging sie herum, aber mit dem Gefühl, die Beine wären unter den Knien abgeschnitten. Kein Gefühl. Wo der Boden. Wie stehen. Wie gehen. Wie laufen. Sie hatte sich die Beine abgetrennt. Aus Gerechtigkeit für den Vater. Sie war auch amputiert. Kam aus dem Krieg. Jetzt war es nur mehr die Angst. Wie sollte sie für sich sorgen. Auf der Straße. Wie würde sie das alles überstehen und dann ihr eigenes Leben beginnen. Sie musste abwarten. Wenn sie jetzt davonging. Nichts würde mehr funktionieren für sie. Das wusste sie. Aber sie würde das gut überstehen. Sie hatte das bisher. Blass. Sie musste blass bleiben. Wenn sie blass blieb und nichts sagte. Sich abtrennen von allem. Das Geschirr abtrocknen und in ihr Zimmer gehen. Nichts Persönliches zeigen. Die Poster abnehmen und nur die Schulbücher. Lesen. Sie konnte immer lesen. Den Eltern war es gleichgültig, was sie las. Wenn sie las, kümmerte sich niemand um sie. Sie hatte schon alles aus der Kinderbücherei gelesen. Die Frau, die am Mittwoch in der Bücherei Dienst hatte. Die gab ihr auch Erwachsenenbücher. Sie musste nur lesen und darauf warten, dass sie groß wurde.

Sie hörte die Kirchentür wieder. Stimmen. Wie war das mit dem Beten. Sie musste hier so tun, als würde sie beten. Sie betete diese Gebete doch jeden Sonntag. Wie ging das *Vater unser*. Sie wusste es nicht. »Gegrüßet seist du Maria«, und dann war etwas mit »gebenedeit unter den Weibern«. Aber das wurde nicht mehr gesagt. Oder doch. Und sie wollte nicht unter den Weibern beurteilt werden. Sie wollte »der« Beste sein. Sie schrieb die besten Aufsätze, und trotzdem würde der Schorschi immer der Beste in der Klasse genannt werden, weil sie nur »die« Beste sein konnte. Sie wollte kein Mädchen sein. Es war immer weniger als ihr Bruder. Was sie bekam oder was sie machen durfte. Und die Mutter wusste nur, dass sie das lernen sollte. Dass das Leben kein Honiglecken sei. Für eine Frau. Sie wurde im Nicht-Honig-Lecken trainiert. Und sie mochte Honig nicht. Und lecken schon gar nicht. Sie hatte ihr Eis lieber im Becher und aß es mit dem Löffel. Das Eis im Stanitzl fiel so leicht herunter. Und lecken. Das taten Tiere. Hunde.

Sie wurde an der Schulter gerüttelt. »Hej du.«, sagte ein Mann. »Hej du, vad gör du.« Sie setzte sich auf. »So sorry.«, sagte sie. »So sorry. I must have fallen asleep. Sorry. But it is so nicely warm in here.« Sie stand auf. Sie hatte gesehen, dass sie einen bunten Rock unter dem Mantel anhatte. Sie hielt den Mantel zusammen. Verdeckte das bunte Zeug. Wie war das passiert. Aber es war alles gut. Es war die Polizei. Ein Polizist hatte sie gefragt. Eine Polizistin stand neben ihm. In dicker blauer Winterkleidung standen sie da. Die Waffen weit abstehend. Pistole. Taser. Das kleine Täschchen für die Handschellen. Die Frau war nach vorne gegangen. Schaute sich die Kerzen an. »Polis« stand in großen weißen Lettern auf dem Rücken ihres Parkas. Der Mann gleich neben ihr. An der Bank. Er hielt sich am Kreuz der Seitenwand fest. Sie nestelte ihre Tasche unter dem Mantel heraus. Beugte sich weit vor, den bunten Rock zu verbergen. Sie suche ihren Pass, sagte sie. Hielt den Pass hoch. Die Polizistin kam zurück. Nahm den Pass. Sie hielt den Pass einen Augenblick noch fest. Sie wollte den Pass nicht aus der Hand geben. Dann hatte die Polizistin ihr den Pass weggezogen. Sie wollte der Polizistin den Pass gleich wieder aus der Hand reißen. Die Polizistin hielt den Pass so, als gehörte er ihr. Sie hatte diesen Impuls bei allen Passkontrollen. Sie hielt still. Hielt sich still. Der Polizist stand dicht neben ihr. Hielt sie in der Bank gefangen. Sie schaute freundlich. Sie hoffte, dass sie freundlich schaute. Für diese Polizei. Sie war »Zigeunerin« genannt worden. Obwohl dieses Wort hier gar nicht einmal mehr bekannt war. Aber auch als Roma war sie verdächtig. Das war weiterhin bekannt. Die Polizistin hielt ihr den Pass hin. Zögernd. Sie musste ein wenig an dem Pass ziehen, ihn zurückzubekommen. Die Polizistin hatte den Pass noch sehr fest gehalten. Sie lächelte und ging. Sie stand auf. Drängte sich an dem Polizisten vorbei. Die Polizistin und der Polizist gingen hinter ihr. Auf einen Mann an der Tür zu. Sie ging an dem vorbei. Ein älterer Mann. Gebeugt. Er musste den Kopf seitlich wenden, sie ansehen zu können. »Det finns ett barn.« sagte er zu ihr. »I don't speak Swedish.«, sagte sie und ging hinaus. Die Kälte draußen. Die klare Luft.

Warum hatte sie diese absurde Angst vor der Polizei. Vor einer Verhaftung. Es war die Leibesvisitation. Natürlich. Die Demütigung durch Nacktheit und invasive Überprüfung. Gummihandschuhe und Befehle. Dass das eine Demütigung war. Das hatte sie durch die Holocaustaufklärung gelernt. In all den Filmen und Bildern und Berichten. Jederzeit hatte so ein Bild aufspringen können. Werbung für einen Film. Ankündigung einer Gedenkveranstaltung. Ausstellungen. Zeitungen. Magazine. Programmhefte. Kataloge. Bücher. In den Bildern. Das waren immer Fotos und Filme von SS-Männern gemacht. In all den Filmen und Bildern und Berichten. Sie hatte so gelernt, wie Demütigung aussah. Und weil sie sich nicht auf die Seite der Demütiger geschlagen hatte. Nicht hatte schlagen können. Und war es nicht ganz einfach das. War das der Vorgang. Waren alle diese Personen, die jetzt wieder Nazimaßnahmen verlangten. War es denen möglich gewesen, sich nicht auf die Seite der Gedemütigten zu schlagen. Wäre sie. Hätte sie sich mit dem Vater identifiziert. Und nicht mit dem Bruder. Wäre sie dann eine

Polizistin und machte Leibesvisitationen. Das wurde gelehrt und gelernt. Das war Unterrichtsgegenstand. So wie sie die Grammatik unterrichtete. So gehörte das zur Grammatik einer Polizeiausbildung. Leibesvisitieren. Und wäre das schon Sadismus. Hätte sie damit die Demütigung der Kindheit in den Triumph der Demütigung anderer verwandelt. Oder galt das nur, wenn es ihr Spaß gemacht hätte. Konnte so ein Vorgang sachlich durchgeführt werden. Konnte so ein Vorgang eine sachliche Pflichterfüllung sein. Oder begann das irgendwann dann doch, Spaß zu machen. Sie konnte sich das nicht vorstellen. Und sie wünschte sich eine Erziehung, die sie demgegenüber gleichgültig gelassen hätte. Eine Formung, in der die anderen so etwas nicht mit ihr anstellen hätten können. Manchmal. Es verlangte sie fast nach einem solchen Vorgang. Sie hätte wissen wollen, wie sie danach. Ob sie danach noch. Sie wollte nicht so beraubbar sein. So ausgeliefert. So verletzlich. So unrau. Sie musste sich beschützen in diesen Dingen. Sehr. Und das. Das hatten sie ihr vererbt. Das hatte sie mitbekommen von denen. Von allen. Damals. Die hatten abholen lassen. Hatten zugesehen. Die meisten. Es hatte denen klar sein müssen, selbst abgeholt werden zu können. Wenn abgeholt wurde, dann konnte das jeden und jede treffen. Die Rassengesetze hätten nur neu geschrieben werden müssen. So wie es diese FPÖ andeutete. Wenn nicht alle gleich waren, dann waren alle nicht gleich. Dann konnte das ausgedehnt werden. Bis alle abgeholt waren. Und alle leibesvisitiert und invasiv untersucht waren. Total überprüft und der Chip eingesetzt und über den Chip ein Stromschlag. Jederzeit. Und Krieg und Frieden nicht mehr voneinander unterscheidbar. Alle involviert. Hineingedreht in Krieg und Frieden. Objekte, die dem Willen einer Herrschaft folgten und gleichzeitig Subjekte, die in sich herumgewirbelt wurden. Drehungen und Gegendrehungen in sich. In der Person. Von Begehren regiert, das an ganz anderen seine Erfüllung fand. War das die Hysterie, die sie fühlte. Diese stete Unruhe. Aufregung im Leib. Begehrlich aufgeladen. Aber die Begehren nicht erfüllt, und Nichtbegehrtes zur Erfüllung gebracht. In ewiger Unerfüllung begehren müssen. Kein Geschlecht mehr zur Auskunft. Über den Ort des Begehrens. Die Lust. Hatte sie die Liebe daraus retten können. Hätte sie. Die Liebe und sich. Oder nur sich. Die Liebe nicht. Aber. Sie wurde wieder schwer. Die Frische war wieder zur Kälte geworden. Eiseskälte und zudringlich. Die Liebe war nicht zu retten. Nicht allein. Single-handedly. Oder war das nicht richtig. Hatte sie in diesem Raum da hinter ihr. Hatte sie das in der Kirche eingebläut bekommen und war es nicht losgeworden. Hatte sie sich der Romantik des Katholischen überlassen. Wörtlich. War sie der Romantik auf den Leim gegangen. Der Erfindung der weltlichen Sehnsucht. Der Auflösung in Heterosexualität. Stützung der Männer durch die Frauen. Damit die Männer. Damit jeder Mann. In den Krieg ziehen hatte können. Ermächtigung durch Frauenunterwerfung. Code Napoleon. War das die Herkunft ihres Masochismus. Dass sie nun nicht allein in der Lage sein würde, ihr Glück zu finden. Weil es des Paars bedurfte. War sie so in die Teilhabe an einer Gemeinde eingepasst worden. War die Liebe zu Zweierbeziehungen zusammengehackt zur Blaupause der Sehnsucht gemacht worden. Und immer alles erst zu sehen, wenn es zerbrach. Und war das nicht genau das, was sie erlebte. Sie wusste alles über die Liebe, weil sie sie verloren hatte. Wusste jetzt alles, weil alles verloren war. Vergangenheit. Wurde zusammengehalten von diesem Wissen. Nachträglich und unanwendbar. Leichenschau schon immer.

Mittwoch, 12. September 2018. Wien.[72]

Sie ging über Medborgarplatsen. Sie war im Kreis gegangen. Im Lokal an der Ecke saßen Leute im Freien unter den Gasheizgeräten und aßen. Tranken Bier. Die Sonne schien. Auf der Eisfläche rutschten kleine Kinder herum. Schrien. Lachten. Sie ging weiter. Sie würde die Wiederholung vollenden und in das Café gehen, in dem sie gewesen war.

Es war also alles Trauer. Das Denken. Das Erinnern. Das Haschen nach dem Augenblick davor. Der Zwang, diesen Augenblick in die Gegenwart zu zerren. Im Sprechen den Augenblick aufrechtzuerhalten. Gegen die Vorläufigkeit jeden Augenblicks anzusprechen. Und nur mit dem Sprechen zu machen. Nicht mit dem Schreiben. Nicht mit dieser Nachträglichkeit. Die Sprache hatte diese Tragödie hergestellt. Ein Mensch zu sein. Sprechen und im Zwischenraum davon leben. Zwischen Zeit und denken. Sprechend.

Sie war müde. Sie war hungrig. Sie wünschte sich, es gäbe eine Halle, in die sie gehen und sich holen konnte, was sie brauchte. Einen Ort, an dem sie sich hinsetzen konnte und essen. Und alle bekamen, was sie brauchten. Ruhig würde das sein. Niemand hastig. Genug für alle. Alle lächelnd. Ruhe. Ja. Die wahren Gründe für die Nervosität und die Lautstärken würden offengelegt sein. Das Geldverdienen für das tägliche Brot. Es könnte nicht mehr als Deckerzählung dienen. Die Last des täglichen Kampfs ums tägliche Brot genommen. Oder war es nicht auszuhalten. Ohne diese Deckerzählung. Wenn gewusst werden musste, welche Rolle in der Gemeinschaft einer besetzte. Wie im Kommunismus. Die Macht so direkt. Aber die Männer noch immer Opfer ihres Geschlechts, und die Gegnerschaften wichtiger als das Wohlergehen. Die Männer ohne Nationalismus oder Staatskirchen. Da konnte kein allgemeiner Mittelpunkt gebildet werden. Das musste jede Person für sich tun. Sie. Sie wollte nicht in einem Staat leben, den zu lieben ihr plötzlich wieder aufgetragen wurde. Unter keinen Umständen. Der Bundeskanzlerbub verlangte das. Wieder. »Wir lieben unser Land.«, sagte er. Die Populisten wollten zum Wiener Kongress zurück und an einem Tisch sitzen und über Schicksale verhandeln, und dann zu Madame Nina und ihren »Engeln« ins Puff. Es war alles christliches Ritual geblieben. Die Huren als Engel des Wohlbefindens der Herren. Und im Puff. Jeder konnte sich als Revolutionär fühlen. Ein bisschen gegen eine längst ausgesetzte Moral aufbegehren und die Männergruppe festigen. Durch gemeinsam verübte Gewalt. Wie Jesus. Im Blutmahl zur Verbündung mit den anderen Hirten. Über Sex. Das war ausgespart worden. In der Überlieferung. Es war nicht zu erfahren gewesen, wie diese Hirtenrevolutionäre sich mit Sex versorgt hatten. Waren sie verheiratet gewesen und nur im Winter sesshaft. Oder waren sie eine Hirten-Krieger-Kaste gewesen, die mit einem Tross dahinzog und Sklavinnen dabeihatte. Oder waren sie schwul gewesen. Die Angst aller Generäle begründend. Beziehungen in der Truppe. Das waren Bindungen, und das schwächte die Kampfmoral. Weil der Tod der Kameraden so schwer verwunden wurde. Das das eigentliche Kriegstrauma. Der Verlust des Kameraden. Generäle wünschten sich beziehungslose Soldaten. Verschiebbares Menschenmaterial. Wie sie alle das sein sollten. Versetzbar. Verkaufbar. Jede Person sollte versetzbar und verkaufbar sein. Mit jedem neuen Job ein neues Leben. Barocke Bauernschicksale. Ein paar Dörfer von Reformierten verkauft und Katholiken dafür eingekauft. Oder getauscht. Je nach regierender Herrschaft. Das Gewissen. Oder die Laune einer solchen Person. Bestimmend. Das ganze Leben anderer bestimmend. War das je anders geworden. Konnte das anders werden. Wenn doch die Ungleichheiten beibehalten worden waren. Und war nicht alles militärisch geblieben. Die Religionen. Die Schulen. Die Universitäten. Die Krankenhäuser. Die Ämter. Alles nach militärischen Vorbildern. Wurden die Truppen ohnehin auf den Todestrieb getrimmt, und alles Lebendige blieb verdammt. War sie da angelangt. Hatte sie also diesen ganzen Weg in der Geschichte mit Gustav in so kurzer Zeit erledigt, der all diese Jahrtausende schon entlanggetrampelt worden war. War sie nur einfach christlich hospitalisiert und konnte da nicht heraus. War nichts Lebendiges mehr an ihr gewesen und diese tote Beziehung mit Gustav die Diagnose davon. Metaphorisch. Die metaphorische Feststellung, die sie erst erkennen konnte, nachdem alles in anschaubare Teile zerbrochen war. Lebte noch irgendetwas an ihr. Oder war sie schon zur Polizei ihrer selbst verkommen und überwachte sich nur noch. Kontrolle. Sie war wieder dort. Hatte sie sich das nicht schon gedacht, als sie am Morgen diesen Weg gegangen war. Und hatte sie da nicht gedacht, er kontrolliere sie. Aber er hatte nur ihre Kontrolle kontrolliert.

Sie ging an dem Design-Shop vorbei. Ging nicht hinein. Sie würde sich wieder dafür interessieren, aus welchem Material Geschirrtücher sein sollten und wie der Kabelsalat der Geräte verwahrt werden konnte. Später. Sie würde ihr Leben wieder ernst nehmen. Später. Dann.

Sie ging bergab. Ging schnell. War es dieses Kaffeehaus. War das nicht an einer Ecke gewesen. Die Straße länger als sie sie in Erinnerung hatte. Sie ging auf das Café zu. Zögerte. Dann ging sie hinein. Sie zog die Tür auf und ging nach hinten. Sie setzte sich auf denselben Platz. Ließ sich fallen. Ihr Mantel fiel auseinander. Der bunte Rock war zu sehen. Die Farben leuchtend. Goldgelb. Smaragdgrün. Rubinrot. Meeresblau. Der Kellner kam. Es war derselbe Mann vom Morgen. Er schaute auf ihren Rock. Schaute sie gar nicht an. Sein Gesicht. Es wurde starr. Sie lächelte zu ihm hinauf. Sie kannte ihn ja schon. Sie wollte die Karte sehen. Eine Kleinigkeit essen. Sie hatte keinen Hunger, aber sie sollte nicht schwach sein. Schwach werden. Sie sollte sich ernähren. Wenigstens diese Sorge um sich. Und trinken. Viel trinken. Die Müdigkeit. Das konnte auch davon kommen, dass sie nichts getrunken hatte. Nicht einmal ein Glas Wasser am Morgen. Bevor sie den Kaffee kaufen gegangen war. Für den Morgenkaffee mit ihm. Kaffee und Wasser. Und später sollte es diese Golatsche mit Kardamom bei Gunnarsons geben.

Der Kellner. Er sprach sie auf Schwedisch an. Streng. Ein wenig entschuldigend. Sie sagte, sie spräche kein Schwedisch. Aber der Mann antwortete nicht auf Englisch. Er wies ihr die Tür. Er hatte die linke Hand gehoben und zeigte mit dem Zeigefinger auf die Tür. Sie verstand nicht. Was bedeutete das. Sie lächelte den Mann an. Der schüttelte den Kopf. Er sah zu Boden und hielt die Hand ausgestreckt. Den Zeigefinger. »You want me to go.« Sie fragte es. Sie wiederholte den Satz. Eine Feststellung. Sie musste lachen. Sie saß da. Schaute zu dem Mann hinauf. Sie hatte den Mantel nur aufgemacht. Sie zog den Mantel um sich. Wiederholte den Satz als Frage. Sie lehnte sich zurück. Der Kellner. Dieser Mann. Er kam auch von ganz woanders her. Seine dunkle Haut. Sie deutete auf den Rock. Fragend. Der Mann schaute sie weiter nicht an. Sprach Schwedisch. Kurze Sätze. Drohend. Sie lachte. Sie lehnte sich zurück. »Ich entweiße mich.«, sagte sie. Schaute den Mann an. Sie stand auf. Schüttelte den Kopf. Sie war größer als der Mann. »Ich entweiße mich.«, sagte sie wieder. Lachend. Laut kichernd. Es war auch komisch. Der afrikanische Schwede verwies sie des Platzes. Wies sie aus. Exekutierte die weißen Regeln. Sie hatte es satt. Mit dieser Art von weißem Mann. Sie stand an der Tür. Sie zog den Rock unter dem Mantel hinunter. Der Kellner machte einen Schritt auf sie zu. Sie zog den Rock außen über dem Mantel hinauf. Musste wieder lachen. Hatte der Mann gedacht, sie ziehe sich hier aus. Sie richtete sich auf. Hoch. Hielt sich die Tür auf. »Ich entweiße mich.«, sagte sie das dritte Mal. Sie sagte es zwischen dem Lokal und der Straße. Drinnen und draußen und dreimal. Sie ging hinaus. Sie ließ die Tür zufallen. Hinter sich. Ein Abschluss. Sie fühlte es hinter sich. Endgültig nicht mehr. Sie hatte es begriffen. Es hatte sich begreifbar gemacht. Sie hatte nun auch diesen Glauben verloren. Ach, Papa, dachte sie. Wie könnt ihr euch noch immer an der Nase herumführen lassen und gegen eure Interessen leben. Aber sie war. War sie zufrieden mit sich. Hätte sie das anders. Widerständiger. Hätte sie randalieren sollen. Hätte sie die Zuckerdosen auf den Tischen ausleeren sollen und den Worten eine Wirklichkeit geben. Weißer Zucker. Nein. Sie hatte das gut gemacht. Sie trug diesen Rock und hatte damit gegen die Regeln verstoßen. Romafrauen wurden nicht bedient. Ach ja. Sie hatte das Kopftuch wieder um die Schultern gelegt gehabt. Sie hätte ihm ihr Geld zeigen müssen. Den Pass. Wie der Polizei eben. Ihre Kreditkarten. Sie hatte drei. Wozu sie so viele Kreditkarten bräuchte, hatte Gustav wissen wollen. Das koste doch die dreifache Kartengebühr. Was würde sie tun, wenn sie jetzt Gustav über den Weg liefe. Sie musste stehen bleiben. Langsamer weitergehen. »Luft holen.«, sagte sie sich. »Tief atmen.« Verfolgungswahn. Sie hatte Verfolgungswahn. Sie hatte plötzlich gedacht, Gustav wäre in diesem Café gewesen. Hätte ihre Ausweisung bewerkstelligt. Einen Augenblick hatte der Kellner wie Gustav ausgesehen.

Donnerstag, 13. September 2018. Wien.[73]

Gustav war der Kellner. Alle Männer waren Gustav. Verwiesen sie. Leergesichtig. Vertrieben sie. Erfüllten die Befehle. Schauten an ihr vorbei. Sie war zu groß, um übersehen zu werden. »Es ist schön, so hinaufzuküssen.«, hatte sie gesagt. Sich gedacht. Gustav war um einen halben Kopf größer gewesen als sie. »Ich entweiße mich.« »Ich sage ab dem Teufel und all seinen Werken.«, fiel ihr ein. Und dass sie ewig getauft bleiben musste. Aber sie entsagte. Ja.

Das tat sie, und es blieb nichts. Keine Illusion mehr.

Sie hob den Kopf. Straffte die Schultern. Wenn Gustav nun hier heruntergegangen kam. Sie überquerte die Straße. Ging auf der anderen Seite bergauf zurück. Sie wollte nicht zu diesen Schleusen kommen. Wollte den Mann vermeiden, der den drei Frauen die Röcke gebracht hatte. Sie ging in der Sonne. Sie musste ihre Augen beschatten, auf die andere Straßenseite zu sehen.

Das war eine gelernte Situation. Sie hatte jahrelang die Phantasie gehabt, ihrem geschiedenen Mann zu begegnen und unheimlich gut auszusehen. Ihm sichtbar zu machen, was er verloren hatte. Beim Anziehen. Zu Hause. Der Gedanke war aufgetaucht. Aufgeblitzt. Erst. Es war wohl eine Ableitung der Phantasie eines letzten Gerichts. Ein einziger Auftritt und alles entschieden. Oder besser Erscheinung. Marienerscheinung. Bis dann dieser Gedanke nicht mehr aufgeschienen und deshalb in Erinnerung gekommen war. Bis dann das Kopfschütteln eingesetzt hatte darüber, ein solches Wiedersehen herbeizuwünschen. Das war es ja wohl gewesen. Ein Wunsch. Ein Treffen wie im Märchen. Sie hatte sich an ihm vorbeischweben lassen. In Gedanken. Eine schöne Fee. Eine schöngemachte Fee. Und das langsame Absinken dieser Vorstellung. Das langsame Ersterben der Trauer. Das war ja wohl Trauer gewesen. Und dann war es doch ein Tod. Auch. Starb die Trauer, wenn sie zu Ende gebracht war. Gab es nicht diesen Spruch vom Begraben der Trauer. Auch das ein Verlust. Wieder. Auch dieser Verlust schwer zu tragen. Normal werden.

Wollten diese Rechten nicht normal werden. Wollten die in der Trauer um den Verlust ihres Männerideals sitzen bleiben. Wie die Nazis. Die hatten sich in den Traum vom siegreichen arisch-weißen Mann gesetzt und hatten da bleiben wollen. Sich geschämt für den Ersten Weltkrieg und aus der Scham das Bindemittel gemacht. Die Scham zur Ehre erklärt. Oder war es immer nur Brudermord. Und überhaupt nicht kompliziert. Sie waren an der Marne gewesen. In der Champagne. Keine Spuren von den vielen toten jungen Männern. An den Ufern.

Würde Gustav sie erkennen. Mit dem Kopftuch. Sie zog das Tuch auf den Kopf hinauf. Über die Wollhaube. Zog das Tuch über die Stirn nach vorne. Würde sie über die Straße gehen und ihn anlächeln. Oder auf ihn zulaufen und auf ihn einschlagen. Genugtuung heischen. Ausgleich. Oder würde sie sich ihm in den Weg stellen und ihm böse entgegenschauen und selbst nicht wissen, was sie tun würde. Sie wünschte sich, er käme ihr entgegen. Oder er käme hinter ihr gegangen und überholte sie. Sie wegen des Kopftuchs gar nicht erkennend, und sie konnte ihm zurufen, »Gustav.«

Aber sie hatte Angst. Die Auseinandersetzung. Sie bekam gleich dieses wirre Dunkel in den Kopf. Fühlte sich dumm. Schwer. Und sie wollte vor ihm nicht weinen. Hatte sie geweint. Hatte er sie weinen gesehen. Sie hatte in seiner Gegenwart nie geweint. Nicht einmal in Filmen. Er auch nicht. Ach. Sie beugte sich vor. Es war so vieles nicht. Noch nicht. Bisher. Keine Zeit. So viel. Und sie musste aufhören mit diesem Denken. Diesem ziellosen Kreisen in sich. Sie musste abschließen. Nicht daran denken. Sich Zeit lassen. Jetzt einmal. Aber die Diagnosen purzelten nur so herbei. Sie hätte sich fragen müssen, was das für eine Beziehung war, wenn nicht geweint wurde. Hatte sie sich das Weinen verboten. Unterdrückt. Sie seufzte. Wann weinte sie denn. So richtig.

Sie blieb stehen. Musste stehen bleiben. Sie war eine Rassistin. Sie war aus diesem Lokal gewichen, weil der Mann dunkelhäutig war. Sie hatte nicht auf ihrem Recht bestanden. Auf ihren Rechten, weil sie es diesem Mann nicht schwermachen hatte wollen. Und der. Der führte Aufträge durch. Oder er war selbst vorurteilsbeladen. Warum sollte er weniger rassistisch sein als irgendjemand. Sie hätte nicht gehen dürfen. Sie hätte sich durchsetzen müssen. Und sie war gegangen, weil sie in Verkleidung war und ohnehin alle Rechte hatte. Sie war vor der Auslage des Zeitungsgeschäfts angelangt. Sie blieb stehen. Schaute in die Auslage. Ging weiter. Sollte sie in die Wohnung auf Helgagatan gehen und weinen. Daliegen und weinen. Oder hoffte sie immer noch. Hoffte auf eine Begegnung. Hatte sie den heimlichen Wunsch, es ginge alles aus wie in *Sex and the City*. Beide suchen die Wohnung auf, die das gemeinsame Heim werden hätte sollen, und beim ersten Blick. Beim ersten gegenseitigen Blick fallen Mann und Frau einander in die Arme, und dann wird schon die Hochzeit organisiert. Sie konnte die Wohnung der Fernsehserie vor sich sehen. Die Kamera war mit Aufblick geführt. Von unten hinauf. Aus einer Kindchenperspektive. Frosch. Und da war sie auch angelangt. Kindchenhoffnungen. Prinzessinnenglaube. Heimliche Märchenwünsche. Und das. Sie überquerte Folkungagatan. Das würde sie nicht überstehen. Die Enttäuschung, wenn eine solche Inszenierung misslang. Gustav hatte *Sex and the City* sicher nicht gesehen. Er war der *Tatort*-Typ. Jeden Abend ein *Tatort*. In Deutschland jeden Tag ein *Tatort* auf irgendeinem der Sender. Jeden Abend Mord und Aufklärung. Die Kommissare und Kommissarinnen die Wahrheiten hütend. Priester und Priesterinnen einer erfundenen Realität. Die Verhaftung das Ende. Wie die Hochzeit in der Romanze. Die Realität danach. Die neue Identität. Eheleute oder Gefangene. Die Zeit nach der Tat. Die ersparten die Redaktionen den Zusehenden. Das Drama der Jagd. Das Epos der Folgen. Wie die Personen in die neuen Zustände gepresst wurden. Wie sie zurechtgezupft wurden. Zusammengestaucht. Wie die Mechanik von stark und schwach ihre Zurichtung vornahm. Und alles nach den Leibesvisitationen und invasiven Überprüfungen. Staatlich vorgeschrieben. Im Namen des Staats die genauen Formen zu erfüllen. Das viele Fernsehen. Er bezog das nie auf sich. Was auf dem Bildschirm in den *Tatorten* passierte. In den Nachrichten. Das betraf immer die anderen. Er war nie gemeint. Und gegen Frauenperspektiven. Da war er immun. Er folgte nur den High-angle Shots. Schräg von oben. Deshalb konnte er das gar nicht verstehen. Den Mr Big aus *Sex and the City*. Der war immer im Low-angle Shot zu sehen. Ein Objekt weiblicher Begierde. Aus der Perspektive der immer kleineren Frauen. Und deshalb konnte sie auf ein Einverständnis in solchen Inszenierungen nicht rechnen.

Sie ging weiter. Es würde ein Desaster sein. Und war das der Schlüssel. Sie hatten nicht die gleichen Serien gesehen. Die gleichen Romane gelesen. Die Filme aus verschiedenen Perspektiven betrachtet. Sie hatten aneinander vorbeigespielt. Keine Replik. Keine Szene. Kein Einsatz. Nichts hatte gestimmt. Sie ging in eine kleine Bäckerei neben dem Supermarkt auf Folkungagatan.

Eine Vitrine mit Torten und Backwerk. Nach rechts drei kleine Tische. Links an der Wand eine Bank und ein Tischchen. Sie nahm das Tuch ab. Die Haube. Sie machte den Mantel auf und zog ihn aus dem Rock heraus. Behielt den Rock an. Über den Jeans. Sie ging an die Bank und setzte sich. Sie ließ sich fallen. Kraftlos. Kraftlos angespannt. Sie saß. Sagte sich, ruhig zu sein. Trinken. Sie musste trinken. Essen. Jetzt einmal das Nötigste. Es musste Mittag sein. Selbsterhalt.

Ein Mann kam aus dem Raum hinter der Vitrine. Er trat an den Tisch. Sie bestellte Kaffee und zeigte auf eine Quiche. Das wolle sie haben. Sie sprach Englisch. Der Mann nickte. Er rief in den Raum nach hinten. Auf Schwedisch. Er war dunkelhäutig. Sehr dunkel. Sein Schwedisch ohne Akzent. Wenn sie das so hörte. Er war wohl hier geboren. In Schweden waren immer wieder Flüchtende aus Afrika aufgenommen worden. Eritrea. Sudan. Nigeria. Biafra. Ruanda. Kongo. Zwei Drittel der Bevölkerung Afrikas wollten auswandern. Das hatte sie gelesen. Aber Bevölkerung Afrikas. Was sollte das heißen. Eine Bevölkerung. Sie hatte ein Bild von Savanne vor sich und einzelne Personen, die da herumgingen. Körbe auf dem Kopf. *National-Geographic*-Fotos. Aus den herablassenden Zeiten. Und die Bilder eingesetzt. Von damals. Biafra. Das war ein Bürgerkrieg gewesen. Sie hatte nur vom Hunger da gehört. Die Gründe nicht. Als wäre Hunger etwas, was in Afrika wüchse. Gedeihe. Dabei hatte sie viele Studenten aus Afrika unterrichtet. Wenige Frauen. Und trotzdem dieses Bild. Hereingeschoben. Von einem Außen in ihr. Sie lehnte sich zurück. Sie war dieser Wachsamkeit müde. Sie verstand. Einen Augenblick. Sie ließ sich in diesen Augenblick fallen. Es war so kraftraubend. Sie fühlte ihre Gliedmaßen an sich baumelnd herunterhängen. Keine Kraft, die Haltung. Aufrecht. Und sie hasste ihre Eltern. Und alles, was sie gemacht hatte. Geprägt. Sie hätte nicht einmal weinen können. So erschöpft. Innen. Nichts als Gewalt und deren Folgen. Ein Taxifahrer in Wien. Er hatte eine ganze lange Fahrt lang darüber geklagt, wie es nur Krieg gäbe. Und immer mehr Krieg geben würde. Und er hatte recht gehabt. Er hatte die Krisengebiete aufgezählt. Er war aus der Türkei gewesen. Syrien. Kurdengebiete. Saudi-Arabien. Jemen. Palästina. Irak. Pakistan. Afghanistan. Kaschmir. Die Fahrt war aber dann doch nicht lang genug gewesen, nach Afrika zu gelangen. Oder Südamerika. »Und wozu.«, hatte der Mann gefragt. »Immer nur Tränen.« Er hatte gut Deutsch gesprochen. Langsam. Er hatte immer noch im Kopf erst übersetzen müssen. Er war in der Türkei aufgewachsen. Sie dachte, sie sollte eine dieser Sprachen lernen. Türkisch. Ungarisch. Aber dann musste sie grinsen. Das war ihr Ausweg. Immer noch eine Sprache lernen. Etwas lernen. Sie vermied die Anwendung. Sie hatte sich dabei ertappt, schlimme Nachrichten nur noch auf Englisch zu lesen oder zu sehen. Sie hatte in sich ein Fach für die täglichen Schrecklichkeiten eingerichtet. Auf Englisch. Sie seufzte. Der Mann stellte den Kaffee vor sie hin. Sie bedankte sich. Der Mann sah sie gar nicht an. Er ging an die Auslage und schaute hinaus. Ein Ruf von drinnen. Er wandte sich zurück. Ging. Ob sie Wasser haben könnte, fragte sie. Ja. »Tapwater. Please.« Sie hätte sagen wollen, das sei ein Menschenrecht. Wasser. Sie habe das Recht, Wasser zu bekommen. Aber das war für den Kellner in dem anderen Café gemeint. Eine verspätete Reaktion. Sie suchte die Geldbörse aus ihrer Tasche und legte sie auf den Tisch. Es sollte zu sehen sein. Sie hatte Geld. Sie spürte wieder, wie sie dagestanden hatte. Vor dem ausweisenden Kellner. Es war so eine verdrehte Bestätigung gewesen. Ein perverser Triumph. Sie war als Opfer bestätigt worden. In der Form alles richtig. Im Inhalt alles falsch. Sie war kein Opfer. In keiner Weise. Sie war in der Hierarchie ihrer Kultur eines. Ja. Aber sie ging nicht unter. War nicht untergegangen. Sie sollte gerecht bleiben. Und der Kellner hatte sicher seine Möglichkeiten überschritten, und sie hätte ihn zur Rechenschaft stellen sollen. Ihn ernst nehmen. Und sie sollte alles viel besser machen. Sie sollte in jedem Augenblick wachsam sein. Vor allem gegen sich selbst. Sie war autoritär erzogen. Wie alle anderen. In ihrem Land jedenfalls. Und sie musste sich selbst gegenüber misstrauisch sein. Bleiben. Und wie sollte sie das tun. Wie aufrecht halten. Wie nicht zusammenbrechen. Und wie einen sicheren Stand gegen sich selbst finden. Was für ein Elend. Was für eine Anstrengung.

Der Mann stellte eine Karaffe Wasser und ein Glas vor sie hin und beim Danke-Sagen bemerkte sie, dass sie weinte. Dass ihr Tränen über die Wangen liefen. Sie musste lachen. Hatte sie sich nicht gerade gesagt, sie weine nicht in der Öffentlichkeit. Sie schaute sich um. Der Mann kümmerte sich nicht um sie. Er war wieder nach hinten gegangen. Sie saß allein in diesem Raum. Die Möbel unbehandeltes Holz. Rotkarierte Tischtücher. Deckchen darauf. Auf einem Regal um die Ecken. Hexenpuppen und alte Kaffeekannen. Seidenblumen. An der Wand hingen Ofentücher. Sinnsprüche. »Trautes Heim, Glück allein.« Wahrscheinlich. Und was hieß »Glück allein.« überhaupt. Kreuzstichmuster.

Sie mochte Sticken. Sie hatte wieder zu sticken begonnen. Begonnen gehabt. Das Stickzeug. Sie hatte alle diese Stiche wieder gelernt. Stielstich. Hohlsaum. Plattstich. Knötchenstich. Margeritenstich. Nadelmalerei. Im Metropolitan Museum in New York. Sie war vor den Stickereien aus dem 17. und 18. Jahrhundert gestanden. Sie konnte nicht zeichnen. Aber sie hatte gedacht, sie könnte Bilder sticken. Das Stickzeug. Es lag in Berlin. Sie war ja fast immer alleine da gewesen. Sie hatte sich eine Beschäftigung suchen müssen. Der Beginn des Karenzjahrs. Sie wusste nun, wie der Pensionsschock sich anfühlte. Wie die Zeit so endlos wurde und dennoch verrann. Das Sticken. Es hatte schon das Einkaufen der Musterhefte Spaß gemacht. Das Aussuchen der

Garne und Stoffe. Die Auswahl einer Vorlage. Die Übung der Stiche. Der Stickrahmen. Wie es langsam zu gelingen begonnen hatte. Gustav hatte es gut gefunden. Er hatte sich neben sie gesetzt und gelesen. Der Fernsehapparat eingeschalten. Kulisse. Traut war das gewesen. Und nun nie wieder.

War ihr das Sticken nun verdorben. Hatte das in diese Welt dort gehört. Diese Einsamefrauenwelt in dem gläsernen Haus am Wasser. Am See und am Wald. Sie war ja dann doch oft den weiten Weg zum KaDeWe gefahren und hatte dort Fleisch eingekauft. Das war die Ausrede gewesen. Sie war vor der Einsamkeit in dem Haus am Wasser dorthin geflüchtet. Museen und Kaufhäuser. Shopping-Malls. Da konnten die einsamen Frauen ihre Einsamkeit ungehindert herumtragen. Aber es war Unbeschäftigtheit gewesen. Das hatte sie verstört, und sie hatte es Einsamkeit genannt. Sie war ohne Beschäftigung gewesen. Sinnlos. Sie hatte sich sinnlos gefühlt. Es lag auch an ihr. Die Liebe hatte nicht gereicht. Nicht für den ganzen Tag. Musste sie sich das nicht zugeben. Dass das Warten auf den Abend und seine Rückkehr. Oder am Wochenende. Er war ja oft verreist gewesen. Workshop in Brüssel. Und sie erst hierher mitgenommen. Und da wahrscheinlich die andere. Mitgehabt. Haben und nehmen. Wie hatte sie sich in diese Verben verwickeln lassen können. Single. Das Single-Dasein. Sie musste nur neu anfangen. Das hatte sie doch gewollt. Neu anfangen. Das war jetzt wirklich möglich. In aller Form. Ein übergroßes Ende. Ein Knall. Eine Explosion. Und der Neuanfang umso neuer. Danach. Ruhe, nach einer Schlacht. Frieden, nach einem Krieg. Und nie wieder musste sie ins KaDeWe und seine Abwesenheit mit sich herumschleppen. Sie trank vom Kaffee. Sie putzte sich die Nase. Fühlte. Vorsichtig. Hatte sie wirklich geweint. Sie tupfte die Nässe von den Backenknochen. Die Quiche. Wann kam die. Hatte der Mann sie verstanden. Aber dann hörte sie das »Ping« der Mikrowelle.

Dienstag, 18. September 2018. Düsseldorf.[74]

Drei Frauen kamen herein. Lachend. Sie setzten sich in die Ecke. Ihr gegenüber. Sie schoben zwei Tischchen zusammen. Zogen ihre Handschuhe aus. Die Mützen. Ihre Mäntel. Sie steckten die Köpfe zusammen. Setzten sich. Der Kellner kam. Die Frauen bestellten. Riefen ihm etwas nach. Er nickte.

Sie. Eine Aufwallung von Missvergnügen. Sie mochte diese Frauen nicht. Die waren laut. Aber sie war territorial. Sie hatte allein bleiben wollen. Sie hatte hier sitzen wollen und vor sich hinschauen. Es war lächerlich. Was konnte sie gegen diese Frauen haben. Die waren laut. Aber das war Schweden. Sie war in Schweden, und hier sagte niemand mehr den kleinen Mädchen, sie sollten leise sein. Sie sollten unbemerkt bleiben. Auf die Entdeckung warten. Sie war neidisch auf die. Wahrscheinlich war sie nur neidisch auf die. Sie hätte auch so herumschreien mögen. Sich viel Platz nehmen. Viel, viel Raum haben.

Sie dehnte sich aus. Füllte den Raum aus. Sie konnte das Regal spüren. Wie es einschnitt gegen ihre Haut. Wie der

Nippes an die Wand geschoben wurde. Wie sich die Kaffeekannen auf dem Regal gegen ihre Ballonhaut anfühlten. Wie
sie diesen Frauen näher kam.

Warum verwandelte sich alles in Gefühle. Bei ihr. In
Körper. Körperlichkeiten. Warum konnte nichts im Kopf
bleiben. Warum wanderte jeder Gedanke in ihren Körper.
Hinunter. Breitete sich aus. Erfüllte sie. Warum musste sie
mit allem denken. Mit dem ganzen Körper. Sie warf den
Kopf zur Seite, den Gedanken wegzuschieben. Wegzuschüt-
teln. Aber es waren gar nicht Gedanken. Nicht nur. Es wa-
ren Bilder. Diese Bilder von außen in ihr. Diese drei Frauen.
Sie hatten dieses Bild in ihr aufgerufen. Diese drei Frauen.
Sie hatten dieses Bild hervorgerufen. Ihr langweilig braves
Dasein war das gewesen. Sie hatte das nie werden wollen.
Sie war aber doch dort gelandet. Und sie mochte diese drei
Frauen dafür nicht. Für diese Landung. Sie unterschied sich
nicht von ihrer Mutter. Sie hätte ihre Mutter sein können,
die in einem Kaffeehaus saß und vor sich hinsinnierte. Und
vielleicht hatte ihre Mutter genau solche Gedanken gehabt.
Ihre Mutter hätte diese Frauen hinausgedrängt. Im Geist.
Sie hätte diesen Frauen ganz selbstverständlich die scheuß-
lichsten Schicksale an den Hals gewünscht. Ihre Mutter war
ja noch richtig aggressiv gewesen. Hatte das geäußert. Ihre
Mutter hatte sagen können, dass es schon richtig war, wenn
eine an einer Abtreibung starb. Strafe. Gerechtigkeit. Ihre
Mutter hatte Strafe und Gerechtigkeit gleichgesetzt gehabt.
Mittelalterlich. Lange vor jeder Neuzeit. Ihre Mutter war
eine Heidin gewesen. Eine Person vor der Aufklärung. Ihre
Mutter war in die Kirche gegangen, ihr Heidentum zu pfle-

gen. Um Rache zu nehmen. Ihre Mutter hatte immer gesagt, ihr wäre das Leben gestohlen worden. Mit den Kindern. Und das war so gewesen. Sie hatte kein eigenes Leben besessen. Aber nicht wegen der Kinder. Das war alles vom Vater gekommen. Und die Mutter hatte auch nichts ändern wollen. Sie hatte sich ihr Leben stehlen lassen wollen und hatte gegen die Frauenbewegung getobt. Ihre Mutter hatte einen Mann gebraucht, sich selbst vorfinden zu können. Sie. Sie hatte ihre Mutter dafür verachtet. Aber war eine solche Verachtung genug gewesen, sich aus solchen Abhängigkeiten zu befreien. Zu entfernen. Sich wenigstens zu entfernen. Ganz los. Ging das. Das ging nicht. Das war ihr Los. Mit diesen Eltern. In diesem Land. Auf diesem Erdteil. Und ihr Kampf. Und sie hatte gekämpft. Sie hatte sich die höchsten Ideale zum Ziel gemacht. Nur die äußersten Ziele schienen für das Ausschlagen solcher Erbschaften auszureichen. Schienen ausgereicht zu haben. Sie hatte keinen Verrat begehen wollen. Sich gegenüber. Der offene Kampf. Die Ritterlichkeit. Das hatte nun nicht gereicht. Sie wünschte sich. Sie verstand. Eine Flucht. Drogen. Ganz anders. Alles hinter sich lassen. Alles und vor allem die Sprachen, die nur dazu geführt hatten, wie es jetzt war. »Und wozu. Immer nur Tränen.« Sie seufzte. Tief. Und noch einmal. Alles ausatmen. Hinausatmen. Ausstoßen. Sich sich selbst überlassen. Ruhe. Sie war ein Leben lang mit diesen zwei Menschen schwanger gemacht worden. Sie hatte diese Eltern herumgetragen und Rechenschaft abgegeben. Und es war nur die Krise, die sie in Erinnerung gebracht hatten. Sie war allein. Ganz allein. Schon lange. Schon längst. Sie atmete ein.

Nabel an Nabel. So lebendig. Weiterführend. Neugierig machend. Unmittelbarkeit, neue Unmittelbarkeit fordernd. Nach sich ziehend. Unberichtbar. Und die Zeit nicht mehr. Hineingeschoben und umgeben. Nabel an Nabel. Vollkommmen umgeben und ungenannt. Orgien so. Ungenannt und zugleich und ohne Zeit. Der eine dann alle. Die eine. Die einen. Alle. Glitzernde, singende Allgegenwart. Gott musste von Frauen erfunden sein. War das. Und im Geheimen. Ekstase. Jederzeit und immer.

In der äußeren Welt. Er hatte gewonnen. Er war der größere Masochist gewesen. Er hatte diese Konkurrenz gewonnen. Hatte sie überholt. In ihrem armseligen und angelernten Masochismus zurückgelassen. Er hatte sie überflügelt mit seiner vollkommenen Aufgabe der Lust. In das reine Begehren geflüchtet. Er hatte zeitgemäß gelebt. Den Zeiten gemäß. Begehren auf Begehren aufgetürmt. Hatte sich ins Begehren fesseln lassen. Aber dann. Es war das Einzige, was umverteilt wurde. Begehren. Daran wurden alle beteiligt. Sie war altmodisch geblieben und hatte sich Erfüllung gewünscht. Lust und Erfüllung. Er war da einfach voraus gewesen. Das war seine Emanzipation. Als Mann nicht der steten Erfüllung unterworfen. Er hatte die überkommenen Prinzipien gekippt. War Meister seines Phallischen geworden. Er spionierte andere aus, wie sie ihre Ersatzbefriedigungen anhäuften und den Staat um Abgaben brachten. Er wusste alles über diesen Wunsch und musste ihn sich nicht erfüllen. Er war der Eunuch, der alles über den Harem wusste. Er war konsequent. Die Welt war ein Harem des Geldes. Er hatte eine mächtige Position darin.

Was hätte sie wollen können von ihm. Sie hätte sich Nabel an Nabel an ihn drängen wollen. Die Narben der Mütter so eng zwischen den Leibern sich eine Verbindung gewünscht. Neugelenkte Ströme des Lebens. Dieses starre Liegen in seiner Versagnis. Dann. Die Nabel waren gen Himmel gerichtet gelegen. Kein neuer Schrei geschrien. Während sie doch gewusst hatte. Geglaubt hatte zu wissen. Wusste. Lebte. Den anderen Weg. Lebendig. Gegen alles lebendig, und wenn es schmerzte. Jedes Gefühl. Die Gefühle selbst schon sprechend zur Sprache geworden. Das Leben erzählend. Eine geheime Bibel für sich. Ursprung sich selbst. Ins Denken verwoben. Ihr Reden grundierend. Entwerfend. Sie war das. Das war sie, und nichts verloren. Der Gewinn ein Verlust. Aber Gewinn. Das war so. Wenn sich alle um einen Gefolterten und Gekreuzigten geschart hatten. Wenn der Tod als Gewinn ausgerufen worden war. Harsch. Harsch war alles geblieben. Feindlich. Unverständlich. Heimatlos. Aber nichts verloren.

Er hatte ganz bleiben müssen. Ihr gegenüber. Er hatte ihr nur einen Teil von sich gezeigt. Er hatte ihren Sklaven gespielt. Ihren Befriediger, und er hatte sich darin zum Meister gemacht. Der Stratege seiner Lustaufschiebung. Bis er seinen Masochismus zur Vollendung gebracht hatte und den Wunsch ermordet. Und waren das Orgasmen gewesen. Was sie erlebt hatte. Wer konnte ihr das sagen. Es wurde doch gesagt, dass die meisten Frauen da nicht hinkamen. Wieso dann sie. In diesem Fall. So selbstverständlich. Vielleicht war sie auch frigide, wie von den meisten Frauen behauptet, und es war etwas ganz anderes. Orgasmen. Und alle diese Frauen, die in die Frigidität verschoben wurden. Von den Philosophen. Immer noch und letzthin. Und neuerlich. Die verschoben die Frauen in die Frigidität und nannten das dann normal. Aber was wussten diese Philosophen vom Wohlgefühl, ein zu enges Höschen zu tragen und in Berlin durch den Tiergarten zu spazieren. Was wussten die über das Abenteuer vom Wasser auf der Haut. Oder wie die Kälte den Busen hart machte. Und singende feine Töne in der Kehle zur Antwort. Zu Fäden gerinnend, von den Brüsten weit kreiselnd um den Nabel gesammelt. Nein. Es sollte ihr in Zukunft nie wieder jemand sagen, wie es sein sollte. Sie war in ein Geschlechtsorgan eingeteilt worden. Sie war in sich aufgeteilt gewesen. Und stumm gemacht, weil keiner zuhören hatte wollen. Dabei sprach ihre Haut. Ihre Häute. Und Begehren war das nicht. Das war schon vollendet und hätte sich mitteilen wollen. Können. Die Philosophen. Die Libertins. Die hatten Krieg geführt gegen diese Erzählung und ihr Begehren zum Prinzip gemacht, nach dem. Sie musste lachen. Beischlaf. Das war die richtige Beschreibung. Sie hätte ihm beischlafen wollen. Ihre Vollständigkeit mitteilen. Sie wollte doch nicht besitzen. Haben. Erobern. Sie hätte ihre Vollständigkeit mit seiner. Gleich auf und erotisch. Sie saß da. Sie fühlte ihre Häute zu sich zurückkehren. Hörte das laute Reden im Raum. Die drei Frauen.

Mangel. Es war Mangel gewesen. Er hatte aus Mangel gehandelt. Hatte aus Mangel seine Macht herausgepresst. So war die Welt. Das Leben. Die Umstände. Der Vater hatte zu ihr gesagt, »Du bist meine kleine Prinzessin.«. Und es war geschehen gewesen. Das Begehren benannt. In das Wort eingefangen. »Meine kleine Prinzessin.« Vorausbestimmt für diesen Mann. Später.

Sie stand auf. Sie legte einen Geldschein auf den Tisch. Sie nahm ihren Mantel über den Arm. Die Haube. Den Schal. Das Tuch. Sie ging hinaus. Jemand lief ihr nach. Rief etwas. Sie ging davon. Sie ging an einer Frau vorbei, die im gleichen bunten Rock auf einem Campinghocker saß. Ein Pappbecher stand vor ihr auf dem Gehsteig. Es war nicht die Frau, die sie gefragt hatte, wie sie hieß. Die sie bei Slussen gesehen hatte.

Sie ging in den Supermarkt. Ging um die Frau herum. War sie nun wieder besiegt. War sie nun in diesem Krieg zurückgezogen worden. Der Krieg, in dem sie immer erst nachher wissen konnte, dass dieser Krieg wieder stattgefunden hatte. War das nun endgültig.

Es gab dreizehn Sorten Knäckebrot im Regal. In allen Größen. Kleine Waffeln. Wagenradgroße Räder von Knäckebrot. Wie nett das sein musste, sich durch alle diese Sorten durchzuessen. Knäckebrotforschung zu betreiben. Ein Brotforschungsvorhaben zu beginnen. Die Teige zu vergleichen. Wie diese Teige alle seidig weich sein mussten. Geklopft. Gewalkt. Geknetet. Wie immer Hitze notwendig war. Feuer. Und dann doch jedes Brot anders wurde. Und immer ein Genuss. Gustavs Vater hatte nach einem Herzinfarkt den Rest seines Lebens nur noch zwei Knäckebrote am Abend verzehrt. Er war alt geworden so. So diszipliniert. Er war aber auch schon lange tot. Wie ihre Eltern. Gustav war auch so ein spätes Kind alter Eltern gewesen. Er hatte das jedenfalls so gesagt. Es konnte auch das eine Lüge gewesen sein, und Gustavs Mutter lebte, und er besuchte sie regelmäßig.

Sonntag, 23. September 2018. Berlin.[76]

Er war ein Opfer seiner selbst, und sie war das nicht. Sie sah ihn vor sich. Wenn Gustav sprach. Er gehörte zu den Menschen, die in der Mitte saßen. Aber von da. Er konnte sich selbst nicht sehen. Wäre er selbstlos gewesen. Liebevoll. Fürsorglich. Zärtlich. Er hätte dennoch nicht zu sich selbst gekonnt. Von der Welt in allem bestätigt. Er wäre immer der unbesprechbare Mittelpunkt geblieben. Sich selbst nicht erzählbar. Ein Punkt. So ein Mittelpunkt. Das war ein dichter Ort und lichtlos. Gustav war nicht ein Opfer seiner selbst. Er war ein Opfer des Geschlechts. Gustav war so selbstverständlich ein Mann, dass er nur nach außen blicken konnte. Er war von der Aufklärung selbst gemacht. Der erzogene Schüler, der in der Erziehung schon zum Lehrer gemacht, sein Schülersein selbst vernichtete. Angeleitet dazu. Und er hatte ja auch immer alles gewusst. Gustav hatte die Welt erklären können. Er hatte das zu seinem Beruf gemacht. Er wusste, was Menschen machten. Wunderte sich über nichts. Und wie hatte es kommen können, dass sie die Männer um diesen Mittelpunkt beneidet hatte. An diese Stelle kommen hatte wollen. Diesen Platz sich erobern. Ein böser

Geschmack. Sie hatte einen bösen Geschmack im Mund. Sie hatte mit ihrem Vater geschlafen. Mit Gustav. Seine Impotenz machte das offenkundig. Sonst. Wäre alles so wie immer gegangen. So irgendwie und auch befriedigend. Sie hätte es nicht bemerken müssen. Wie sie sich aufsaugen hatte lassen. Lassen wollen. Auffressen. Wie sie in wortlosem Taumel sich in den Mittelpunkt einfangen lassen hatte. Es hätte auch ein Raumschiff sein können und Aliens, die sie hinaufbeamten. Der Vorgang war der gleiche. Sie musste lachen. Sie sah Gustav am Rand des innen erhellten Raumschiffs stehen und ihr die Hand reichen. Er war von Licht umgeben. Eine Silhouette. Er zog sie hinauf und hielt sie, und die Luke schloss sich hinter ihr. Sie fragte sich, wie er das dann gemacht hätte. Hätte er mehrere Raumschiffe geführt oder in dem einen verschiedene Stockwerke für die verschiedenen Frauen. Aber es hätten auch andere Formen sein können. So ein Raumschiffkapitän. Der konnte Präsident der Vereinigten Staaten sein. Der Generalsekretär der EU. Ein Getränkemilliardär. Ein Schuldirektor. Die Raumschiffe waren verschieden ausgestattet. Aber sie standen alle an der Luke und schleusten die Auserkorenen in das Schiff. Versprechungen. Phantasmen. Utopien. Die Luke wurde geschlossen. Das Raumschiff hob ab. Die Kapitäne waren immer schon von Bord gegangen. Die Gefangenen. Es blieb nichts anderes als das Stockholmsyndrom. Das ganze Leben ein Stockholmsyndrom.

Sie verstand ihn. Es war elend. So auf sich geworfen. Und immer gleich gefangengenommen vom nächsten Impuls. Herumgeworfen in sich. Gekreiselt. Nicht einmal ein nachgemachter Mittelpunkt. Und das Geflüster hinter dem Knäckebrotregal. War sie damit gemeint. Ein Mann in blauer Uniform war mehrmals hinter ihr vorbeigegangen. Dachten die, sie sei eine Knäckebrotdiebin. Aber sie hielt den Mantel in der Hand. Der bunte Rock war zu sehen. Und die Frau draußen im bunten Rock. Zwei Personen standen am Ende des Gangs. Beobachteten sie. Flüsterten. »Psst.«, hörte sie. »Psst.« Eine Hand griff um die Regalwand. Zog sie weg. Sie ließ sich wegziehen. Musste grinsen. Das war komisch. Hieß das nun wegführen oder abführen, was da gerade geschah. Aber es war keine Polizei da. Eine Frau im Arbeitskittel des Supermarkts zog sie am Arm weg. Eine Tür. Ein Gang. Stufen. Ein Raum ohne Fenster. Beige Tische. Beige Sessel. Ein Kaffeeautomat. Ein Coca-Cola-Automat. Wieder eine Tür. Die Frau führte sie. Hielt sie am Ärmel. Sie ging mit. Nach. Wie ein sehr kleines Kind, dachte sie. Sie kamen in einen Umkleideraum. Metallkästen. Beige gestrichen. In der Mitte des Raums. Eine schmale Bank an der Wand. Weit oben ein Fensterchen. Schnee draußen davor. Es kam Licht nur durch die obere Hälfte des Fensters. Die Frau wies sie auf die Bank. Sie setzte sich. Die Frau nickte ihr zu. Machte eine Handbewegung. Versperren, sagte diese Bewegung. Dann beruhigend, sie solle warten. Die Frau eilte hinaus. Die Tür wurde versperrt. Die Frau rief ihr etwas zu. Durch die verschlossene Tür. Dann waren Stimmen zu hören. Weiter weg. Dann Stille.

Noch das kratzende Scharren des Zusperrens im Ohr. Sie lehnte sich zurück. Sie war frei. Dieser Augenblick. Die Stimmen draußen waren nicht mehr zu hören. Kühlaggregate surrten. Brummten. Tiefe Töne andauernd. Aber das war draußen. Hinter der Tür. Vor der Tür. Sie griff hinter sich hinauf. Der Lichtschalter gleich hinter ihr. Sie war neben der Tür zu sitzen gekommen. Hereingedreht von der Frau. Sie drehte das Licht auf. Drehte es wieder ab. Durch das Fenster oben Tageslicht. Sie hatte in dem grauen Licht alles erkennen können. Es war Mittag. Es musste Mittag sein. Das Tageslicht noch drei oder vier Stunden. Sie stand auf. Ging rund um den Raum. Rund um die Säule von Garderobenkästen in der Mitte. Bänke rundum an der Wand. Der Raum war ein Quadrat. Fast ein Quadrat.

Wieso fühlte sie sich so erlöst. So gerettet. Es war warm hier. Sie legte den Mantel auf die Bank. Setzte sich wieder. Sie strich den Stoff des Rocks glatt. Elektrisch. Das Material reiner Kunststoff. Knisternd. Ein Faden gezogen. Wo war sie hängen geblieben. Der Stoff glänzte glatt. War aber rau beim Entlangfahren mit der Hand. Billig. Und wie das meiste Billige nicht haltbar und unpraktisch. Wie das Aluminiumgeschirr in dem Apartment in Chicago. Das Apartment war überhaupt nicht billig gewesen. Im Gegenteil. Aber der Manager. Ein sehr junger Mann. Geschirr. Das verschwände regelmäßig. Die Mieter würden die Töpfe und Pfannen mitnehmen. Stehlen. Er hatte das betont. Und wenn es ihr nicht gefiele. Er hatte zu ihr hinaufgelächelt. Sie könne doch einen guten Topf kaufen. Gleich nebenan. Da gäbe es einen exklusiven Shop für Hochzeitslisten. Da bekäme sie das Beste. Sie hatte nur einmal zu kochen versucht. Der Reis war am Boden und an den Rändern des Aluminiumtopfs so angeklebt gewesen, als wären der Reis und das Aluminium eine innige chemische Verbindung eingegangen. Dieser Topf war fast nicht mehr sauber zu bekommen gewesen, und der Reis hatte einen metallischen Geschmack gehabt. Damals hatte man Aluminium noch nicht mit Alzheimer in Verbindung gebracht. Sie hatte aber das Gefühl gehabt, ihre Zunge wäre metallen überzogen. Sie konnte das jederzeit spüren. Es war wohl billiger für die Vermieter gewesen, die Mieter vom Kochen abzuhalten. Niemand stahl solches Geschirr. Aber er hatte charmant gelogen. Der Manager. Er hatte sie ins Vertrauen gezogen. Sie auf seine Seite gezogen. Sie von den anderen ausgenommen. Sie zu einer gemacht, die nichts mitnahm. Stehlen. Das machten die anderen.

Sie seufzte. Setzte sich. Sie fühlte sich frei. Befreit. Jemand hatte sie gerettet. Ohne etwas zu wissen, hatte diese Frau sie weggeführt und hierhergebracht. Diese Frau hatte nur gezischt und ihr gedeutet, still zu sein. Aber es hatte ein Einverständnis gegeben. In der Hast hatte diese Frau ein Einverständnis vorausgesetzt, und sie hatte mitgemacht. Es war natürlich der Rock gewesen, der gerettet worden war. Das Kopftuch. Sie nahm das Tuch ab. Legte es zusammen. Es war derselbe Stoff wie der Rock. Die großen Rosen anders eingefärbt. Blau. Blaue Rosen. Das Kopftuch war unversehrt. Kein Faden gezogen.

Hatte sie ihre Lektion gelernt. Nun. War sie endlich angepasst. An die Welt. War sie nun endlich in die Instanz ihrer selbst verwandelt. Statt Gewissen und Seele und ein freier Wille und Entscheidung. War sie nun endlich das Chamäleon geworden. Eine Instanz, die Ausschau hielt und die Farben wechselte. Jederzeit die richtige Person spielen konnte. Eine Schauspielerin ihres Lebens. Und nichts erreichte sie mehr. Hatte sie gelernt, sich selbst ein Paravant zu sein. Das Beste aus allem machen. Klaglos in die Verwandlungen. Und innen nichts wissen. Wissen wollen. Die angebotenen Erfüllungen annehmen und nicht fragen, worauf die sich bezogen. Den Körper abkoppeln und fluten lassen. Die Kraft von da. Und nicht erst die Kraft aufbringen und dann. Wünschen.

Die Hilfe dieser Frau. Sie war eingesperrt. Freundlich. Sie war mitgegangen. Sie war überrascht gewesen. Zynisch. Sie war aus Zynismus mitgegangen. Und sie konnte sitzen hier. Ausgeliefert. Aber sie hatte ohnehin nicht gewusst, wohin. Wie weiter.

Sie machte die Augen zu. Sie war erlöst. Sie war frei. Sie war allein. Nie mehr. Sie würde nie mehr enthoben sein. Nie mehr so. Wie auf ihn. Auf sie beide. Auf sie gemeinsam bezogen enthoben. In diesen nur zwischen ihnen beiden bestehenden Zustand. Unwiederbringlich nicht mehr. Nie wieder. Das Besondere verloren. Ins Normale erlöst. Und sie wünschte sich, hundert Jahre schlafen zu können. Ausruhen. Sie war. Erschöpft. Das war das richtige Wort. Leer. Ausgepumpt. Alle Muskeln davonfließend. Sie war als Knochengerüst zurückgelassen. Frierend und zähneklappernd zurückgelassen. Ausgesetzt. Die höllische Kälte hier.

Minus 15 Grad. Da reichte kurze Zeit, um für immer einzuschlafen.

Diese Frau. Damals. Diese Frau damals hatte das gemacht. Sie hatte das gleich verstanden. Damals. Hatte es selbst gespürt, wie befreiend das sein musste. Sich ausziehen und in die Kälte legen. Sich der Kälte hingeben. Auf den Rücken legen. Zuerst. Hinaufschauen. Eine Winterbaumkrone über sich. Die Frau hatte das im Park der Anstalt gemacht. Zuerst auf den Rücken legen. Die Arme und Beine ausbreiten. Die Kälte einladen. Die Kälte den Körper einhüllen machen. Und erst dann. Irgendwann. Im nebeligen Davon. Im Zittern. Nach dem Zucken und Schlagen der Glieder. Dem Klappern der Zähne. Im nebeligen Davon einrollen. Zusammenkauern. Fötushaltung. Die Geschichte dieser Frau. Sie hatte sie verstanden damals. Wie ihre eigene. Damals schon. Die Frau. Sie war in Drogentherapie gewesen. Ihr Therapeut hatte sie als von ihm geheilt geheiratet. Zwei Kinder. Ein sadomasochistisches Verhältnis. Der therapeutische Ehemann gegen die Drogenehefrau. Ein Spiel. Er hatte sie das Auto einparken lassen. Dann hatte er das Auto umgeparkt. Heimlich. Stellte das Auto heimlich um. Er hatte die Frau das Auto suchen lassen. Hatte gesagt, was für eine Versagerin sie sei. Vor den Kindern. Alle hatten davon gewusst. Nachher war herausgekommen, dass alle zugesehen hatten. Dabei gewesen waren. Dieses Spiel. Im Prozess war es bezeugt worden. Die Frau war nicht ins Gefängnis gekommen. Deshalb. In die Psychiatrie zurück. Die Frau hatte ihre Kinder genommen und war mit ihnen aus den Fenstern im vierten Stock gesprungen. Die Kinder waren tot gewesen. Die Frau hatte überlebt. Eine Kindsmörderin war sie geworden. Vor Gericht gekommen. Der Mann hatte weitergearbeitet. War psychiatrischer Gutachter geblieben.

Es war wie bei ihr und Gustav. Wie fürchterlich das war. Die Mitgefühle von damals zu einer Wirklichkeit jetzt. Geworden. Er würde auch weiterhin Lügner aufspüren. Er würde weiterhin die elaborierten und komplexen Lügen ganzer Teams aufdecken und die Fäden auftrennen, die zu den Steuerparadiesen führten. Gustav war ja ein Entdecker. Er ging den Fäden der vielen Nullen nach. Das war sein Wind. Er segelte mit einem Wind aus Nullen hinter Zahlen auf die Steuerparadiese zu und entdeckte. Das Anrecht des Staats. Verteidigen. Die Betrüger ihrer Strafe zuführen. Gustav hatte das Recht abzuführen. Zu verhaften. Oder nicht. War das nur in Österreich so. Sie hatte ihn nun nicht gefragt.

Gustav war ihr voraus gewesen. Der war schon von moralischen Impulsen frei. Der war schon neoliberal aufgestellt. Der konnte seinem Beruf in aller Ruhe und Richtigkeit nachgehen. Kollateralschäden im Privaten. Nein. Das war richtig so. Der Drogentherapeut war wahrscheinlich sogar ein besserer Therapeut gewesen. Durch die Entlastung im Privaten. Das Drama nachgespielt. Gustav hatte das Lügen nachgespielt. Hatte sich vorgeführt, wie das vor sich ging. Und wusste mehr über das Lügen. Konnte die Fährten der Verstellung. Die Finten der Finanzwelt. Gustav war der Kriminologe, der zum Verbrecher wurde. War das der Grund für die *Tatorte* gewesen. Diese Phantasie, selbst ein Verbrechen.

Neben Gustav sitzend. Sein Denken mitdenkend. War sie da. Hatte sie das übernommen.

Sie stellte sich vor, tot zu sein.

Dienstag, 2. Oktober 2018. Wien.[78]

Sie knipste mit dem Lichtschalter. Probierte SOS aus. Warum wusste sie nicht, wie das M in der Funkersprache signalisiert wurde. Sie hätte »Save-My-Soul« knipsen können. Sie ließ es. Draußen war immer noch Tag. Ihre Lichtzeichen nicht zu sehen. Sie saß. Im Dämmer des Lichts durch das Schneefenster oben. Weiß. Draußen.

Sie saß am Grund. Sie sagte es laut. »Jetzt bist du am Grund angekommen.«

Warum sprach sie in der zweiten Person mit sich selbst. Ging ihr kein Ich von der Hand. »Ich bin am Grund angekommen.« Es war nicht richtig. Sie saß da. Die beiden Sätze. Im Augenblick. Sie wiederholte die Sätze. Stellte sie gegeneinander. Übereinander. Der Nachklang. Sie ließ den Nachklang über sich hinwegfluten. Wiederholte. Ließ sich in den Nachklang fallen. In den Spalt zwischen den beiden Sätzen.

Schon der Anblick der Vorwahl. Der Anblick der unbekannten Telefonnummer auf dem Display hatte alles ausgelöst. Wie hatte das sein können. War sie so darauf vorbereitet gewesen. Wo hatte sie das gewusst gehabt. Wer in ihr. Was.

0033. Das war die Vorwahl von Frankreich. Wer sollte sie aus Frankreich anrufen. Sie hatte gezögert. Die Vorahnung.

Die war im Bauch gewesen. Ein Elend im Bauch. Das brummelnde Vibrieren. Sie hatte sich von diesem Vibrieren in die Annahme treiben lassen. Drängen. Das Vibrieren fordernd gewesen. Sie hatte keine Anrufe erwartet. Erwarten können. Es gab keine Gründe, sie anzurufen. Nur er. Sonst. Es war alles geregelt. Sie war losgerissen gewesen. Von allem losgerissen. Und Frankreich. Die Ahnung. Von Unwiderrufbarem war das gewesen. Der Innenleib schon. In Erwartung. Angespannt. Und mit der Stimme. Mit der Stimme der Frau. Mit der Frage, ob sie das sei. Ihr Körper hatte gleich alles gewusst gehabt. Hatte das längst gewusst gehabt. Das Davonsinken der Vorderseite von Bauch und Brust dem Elend schon Platz gemacht, bevor noch etwas anderes gesagt worden war.

Sie ließ sich wieder so nach vorne gleiten. Das Elend. Ein wolkiges Grauen in Schlieren und zugleich hineinzufallen. Sie sah sich zu. Ruhig. Und kippte zur gleichen Zeit in sich nach vorne. Ruhig sitzend, ließ sie sich das geschehen. Taumelnd schwimmend. Sich selbst nicht erreichen können. Und nicht umzukehren. Ein Hinaus und nie mehr zurück. »Und weinte die ganze Nacht.« Unbegrenzt in sich. Dumpf. Schwer. Der Kopf und die Schultern über diese Grenzenlosigkeit nach vorne übergebeugt. Zusammengekauert in sich sie ihre Außenseite spüren konnte. Sich mit ihren eigenen Armen umfing. Zusammenhielt. Und immer weiter wurde. Aufgebläht von der Unerträglichkeit. Getrennt. Die Verbindung durchschnitten. Durchrissen. Und ausfloss. Davonfließend. Das Herz eine harte kleine Kammer. Hämmernd. Holzig klopfend. Laut zu hören. Aber kein Atem. Der Atem mit davongeflossen und nicht zurückkommen hatte wollen. Kleine hechelnde Versuche über der Leere. Pfeifender Alarm. Aber sie hatte nur sich. Nur sich gehabt, Alarm auszulösen. Deshalb musste sie per du mit sich sein. Es wäre ja nur er gewesen, zu dem sie sich flüchten hätte können. Flüchten hätte mögen. Es war diese doppelte Trennung, die. Der Geliebte. Der Vertraute. »All your eggs in one basket.« Und dann gleich die Doppeldeutigkeit von »Eiern«. Wie wichtig das war. Diese Frage der Hingabe. Wie alles messend.

Sie stand auf. Ging. Sie ging um den Turm der Garderobenkästen in der Mitte des Raums. Eine Säule. Draußen. Stimmen. Sie setzte sich wieder. Es war ihr gleichgültig, was geschah. Sie setzte sich in die Ecke gegenüber der Tür. Halb von dem Turm der Garderobenkästen verdeckt. *Modesty Blaise* fiel ihr ein. Die Comicserie. Die Bücher in Wien. Im Bücherkasten ganz unten. Im versperrten Zimmer. Da, wo sie alles gelagert hatte, was sie nicht mitnehmen hatte können. Das Kämmerchen, das ihr geblieben war. Modesty Blaise hatte auf Wunsch ohnmächtig werden können und so alle Gewalt an sich nicht wissen müssen. Modesty Blaise hatte Gewalt gegen sich nicht zur Kenntnis nehmen müssen. So. Sie hätte ohnmächtig werden sollen. Auch. Da. Am Hafen. Und im Schnee daliegen bleiben. Wie lange brauchte es, bis eine erfroren war. Da war nur dieses Paar vorbeigegangen. Danach. Sie hatte niemanden getroffen. Erst der Mann auf den Stufen. Bei minus 15 Grad.

Es war eine nette Erfindung. Das mit dem Ohnmächtigwerden. Wie hieß denn der Autor. Er hatte Modesty Blaise mit vielen solchen Überlebensfähigkeiten ausgestattet. Eine

Superheldin. Nicht die Gewalt vermindern, sondern die Heldin stärken. Und ergab es wirklich einen Unterschied, die Vergewaltigung zu erleben oder nur wissen zu müssen. Der Körper wusste doch alles. Ging es darum. Alle in Ohnmacht versetzen und dann alles machen. Zufügen. Und niemand musste es merken. Dieser Autor. Der hatte das nett gemeint. Wahrscheinlich. Eine Frau, der der Körper vollkommen zur Verfügung stand. Eine starke Frau. Aber war die nicht einfach ein Mann. So. Oder. War da nicht das Geschlecht ausgesetzt. War eine solche Person nicht vollkommen geschlechtslos, wenn das Geschlecht so unverletzbar war. War es nicht die Verletzlichkeit, die das Lebendige ausmachte. Wunschloses Kommando über sich. War da eine noch am Leben. War da einer je am Leben gewesen. Ging das Leben nicht erst los, wenn das Geschlecht selbst verständlich war. War das nicht die Frage, die gegen die Welt gerichtet werden musste. Welches Geschlecht auch immer. War eine Person ohne Geschlecht eine Person. Wie sich der Autor von *Modesty Blaise* das gewünscht hatte. War das der Zukunftsentwurf gewesen, den sie nicht erfüllt hatte. Nun. Die war eine Frau nur, wenn sie eine Frau sein wollte. Aber war das nicht das, was Prostitution. Beschrieb. Wenn der Käufer das Geschlecht bestimmte. Durch den Kauf. Nur das Geschlecht gekauft. Der Person nur dieser Aspekt weggekauft. Oder musste sie doch lernen, dass Geschlecht nur ein Teil war. Wie die anderen Fähigkeiten. Und kaufen und verkaufen diese Zersplitterung bedeutete. Zögerte sie nur noch am Rand dieser Logik. Sollte sie nicht zur Kenntnis nehmen, dass auch sie auf Befehl lächelte. Auf Befehl ihre Tage eingeteilt hatte.

Ihre Aufgaben waren immer vorgeschrieben gewesen. Nur im Lernen hatte sie sich eine Freiheit erobern können. Im Entschluss, was sie sich vorschreiben lassen hatte wollen. Ihr Stundenplan. Er war immer diktiert gewesen. Sie hatte unmächtig vor sich hingelebt. War sie ohnmächtig gewesen. Eine Modesty Blaise seelisch. Geistig. War Gustav nur die logische Ergänzung darin gewesen. War das ihr Wert. Ihre Wertbeschreibung. Freudloser Sex mit ihr. Weil sie ohnehin schon in der Ohnmacht gelebt hatte. Angepasst. Eingeordnet. Ordentlich. Mittelklasse. Demokratisch. Gutwillig. Passiv. War dieser passive Sex die Darstellung gewesen. Von ihr. Von ihrer Person. Eine Person, die sich in die Abenteuerversprechungen vergangener Religionen geflüchtet hatte. Der Lyrik. Der Philosophie. War ihr damit ihr Abstieg angeleitet worden. Aber auch die Erzähler schon Handpuppen ganz anderer Vorgänge.

Sie saß in die Ecke gelehnt. Der Geruch. Hier. Plötzlich zu riechen, wie schlecht es in diesem Raum roch. Mauerfeuchtigkeit. Schimmel. Altes Essen. Nasse Kleider. Die Wärme war vom Geruch getrennt. Die warme Luft staubig. Kratzig trocken. Beim Atmen. Und in Zukunft. Sie war nicht jung. Neu beginnen. Sie musste neu beginnen. Das ging sich aus. Aber wie sollte sie. Wenn alles Trauer war. Alles Denken. Sprechen. Reden. Alles nachträglich. Immer erst gelernt, wenn es vorbei war. Selbst die Schönheiten zeigten sich erst im Auseinanderbrechen, und sie musste sich vorbeugen. Wie sehr sie ihn geliebt hatte. Sie hatte das nicht gewusst. Hatte das nicht wissen können. Das Ausmaß. Erst im Zurückfallen auf sich selbst zurück. Die Dimension. Und wo sollte sie das Entsetzen unterbringen. Das Entsetzen, dass es nicht angenommen worden war. Das Ausmaß. War sie eine Prostituierte der Umstände geworden. Hatte sie sich zu einem normalen Leben verführen lassen. Hatte sie geglaubt, sie würde es richtig machen. Sie. Allein. Und war doch der ganzen Theologie aufgesessen. Sie hatte die Bücher gelesen. Diese Theologien des Kapitalismus. Und die Gegenentwürfe, die auch nichts wussten. Wie hätte sie einen eigenen Weg finden können. Wenn doch keine Sprache fürs Leben zugelassen war. Und wenn doch kein Leben zählte. Er. Gustav. Er hatte gar nichts lesen müssen, um das Skript nicht erkennen zu können. Er war mit seinem Geschlecht schon ins Nichtwissen aufgenommen gewesen und hatte von dort regiert. Sie kleinzuhalten. Mit kleinen Zielen ein kleines Leben und kleine Belohnungen. Sie war ängstlich genug gewesen. Hatte sich nicht hinausgetraut. Hatte auf Gnade gehofft. Auf Glück. Auf Belohnungen. Sie hatte am Teppichrand stehend nichts unternommen. Nicht einmal für sich. Kein Abenteuer. Keine Schönheit. Kein Sinn. Kein Nichtsinn. Und sie alt. In den Augen der Welt war eine Frau mit zweiundfünfzig alt. Da gab es keine Möglichkeiten mehr. Da war der Flirt mit den Möglichkeiten vorbei. Sie würde ihre Haushaltsarbeiten endgültig auf den Sonntag verlegen, weil am Sonntag Personen alleine nirgends Platz fanden. Sie konnte sich über den Wäschesack gebeugt sehen und die Wäsche einteilen. Roch den Geruch der nassen gebrauchten Handtücher.

Draußen. Vor der verschlossenen Tür. Sie hatte nicht einmal versucht, ob diese Tür wirklich versperrt war. Von dieser Frau. Sie war amüsiert gewesen. Über den Vorgang.

Rettung in die Gefangenschaft, hatte sie gedacht. Wie passend. Waren das ihre Abenteuer. Einen bunten Rock anziehen und die Reaktionen studieren. Aber sie studierte nicht. Das nicht. Der Rock war eine Vorahnung gewesen. Sie war. Mit oder ohne diesen Rock. Sie war. Profund und schwer. In sich gerammt. Sich zerfleischend. Alle Wölfe des Gewissens losgerissen und über sie herfallend. Hatten sich in sie verbohrt. Abgesandte aller Kulte. Optimierung. Ewige Aufträge der Verbesserung. Katholisch. Christlich. Immer noch besser werden. Ein gutes Kind aus sich machen. Nie zufrieden sein. Auf immer sich fragen müssen. Und gleichzeitig das Wissen. Es würde nie genug sein. Sie war eine Frau und durfte dem Priester das Wasser nicht reichen. Nie. Sie konnte die ruppige Bewegung des Priesters vor sich sehen. Wie er der Ministrantin den Kelch weggezogen hatte und der Wein verspritzt war. Wie das Mädchen gerügt stehen bleiben hatte müssen und der Mann ihr den Rücken gekehrt. Ein wütender Regisseurhauptdarsteller. In der Minoritenkirche war das gewesen. Und unlängst. Sie hatte die Bilder da wieder einmal angeschaut. Sich die Romreise erspart. Und Mailand. Die Da-Vinci-Kopie da und der Marienaltar. Und fiel ihr diese Messe ein, weil sie daraus lernen konnte, dass es um Beharrlichkeit ging. Weil die Priester, die sich den Konzilerneuerungen nie angeschlossen hatten. Weil die wieder Auftrieb hatten. Sollte sie das für ihren Liebesbegriff ebenso machen. Bestehen darauf. Warten. Dabeibleiben. Sich nicht beirren lassen. Das alles nicht auf sich beziehen. Glauben. Sollte sie wieder glauben. Wie alle das taten. All die Gläubigen, die an ihre Nation glauben wollen. An ihre Rasse. An altmodische Männlichkeit. Alles in der Hoffnung auf Überwertigkeit. Glaubenswirklichkeiten. Dazugehören. Aufgehoben sein. Dafür kämpfen. Sich wichtig fühlen. Sinn. Sinn herbeizuglauben. Widersinnigen Sinn herbeierhoffen. Für sich einen Ort.

Mittwoch, 3. Oktober 2018. Wien.[79]

Sie war nie eine glückliche Person gewesen. Selbst. In sich. Sie war froh darüber. Das Glück kam von außerhalb. War von außerhalb gekommen. Glück war in den Erinnerungen flächig. Eine in Farben gehaltene Flächigkeit. Hellrosa und apfelgrün. Es war deshalb gewesen, dass sie hinausfahren musste. Hinausgehen. Landschaften anschauen. Natur suchen. Gegenden abgehen. Das Licht durch das Glasdach des Palmenhauses in Kew Gardens gebrochen. Es gab einen Spalt zwischen den Erinnerungen, in denen ihr Körper vorkam, und die außerhalb. Unbegrenzt dann. Diese Farben. Diese Gefärbtheit. Ins Unendliche reichend. Durch nichts beschränkt. Das Spiel des Windes auf den Wellen des Teichs rund um die Franzensfeste. Es war für immer. Ein Augenblick, aber für immer. Und nicht festzuhalten. Nur zu wiederholen. Sie musste neuerlich schauen. Sie ging lange Wege und mahnte ihr Gedächtnis, dieses Bild zu bewahren. Wie die Hügel in den Himmel ragten und es aussah, als müsse sie nur den Hügel hinaufgehen und auf dem Blau des Himmels das Weitergehen. Sie befahl sich, so ein Bild sich einzubrennen. Sie hätte Schmerzen in Kauf genommen, sich eines Anblicks so zu bemächtigen. Aber sie würde nur einen Hauch von Blau behalten können und wieder zurückkommen müssen, den Anblick zu finden. Sie konnte ihn nicht in sich hineinzwingen. Es waren die anderen, die blieben. Die Bindungen. Entbindungen. Verbindungen. Nichtbindungen. Angriffe. Abstoßungen. Anziehungen. Sie hatte Kurse besucht, sich in ihre Landschaften versetzen zu können. Sie hatte Aquarellieren lernen wollen. Sie hatte meditiert. Musik gehört. Kultischem folgen wollen, sich eine Innenwelt zu schaffen, die nicht bevölkert war. In der sie allein sein konnte. Aber es hatte zu nichts geführt. Immer hatte sie sich mit anderen beschäftigt gefunden. Szenen. Straßenbahn. U-Bahn. Flughafen. Flugzeuge. Lehrerzimmer. Studenten. Studentinnen. Die Leute im Haus. Im Supermarkt. Blicke. Gesichter. Schultern. Gehen. Wenn sie allein sein wollte. Das musste sie suchen. Sie war nicht reich genug. Für diesen Wunsch. Nicht genug Geld. Sie musste ihren Körper in eine Umgebung transportieren, um dieses Glück. Und nichts mitzunehmen. Würde das anders sein, wenn das die Umgebung sein konnte. Wenn sie reich genug gewesen wäre, sich einen Park zu kaufen. Aber auf dem Totenbett. Sie hätte sich gewünscht, einen Vorrat an solchen Anblicken anzulegen und sich auf dem Totenbett vorzuführen. Wie die Diavorträge, zu denen ihr Vater sie mitgenommen hatte. In der Urania. »Am Nanga Parbat.« Und die Bilder von Schneemassen vor dunkelblauem Himmel. Männer mit Bärten und runden Sonnenbrillen davor. Pickel. Seile. Sauerstoffflaschen. Sollte sie doch fotografieren. Sie hatte einen Abscheu davor. Eine

Kamera. Das Handy. Zwischen sich und die Landschaft halten. Aber waren die Selfies das, was sie suchte. Sollte sie nie wieder darüber lächeln. Sich lustig machen, wenn eine junge Frau auf der Brücke in Paris versuchte, die rosaroten Abendwolken und den Eiffelturm und sich selbst auf ihrem Selfie zu verstauen.

Sie saß in die Ecke gedrückt und stellte sich das Meer vor. Den Blick vom Hafen aus auf die Insel mit dem Museum der Moderne. Es kam ihr aber das Telefonat wieder in den Sinn. Wie sie dagestanden hatte und das Unglück seinen Lauf genommen. In ihr. Sie ließ sich zusammensinken.

»Defeat. Defeat.«, rief sie. Besiegt. Und es war das Alter. Das ließ alles so viel schwerer wiegen. Die Niederlage. Sie hatte ihre Talente nicht verschwendet. Sie hatte ihre Talente gut eingesetzt. Sie war bescheiden geblieben. Sie hatte nichts Besonderes gewollt. Sie war eine gute Stoikerin. Sie hatte. Aber es war das Alter. Das Alter. Es reduzierte sie auf ihren Marktwert. Auf einen Marktwert, der bestimmt wurde. Der ihre Freiheit ins Passive verschob. Sie konnte sich frei fühlen, so viel sie wollte. Bewegen. Wählen. Wünschen. Diese Freiheiten. Die bekam sie nicht mehr. Hatte sie schon nicht. Bisher. Aber die Illusion war da gewesen. Dass es an ihr gelegen haben mochte, wenn etwas nicht gelungen war. Nein. Sie musste die Trennungen genauer ziehen. Die Trennlinien. Zwischen sich und der Welt. Und vor allem. Sie durfte sich nicht mit seinen Augen sehen. In keiner Weise mit diesen Augen. Diese Augen, die die Falten um ihre Augen sehen hatten können. Weil sie ihn nahekommen hatte lassen. Sie musste das hinter sich lassen. Die letzten Eitelkeiten überwinden. Die letzten Eitelkeiten bei ihm zurücklassen. »Du bist schön.« Und sie begann zu weinen.

Sie weinte bitterlich. Es war ein bitterliches Weinen. Die Lippen zusammengepresst. Die Augen gekniffen. Den Kopf gebeugt. Sie weinte in der Verzweiflung, der Zeit ausgeliefert zu sein und keine Solidarität. Die alten Leute, die sie sah. Die älteren Personen. Alle schauten abweisend fremd. Kein Lächeln des Verständnisses. Kein Grinsen über die Mühsal des Wegs. Nur die Vorführung davon, was noch funktionierte. Was erhalten. Was vorzuzeigen. Appellverhalten. Keine Würde im langsamen Zusammenfalten. Auch das. Sie hatte sich verboten gehabt, mit Gustav darüber zu reden. Die Veränderungen klein. Noch. Aber die langen Zeiten zwischen den Regeln. Das Erstaunen, wenn sich so eine Menstruation doch wieder einstellte. Das Bild vom Besuch aufrecht. Wie sie es als junge Frauen gesagt hatten. »Die Tante ist zu Besuch.« Das hatte geheißen, dass eine die Regel hatte und nicht mitturnen musste oder an der Alten Donau auf der Decke sitzen blieb. Dass diese Besuche nicht mehr regelmäßig. Und wie hatte es kommen können, dass sie einem solchen Bild ein Leben lang gefolgt war. Aber sie verstand es schon. Es war ein Makel gewesen. Damals. Eine Lästigkeit. Tampons waren verschrien. Kosteten die Jungfernschaft. Die Binden durchlässig. Es hatte immer ein Fleck auf dem Rock hinten aufscheinen können. Die Segnungen der Hygieneindustrie waren da noch ausständig gewesen. Da war es gut gewesen, einer abstrakten Weiblichkeit die Schuld zu geben. Die Tante. Die Schwester der Mutter war da wohl gemeint gewesen. Also die Mutter. Eigentlich. Sollte sie sich jetzt vorstellen, wie ihre tote Mutter nur noch selten zu Besuch kam. Kommen wollte. Es schien ihr dieses Hormonbündel in ihr eine Fremdheit zu sein, die tat, was sie wollte. Die Mutter nun in ihr. In ihrem Körper. Aber nur noch selten. Und mit dem Abschluss der Menopause endgültig vertrieben. War das dann nicht eine Erleichterung. Und war das der Grund, warum sie jetzt einen größeren Busen hatte. Ihr Busen war gewachsen. In der letzten Zeit. Sie hatte nichts davon bemerkt. Dieses Wachstum war geheim und still vor sich gegangen. Sie hatte nur eines Tages ihren Busen unter keinen Umständen in den BH zwingen können. Hatte neue kaufen müssen. Hatte Strickwesten und Kostümjacken nicht mehr zuknöpfen können. Aber das war lustig gewesen. Ein kleines Vergnügen. Diese neuen Busen. Mit der Hand nicht mehr umgreifbar. So einfach. Sie war sich verführerisch vorgekommen. Hatte sich gern im Spiegel gesehen. Ihre Nacktheit genossen. War ungeniert geworden. Ungenierter. Gustav hatte sich aber immer noch über ihre Scheu amüsieren können.

Das Türschloss. Jemand kratzte am Türschloss. Dann wurde der Schlüssel gedreht. Die Tür geöffnet. Ein Mann steckte den Kopf herein. Schaute sich um. Vorsichtig. Sie konnte ihn sehen. Der Mann öffnete die Tür weiter. Trat in den Raum. Er hielt den Kopf vorgestreckt. Schaute hinter den Garderobenkastenturm. Schaute sie an. Sie hatte sich aufgesetzt. Der Mann drehte sich gleich wieder weg. Ging hinaus. Sperrte hinter sich zu. Jetzt war es sicher, dass sie eingesperrt war. Sie stand auf. Ging an die Tür. Drückte die Klinke nieder. Die Tür war versperrt.

Sie stand an der Tür. Schaute zu dem kleinen Fenster hinauf. Der Schnee. Die Sonne hatte das Fensterchen erreicht. Der Schnee sonnendurchschienen. Die glucksenden Silbertöne der kleinen Eisglocken. An der Donau. Die Sonne auf dem Wasser und die Eisringe um die Schilfhalme hell schimmernd und die Töne. Das Eisglockenspiel. Sie stand und schaute und konnte mit dem sonnendurchdrungenen Schnee die Eisglöckchen sehen und hören. Hell. Weiß. Silbern hohe Töne und das winzige Glucksen. Sie holte tief Luft. Lächelte. Das Hermelin. Wo es wohl war. Sie drehte sich zur Tür zurück. Versuchte sie wieder zu öffnen. Sie rutschte ab. Schnitt sich den Zeigefinger an einem vorstehenden Nägelchen. Sie sah dem Blut zu. Kleine Blutstropfen drängten sich aus dem Schnitt hervor. Sie hielt den Finger über die Schwelle. Ließ das Blut auf die Schwelle tropfen. Sie sollte jetzt gerettet sein, nickte sie. Die kleine Eisorgel war ihr zu Hilfe gekommen. Sie klopfte an die Tür. »Aufmachen.«, rief sie. »Ich will hier hinaus.«

Freitag, 5. Oktober 2018. Wien.[80]

Sie hatte sich nie von ihren Eltern getrennt. Sie hatte einmal jahrelang nicht mit ihnen gesprochen. Sie nicht besucht. Nichts gewusst. Es war der Vater gewesen, der angerufen hatte und gefragt, wann sie denn vorbeikommen wollte. Wie immer. Es war nichts ausgesprochen worden. Er hatte gefragt, als wäre sie am Vortag bei ihnen zu Besuch gewesen, und er wollte sich nur erkundigen. Die Eltern. Sie hatten sich nicht verstellt. Sie hatten nichts vorgetäuscht. Das musste sie ihnen zugestehen. Ihre Eltern hatten nicht gelogen. Gustav. Der hatte sich der Verstellungsethik bedient. Der hatte Machiavelli ernst genommen. Der hatte sich erlaubt, Gefühle vorzutäuschen. Der hatte sein ganzes Leben dem Dienstleisten geopfert. Die Gesichter mussten die Gefühle produzieren, die zu den Aussagen passten. Das hatte man den Hexen vorgeworfen. Dass sie sich verstellten und ihre Leidenschaften für den Satan versteckten. Heimlich ihrem falschen Gott huldigten. Im Geheimen. Aber wie hatten die Frager ausgesehen. Die Männer des Gerichts und der Kirche. Welche Gefühle hatten die in den Gesichtern. Oder durften die ihr Wohlgefühl zeigen. Während der Tortur. Waren diese Talare dazu da, die Erektionen zu verbergen.

Gustav dachte wahrscheinlich. Sie ging rund um den Garderobenkastenturm. Ging im Kreis. Gustav hatte sich der Lüge bedient, um der Lüge auf die Spur zu kommen. Er hatte die Verstellung nachgestellt, um die Verstellung aufzuspüren. Sie war eine Konsequenz gewesen. Hatte eine Rolle eingenommen in seinem Spiel. Eine Spielfigur. War das der Grund für die schwierigen Momente gewesen. Seine Fragen. Seine Verdrehung ihrer Antworten. Sein Insistieren, sie habe etwas so gesagt, obwohl sie genau wusste, dass sie das nie gesagt hatte. So jedenfalls nicht. Sein Insistieren so lang, bis sie selber glaubte, etwas so behauptet zu haben. Sich derart geäußert zu haben. Und erst wenn sie wieder allein war. In Wien. Oder im Wald. Dann wieder das sichere Gefühl, nie etwas Derartiges gesagt zu haben. Gustav war auf der Jagd nach ihrer Wahrhaftigkeit gewesen. Nach der Vergangenheit ihrer Eltern und den Einschlüssen, die er in ihrer Seele zu wissen glaubte. Er hatte sie seziert. Ihren Geist zerteilen wollen und dahinter schauen. Und dahinter. Und hatte nicht geglaubt, was er fand. Was sie vorgelegt. Gesagt. Beteuert. Gustav hatte zwischen seinen Verstellungen den Boden unter den Füßen verloren. Er hatte keinen Grund mehr gefunden. Hatte Bodenlosigkeit vermutet. Vermuten müssen. Das hatten die erreicht. Das reichte von damals herüber. Das hatten die Nazis geschafft. Gustav hatte seine eigene Geschichte nicht glauben können. Nicht wissen dürfen. Sich verbieten müssen und damit keine andere. Die Jagd nach den Betrügern. Sie war die Jagd nach den Gleichen, und seine Leistung, sich wenigstens dagegenzustellen. In der Methode. Das war das Werk von denen. Und grünte ja auch wieder auf. Die Enkel. Erfüllten die Wünsche der Großväter. War das nicht das Ziel gewesen. Gleichschaltung. Hieß das nicht, dass alle den gleichen Gesichtsausdruck haben mussten, aber der Staat für alle sorgen würde dafür. Die Partei. Und keiner das Herz geordnet. Warum hatte Gustav sein Herz nicht in Ordnung gebracht. Aber das war die Welt. Machiavelli hatte gesiegt. Verstellung. Das war der einzige Weg. Schon um zu überleben, musste jede Kellnerin lächeln. Ob sie wollte oder nicht. Dienstleistung. Das war der Zaum, der, allen angelegt, alle fröhlich tanzen hieß.

Aber sie war auch nicht gefangen gewesen. Von ihren Eltern. Ihre Eltern. Die hatten sich nicht verstellt. Die waren gleichgültig geworden. Die hatten den Wechsel vom Nationalsozialismus ihrer Jugend zur Demokratie über sich ergehen lassen. Hatten es akzeptiert, aber nicht zu ihrem eigenen gemacht. Eine autoritäre Lösung von außen nach der anderen. Entscheidungslos. Kleine Leute. Nicht einmal bürgerlich gewesen. Die Großeltern waren alle noch auf Bauernhöfen geboren worden. Eisenbahner. Tischler. Und die Frauen Dienstmädchen. Köchin. Ihre Mutter war die erste gewesen, die nicht gearbeitet hatte. Die nicht arbeiten hatte müssen. Und dann gleich die Einzige damit. Wenn es um die Vergangenheit gegangen war. Die Eltern waren in eine Leblosigkeit verfallen. Sie hatten die Frage nicht beantworten können, wie ihr Leben verlaufen wäre. Wie sie sich ihr Leben vorstellen hätten wollen, wenn es den Zweiten Weltkrieg und den Holocaust nicht gegeben hätte. Da hatten sie sich einander zugewendet und die Schultern gehoben. Eine solche Vorstellung. Das war nicht gegangen. Sie hatten den Krieg in ihrem Leben und konnten sich nichts anderes vorstellen. Ihr Vater war immer zu den Ausstellungen ins Museum Leopold gegangen, und über die »Wally« hatte er getobt. Sie hatte gedacht, mit Gustav wäre sie auf die andere Seite gekommen. Sie hatte sich vorgestellt, dass sie mit Gustav auf die Seite der Opfer getreten war, und hatte sich gerettet gefühlt. Darin. Vor den weitersickernden Giften dieser Nazivergangenheit gerettet. Auf einer sicheren Insel der Gerechtigkeit. Deutschland. Wiedergutmachung. Real. Tätig. Und das Ausmaß ersichtlich. Zu sehen gewesen. Das hatte Gustav ihr gezeigt. Wie es keine Einsicht in diese Frage gab. Wie Politiker aller Färbungen sich schützend vor arisierte Besitztümer in ihren Museen stellten. Wie die Amtsmeinung manipuliert wurde. Wie es überhaupt nicht selbstverständlich war, dass alle an der Restitution mitwirkten. Wie es wieder Personen gab, die offen dagegen auftraten. Wie die Vergangenheit verkleinert wurde und damit beglaubigt. Wie es wieder mit Verstellung vor sich ging. Öffentliche Behauptungen über den Holocaust und die Schuld der Deutschen und der Österreicher. Und dahinter das Übermalen alter Meister für die Ausfuhr. Ein Verschwindenlassen. An den Kunstwerken war dieser Vorgang erhalten. Wie ein Übungsverfahren. Falls es mit Menschen wieder gemacht werden würde. Und Gustav das Geld zurückholte für Deutschland. Das deutsche Geld war ins Exil gegangen und musste aus der Schweiz und aus Luxemburg zurückgeholt werden. Zurückeingebürgert.

Samstag, 6. Oktober 2018. Wien.[81]

Hinaus. Sie hatte sich nie von ihren Eltern getrennt. Sie war hinausgegangen. Sie war sicher, sie hatte nichts von sich zurückgelassen. Aber das war einfach gewesen. Sie hatte spurlos gelebt. In dieser Familie. Und ihre Mutter hatte aus ihrem Zimmer sofort ein Nähzimmer gemacht und weiter Kleider für sie genäht. Dort. An ihrer Stelle. Röcke. Blusen. Die Mutter hatte Mäntel gehäkelt. Und Taschen. Hauben. Sie hatte diese Dinge überreicht bekommen und weggetragen. Es gab immer noch einen großen Karton voller handgemachter Kleidung im versperrten Zimmer. Es war die Liebe ihrer Mutter. Schön zusammengelegt. Gestapelt. Verschlossen. Manchmal hatte sie gedacht, einen dieser gehäkelten Mäntel könnte sie anziehen. Jetzt. Es wurden solche Mäntel getragen. Aber dann stimmte die Farbe nicht. Die Besuche. Meistens war das gutgegangen. Kaffee. Die Panamatorte. Geplauder. Dann wieder. Das Gespräch entflammt. Vorwürfe. Anschuldigungen. Die Mutter war dann wütend geworden. Hatte den Vater verteidigt und sie beschuldigt. Undankbarkeit. Verbohrtheit. Verbocktheit. Widerspenstigkeit. Faulheit. Und dass sie nichts wüsste. Sie hätte ja nicht gelebt. In diesen Zeiten. Sie solle froh sein, überhaupt auf die Welt gekommen zu sein. Sie habe ja keine Ahnung, was es bedeute, solche Erinnerungen zu haben. Aber da hatte sie dann schon gehen müssen, und die Erinnerungen waren nie erzählt worden. Es war dann der Vater gewesen, der angerufen hatte und sie gefragt, wann sie wieder vorbeikommen wolle. Ruhig hatte er gefragt. Als wäre sie am Vortag zu Besuch gewesen, und er wolle sich nur erkundigen. Die Eltern. Sie hatten sich nicht verstellt. Sie hatten nichts vorgetäuscht. Das musste sie zugeben. Ihre Eltern hatten nicht gelogen. Ihre Eltern hatten sich von ihren Erinnerungen entfernt wie auf einer Wanderung. Die Erinnerungen. Sie waren am Horizont abgesunken. Verschwunden. Immer da, aber ungenau. Und nichts zu machen. Widerfahrungen. Ihre Eltern hatten aus ihrem frühen Leben keine Erfahrung machen können. Hatten das Zugestoßene nicht verwandeln können. Widerwillig und dumpf waren sie vor ihrer Vergangenheit gesessen. Hatten ihrer Vergangenheit den Rücken gekehrt und hatten sich nie umgewendet, einen Blick auf sich darin zu werfen. Die Mutter war sich darin treu geblieben und war auch so gestorben. Sie hatte ihren eigenen Tod nicht begreifen können, weil sie davor auch nicht ihr Leben ansehen hätte wollen. Der Vater hatte andere Möglichkeiten gehabt. Als Mann. In einer höheren Position. Von da hatte er einen anderen Blick bekommen müssen. Für die Reden und die Pläne. Er hatte den Geschichtsunterricht reformiert. Er hatte noch in der Unterstufe darauf bestanden, dass der Zweite Weltkrieg und der Holocaust unterrichtet wurden. Das Trauma war weitergegeben worden. Die Geschichte dieser Herrschaft. In aller Wucht. Bildung, hatte er gesagt. Bildung hieße, die Unschuld verlieren, hatte er gesagt und gelächelt. Zynisch. Und später bedauernd. Ihre Eltern hatten sich nicht verstellt. Sie hatten nichts vorgetäuscht. Sie hatten sich in die Leideform geflüchtet. Hatten sich ausgeliefert gefühlt. Und daraus ihre Eindeutigkeiten. Das Katholische hatte geholfen. Bei den Eindeutigkeiten. Sie waren in der Kirche gesessen und hatten Hilfe von diesem Gott erwartet, dem sie opferten. Hilfe beim Sterben. Und nichts davon hatte sich erfüllt. Die polnischen Kaplane anstelle der fehlenden hiesigen Priester. Die hatten kein Gespräch führen können. Hatten nichts verstehen können. Nicht genau. Und sie war gelähmt gewesen. Hatte nichts tun können. Sich nicht überwinden. Zwingen. Einen Beistand produzieren. Sie hatte sich nicht verstellen können. Auch da nicht. Nicht einmal da. Es wäre freundlich gewesen. Ein paar einlässliche Worte. Die Hand halten. Mitleiden. Sie hatte es nicht gekonnt. Sie war wie in Eisen geschlagen gewesen. Beim Sterben. Bei beiden. Sie hatte nur zusehen können. Wie schon immer. Dasitzen und nur so obenhin. Nie etwas Genaues. Gefühle. Bedeutung. Beziehung. »Geht es dir gut.« Sie hatte keine Antwort gegeben, und es war auch keine erwartet worden. Erfragt. Nach dem Tod ihres Bruders. Die Eltern waren erstaunt gewesen, dass es da noch ein Kind gab. Nicht unfreundlich. Aber erstaunt. Und sie hatte ihnen die Schuld an seinem Tod gegeben. Sie hatte ihnen vorgeworfen, dass sie ihrem Bruder nicht genug Leben mitgegeben hatten, damit er für sich selbst sorgen hätte können. Er hatte sich sterben lassen. Nichts in ihm hatte ihm einen Grund gegeben, um sein Leben zu kämpfen. Er hatte das Handy in der Hand gehabt. Er hätte auf Notruf drücken können. Er hatte es nicht der Mühe wert gefunden. Sie hatte drei Jahre mit den Eltern nicht sprechen können. Sie hatte sie gehasst. Auch dafür, dass ihr Bruder auch sie. Die Schwester. Dass auch ihre Existenz keinen Grund ergeben hatte. Keine Begründung weiterzuleben. Dass es ihm wichtiger gewesen war, sie alle und auch sie zu verlassen, statt zu leben. Bei dem Gedanken musste sie immer noch innehalten und um Luft ringen.

Montag, 8. Oktober 2018. Wien.[82]

Sie ging in die Ecke zurück. Setzte sich. Stand wieder auf. Sie zog den Mantel an. Lehnte sich gegen den Kastenturm. Schaute zum Fensterchen hinauf. Ihre Eltern waren Nazis gewesen. Sie stemmte sich wieder hoch. Und nicht einmal bewusst. Und es war die Zeit. Es war zu ihrer Zeit geschehen. Die KZs hatten zu ihrer Zeit funktioniert. Das war so ein warmdunkles Wissen. Und dieses Warmdunkle bildete eine Komplizenschaft. War Grundlage. Das Lebensgefühl einer Generation. Ihre Eltern waren auch Zeitzeugen gewesen. Nur. Ihre Zeugenschaft. Sie war unwichtig gewesen. Hatte gegen die Opfergeschichten nicht zählen können. Ihre Zeugenschaft gehörte zum Verlieren. Sie waren Verlierer und bestraft dafür. Ihre Strafe war die Verdammung ihrer Zeugenschaft, und hatten aber gelebt. Sie hatten ihre Jugend darin verloren. Aber sie hatten den Schritt zur Reue. Sie hatten es schon falsch gefunden, aber sie hatten nicht bereut. Und konnte bereut werden, gelebt zu haben. Ins Leben gerufen worden zu sein zu so einer Zeit. Konnte eine Person allen Ernstes ihr Leben verdammen, weil es zu so einer Zeit stattfinden hatte müssen. Aber dazu hätten sie ihre eigene Hilflosigkeit zugeben müssen. Hätten zugeben müssen, Objekte gewesen zu sein. Hatten es nicht geschafft, ihre Unwichtigkeit zuzugeben. Zu gestehen. Oder war ihr Bruder. Hatte ihr Bruder die Reue für alle übernommen. Hatte er sein Leben deshalb so wertlos sehen müssen. War das der Auftrag des Vaters gewesen. Sich zu opfern. Für sie alle. War das der Grund für den grimmigen Blick des Vaters am Grab des Bruders. Grimmig hatte der Vater über das offene Grab hinweggeschaut. Und war das im Siegen und Verlieren beschlossen und unvermeidlich. Die Weitergabe. Und hieß das für sie, dass sie die Geschichte mit Gustav unter diesem Aspekt sehen musste. Eine Erbschaft. War sie nicht selbst in so eine symphonische Wolke gefallen. Hatte sich fallen lassen. In die Versprechungen, und das Paradies auf Erden. Hatte sie sich nicht die totale Erfüllung gewünscht. Erhofft. Eine

Selbstaufgabe erwünscht. Sich selbst loswerden in einem solchen Neuanfang. Und hätte sie nicht dieselbe Musik dazu spielen können wie die. Zu ihren Gedanken, Wünschen und Werken. Kam das nicht alles aus denselben Quellen. Hitler war auch in einer österreichischen Volksschule erzogen worden. Sein Vater hatte ihn genauso geschlagen. Und das Ziel der Volksschule in der Monarchie. Das war bis heute gleich geblieben. Erziehung vom Staat zum Staatsbürger. Jeweils. Demokratie nicht. Nicht demokratisch. Konnte sie in so einer Nichtdemokratie so lieben wie sie es sich gewünscht hatte. Wie sie es betrieben hatte. War die Liebe vom Staat zu trennen. Ihre Person aus den Griffen des Allgemeinen heraußenzuhalten. Wie sie leben hatte müssen. Wie hätte sie sich das nicht diktieren lassen können. Die Rahmenbedingungen. Für eine Frau. In Österreich. Ohne Beruf. Sie wäre ein Sozialfall geworden. Sie hätte damit den Vater in seiner Meinung über Frauen bestärkt. Hätte ihm damit eine Freude gemacht. Ihn bestätigt. Wie ihr Bruder. Nein. Sie hatte ihm mit ihrem Leben in jedem Augenblick widersprochen. Seine freundliche Verachtung von Frauen mit ihrem Leben eingesprochen. Dem Leben ihrer Mutter als Mutter und Hausfrau. Die perfekte Nazifamilie in der Nachkriegszeit. Oder. Sie hielt inne. Was hatte ihre Mutter gemacht, bis sie auf die Welt gekommen war. Sie wusste es nicht. Sie dachte nach. Musste den Kopf schütteln. Das war ihr noch nie eingefallen. Diese Frage. Sie musste die Nase rümpfen und sich wegen des Unbehagens im Bauch bewegen. Sie ging zur Ecke. Setzte sich. Stand wieder auf. Es war genug. Sie schaute auf ihren bunten Rock hinunter. Unter dem Mantel. Wie lächerlich. Was hatte sie sich gedacht. Ihre theatralische Seite hatte die Regierung übernommen. Es war Zeit, wieder ernsthaft zu werden. Sie begann, den Rock hinunterzuzerren. Zog den Rock hinunter. Sie war gerade dabei, den Rock über die Stiefel auszuziehen, da wurde die Tür aufgerissen. Sie erschrak. Sie hatte nichts gehört. Keinen Schlüssel. Keine Stimmen. Sie richtete sich auf. Verlor die Balance. Stieg in den halbausgezogenen Rock. Taumelte. Der Mann von vorhin. Sie sah ihn auf sich zukommen. Er hielt etwas in der Hand. Sie wollte ihm zurufen, dass es Zeit wäre, hier herauszukommen. Dass sie Süttner hieße. Adele Süttner, und dass sie aus Wien käme. Und dass das alles ein Missverständnis sei. Einen winzigen Augenblick lang zögerte sie. In welcher Sprache sollte sie das sagen. Da war der Mann auf sie zugetreten und taserte sie. Sie sah das Ding, das aussah wie ein gelber Rasierapparat, und schaute zu, wie der Mann damit auf ihren Hals zielen wollte. Sie fuhr zurück. Stolperte wieder über ihren Rock. Da hatte der Mann sie an der Hand erwischt. Ihr rechter Arm. Hing. Und im ganzen Körper. Ein Blitzschlag. Überhelle. Dunkelheit. Zusammengekrümmt und aufgespannt zugleich. Sich selbst unerreichbar. Schreiend, aber nichts zu hören. Sie wollte weg. Musste weg. Flucht. Sie fand sich hingeschleudert. Konnte sich zusehen, wie sie zwischen den Turm der Garderobenschränke in der Mitte und der Bank die Wand entlang hingeschleudert wurde. Wusste, dass ihr Kopf den Rand der Bank streifen musste. Konnte nichts tun. Fiel. Fiel. Sie war gleich wieder wach. Sie lag auf dem Boden. Das Fenster vor ihr. Hoch oben. Die Sonne schien auf den Schnee vor dem Fenster. Eine weißleuchtende Schneebank.

Die Hand. Die Wunde auf dem Handrücken. Die Verbrennung. Sie wusste alles über Taser. Das war ihre Angst vor Polizei. Vor Polizeilichem. Sie hatte die Diskussion um die Einführung von Tasern in den Haftanstalten verfolgt. Dieser Taser. Kanariengelb. »Ich bin jetzt stigmatisiert.«, dachte sie. Der Mann war zur Tür zurückgewichen. Sie konnte ihn nicht sehen. Sie musste liegen. Liegen bleiben. In ihr. Sie. Sie war mit sich allein. Die Schmerzen. Am Handrücken genau. Und der Kopf. Dieser genaue Schmerz ragte aus einem insgesamten Schmerz heraus. Sie fühlte sich ein Schmerzmeer. Ansteigend. Abfallend. Langsam auch abfallend. Sie musste genau atmen. In dieses Meer eine genaue Linie von Atem ziehen. Zwischen die Schmerzen vom Handrücken und dem Kopf diese Linie ziehen. Dieser Linie folgen. Immer weiter. Jeder Atemzug sie weiter. Sich mit dem Atem davonziehen. Voraus. Sie riss die Augen wieder auf. Angst. Namenlose Angst, und das Atmen nicht. Sie schloss die Augen. Es ging nicht. Sie konnte sich nicht für ihre Situation interessieren. Sie musste innen bleiben. Sie hörte die Tür zufallen. Wieder die Angst. Wieder zurück in das Meer und schwimmen. Mit dem Atem auf der Oberfläche bleiben. Nicht in die Tiefe absinken. Wurde sie wieder ohnmächtig. Verlor das Bewusstsein. Die Frage machte sie lachen. Hatte sie denn eines gehabt. Sie fühlte sich lächeln. Holte tief Luft. Konnte tief Luft holen. Sie ließ sich in sich sinken. Sie war zusammengekrampft gelegen. Es tat weh. Jede Bewegung. Das kleinste Nachgeben der Muskeln. Weh. Ein Weh. Sie lag. Konnte weiter nichts tun. Musste zusehen, wie die Muskeln. Einzeln. Sich aus der Krampfung lösten. Sie hörte sich stöhnen. Das war noch schlimmer. Jammerlaute. Entfuhren ihr. »Was für ein Scheiß.«, dachte sie. Sie hörte sich. Stöhnend und ächzend. Es geschah ihr. In Gefängnissen. In Österreich wurden Taser in den Gefängnissen eingesetzt. Da war eine unlöschbare Videodokumentation des Vorgangs vorgeschrieben. »Schon wieder die Hauptrolle nicht.« Die hatte sie Gustav überlassen wollen. Gustav und sie. Das hätte die Hauptrolle sein sollen. Sie hatte sich ja doch nach einer Beziehung gesehnt, wie das die Eltern vorgespielt hatten. Sie hatte sich von den Eltern zur Vorstellung von einer idealen Beziehung verführen lassen. Sie hatte die idealisierte Geschichte ihrer Eltern haben wollen. Hatte die Eltern darin übertrumpfen wollen und war nun selber übertrumpft. Sie musste grinsen. »Rock bottom.«, fiel ihr ein. Sie hatte alles haben wollen und hatte nichts. »Außer einem Stigma.«, dachte sie. Der rechte Arm lag neben ihr. Nadelstichig. Bremselnd. Als wäre der Arm eingeschlafen gewesen. Lange. Und erwachte wieder. Wie die Füße nach dem Eislaufen im Eislaufverein. Das Gehen automatisch gewesen. Nach dem stundenlangen Rundendrehen zu den Walzern mit den Freundinnen. Aber oft auch allein. Ein leeres Rundendrehen in die Musik verwunden. Von der Musik bewegt. Und die Füße kein Gefühl vor Kälte. Im Stadtpark dann schon die Schmerzen begonnen. Stiche. Und erst bei der Urania die Füße wieder wie immer. Ihr war schlecht. Elend. Musste sie erbrechen. Sie lag auf dem Rücken. Sie fühlte die Konvulsionen im Hals. Das Anbranden. Sauer widerlich. Die Panik. Sie wusste. Sie konnte das Erbrochene nicht hinausstoßen. Ihr Hals schlaff. Das Erbrochene. Es würde nur bis in die Kehle kommen. Ersticken. An sich selbst. Es dauerte lang. Sie sah sich selbst riesengroß. Ein Walfisch. Die Drehung nach rechts. Den Kopf nach rechts zu wenden. Es war von innen ein Riesenbogen. Und alle Mühsal. Dann lag der Kopf verdreht, und sie zog das rechte Bein hinauf. Stemmte die Hüfte in die Höhe. Links. Zwang die Brust so, sich mitzudrehen und lag dann seitlich. Der rechte Arm gerade vorgestreckt. Unter die Garderobenkästen reichend. Der Kopf über der Schulter. Die erste Maßnahme bei Erster Hilfe. Den Körper der verletzten Person seitlich lagern. Sie ließ sich wieder zusammensinken. In sich. In der neuen Position. Ihr Herz hatte nichts abbekommen. Sie war froh. Herzversagen. Das konnte eine der Folgen von Tasern sein. Aber vielleicht hatte sie ja keines mehr. Kein Herz mehr zu verletzen. Das war traurig. Sehr traurig. Die Traurigkeit zog sie tiefer. Auf den Boden. Es war aber nicht wichtig. Sie konnte nur daliegen. So. So lange dauert das alles, dachte sie und ließ sich in das Schwarz in sich sinken. Atmete. Sonst nichts.

Dienstag, 9. Oktober 2018. Wien.[83]

Sie hatte nichts gehört. Sie schreckte auf. Sie hatte nichts gehört. Hörte nichts. War in eine dunkle Dumpfheit eingeschlossen. Konnte sie nicht mehr hören. Aber sie konnte das nur registrieren. Feststellen, dass sie sich irgendwo in der Mitte ihres Körpers befand. Nur befand. Nichts denken konnte. Keinen Entschluss fassen. Den Schmerzen zusehen musste. Es schmerzte, wie die Muskeln sich ausstreckten. Sich aus der Zusammenkrampfung lösten. Unendlich. Es dauerte unendlich lang. Sie war darin gefangen. Sie wusste, sie war in Gefahr. Aber sie konnte nicht zu sich. War auf dieses Zusehen beschränkt. Musste warten. War das nicht immer das Gleiche. Oder dasselbe sogar. Warten. Der Boden roch staubig sauer. Ein Bodenbelag. Ihre rechte Wange feucht. Der rechte Arm. Sie musste ihn zu sich ziehen. Neben sich legen. An sich schmiegen. Die Schulter tat weh. Unerträglich einen Augenblick. Sie konnte aber die Finger nicht spüren. Hörte wieder auf. Der Arm lag aber dann ihren Körper entlang, und sie hatte den Schmutz gespürt, durch den sie die Hand gezogen hatte. Das linke Bein. Sie hob den linken Arm. Schlug mit der Hand gegen den Rand der Bank. Hielt sich fest. Zog sich auf. Schob sich auf. Saß da. Die Beine lang ausgestreckt. Keuchend. Aufrecht. Sie war aufrecht. Sie lachte. Konnte nicht lachen. Die Schulter. Was war mit der Schulter geschehen. Sie stützte sich mit der linken Hand auf. Kniete. Kroch auf die Bank. Fühlte sich sicherer. Gegen die Wand gelehnt. Nicht unterlegen. Sie lag ja nicht mehr. Sie war stolz auf sich. Das hatte sie gut gemacht. Der Rock lag auf dem Boden. Ausgebreitet. Sie wollte nach ihm greifen. Musste sich die Wand entlang gleiten lassen. Nach links. Griff nach unten. Holte den Rock. Ballte ihn zusammen. Sie konnte nur die linke Hand verwenden. Der rechte Arm. Sie konnte ihn nicht heben. Ihr wurde wieder schlecht. Der Brechreiz. Im Kopf. Alles glitt ineinander. Schob sich von einer Seite zur anderen. Sie hörte. Sie hörte ihren Atem. Das Rascheln und Knistern, wie der Stoff ihres Daunenmantels sich an der Wand rieb. Wie der Rock ohne Laut zusammengeballt wurde. Sie stopfte den Rock in ihre Manteltasche. Ihre Umhängetasche. Sie musste den Mantel zur Seite bekommen. Zur Tasche unter dem Mantel kommen. Das hatte sie nun von ihrem Sicherheitsdenken. Sie trug die Umhängetäschchen unter den Mänteln. Es war ihr einmal in Wien in der U-Bahn die Geldbörse gestohlen worden. Sie hatte gedacht, dass es in der U-Bahn gewesen war. Es hätte aber auch auf dem Stephansplatz gewesen sein können. Es war nicht viel Geld gewesen. Aber ihre Jahreskarte und die Kreditkarte waren im Seitenfach gesteckt. Die Arbeit, diese Karten zu sperren. Neu zu beantragen. Neu zu besorgen. Das war der Grund, warum sie diese kleinen Taschen unter dem Mantel trug. Sie hatte dafür die Eitelkeit aufgeben müssen, schlank auszusehen. Das war gar nicht einfach gewesen. Das Aussehen der Sicherheit zu opfern. Sie saß da. Müde. Sie war erschöpft. Wie erschlagen. Sie musste lachen. Spürte gleich wieder die Schulter. Hielt die Schulter hochgezogen. Sie musste tief atmen, die Schulter absinken lassen zu können. Der Schmerz. Er raubte ihr den Atem. Das war erschreckend. Angst. Die namenlose Angst wieder. Flutete auf. Umflutete sie. Überflutete sie. Die Angst erfüllte sie. War außen rund um sie. Nur der Schmerz noch sie selbst. Das Weh der Muskeln. Die Schulter. Die Verkralltheit im Nacken. Erinnerungen an sich selbst. Dann das Wegebben. Davonfließen. Sie musste nur ihren Pass herzeigen und alles aufklären. Und selbst wenn sie für eine Roma gehalten wurde. Die konnten doch eine Person nicht einfach. Im Keller. Sie war sogar amüsiert gewesen, wie diese Frau sie weggeführt hatte. Die

Leute in der Kirche hatten ihr die Polizei nachgeschickt. Aber das war mit einer Ausweiskontrolle. Die konnten doch nicht einfach jemanden umbringen. Obwohl. Als Roma. Unregistriert. Die Leichen der jungen Frauen werden über die Serail-Mauer geworfen. Können über die Mauer geworfen werden und den Schakalen überlassen. Weil diese jungen Frauen nicht registriert seien. Sie hatte das gelesen. Über eines der Länder im Nahen Osten. Ohne Registrierung. Ohne einen Pass. Es gab diese Person gar nicht. Romini. Wenn die nicht registriert waren. Da konnte alles geschehen. Diese Personen waren nicht existent. Sie war eine staatlich beglaubigte Existenz. Sie konnte das mit dem Pass nachweisen. Aber wenn ihr jemand den entriss. Sie würde lange nicht gesucht werden. Sie fehlte niemandem. War das alles Gustavs Idee gewesen. Hatte er die Regie in dieser Sache. Hatte er sie verfolgen lassen. Gustav hatte viele Freunde und Unterstützer. Sein Netzwerk. Er war ein Detektiv. Hatte er die Finger im Spiel. Hier. Sollte sie ihn anrufen. Wieso hatte sie nicht daran gedacht. Gustav konnte sie hier herausholen. Wo war das Handy. Sie hatte das Handy. Wo hatte sie das Handy zuletzt gehabt. In der Hand. Hatte sie das Handy nicht in der Hand gehabt. War das hinuntergefallen. Sie beugte sich vor. Schaute. Sie konnte das Handy nicht sehen, und sie begann zu weinen. Sie lehnte sich wieder zurück und ließ sich weinen. Beim Weinen. Mit den Tränen. Es wurde leichter in ihr. Die schwere Müdigkeit in den Gliedern. Sie wurde dünner. Entfernter. Die Tränen rannen. Sie fühlte ihr Gesicht. Den Mund breitgezogen vom Weinen. Die Augenbrauen hochgezogen. Hörte sich wimmern. Das war Wimmern, was sie da hörte. Sie lauschte. Babylaute. Sie hörte die Babylaute. Aus dem Kopf. Diese Laute kamen von hinten aus dem Kopf. Kamen mit dem Atem mit. Wimmern. Ihr Atem nahm diese Laute beim Ausatmen mit. Die Trostlosigkeit dieser Laute. Sie war gerührt. Ihr Wimmern. »Mein armes Kind.«, sagte sie zu sich. Keuchend. Kaum Atem findend. »Mein armes Kind. Wohin bist du geraten.« Und es war der gleiche Ton, in dem sie es gelesen hätte. »O Fallada, die du hangest.« Sie konnte sich an das Märchen nicht genau erinnern. Es war eine junge Frau. Der Kopf ihres Pferds über dem Tor angenagelt. Es war eine Prinzessin, die von ihrer Magd zur Magd gemacht worden war. Sie hatte alle diese Märchen geliebt. Das vertauschte Kind. Die verwandelte Prinzessin. Die schlafende Prinzessin. Die scheintote Prinzessin. Es waren unendlich viele Formen des Warten-Müssens, die ein kleines Mädchen da zu lernen gehabt hatte. Aber die Klage an einen abgeschlagenen Pferdekopf richten zu müssen. Dass das Pferd getötet worden war. Das treue sprechende Pferd. Hingerichtet für die Gier einer anderen Frau. Das war wohl ihre Situation. Und wo war der Pferdekopf, der ihr antworten würde und sie damit retten. Ach ja. Die Prinzessin und die Magd hatten zum Bräutigam reisen müssen. Allein. Und Fallada, das Pferd, hatte den Verrat mitangesehen. Hatte deshalb sterben müssen. Dabei. Es fiel ihr ein. Die Magd hatte gemeint, dass sie auch auf dem Pferd reiten sollte. Dass die Last des Gehens geteilt werden solle. Und die Prinzessin. Sie hatte das eingesehen und teilen wollen. Das immerhin. Das musste sie nicht. »O Fallada.«, seufzte sie. Sie schaute sich um. Ihr Handy. Wo war ihr

Handy. Sie sollte wenigstens die Videofunktion einschalten und alles dokumentieren. Was hier vorging. Sie rutschte auf der Bank nach links. Zur Ecke hin. Da hatte sie diesen Rock. Oder was war gewesen. Sie konnte sich nicht erinnern. Genau. Der Mann. Der kanariengelbe Taser. Ihre Hand. Sie schaute ihre Hand an. Die rechte Hand. Sie fühlte nichts. Da. Auf dem Handrücken. Eine Verbrennung. Während sie die Verbrennung ansah. Sie spürte sie. Aber sie war nicht sicher. Und der Schmerz in der Schulter war so gewaltig. Sie musste ächzen, wenn dieser Schmerz ausgelöst wurde. Auch nur andeutungsweise. Die Hand. Sie war so ungeschickt mit der Linken. Aber sie konnte das Handy sehen. Es war unter die Garderobenkästen an der Wand von der Tür weg gefallen. Das waren drei oder vier Schritte. Aber wie sollte sie dahinkommen. Sie starrte auf das Handy. Der weiße Rand ihres Apple. Ein iPhone 6. Wütend. Es machte sie wütend. Sie holte tief Luft. »Fallada.«, sagte sie zu dem Handy. Das Handy sollte zu ihr hertraben. Es sollte ihr das alles zur Verfügung sein. Sie sollte zaubern können. Sich hier hinauszaubern und fliehen können. Es sollte alle Möglichkeiten geben, dem Bösen entfliehen zu können. Mit allen anderen Verfolgten. Sie wollte eine Heerschar der Verfolgten hinausführen. Davonführen. Aus der Reichweite solcher kanariengelber Waffen. Aus dem Bereich diesen Manns. Der war klein gewesen. Aber er hatte eine Uniform getragen. Wagner war rot auf der Brusttasche aufgestickt gewesen. Eine Sicherheitsfirma. Ein schwacher Mann. Ein schwacher Mann, der gleich einmal niedertasern musste. Aus Furcht. Sie wünschte sich eine Pistole. Aber eine richtige, und ihm in die Schulter schießen. Ruhig und konzentriert. Aber ihre Gewaltphantasien halfen ihr nicht, das Handy zu erreichen. Das war das Wichtigste. Jetzt. Das Handy erreichen und Hilfe rufen. Den Notruf. Sie hatte gleich Zweifel, ob sie ihren Code wusste. Das Durcheinander im Kopf. Aber der Notruf. Da brauchte sie den Code nicht, und es musste schnell gehen. Eile. Wie lang war sie hier gelegen. Der Mann musste zurückkommen. Leute würden hierherkommen. Sie musste sich wappnen. »Wappnen.«, sagte sie zu sich. Wiederholte es. Immer und immer wieder. »Wappnen.« Rüsten fiel ihr ein. Aber sie blieb bei Wappnen. »Wappnen. Wappnen. Wappnen. Wappnen.« Sie betete die Litanei vor sich hin. Rutschte auf der Bank die Wand entlang. Rutschte in die Ecke. Schob sich aus der Ecke auf der Bank weiter. Unter dem Fenster. Weiter zur anderen Wand. Wie sollte sie unter diese Kästen greifen. Sie musste die Schulter steif halten. Durfte mit keiner ihrer Bewegungen in die Nähe der Schulter kommen. Sie hielt ihre ganze rechte Seite steif. Bewegte sich nur links. Konnte sich nur zentimeterweise weiterschieben. Musste Pausen machen. Wegen der Schulter. Und rasten. Nichts an ihr schien zu funktionieren und tat es dann doch. Ein Durcheinander. Ein einziges Durcheinander. Der Stromstoß. Ihre Elektrizität durcheinander. Fehlschaltungen. Sie saß und keuchte. Dachte sich einen Schaltplan und wie der fremde Strom hineinfuhr. Wieder Brechreiz. Vergewaltigung, dachte sie. Eine Penetration. Eindringen. Hinterhältig und gemein. Sie wäre lieber angeschossen worden. Ein Geschoss. Das konnte wieder herausoperiert werden. Der Strom. Der Stromstoß. Den musste sie wegarbeiten. Ausscheiden musste sie den. Den konnte nur sie kennen. Der war nicht einmal nachweisbar. Taser. Die waren als Folterinstrumente beliebt. Da gab es nur diese kleine Brandwunde. Eine winzige Eintrittswunde und alles andere. Im Körper. In den Körper. Das hielt einer an und drückte ab. Schickte den Strom in den Körper der anderen Person und ließ den Strom wüten. Je nach Möglichkeit des elektrisierten Körpers. Maßgemacht. Der blöde bunte Rock. Wenn sie nicht mit diesem Rock beschäftigt gewesen wäre. Dieser Mann hätte sie nie erwischen dürfen. Sie war trainiert. Dieser kleine Wicht hätte keine Chance haben sollen. Sie hatte versagt. Hatte sie nun nicht insgesamt versagt. Hatte sie nun bekommen, was sie verdiente. Sollte sie sich nicht besser wieder auf den Boden legen und es sein lassen. Sie konnte sich übergeben. Nehmen, was auf sie zukam. Aber sollte sie nehmen, was dieser Sicherheitsmann für sie bestimmte. Das konnte nicht sein. Sie musste nur noch die halbe Wand bewältigen. Das Fenster. Sie musste jetzt unter dem Fenster sein. Sie wollte hinaufschauen. Schon beim Entschluss begann die Schulter. Schreiender Schmerz. »Wappnen.«, sagte sie wieder. Schob sich weiter. Das Handy lag gleich vorne unter den Garderobenkästen. Ein Griff hinunter würde reichen. Und den Rock hatte sie auch gekauft, weil das nach Kindheit ausgesehen hatte. Das war eine kindliche Buntheit gewesen, und sie hatte Lust darauf gehabt. Sie war fröhlich gewesen. Sicher. Zukunftsfroh. Sie würde das meistern, hatte sie gedacht. Meisterinnen, hatte sie sich selbst verbessert. Besser als jeder Meister. Sie würde in dieser Beziehung alles meisterinnern, und das neue Leben würde alles umfangen. Vollständig sein.

Das neue Leben würde vollständig sein. Das Glück. Wie sie es sich immer erträumt hatte. Und sie würde diesen Traum nicht aufgeben. Nicht jetzt. Wenn sie diesen Traum von der Liebe jetzt aufgab, dann ließ sie sich bestehlen. Von den Umständen zwingen. Wenn sie ihr Phantasma von der Liebe jetzt aufgab, dann ließ sie sich amputieren. Eine geistesgeschichtliche Amputation wäre das dann. Sie musste ihre Behauptungen aufrechterhalten und sich später darum kümmern. Sie musste das alles genau überlegen. Durchdenken. Sonst verfiel sie derselben Melancholie, die Gustav schon zur Verstellung gezwungen. Die die ganze Welt zur Verstellung zwang. Die all diese Bilder vom Glück produzierte. Und selbst gar keines kannte. Das war es. Das war es ja wohl. Gustav. So ein Mann. Der kannte gar kein Glück außerhalb von sich. Der hatte gar nichts zu teilen. Der war sich immer noch Gott und erwartete, dass sie sich an diesem Gott-Sein ergötzte. Es war alles so viel weiter zurück, als sie sich das überhaupt vorstellen hätte können. Sie war ins 21. Jahrhundert geraten, und Gustav lebte 1805. Sie war fast bei der Kastenreihe angelangt. Das Vorbeugen. Zuerst. Sie musste die Schulter mit der linken Hand halten. Fischte mit dem linken Fuß nach dem Handy. Stieß es erst weg. Bekam es dann doch so gedreht, es schieben zu können. Schob das Handy unter dem Garderobenkasten hervor. Musste innehalten. Es gab keine Möglichkeit, sich nach dem Handy vorzubeugen. Hinunterzubeugen. Die Schulter. Der Schmerz brüllend. Das war der richtige Ausdruck dafür. Die Tränen traten ganz selbstverständlich in die Augen. Rannen die Wangen hinab. Das Brüllen zwang sich in den Atem. Ließ sie keuchend um

Luft ringen. Lange. Dann. »Zähne zusammenbeißen.«, fiel ihr ein. Die Kiefer. Auch müde. Schon zusammengekrampft gewesen. Sie hieß sich dieses Zusammenbeißen. Die Kiefer langsam. Widerwillig. Dann doch. Sie lehnte sich vor. Griff nach dem Handy. Bekam es zu fassen. Musste schreien. Warf sich ins Sitzen zurück. Jammerte. Wimmerte. Keuchte. Schluchzte. Umklammerte das Handy. Weinte vor Freude. Musste lachen. Hätte schlafen mögen. Fiel in sich zusammen. Musste die Schulter mit der Hand halten. Hatte das Handy auf den Schoß legen müssen. Musste die Beine zusammenpressen, es nicht wieder zu Boden gleiten zu lassen. Erst langsam. Und wie gut, dass sie nichts getrunken hatte. Sie war nicht nass zwischen den Beinen. Die Schulter. Das Gelenk in sich sinken. Immer wieder. Sie ließ die Schulter los. Musste sie aber gleich wieder umfassen. Halten. Der Schmerz. Ihr war schwindlig geworden vor Schmerz. Wusste gar nicht, wo sie war. War von diesem Schmerz umschwommen. Verloren darin. Sie geriet in eine ertragbare Haltung. Konnte mit der linken Hand das Handy greifen. Bedienen. »Wollen Sie wirklich den Notruf bedienen?«, stand auf dem Display. »Ja.«, sagte sie laut. »Ich will.«

Anmerkungen.

1 *Montag, 19. März 2018.*

Der Generalsekretär des ÖVP-Justizministeriums tritt in den Medien auf und zeigt sich über die Hausdurchsuchung und Beschlagnahme von Daten im Bundesamt für Verfassungsschutz und Terrorismusbekämpfung (BVT) beunruhigt.
Am 28. 2. 2018 fanden im BVT und in Privaträumen der dort arbeitenden Beamten Hausdurchsuchungen statt. Das Extremismusreferat des BVT hatte FPÖ-Funktionäre unter Beobachtung. Diese Hausdurchsuchungen wurden von einer Polizeigruppe gegen Straßenkriminalität unter Führung eines FPÖ-Gemeinderats und nicht von den zuständigen Stellen der Polizei durchgeführt. Die Aktion wurde durch eine anonyme Anzeige aus dem Kabinett des FPÖ-Innenministers ausgelöst. Das ÖVP-Justizministerium war nicht informiert worden. Es geht um die Besetzung von Posten.

2 *Mittwoch, 21. März 2018.*

Nach antisemitischen Ausfällen eines FPÖ-Bezirksrats in Wien Leopoldstadt sprechen sich Grüne und SPÖ in einer Resolution dafür aus, dass in »demokratischen Vertretungskörpern auf kommunalpolitischer, bundespolitischer und europapolitischer Ebene« ausschließlich Mandatare vertreten sein sollen, die sich »explizit gegen antidemokratisches, antisemitisches, deutschnationales und rassistisches Gedankengut« aussprechen. Auch im privaten Lebensbereich sollen die Mandatare diese Mindeststandards erfüllen, fordern Rot und Grün.
Anlass dafür bildeten antisemitische Äußerungen und Zeichen von vor Ort aktiven FPÖ-Bezirksräten. Unter anderem gab es Hakenkreuzpostings.

Der deutsche Verfassungsschutz will die Beziehung zum österreichischen Bundesamt für Verfassungsschutz und Terrorismusbekämpfung (BVT) überprüfen. Das deutsche Bundesinnenministerium sieht die Sicherheit vertraulicher Daten aufgrund der Hausdurchsuchungen im BVT nicht gewährleistet.

Im Bundesbudget der ÖVP-FPÖ-Regierung werden erstmals die Posten für Asyl / Migration im FPÖ-Innenministerium aus dem Sicherheitsbudget herausgelöst und getrennt berechnet.

Das FPÖ-Innenministerium wird 4100 Planstellen neu besetzen.

Der FPÖ-Verkehrsminister kürzt das Baubudget der ÖBB um 1,8 Milliarden.

In Niederösterreich fordert der FPÖ-Landesrat für Integration, Asyl, Mindestsicherung und Tierschutz eine Ausgangssperre für Asylwerber und Asylwerberinnen nach Einbruch der Dunkelheit und ein Betretungsverbot öffentlicher Bäder.

Der ÖVP-Finanzminister stellt in seiner Budgetrede den »Familienbonus plus« vor. Ab einem Monatsverdienst von 1750 Euro brutto kann der Bonus ausgenutzt werden und 1500 Euro für ein Kind im Jahr ergeben. Für wenig verdienende Alleinerzieherinnen oder Alleinerzieher beträgt die Entlastung pro Kind hingegen 250 Euro.

4 *Sonntag, 1. April 2018.*

Bei den Renovierungsarbeiten im Parlamentsgebäude wurden Büsten von Adolf Hitler und nationalsozialistische Malereien und ein Relief gefunden. Die sieben Objekte stammen aus der Zeit, als das Parlamentsgebäude für die »Reichskommission für die Wiedervereinigung« von 1938 bis 1940 Sitz der Wiener Gauleitung der NSDAP war. Die Aufarbeitung der Geschichte des Parlamentsgebäudes zwischen 1933 und 1956 war von der SPÖ-Nationalratspräsidentin Bures in Auftrag gegeben worden. Der derzeitige ÖVP-Nationalratspräsident Sobotka sucht eine »breite Meinungsbildung mit allen Fraktionen«, um über den Umgang mit den Objekten zu entscheiden.

5 *Montag, 16. April 2018.*

In einem Nürnberger Auktionshaus wird ein Bild versteigert, das Hitler von seiner französischen Geliebten Charlotte Lobjoie malte. Das signierte Gemälde wird zum Limitpreis von 60 000 Euro einem Käufer »aus der Region des persischen Golfs« zugeschlagen.

Der Fußballklub Austria entschuldigt sich bei einer im Ernst-Happel-Stadion verletzten Fotografin und erklärt, dass auf rechtsextremes Gedankengut zurückgehende Hausverbote verlängert worden seien. Im Derby mit dem Fußballklub Rapid war es zu schweren Ausschreitungen zwischen den Fans der beiden Clubs gekommen.
Der FPÖ-Vizekanzler und Sportminister kämpft weiter gegen den Denkmalschutz um den Abriss und einen grandiosen Neubau des Ernst-Happel-Stadions.

ÖVP-Bundeskanzler Kurz kündigt ein Kopftuchverbot an öffentlichen Schulen und Kindergärten an. Privatschulen können dazu nicht verpflichtet werden.

Aufgrund der Einsparungen im Budget der ÖVP-FPÖ-Regierung im Justizwesen können keine Jusabsolventen oder Jusabsolventinnen für die Gerichtspraxis aufgenommen werden. Die

Gerichtspraxis ist verpflichtende Voraussetzung für alle Berufe im Justizwesen.

Die FPÖ-Sozialministerin verlangt die Auflösung der Allgemeinen Unfallversicherung (AUVA).

6 *Dienstag, 17. April 2018.*

Im Budgetentwurf der ÖVP-FPÖ-Regierung wird der Gender-pay-Gap nicht mehr ausgewiesen. Frauen verdienen zwischen 27,9 % (Vorarlberg) und 15,2 % (Wien) weniger. Frauen bekommen 43 % weniger Pension als Männer.

7 *Mittwoch, 18. April 2018.*

Ein Mitstreiter des ÖVP-Bundeskanzlers aus der Jungen ÖVP wird zum Generalsekretär von A1. Es werden in allen Unternehmen, die teilweise oder ganz dem Staat gehören, derartige Ernennungen erwartet.

8 *Donnerstag, 19. April 2018.*

Der BVT-Untersuchungsausschuss kann im Parlament beschlossen werden. Es geht um die Aufklärung der Umstände der Hausdurchsuchungen im Bundesamt für Verfassungsschutz und Terrorismusbekämpfung (BVT) und in Privaträumen von Beamten am 28. 2. 2018. ÖVP und FPÖ hatten davor einen von der SPÖ alleine eingebrachten Antrag auf einen solchen parlamentarischen Untersuchungsausschuss niedergestimmt gehabt.

9 *Montag, 23. April 2018.*

Die ÖVP-FPÖ-Regierung beschließt den Einsatz von Bundestrojanern auch auf Handys und den direkten Zugriff auf öffentliche Überwachungskameras.

Die ÖVP-FPÖ-Regierung ermöglicht die gesetzliche Weitergabe der in »Elga« gespeicherten Patientendaten aller Patienten und Patientinnen sämtlicher Krankenkassen Österreichs an Wissenschaft und Wirtschaft. 273 000 Personen sind aus Sorge um eine solche Weitergabe ihrer Daten von »Elga« abgemeldet.

10 *Dienstag, 24. April 2018.*

Der ÖVP-Reform-, Justiz- und Deregulierungsminister gab den anderen Ressorts bis zum 15. März Zeit anzugeben, welche Gesetze aus dem jeweiligen Wirkungsbereich beibehalten werden sollen. Alle anderen Gesetze sollen gestrichen werden.

11 *Mittwoch, 25. April 2018.*

Die ÖVP-FPÖ-Regierung kündigt die Zusammenlegung der Krankenkassen und eine Zentralisierung des Sozialversicherungssystems an. Einsparungen und der Abbau von Kassenprivilegien seien das Ziel. Es werden missbräuchliche Verwendungen von Beitragsgeldern angedeutet.

12 *Donnerstag, 26. April 2018.*

Die Krankenkassen sind über die Privilegienvorwürfe empört und werfen der ÖVP-FPÖ-Regierung vor, Fake News für populistische Ziele zu verbreiten. Die Beitragsgelder seien sachgemäß verwaltet und angelegt worden.

In einer Radiosendung sagt der FPÖ-Vizekanzler und Bundes-minister für öffentlichen Dienst und Sport Strache, es sei nach-gewiesen, dass George Soros an der Flüchtlingsbewegung nach Europa verursachend mitbeteiligt sei.

13 *Freitag, 27. April 2018.*

Der Schwiegersohn eines FPÖ-Politikers wird im Publikumsrat des ORF die Interessen der Konsumenten vertreten.
Die neuernannte Verfassungsgerichtshofpräsidentin findet ein Kopftuchverbot problematisch.

14 *Montag, 30. April 2018.*

Der Vorfall auf dem Golan im Herbst 2012, bei dem österreichi-sche Blauhelm-Soldaten neun syrische Sicherheitskräfte absehbar in einen tödlichen Hinterhalt fahren hatten lassen, könnte zu Schadenersatzforderungen der syrischen Hinterbliebenen der Opfer führen. Eine Gerichtsentscheidung in den Niederlanden könnte das ermöglichen.

Es ergeht keine Einladung an FPÖ-Politiker, am Gedenken im KZ Mauthausen teilzunehmen.

15 *Mittwoch, 2. Mai 2018.*

Für 405 rechtskräftig negativ beschiedene Asylwerber läuft die Frist ab, sich in den ihnen vom FPÖ-Landesrat für Integration, Asyl, Mindestsicherung und Tierschutz zugewiesenen Sammel-quartieren zu melden. Wer sich nicht in den geheimgehaltenen Sammelunterkünften einfindet, dem wird die Grundversorgung gestrichen. Das bedeutet auch den Verlust der Kranken-versicherung.

Die ÖVP-FPÖ-Regierung will bis nach dem Sommer den Zwölf-Stunden-Arbeitstag eingeführt haben.

16 *Donnerstag, 3. Mai 2018.*

Die Mittel für das vom Arbeitsmarktservice (AMS) angebotene Integrationsjahr für Geflüchtete werden von der ÖVP-FPÖ-Regierung gekürzt.

Der ÖVP-Bildungsminister verschiebt die Einführung der verpflichtenden Schulnoten für Volksschulkinder auf den Herbst 2019. Der Minister bringt fünf Pakete in den Ministerrat ein, die »vom Kindergarten bis zum Ende der Schulreife« die Bildung »umkrempeln« sollen.

17 *Dienstag, 8. Mai 2018.*

Auf dem österreichischen Arbeitsmarkt fehlen an die 60 000 Fachkräfte.

Der FPÖ-Verteidigungsminister erteilt den Auftrag, die Vorgänge auf dem Golan vom September 2012 zu untersuchen. Ein von österreichischen Soldaten gemachtes Video des Vorfalls war in der Unterweisung neuer Soldaten verwendet worden.

Der Vorsitzende der FPÖ-Oberösterreich beklagt, keine Einladung zum Gedenken in Mauthausen erhalten zu haben. Für den Vorsitzenden des Mauthausen-Komitees wäre ein FPÖ-Auftritt eine »erneute Demütigung« für die Überlebenden.

Der Präsident der Islamischen Glaubensgemeinschaft sieht keinen Bedarf für weitere Moscheen in Wien.

Die ÖVP-FPÖ-Regierung kündigt eine Medienenquete an, bei der es um die Zukunft der öffentlich-rechtlichen Medien gehen soll.

Im BVT-Ausschuss stellt sich heraus, dass »geheime« Zeugen von einem Mitarbeiter des FPÖ-Innenministers zu ihren Aussagen vor der Wirtschafts- und Korruptionsstaatsanwaltschaft begleitet worden waren. Diese Aussagen hatten zu den Hausdurchsuchungen geführt.

18 *Mittwoch, 9. Mai 2018.*

Ein parlamentarischer Ausschuss zur Mitwirkung an der EU-Gesetzgebung nimmt die Arbeit nicht auf. Das österreichische Parlament lässt damit seine Rechte in EU-Angelegenheiten ungenützt.

19 *Donnerstag, 10. Mai 2018.*

Die ÖVP-FPÖ-Regierung plant eine Indexierung der Lebenshaltungskosten in den verschiedenen EU-Ländern, um die Familienbeihilfe dementsprechend anpassen und herabsetzen zu können.

20 *Freitag, 11. Mai 2018.*

Gegen frühere Ankündigungen der FPÖ, dem Handelsabkommen Ceta nicht beitreten zu wollen, bereitet die ÖVP-FPÖ-Regierung die Ratifizierung des Handelsabkommens Ceta vor.

21 *Montag, 14. Mai 2018.*

Im Parlament spricht sich die Opposition gegen die Indexierung der Familienbeihilfe aus. Eine solche Vorgangsweise verstoße gegen geltendes europäisches Recht.

Einsparung ist der Grund für die Halbierung der Entschädigung älterer Lehrlinge in überbetrieblicher Ausbildung. Ab September sollen diese Lehrlinge 325 Euro weniger im Monat bekommen. Die 3600 davon betroffenen Personen sind vor allem Asylberechtigte und Migranten.

22 *Donnerstag, 17. Mai 2018.*

Österreich kam der Bitte der EU-Außenbeauftragten um Zurückhaltung bei den Feierlichkeiten des israelischen Außenministeriums zur Einweihung der US-Botschaft in Jerusalem nicht nach. Die österreichische FPÖ-Außenministerin nimmt an den Feierlichkeiten teil und unterstützt damit die evangelikalen Vorstellungen der Pastoren Robert Jeffress und John Hagee. Nach evangelikalen Vorstellungen werden nur die in Jerusalem anwesenden 15000 Gerechten das Ende der Welt im Armageddon überstehen und ins Paradies gelangen. Nach evangelikalem Glauben müssen die Gerechten sich zum Armageddon körperlich in Jerusalem befinden, um gerettet werden zu können.

Die Soros-Stiftung verlegt ihr Büro von Budapest nach Berlin.

In einem von ÖVP und FPÖ beschlossenen Fremdenrechtspaket sind die Abnahme von Bargeld und Handy bei neu angekommenen Flüchtenden vorgesehen. Die Beratung und Betreuung von Asylwerbern und Asylwerberinnen wird in einer Agentur an das FPÖ-Innenministerium angeschlossen und verstaatlicht. Der Vertrag des FPÖ-Innenministeriums mit

NGOs für die Beratung und Betreuung wird mit Ende 2018 gekündigt.

Im ORF werden Channel-Manager eingesetzt. Der bisherige sozialdemokratische Chefredakteur des Fernsehens wird abgesetzt. Im Netz war ORF-Journalisten und ORF-Journalistinnen von FPÖ-Seite die Produktion von Fake News nachgesagt worden.

Der FPÖ-Infrastrukturminister kündigt den Umbau der Sozialversicherung an.

23 *Samstag, 19. Mai 2018.*

Der FPÖ-Schwiegervater des FPÖ-Konsumentenvertreters im ORF-Publikumsrat wird Vorsitzender des ORF-Stiftungsrats. Der frühere FPÖ-Vizekanzler und FPÖ-Chef hatte ORF-Journalisten immer wieder mit »Streichung« oder Entlassung gedroht. Er hatte die Mittel für die Auslandskorrespondenten des ORF um ein Drittel gekürzt sehen wollen, weil nicht ausgewogen genug über Viktor Orbán berichtet worden wäre.

Ein Milliardär wird als Verdächtiger in der BVT-Affäre genannt. Der Kabinettschef im Innenministerium, zu dem das Bundesamt für Verfassungsschutz und Terrorismusbekämpfung gehört, ist dadurch unter Korruptionsverdacht geraten. Es wird ermittelt.

24 *Dienstag, 22. Mai 2018.*

Das Amtsgeheimnis bleibt aufrecht.

In einem Rundschreiben des ÖVP-Kanzleramts-Generalsekretärs sollen die Mitarbeiter und Mitarbeiterinnen der einzelnen

Ministerien »strukturell nicht den Kabinetten direkt zuordenbar« ausgewiesen werden. Mit dem Antritt der ÖVP-FPÖ-Regierung war die Zahl der Mitarbeiter und Mitarbeiterinnen in den einzelnen Ministerien stark angestiegen.

ÖVP und FPÖ einigen sich auf eine Krankenkassenreform. Das Gesetz soll bis Herbst ausgearbeitet sein.

25 *Mittwoch, 23. Mai 2018.*

Die Indexierung der Lebenshaltungskosten der EU-Mitgliedsländer und die Auszahlung der Familienbeihilfen anhand dieses Indexes wird in Brüssel negativ kritisiert und für rechtswidrig eingeschätzt.

Die Pläne der ÖVP-FPÖ-Regierung für die Reform der Krankenkassen-Sozialversicherungsreform sehen eine Auflösung der Kontrollversammlung der einzelnen Gremien der Krankenkassen vor. Es handle sich nicht um eine Machtverschiebung, es würden lediglich Gremien zusammengelegt werden, wird von ÖVP-FPÖ-Regierungsseite abgewiegelt.

Der ÖVP-Bundeskanzler Kurz sieht sich in Fragen der Sozialversicherungsreform in der Öffentlichkeit missverstanden.

26 *Donnerstag, 24. Mai 2018.*

Der nach den Hausdurchsuchungen im BVT und in Privaträumen der Beamten suspendierte BVT-Chef ist wieder im Amt und ist damit oberster Verfassungsschützer. Eine Aussprache mit dem FPÖ-Innenminister ist geplant. Die Hausdurchsuchungen waren durch anonyme Anzeigen im FPÖ-Innenministerium ausgelöst worden.

27 *Freitag, 25. Mai 2018.*

Experten bezweifeln die Verfassungsrechtlichkeit der von der
ÖVP-FPÖ-Regierung geplanten Sozialversicherungsreform.
Die Machtverschiebung in den Krankenkassen heble die Selbst-
verwaltung aus und widerspreche damit der Verfassung. Die
Reform bedürfe deshalb der Stimmen der Opposition, um die
erforderliche Dreiviertelmehrheit zu bekommen.

28 *Samstag, 26. Mai 2018.*

Das FPÖ-Innenministerium muss die Sprachregelungen in
Asylbescheiden überprüfen. In Bescheiden des Bundesamts für
Fremdenwesen und Asyl werde in herablassender Weise und in
höhnischem Ton Sachverhalte wiedergegeben, lauten die Beur-
teilungen.
Das Innenministerium verspricht eine rasche Prüfung.

29 *Montag, 28. Mai 2018.*

Etwa 20 000 Personen sind in das Integrationsjahr eingetre-
ten gewesen. Noch von der SPÖ-ÖVP-Regierung eingeführt,
wurden vor allem die Deutschkurse in Anspruch genommen.
Kompetenzclearings und Qualifizierungsmaßnahmen sollten
den Weg in den Arbeitsmarkt ebnen. Das Integrationsjahr wird
von der ÖVP-FPÖ-Regierung nicht mehr finanziert.
Die ÖVP-FPÖ-Regierung plant eine Gesetzesänderung, durch
die Immobilien-Investoren von der Grunderwerbsteuer befreit
werden.

Die Wirtschaftskammer besteht auf einem Gewerbeschein für
psychosoziale Berufe und verhängt Strafen. Es müssen 380 bis
560 Euro bezahlt werden, wenn Supervisoren ohne Gewerbeschein arbeiten.

Die ÖVP-FPÖ-Regierung unternimmt alles, die Albanien-Route für Asylsuchende zu schließen.

30 *Mittwoch, 30. Mai 2018.*

Dem seit Dezember ernannten Generalsekretär des FPÖ-Innenministers wird vorgeworfen, die anonyme Anzeige gegen das BVT koordiniert zu haben.

Aus juristischen Gründen kann die ÖVP-FPÖ-Regierung die Mindestsicherung nicht weiter kürzen.

Die ÖVP-FPÖ-Regierung beschließt eine Energie- und Klimastrategie, die als Maßnahme zur Reduktion der CO_2-Emission »die Beseitigung kontraproduktiver Anreize und Förderungen« vorsieht.

In einem Wohlstandsbericht der Arbeiterkammer wird der Zustand der Umwelt in Österreich kritisiert.

31 *Samstag, 2. Juni 2018.*

Der Vizekanzler und Bundesminister für öffentlichen Dienst und Sport, FPÖ-Bundesobmann Strache, beklagt, dass zehntausende Pflegekräfte aus der Slowakei, Ungarn und Rumänien in Österreich tätig seien. Damit würden diesen Ländern Arbeitskräfte entzogen und den Österreichern würde Arbeit weggenommen.

Die ÖVP-FPÖ lenkt den westlichen Bundesländern gegenüber ein und lässt Wohnbeihilfen bei der Mindestsicherung zu. Die westlichen ÖVP-Bundesländer stellen sich gegen den Regierungsvorschlag zur Verschärfung der Mindestsicherung. Die ÖVP-FPÖ-Regierung spricht von »neuer sozialer Gerechtigkeit«. Die Kürzungen der Mindestsicherung beträfen vor allem Kinder und nicht »Ausländer«, sagt der scheidende Diakonie-Direktor.

32 *Dienstag, 5. Juni 2018.*

Der ÖVP-Minister für Verfassung, Reformen, Deregulierung und Justiz will das »Gold-Plating«, das heißt die Übererfüllung von EU-Vorgaben, flächendeckend verhindern. Ein Deregulierungsgrundsätzegesetz wird in Aussicht gestellt.

Im Kanzleramt ist man bemüht, den neuerlichen Angriffen durch den türkischen Präsidenten nicht zu viel Bedeutung zukommen zu lassen. Die FPÖ ist über die Angriffe empört.

Der US-Botschafter in Deutschland, Richard Grenell, outet sich als Fan des ÖVP-Bundeskanzlers Kurz, den er einen Rockstar nennt. Auf der äußerst rechten Internetplattform *Breitbart* gibt er an, sich in die Politik der EU einmischen zu wollen. Dabei liege ihm die »Ermächtigung konservativer Parteien« am Herzen.

Die gute Konjunktur hat sich nicht auf die Zahlen der Insolvenzen ausgewirkt. Es gibt um etwa ein Prozent mehr Pleiten.

Das Videomaterial über die Vorfälle am Golan im September 2012 wird der Staatsanwaltschaft übergeben. Die interne Untersuchung ist abgeschlossen. Die Soldaten wurden dabei militärisch und völkerrechtlich entlastet.

Die Geschäfte zwischen Österreich und Russland florieren trotz der EU-Sanktionen.

In einem Nazi-Wiederbetätigungsprozess zum Villacher Fasching werden Verurteilungen ausgesprochen. Das Strafmaß beträgt 2,5 Jahre Haft.

33 *Sonntag, 10. Juni 2018.*

In der Wiener SPÖ wird ein Kopftuchverbot diskutiert.

Die Wiener Lehrer protestieren gegen getrennte Klassen für Kinder mit ungenügenden Deutschkenntnissen. Der ÖVP-Bildungsminister hat gesetzlich festgelegt, dass ab dem Schuljahr 2019 Schulanfänger und Neueinsteiger, die ungenügend Deutsch sprechen, für ein bis zwei Jahre in eigenen Förderklassen zu unterrichten sind.

ÖVP-Bundeskanzler Kurz reist auf drei Tage nach Israel. Die israelische Botschafterin in Wien bezeichnet die Beziehungen zwischen Israel und Österreich angesichts der Regierungsbeteiligung der FPÖ als »emotionales Thema«.

Der ÖVP-Bundeskanzler, der ÖVP-Kulturminister und der FPÖ-Vizekanzler versprechen eine strenge Exekution des Islamgesetzes. Es sollen sieben Moscheen geschlossen, vierzig Imame ausgewiesen und die islamischen Vereine strenger überprüft werden.

34 *Dienstag, 12. Juni 2018.*

Im Parlament haben die Oppositionsparteien am Vortag in der Causa BVT zusammengearbeitet und eine dringliche Anfrage an den FPÖ-Innenminister gerichtet. In einem internen Besprechungsprotokoll des FPÖ-Innenministeriums und der Staatsanwaltschaft nennt der Generalsekretär des ÖVP-Justizministeriums die BVT-Affäre einen »Skandal«, der »wahnsinnig auffällig« sei. Es sind mittlerweile gegen fast alle Beteiligten in dieser Affäre Anzeigen eingegangen. Gegen die Belastungszeugen wird von der Staatsanwaltschaft ermittelt. Die Aussagen der Belastungszeugen und Belastungszeuginnen hatten zu den Hausdurchsuchungen im BVT und in Privaträumen von Beamten geführt.

Der Verfassungsgerichtshof berät über die Möglichkeit, ein drittes Geschlecht auf amtlichen Urkunden angeben zu können.

Die ÖVP-Familien- und Frauenministerin kürzt die Zuwendung an den Klagsverband von jährlich bisher 55 000 Euro auf 25 000 Euro. Der Klagsverband hat Homo- und Transsexuelle, Migranten, Roma, Sexarbeiterinnen, von Armut und Behinderung betroffene Personen bei Klagen nach dem Gleichbehandlungs- und Behindertengleichstellungsgesetz unterstützt.

Die Wiener Taxilenker demonstrieren gegen Uber.

Österreichs Wirtschaft wächst kräftig. Die Beschäftigung steigt und damit der Konsum der privaten Haushalte.

35 *Mittwoch, 13. Juni 2018.*

Die neue Innsbrucker Stadtregierung hat in ihrer Koalitionsvereinbarung zwischen Grünen und SPÖ vereinbart, die von der ÖVP-FPÖ-Regierung geplanten Deutschklassen nicht durchzuführen.

Der Grüne Bundespräsident spricht sich auf dem 19. Bundeskongress des Gewerkschaftsbunds für die Erhaltung der Sozialpartnerschaft und des Sozialrechts aus.

Die ÖVP-FPÖ-Regierung beschließt einen Familienbonus, der aber von der Lohnsteuer abgezogen wird. Wenig Verdienende bekommen diesen Bonus nicht.

Im Parlament wird die Rede einer Abgeordneten der Liste Pilz durch dreißig Zwischenrufe unterbrochen. Die Liste Pilz fordert Entschuldigungen für sexistische und rassistische Zwischenrufe. Aus dem ÖVP-Klub wird geantwortet, dass die Zwischenrufe nicht abwertend gemeint gewesen seien.

Der Generalsekretär der FPÖ fordert weiterhin die Möglichkeit, bei Entscheidungen im EU-Außenministerrat ein Veto einlegen zu können. Die FPÖ ist in der Fraktion »Europa der Freiheit und der Nationen« (ENF) organisiert. Andere Mitglieder sind der Front National aus Frankreich und die Lega Nord aus Italien.

36 *Donnerstag, 14. Juni 2018.*

Die ÖVP-FPÖ-Regierung setzt die Standards für die Mindestsicherung fest. Ein Einzelbezieher soll 863,04 Euro im Monat erhalten. Paare erhalten jeweils 70 % des Basisbetrags. Für das erste Kind sind 25 % vorgesehen. Für das zweite 15 % und für das dritte 5 %. Alleinerzieherinnen bekommen mehr als bisher.

Eine Expertenkommission sieht keine Hinweise auf systematischen sexuellen Missbrauch und sexuelle Gewalt im Österreichischen Skiverband (ÖSV). Die Kommission war aufgrund der Anzeige einer ehemaligen Skirennläuferin und anonymen Hinweisen auf Missstände im ÖSV in den 1970er und 1980er Jahren eingerichtet worden.

Aus einer parlamentarischen Anfragebeantwortung geht hervor, dass die ÖVP-FPÖ-Regierung nicht vorhat, gegen die Entscheidung des Verfassungsgerichtshofs vorzugehen, der die Ehe auch für gleichgeschlechtliche Paare ab dem 1. Jänner 2019 vorsieht.

37 *Sonntag, 17. Juni 2018.*

Wenige Stunden nach der Neuwahl des Gewerkschaftspräsidenten verkünden die Parlamentsklubs der ÖVP und der FPÖ eine Einigung auf eine neue Arbeitszeitregelung. Die tägliche Arbeitshöchstgrenze wird für Gleitzeitbetriebe auf zwölf Stunden angehoben. Diese Regelung wird als Initiativantrag ins Parlament gebracht. Dadurch wird ein Begutachtungsverfahren verhindert. Die Gewerkschaft hatte Widerstand gegen diese Ausweitung auf den Zwölfstundentag angekündigt.

Die Schlepper, die in einem Kühllaster 71 Flüchtende ersticken ließen, werden in Ungarn zu 25 Jahren Haft verurteilt.

Google soll die Identität der anonymen Anzeiger in der BVT-Affäre preisgeben. Die ermittelnde Behörde hat dazu einen Antrag an den Generalanwalt der USA gestellt.

Die Moschee am Antonsplatz in Wien-Favoriten ist wieder offen. Die Islamische Glaubensgemeinschaft hat die dafür notwendigen Dokumente dem Kultusamt übermittelt. Dem Verein, der bisher die Moschee führte, wird von der ÖVP und der FPÖ ein Näheverhältnis zu den »Grauen Wölfen«, also türkischen Rechtsextremen, nachgesagt.

38 *Montag, 18. Juni 2018.*

Die Staatsanwaltschaft in Wien nimmt Ermittlungen zu den Überwachungsaktivitäten des deutschen Bundesnachrichtendiensts auf.

Die Einführung des Zwölfstundentags soll die Arbeitnehmervertreter schwächen. All-in-Verträge und Gleitzeitmodelle müssten neu ausgehandelt werden, verlangt die Arbeiterkammer.

Humanitäre Härtefälle und schwerkranke Asylwerber in Niederösterreich dürfen vorerst noch in St. Gabriel bleiben. Alle anderen Asylsuchenden müssen in die vorgeschriebenen Quartiere übersiedeln. Der FPÖ-Landesrat für Integration, Asyl, Mindestsicherung und Tierschutz sieht ansonsten die Sicherheit Niederösterreichs gefährdet.

Die ÖVP-FPÖ Regierung will hart gegen erschlichene Krankenstände vorgehen. Den Krankenkassen wird aufgetragen, die notwendigen Maßnahmen zu ergreifen. Die Krankenkassen geben an, dass diese Maßnahmen zum selbstverständlichen laufenden Betrieb gehörten.

Die Pläne der ÖVP-FPÖ-Regierung zur Einführung des Zwölfstundentags haben zu chaotischen Zuständen und sehr verschiedenen Interpretationen des Gesetzesentwurfs geführt. Die ÖVP-FPÖ-Regierung beruhigt.

Bei der Flexibilisierung der Arbeitszeit geht es vor allem um den Fortbestand der Überstundenzuschläge. Die Arbeiterkammer gibt in einer vorsichtigen Schätzung die Ausgaben für Überstunden mit 1,5 Milliarden Euro an.

40 *Mittwoch, 20. Juni 2018.*

Alle Asylsuchenden wurden auf Befehl des FPÖ-Landesrats für Integration, Asyl, Mindestsicherung und Tierschutz aus St. Gabriel abgeholt und auf andere Quartiere in Niederösterreich verteilt. Ein Mann mit multipler Sklerose hatte acht Jahre in St. Gabriel gewohnt. Der FPÖ-Landesrat für Integration, Asyl, Mindestsicherung und Tierschutz sagt, es handle sich nicht um humanitäre Härtefälle.

Der FPÖ-Vizekanzler Strache wird auf Facebook angegriffen. Grund dafür ist die Arbeitszeitflexibilisierung im Zwölfstundentag.

41 *Donnerstag, 21. Juni 2018.*

Alle von der ÖVP-FPÖ-Regierung geschlossenen Moscheen sind wieder offen. Die vorgeworfenen radikalen Äußerungen sind mehr als zwanzig Jahre alt. Die Formfehler in den Dokumenten sind behoben.

Es werden um 20 % weniger Deutschförderklassen notwendig als erwartet.

FPÖ-Vizekanzler Strache ist zu einem privaten Treffen mit Matteo Salvini nach Rom gereist. Ein gemeinsames Selfie wird auf die Facebook-Seiten gestellt. Salvini: »Hier bin ich mit dem österreichischen Vizekanzler Strache: Freunde und Verbündete, um unsere Völker zu verteidigen.«

Trotz der von der ÖVP und der FPÖ in Aussicht gestellten Regelung, dass die elfte und zwölfte Überstunde nur auf freiwilliger Basis geleistet werden muss, machen SPÖ und Arbeitnehmervertreter gegen den Zwölfstundentag mobil.

42 *Samstag, 23. Juni 2018.*

Die SPÖ stellt fest, dass die vom FPÖ-Vizekanzler angekündigte Freiwilligkeit niemals die gewerkschaftliche Absicherung in Arbeitszeitfragen ersetzen könne.

43 *Sonntag, 24. Juni 2018.*

Die unselbständig beschäftigten Österreicher und Österreicherinnen leisten etwa 250 Millionen Überstunden im Jahr. Vor der Finanzkrise 2007/2008 waren es 350 Millionen Stunden. Die Mehrheit der Vollzeitbeschäftigten will kürzere Arbeitszeiten, wird von der Arbeiterkammer berichtet.

Aus einem Aktenvermerk geht hervor, dass das FPÖ-Innenministerium der Justiz bei den Ermittlungen gegen das BVT finanzielle Hilfe angeboten hat.

44 *Mittwoch, 27. Juni 2018.*

Der Generaldirektor des ORF setzt die vom FPÖ-Vorsitzenden des Stiftungsrats verlangte genaue Unterscheidung in den ORF-Nachrichten zwischen Korrespondenten-Berichten, Analysen und Kommentaren durch. Es sollen keine politischen Ansichten die Nachrichten färben können. Die ORF-Mitarbeiter sollen »am besten keine Meinung« in sozialen Medien äußern. Auch nicht durch symbolische Äußerungen wie Likes, Dislikes, Recommends oder Shares. Diese Vorschriften gelten auch im privaten Bereich der Mitarbeiter und Mitarbeiterinnen. Diese strengen Richtlinien für das Verhalten von ORF-Mitarbeitern und -Mitarbeiterinnen in den sozialen Medien war vom Stiftungsrat gefordert worden.

Die Umweltverträglichkeitsprüfung soll fallen. Nach einem von der ÖVP-FPÖ-Regierung vorgelegten Standortentwicklungsgesetz sollen Vorhaben automatisch genehmigt sein, wenn die Behörde nach neun Monaten keine Entscheidung gefällt hat.

45 Donnerstag, 28. Juni 2018.

Die ÖVP-FPÖ-Regierung meint, dass es keinen Grund mehr gebe, gegen den Zwölfstundentag zu demonstrieren. Die Freiwilligkeit der elften und zwölften Arbeitsstunde soll im Gesetzestext und in den Erläuterungen festgeschrieben sein.

46 Samstag, 30. Juni 2018.

100 000 Personen demonstrieren gegen das Arbeitszeitgesetz mit dem Zwölfstundentag.

47 Sonntag, 1. Juli 2018.

Die Zahl der ankommenden Flüchtenden sinkt weiter. Die ÖVP-FPÖ-Regierung setzt dennoch eine Taskforce zur Migration ein. Der FPÖ-Innenminister übernimmt den Vorsitz.

Die Zahl der extremistisch motivierten Taten sei stark zurückgegangen. Vor allem in der linksextremen Szene sei dieser Rückgang zu beobachten. Das gibt der Leiter des Bundesamts für Verfassungsschutz und Terrorismusbekämpfung (BVT) an.

In der BVT-Affäre geht es weiterhin um Aktenvermerke. So habe der Leiter der Einsatztruppe zur Bekämpfung der Straßenkriminalität, ein FPÖ-Gemeindesekretär, der die Durchsuchungen befehligte, zwei Beamte beauftragt, die Kommunikation zwischen den BVT-Mitarbeitern »notfalls mit Gewaltanwendung« zu unterbinden.

Eine Gruppe von Wissenschaftlern bemängelt die Form, wie das Arbeitszeitgesetz ins Parlament eingebracht wurde. Ohne Begutachtung solle eine so wichtige Thematik nicht beschlossen werden.

Der ORF-Generalsekretär fühlt sich missverstanden. Er verlange nicht den Verzicht auf sachliche Kritik, sondern den Verzicht auf parteipolitische Kritik und parteiliche Polemik in den ORF-Nachrichten.

In Gänserndorf in Niederösterreich muss die Schleifung der ehemaligen Synagoge verhindert werden. Der Bürgermeister möchte zentrumsnahe Parkplätze schaffen.

Der Verfassungsgerichtshof hat in Prüfung des Personenstandsgesetzes festgestellt, dass ein drittes Geschlecht im Personenstandsregister und in Urkunden angegeben werden kann.

48 *Montag, 2. Juli 2018.*

In zahlreichen Betriebsversammlungen bringen Gewerkschafter und Gewerkschafterinnen ihren Protest gegen den Beschluss des Arbeitszeitgesetzes mit dem Zwölfstundentag zum Ausdruck. Im öffentlichen Transport kommt es zu Verspätungen.

Der FPÖ-Innenminister kritisiert in einem ORF-Interview »gewisse Medien, die sich jeden Tag darum bemühen, irgendwelche Dinge, die nicht in die Öffentlichkeit gehören, in die Öffentlichkeit zu bringen«. Dadurch würde »Verunsicherung« hergestellt. Gemeint ist die BVT-Affäre. Der FPÖ-Innenminister deutet in dem Interview an, dass auch Medien in der BVT-Affäre unter Verdacht stünden. Es wird von Hausdurchsuchungen in Redaktionen gesprochen.

49 *Mittwoch, 4. Juli 2018.*

Im Programmausschuss des ORF-Stiftungsrats wird der Umgang der Moderatorin mit dem FPÖ-Innenminister bei einem Interview kritisiert. Die Moderatorin habe Respekt und Höflichkeit im Umgang mit dem obersten Exekutivorgan vermissen lassen. Sie habe den FPÖ-Innenminister oft und harsch mit Nachfragen unterbrochen.

Eine Regelung zum Kopftuchverbot wird auf ungewisse Zeit verschoben.

Der ÖVP-Bundeskanzler legt vor dem europäischen Parlament ein Bekenntnis zu einem Europa der Werte ab.

50 *Donnerstag, 5. Juli 2018.*

Das umstrittene Arbeitszeitgesetz mit dem Zwölfstundentag kommt im Parlament zur Abstimmung. Es wird mit den Stimmen der ÖVP-FPÖ-Koalition beschlossen. Das Gesetz wird ab September gelten.

51 *Freitag, 6. Juli 2018.*

ÖVP, FPÖ und die liberalen NEOS beschließen im Parlament eine Beschränkung der Handlungsfähigkeit der Sozialversicherungsträger. Dies geschähe in Vorbereitung der geplanten Reformen. Bis dahin sollen die Krankenkassen keine »überbordenden Ausgaben« tätigen.

Es stellt sich heraus, dass die vom FPÖ-Innenminister angeordnete Grenzschutzübung zur Abwehr von Flüchtlingsmassen 205 000 Euro gekostet hat. Der FPÖ-Innenminister sagt, dass niemand glauben solle, dass es ein Weiterwinken (von Migranten) geben werde.

Die Industrie argumentiert weiter gegen die Übererfüllung der EU-Gesetze. So sollen die Arbeitszeitrichtlinien der EU nicht eingehalten werden. Zwar besagen diese Richtlinien, dass bei Eintritt in die EU bestehende Arbeitsrechte nicht geschmälert werden dürfen, die Industrie wünscht sich aber dennoch eine Reduzierung des Jahresurlaubs. Das von der ÖVP-FPÖ durchgesetzte neue Arbeitszeitgesetz bereitet solche Kürzungen vor.

Die ÖVP-FPÖ-Regierung will den Bundesländern und Gemeinden weniger Geld als bisher für die Kinderbetreuung zuordnen.

Das Geld, das für den Ausbau der Ganztagsschulplätze vorgesehen war, soll auch für Personalkosten ausgegeben werden. Damit wird das Ziel von 40 % nicht erreicht werden.

Am 9. Juli wurde mit dem Fremdenrechtsänderungsgesetz auch das Staatsbürgerschaftsgesetz geändert. Die Verlängerung der Einbürgerungszeit bedeutet eine rechtliche Verschlechterung für Geflohene und verstößt gegen internationales Recht.

Der ÖVP-Bundeskanzler setzt sich als EU-Ratsvorsitzender dafür ein, dass auf europäischem Boden keine Asylanträge mehr gestellt werden dürfen. Ein Sprecher des Bundeskanzleramts bestätigt, es gebe Beamtengespräche auf höchster EU-Ebene, einen Paradigmenwechsel der EU-Asylpolitik herbeizuführen und »ein krisenfestes Asylsystem zu entwickeln«. In einem Radiointerview bestätigt der FPÖ-Vizekanzler dieses Vorhaben und stellt fest, dass es in der EU nur noch einen »Diskussionsanfall« gebe, den zu überwinden nicht schwierig sein werde.

Ein dreiundzwanzigjähriger Lehrling soll nach Pakistan abgeschoben werden. Der Salzburger Erzbischof gewährt ihm Kirchenasyl.

Der FPÖ-Vizekanzler kündigt an, im Sommer mit den Bundesländern einen Vertrag abzuschließen, durch den das Kopftuchverbot österreichweit durchgesetzt werden soll.

Der ÖVP-Klubchef spricht sich für Sozialkürzungen und den Zwölfstundentag aus. Er wolle die Leute aus den Hängematten holen, sagt er. Er ist Vorsitzender der christlichen Gewerkschaften.

53 *Samstag, 28. Juli 2018.*

Die ÖVP-FPÖ-Regierung will den Krankenkassen die interne Prüfung entziehen und sie verstaatlichen.

Die FPÖ-Sozialministerin beteuert, die Schließung der Allgemeinen Unfallversicherung (AUVA) werde zu keinen Leistungsverlusten oder Spitalsschließungen führen. In der AUVA werden Sparpläne ausgearbeitet.

Der Verfassungsdienst hält ein Kopftuchverbot in Kindergärten für zulässig. Verfassungsexperten widersprechen dem Gutachten.

Der niederösterreichische FPÖ-Landesrat für Integration, Asyl, Mindestsicherung und Tierschutz will die Abnehmer von geschächtetem Fleisch strenger kontrollieren. Koscheres Fleisch soll es in Niederösterreich nur noch für »registrierte Juden« geben. Bisher mussten für den Bezug von koscherem oder Halal-Fleisch keinerlei Angaben gemacht werden.

Der ÖVP-Bundeskanzler stellt Selfies mit Arnold Schwarzenegger ins Netz.

Der FPÖ-Verkehrsminister kündigt an, Führerscheinprüfungen nicht mehr auf Türkisch ablegen zu lassen. Es sollen nur noch die österreichischen Amtssprachen Deutsch, Kroatisch und Slowenisch verwendet werden dürfen. Die Verwendung von Englisch wird überlegt.

In den Gewerkschaften stellt man sich auf ein Ende der Sozialpartnerschaft ein.

In den Abänderungsantrag zum Arbeitszeitgesetz für den Zwölfstundentag war zur Dämpfung der Diskussion die Freiwilligkeit der Ableistung der elften und zwölften Arbeitsstunde eingefügt worden. Sollte die Ablehnung zur Kündigung führen, dann kann der Arbeitnehmer oder die Arbeitnehmerin dagegen klagen. Dieser in letzter Sekunde eingefügte Passus könnte die Stellung der Arbeitnehmer arbeitsrechtlich bei Kündigungen stärken.

Der parteilose Außenminister Italiens wundert sich über die Pläne der österreichischen ÖVP-FPÖ-Regierung, »deutschstämmigen« Südtirolern und Südtirolerinnen einen österreichischen Pass zu verleihen. Er findet das seltsam.

Die ÖVP-FPÖ-Regierung plant eine Einschränkung der Länderkompetenzen und dementsprechende Budgetkürzungen.

Die Israelitische Kultusgemeinde und die Islamische Glaubensgemeinschaft sind über die vorgeschlagene Registrierung von Käufern geschächteten Fleischs empört. Der Tierschutz weist darauf hin, dass Pannen bei »konventionellen« Schlachtungen aufgrund einer aufgeheizten Diskussion übersehen würden, und spricht sich für Gespräche aus.

54 *Sonntag, 29. Juli 2018.*

Bei einer Umfrage der Tageszeitung *Der Standard* geben 43 % der Befragten an, sich selbst für überdurchschnittlich tolerant zu halten. 13 % schätzen sich als unterdurchschnittlich tolerant ein. Homosexualität gegenüber sind 89 % offen. 84 % geben an, lauten Kindern in der Nachbarschaft gegenüber tolerant zu bleiben. Ebenso würde der Einzug von Personen anderer Hautfarbe in der Nachbarschaft akzeptiert. Ein Drittel der Befragten fühlt sich durch Langsamfahrer, radikale Tierschützer oder Vegetarier gestört. Die Hälfte sind gegen protzige Reiche und Bettler. 78 % tolerieren die Untreue eines Partners oder einer Partnerin nicht. Zu 95 % nicht toleriert wird, wenn Kinder geschlagen werden oder unfaire Behandlung vorliegt.

Der FPÖ-Verteidigungsminister schlägt eine Rückkehr zum verpflichtenden Wehrdienst vor.

55 *Samstag, 4. August 2018.*

Gesundheitsexperten fordern Verhütung auf Krankenkasse. Migrantinnen haben ein mehr als doppelt so großes Risiko, ungewollt schwanger zu werden.

Ab 1. August wird auf Wunsch des FPÖ-Verkehrsministers auf zwei Abschnitten Tempo 140 getestet. Auf österreichischen Autobahnen gilt die Höchstgeschwindigkeit von 130 km/h. Der FPÖ-Innenminister hat gleich bei Amtsantritt die Demontage und Neuverteilung der Radarboxen auf den Autobahnen angeordnet. Verkehrsexperten legen die Beweise vor, dass es ohne Geschwindigkeitsbeschränkungen mehr Verkehrstote und höhere CO_2-Emissionen gäbe.

Das Begutachtungsverfahren für das Gesetz zur Einführung von gesonderten Deutschförderklassen läuft. Ab dem Schuljahr 2019/2020 wird ein Deutschtest Pflicht sein. Dann wird auch der Deutschklassenlehrplan festgelegt worden sein. Noch kann jeder Schulstandort einer eigenen Lösung nachgehen.

Das Budget für den Arbeitsmarktservice (AMS) soll im Jahr 2019 aufgrund des Budgets der ÖVP-FPÖ-Regierung stark gekürzt werden. Die Einsparungen sollen Arbeitssuchende und Personal gleich stark treffen.

Die Volksanwaltschaft kritisiert die Qualität der Pflege in Altenheimen. 60 % der Pflege müsse beanstandet werden. Vor allem die Gewalt gegen ältere Personen stelle ein immer größer werdendes Problem dar. In der FPÖ wird die Einrichtung der Volksanwaltschaft selbst in Frage gestellt.

Die ÖVP-FPÖ-Regierung prüft, ob sie, wie bis dahin üblich, die Namen der prominenten Personen bekanntgeben soll, die in einem Eilverfahren in Österreich eingebürgert wurden. Im Prozess gegen den FPÖ-Landesrat Uwe Scheuch in Kärnten im Jahr 2012 sagte der Landesrat aus, es sei »part of the game«, einem russischen Investor in Österreich die österreichische Staatsbürgerschaft zu ermöglichen, wenn der Investor ein paar Millionen Euro in Österreich investiere und einen Teil davon an die Partei abliefere.

950 Asylwerber absolvieren eine Lehre in Österreich. Der frühere ÖVP-Vizekanzler Mitterlehner hatte die Aktion »Ausbildung statt Abschiebung« gestartet. Die FPÖ bezeichnet diese Aktion nun als »Asyl durch die Hintertür«.

56 *Montag, 20. August 2018.*

Die ÖVP-FPÖ-Regierung kürzt die Mittel für Deutschkurse für Asylsuchende in Wien. Es werden nur noch halb so viele Kurse angeboten.

Der Arbeits- und Fachkräftemangel führt zu Auftragsablehnungen in Betrieben. Der Vorstand des AMS legt die neuen Beschäftigungszahlen vor. Es hätten noch nie so viele Personen

Arbeitsplätze gehabt wie jetzt. Dennoch könnten aber längst nicht alle Arbeitsplätze besetzt werden.

Ein ÖVP-FPÖ-Arbeitsplan soll die Geldverteilung im Schulsystem neu ordnen.

Die FPÖ-Sozialministerin sagt in einem Interview, man könne von 150 Euro im Monat leben.

Die FPÖ bringt die Diskussion um eine anonym eingegangene Liste von »Scheinstaatsbürgern« in Umlauf. Es geht um Personen, die nach der Einbürgerung in Österreich die türkische Staatsbürgerschaft wieder angenommen haben sollen. Es geht um Tausende türkisch-österreichische Doppelstaatsbürgerschaften. Mit der österreichischen Staatsbürgerschaft gingen viele andere Rechte verloren. Zum Beispiel das Recht auf Ansiedlung in Tirol. Mit dem Verlust der österreichischen Staatsbürgerschaft würde damit auch das Haus verloren sein.
In Wien sollen gerichtliche Musterverfahren Klarheit bringen. Das Verwaltungsgericht erwartet eine Beschwerdeflut. Sehr viele Österreicher und Österreicherinnen aus türkischen Familien müssen sich in Wien darauf vorbereiten, Verständigungen von den Behörden zu erhalten, die ihr Leben von Grund auf verändern werden.

Die Zahl der Einbrüche, Diebstähle und Gewaltdelikte ist weiter gesunken.

Ein polnischer Milliardär wurde österreichischer Staatsbürger, nachdem er angekündigt hatte, im Burgenland einen Betrieb mit 100 Arbeitsplätzen zu errichten. Die ÖVP-FPÖ-Regierung tritt gegen die Veröffentlichung solcher Vorgänge ein.

Die Ergebnisse einer Historikerkommission, die die FPÖ-Geschichte durcharbeitet, werden nicht veröffentlicht.

Die Wirtschaftskammer wendet sich gegen die mögliche Abschiebung der asylwerbenden Lehrlinge und fordert ein Bleiberecht. Eine Krankenpflegerin in Ausbildung wird in den Irak ausgeschafft.

Die FPÖ-Sozialministerin setzt ein Sparprogramm für die AUVA durch. Wichtige Fragen bleiben ungelöst. Die große Reform wird aufgeschoben.

Die Umweltverträglichkeitsprüfungen dauerten im Durchschnitt 10,2 Monate. Das gibt das Nachhaltigkeitsministerium (früher Umweltministerium) bekannt. Die ÖVP-FPÖ-Regierung will die Umweltverträglichkeitsprüfung nach einer Frist von 9 Monaten fallenlassen. Das Ministerium betont, dass die Dauer dieses Verfahrens von der Einbringung der Dokumente der Antragsteller abhängt.

Die Boulevardpresse fragt sich, was Wladimir Putin zur Hochzeit der österreichischen FPÖ-Außenministerin mitbringen wird. Die FPÖ-Außenministerin lud den Präsidenten der Russischen Föderation bei seinem Staatsbesuch im Juni in Wien zu ihrer Hochzeit ein. Der Präsident nahm die Einladung an.

Zwei ÖVP-Abgeordnete schlagen vor, Abgeordnete, die eine Abstimmung versäumen, mit 50 oder 100 Euro Strafgeld zu belegen. Eltern, deren Kinder nicht in der Schule erscheinen, droht ein Strafgeld von 660 Euro. Das wurde von der ÖVP-FPÖ-Regierung zu Beginn der Regierungszeit eingeführt.

»Weder Ihr Gang, Ihr Gehabe oder Ihre Bekleidung haben auch nur annähernd darauf hingedeutet, dass Sie homosexuell sein könnten«, begründet ein Beamter des Bundesamts für Fremdenwesen und Asyl den negativen Asylbescheid für einen jungen Mann aus Afghanistan.

Die Hausdurchsuchungen beim BVT und in Privaträumen von Mitarbeitern haben den BVT international isoliert. Der BVT kann die Sicherheit von Daten nicht mehr garantieren.

Die FPÖ-Außenministerin heiratete im Dirndl. Sie tanzte mit Präsident Putin. Der brachte die Donkosaken mit und hielt eine launige Rede. In der Ukraine und den USA wird diese Hochzeitsfeier ablehnend kommentiert.

57 *Dienstag, 21. August 2018.*

Ein Wiener Tanzschullehrer bestätigt die Richtigkeit des Knicks der FPÖ-Außenministerin vor Wladimir Putin. Ein solcher Knicks gehöre zu Quadrillen, wie sie bei der Eröffnung des Wiener Opernballs vorgeführt werden.

58 *Mittwoch, 22. August 2018.*

Der Entwurf eines Standortentwicklungsgesetzes der ÖVP-FPÖ-Regierung wird von den Bundesländern, NGOs und Verfassungsrechtlern abgelehnt. Wieder soll die Umweltverträglichkeitsprüfung ausgesetzt werden. Wirtschaftliche Überlegungen würden dem Rechtsstaat übergeordnet. Das Legalitätsprinzip werde aufgehoben. Die Möglichkeit von Beschwerden gegen ein Projekt würden drastisch eingeschränkt. Rechtsmittel seien nicht mehr vorgesehen.

Die Reiseaktivitäten und Kontakte von FPÖ-Funktionären nach Russland, und da besonders auf die von Russland annektierte Krim, waren vor den Hausdurchsuchungen im BVT registriert worden, kommt an den Tag. Das Bundesamt für Verfassungsschutz und Terrorismusbekämpfung (BVT) hatte sich aber auch im Bereich des Rechtsextremismus mit Personen aus der FPÖ und ihrem Umfeld befasst. Während der Front National Millionenkredite aus Russland bezog, dementiert die FPÖ eine derartige Unterstützung durch Russland.

59 *Sonntag, 26. August 2018.*

Die Kürzung der Gelder für Kinderbetreuung durch die ÖVP-FPÖ-Regierung wird teilweise zurückgenommen. Das Kopftuchverbot für kleine Mädchen wird verhängt.

Im ORF wird die Ausstrahlung eines Filmfeatures über *Schwarz in Wien* aus dem Programm gestrichen. Von Soliman bis David Alaba hätte über das Schicksal von Afro-Österreichern berichtet werden sollen.

Im Waldviertel werden Vergrämungsmaßnahmen erlaubt, die die Wolfsmigration verhindern sollen.

Der Präsident der ÖVP-Wirtschaftskammer wird Präsident der Nationalbank. Harald Mahrer ist laut seiner Homepage seit Jänner 2018 auch noch geschäftsführender Gesellschafter der HM Tauern Holding Beteiligungs GmbH und Präsident des ÖVP-Wirtschaftsbunds.

Die ÖVP-FPÖ-Regierung will Asylwerber und Asylwerberinnen nicht mehr zur Lehre zulassen.

60 *Montag, 27. August 2018.*

Die FPÖ-Außenministerin erzählt in Alpbach, dass sie erst jetzt einschätzen könne, was es bedeute, einen protokollarisch weit über ihr stehenden Präsidenten einzuladen, ohne den Bundeskanzler und den Bundespräsidenten zu informieren. Die Bilder in *Russia Today* habe sie sich in keiner Weise gewünscht.

61 *Mittwoch, 29. August 2018.*

Ein von der Ausbürgerung durch das neue Staatsbürgerschaftsgesetz betroffener Mann ruft den Verfassungsgerichtshof an.
Der seit langem in Österreich ansässige Mann sieht sich in seinen Grundrechten verletzt.

Ärztemangel führt zu Schließungen von Abteilungen in Spitälern. Die einzige toxikologische Intensivstation in Wien stellt
den Betrieb ein.

Die Industriellenvereinigung meldet einen Lehrlingsmangel.
Die Gewerkschaften sprechen von einem Lehrlingsüberschuss.

Das Oberlandesgericht Wien stellt fest, dass die Hausdurchsuchungen in den Räumen der BVT und in Privaträumen von Mitarbeitern rechtswidrig waren. Der ÖVP-Justizminister kündigt
daraufhin eine strengere Berichtspflicht für die Wirtschafts-
und Korruptionsstaatsanwaltschaft an. Die Genehmigungen für
die Hausdurchsuchungen waren von dieser Staatsanwaltschaft
aufgrund anonymer Anzeigen aus dem FPÖ-Innenministerium
ausgefertigt worden.

Die Deutschklassen in Wiener Schulen gehen auf Kosten des
Englischunterrichts. Native Speaker werden eingespart.

62 *Freitag, 31. August 2018.*

Der Direktor der Diakonie sagt voraus, dass eine Kürzung der
Mindestsicherung auf 80 000 Kinder Auswirkungen haben
würde. Die ÖVP-FPÖ-Regierung hat eine solche weitere Kürzung vor. Die FPÖ-Sozialministerin hat schon erklärt, es wäre
durchaus möglich, von 150 Euro im Monat leben zu können.

63 *Samstag, 1. September 2018.*

Das Arbeitszeitgesetz für den Zwölfstundentag tritt in Kraft. Vor dem FPÖ-Sozialministerium wird von Gewerkschaftern demonstriert.

Österreich ist ein Einwanderungsland. Jeder und jede Fünfte wurden nicht in Österreich geboren oder hat Eltern, die aus anderen Ländern kommen.

64 *Montag, 3. September 2018.*

In Österreich sind etwa 9000 Personen im Gefängnis. Jeder und jede zweite ist dort körperlicher Gewalt ausgesetzt. Auf diese Weise wird weiterhin ein Körperstrafrecht ausgeübt.

Der Vorstandschef des weltgrößten Ziegelherstellers wünscht sich ein offenes Europa und lehnt die Politik der Abschottung ab.

65 *Dienstag, 4. September 2018.*

Das Arbeitsmarktservice (AMS) meldet 80 000 unbesetzte Stellen. Die Wirtschaftskammer gibt 162 000 fehlende Fachkräfte an.
Für Langzeitarbeitslose wird sich die Kürzung der Mittel für das AMS auswirken. Die Notstandshilfe wird von der ÖVP-FPÖ-Regierung abgeschafft.

Die von der ÖVP-FPÖ-Regierung geplante Steuerreform sieht große Entlastungen der Unternehmen vor.

Der BVT-Ausschuss nimmt im Parlament seine Arbeit auf. Es stellt sich heraus, dass noch viel mehr an Daten abtransportiert worden sei, als schon bekannt gewesen war. Die Zusammenarbeit mit internationalen Partnern ist gestört. Dem BVT droht die Aussperrung aus dem »Berner Club« der europäischen Geheimdienste.

Der ÖVP-Bundeskanzler reist nach Kiew, um den diplomatischen Schaden des Putin-Besuchs bei der FPÖ-Außenministerinnenhochzeit auszugleichen.

66 *Donnerstag, 6. September 2018.*

Im BVT-Untersuchungsausschuss gibt ein Zeuge an, dass die Polizisten bei der Hausdurchsuchung klassifizierte Dokumente sichteten. Der Zeuge befürchtet, dass der Leiter der Polizeieinheit, ein FPÖ-Politiker, sich Zugriff auf diese Daten verschafft haben könnte. Dieser FPÖ-Politiker ist wiederum mit dem Generalsekretär im Innenministerium gut bekannt.

67 *Freitag, 7. September 2018.*

Ein Referent des Bundesamts für Fremdenwesen und Asyl (BFA) verweigert einem siebenundzwanzigjährigen Iraker das Asyl. Der irakische Mann hatte vorgebracht, schwul und deshalb im Irak in Lebensgefahr zu sein. Er »habe sich überzogen mädchenhaft« benommen, schreibt der Beamte ins Ablehnungsschreiben.

Im BVT-Untersuchungsausschuss wird bekannt, dass der Leiter der Einsatztruppe, ein FPÖ-Politiker, bereits eine Woche vor den Hausdurchsuchungen vom Generalsekretär des Innenministeriums von diesem Einsatz informiert worden war.

Ein Misstrauensantrag der Opposition gegen den FPÖ-Innenminister wird von der ÖVP und der FPÖ abgelehnt.

68 *Samstag, 8. September 2018.*

Der Grüne Integrationslandesrat von Oberösterreich kündigt eine Anzeige gegen den FPÖ-Klubchef an. Der FPÖ-Klubchef hatte den Asylwerber wegen extremistischer Aussagen beim Verfassungsschutz angezeigt. Der Asylwerber war auf einem Foto mit dem Bundespräsidenten zu sehen gewesen. Es ging um die Aktion »Ausbildung statt Abschiebung«. Der Landesrat vermutet, dass es um die Diffamierung dieser Aktion gegangen sei. Der Asylwerber war auf Facebook mit einem IS-Fan verwechselt worden.

69 *Sonntag, 9. September 2018.*

Der ÖVP-Nationalratspräsident fordert eine Erweiterung der Gesetze gegen Wiederbetätigung. Zu oft müssten Verfahren nach dem Verbotsgesetz eingestellt werden.

70 *Montag, 10. September 2018.*

Aus dem Büro des FPÖ-Landesrats für Integration, Asyl, Mindestsicherung und Tierschutz in Niederösterreich erhält eine Bürgerin auf die Frage, wo die zwangsumgesiedelten Asylwerber nun seien und ob sie sie kontaktieren könne, die Antwort: »Vermutlich werden nicht alle Menschen die Arbeit von Herrn Landesrat Gottfried Waldhäusl schätzen und bewundern. Den ehemaligen Bewohnern von St. Gabriel geht es weit besser als vorher. Aus ihren kläglichen Klosterzimmern befreit, leben sie nun in schön hellen Zimmern und erfreuen sich am Sonnenschein in blühenden Gärten. Wenn Sie Zeit haben, fahren Sie vorbei und sehen sich die Unterkünfte an.« Die Frau bekam dann aber die Adresse der neuen Unterkünfte nicht. Unterdessen hatten die Asylwerber ein weiteres Mal übersiedeln müssen.

71 *Dienstag, 11. September 2018.*

Die UN-Kommissarin für Menschenrechte kündigt an, Österreichs und Italiens Schutz von Migranten prüfen zu wollen.

In der BVT-Affäre prüft die Staatsanwaltschaft Korneuburg nach einer Anzeige die leitende Staatsanwältin wegen Amtsmissbrauchs.

Der ÖVP-Bundeskanzler ruft dazu auf, mehr österreichische Lebensmittel zu kaufen.

Die ÖVP-FPÖ-Bundesregierung plant einen Jobgipfel. Es wird angekündigt, dass bei mangelnden Deutschkenntnissen die Mindestsicherung gekürzt werden wird.

72 *Mittwoch, 12. September 2018.*

Eine OECD-Bildungsstudie stellt fest, dass in Österreich weiterhin nur wenige Personen aus Nichtakademikerhaushalten ein Studium absolvieren. Und im Ausland geborene Vollzeitarbeitskräfte verdienen in Österreich um ein Fünftel weniger als in Österreich geborene Personen. In Österreich geborene Frauen verdienen wiederum bis zu 27 % weniger als in Österreich geborene Männer.

Die Einsparungen beim Arbeitsmarktservice (AMS) kommen vielleicht doch nicht.

73 *Donnerstag, 13. September 2018.*

Die ÖVP-FPÖ-Regierung wird Asylwerbern in der Lehre keine Bleibeperspektive lassen. Der FPÖ-Innenminister will Nulltoleranz durchgesetzt sehen.

Die Selbstverwaltung im Gesundheitssystem wird von der ÖVP-FPÖ-Regierung durch Geschäftsordnungsmaßnahmen aufgelöst.

74 *Dienstag, 18. September 2018.*

Im BVT-Untersuchungsausschuss ist die Brutalität des Vorgehens bei den Hausdurchsuchungen das Thema. Es wird die Frage gestellt, ob diese Brutalität der Polizeieinheit unter der Leitung eines FPÖ-Politikers auf rechte Ideologie zurückgeht.

Ein FPÖ-Richteranwärter für das Bundesverwaltungsgericht zieht seine Bewerbung zurück. Der Bundespräsident deutete an, dem Juristen, der Referent im FPÖ-Klub war und in rechtsextremen Kontexten aufgefallen war, die Unterschrift unter die Ernennung zu verweigern.

Der FPÖ-Innenminister weigert sich, die Konditionen der Verträge seines Ministeriums mit Mobilfunkanbietern anzugeben. In den Ministerien fallen monatlich Handyrechnungen von 170 000 Euro an. Oft sind alte Handys im Einsatz, die ein Sicherheitsrisiko darstellen.

Im BVT-Untersuchungsausschuss wird das FPÖ-Innenministerium mittels eines Verfassungshofgerichtsentscheids gezwungen, zur BVT-Affäre Akten aus dem Kabinett des FPÖ-Innenministers herauszugeben.

Die ÖVP-FPÖ-Regierung plant ein neues ORF-Gesetz. Man kann sich eine Finanzierung durch das Bundesbudget vorstellen. Die Besetzung des Vorstands soll je zwei Stellen für jede Regierungspartei bringen. Die Mitarbeiterinnen und Mitarbeiter sollen genaue Richtlinien erhalten.

75 *Donnerstag, 20. September 2018.*

Vor dem BVT-Ausschuss im Parlament gibt der Chef des Bundesamts zur Korruptionsbekämpfung an, einer bislang »nie erlebten Einflussnahme« aus dem Büro des FPÖ-Innenministers gegenübergestanden zu haben.

Die Landespolizeidirektionen fordern die Gemeinden, Spitäler und Personenverkehrsunternehmen auf bekanntzugeben, ob ein öffentlicher Ort in ihrem Wirkungsbereich durch Kameras überwacht wird. Diese Kameras sind über Schnittstellen der Polizei zugänglich zu machen, so dass die Polizei auf Live-Bilder aus diesen Kameras zugreifen kann.

76 *Sonntag, 23. September 2018.*

Die Metallgewerkschafter verlangen eine Lohnerhöhung um 5 %. Das entspräche dem nominellen Wachstum, stellt der SPÖ-Gouverneur der Österreichischen Nationalbank fest. Der SPÖ-Sozialsprecher meint, die Einbußen durch den Zwölfstundentag und die kalte Progression ließen nur den Finanzminister an diesen Lohnerhöhungen verdienen.

77 *Donnerstag, 27. September 2018.*

Entgegen den Ankündigungen der ÖVP-FPÖ-Regierung, die Gelder für Frauenhäuser zu kürzen, bekommt der Verein Autonome Österreichische Frauenhäuser (AÖF) doch die seit Jahren üblichen 15 000 Euro ausbezahlt.

Die OECD stellt fest, dass es in keinem anderen Land der EU so schwierig für Asylwerber ist, arbeiten zu können, wie in Österreich.

Das Waffenrecht muss den EU-Richtlinien angepasst werden. Die Regierungsparteien verhandeln miteinander.

In einer internen Mail schlägt das FPÖ-Innenministerium der Polizeipressestelle vor, an kritische Medien nur noch eingeschränkt Informationen weiterzugeben. Zur gleichen Zeit soll die Aufmerksamkeit auf Sexualdelikte im öffentlichen Raum gelenkt werden.
Der ÖVP-Bundeskanzler und der Grüne Bundespräsident bezeichnen die Einschränkung als »inakzeptabel«.

78 *Dienstag, 2. Oktober 2018.*

Eine vom FPÖ-Verkehrsminister in Auftrag gegebene Studie über eine Zulassung höherer Geschwindigkeit auf Autobahnen kommt zum Ergebnis, dass die Geschwindigkeiten reduziert werden müssten, um weniger CO_2-Emissionen zu erzielen und Verkehrstote zu vermeiden.

Im März 2018 war das Rauchverbot in Lokalen von der ÖVP-FPÖ-Regierung mit einem Initiativantrag mit einfacher Mehrheit im Parlament aufgehoben worden. Da Jugendschutz Ländersache ist, soll Rauchen unter 18 Jahren verboten bleiben. Das Rauchverbot in Schulen wurde auf das gesamte Schulgelände erweitert. Seit Mai darf in Autos nicht mehr geraucht werden, wenn Kinder oder Jugendliche bis 18 Jahre mitfahren. In Festzelten wurde ein Rauchverbot erlassen. Die FPÖ hat dieses Verbot mitbeschlossen. FPÖ-Funktionäre hielten sich mehrfach nicht an diese Vorgabe. So der FPÖ-Bundesobmann Strache gleich am 1. Mai.

Die Krankenkassen präsentieren ihre Personalkosten. Der Aufwand für die Mitglieder der Gremien der Selbstverwaltung beträgt 0,009 % der Gesamtausgaben. Der ÖVP-Bundeskanzler begründete den neuen Gesetzesentwurf für die Konzentration der Krankenkassen damit, dass bisher die Funktionärsinteressen über die Versicherteninteressen gestellt worden wären. Der FPÖ-Vizekanzler bezeichnete die Krankenkassenselbstverwaltung als »Pfründe«, die gestrichen werden müssten. Er sagte: »Aus einer Funktionärsmilliarde wird eine Patientenmilliarde.«

Im BVT-Untersuchungsausschuss stellt sich heraus, dass Zeugen und Zeuginnen vom FPÖ-Innenministerium an die Staatsanwaltschaft weitergeschickt worden waren. Vor der Befragung durch die Staatsanwaltschaft seien die Zeugen im Innenministerium befragt worden. Das würde eine Manipulation der Zeugen und Zeuginnen durch das FPÖ-Innenministerium bedeuten. Der FPÖ-Innenminister erklärt dem parlamentarischen Untersuchungsausschuss gegenüber, dass sein Kabinett die Staatsanwaltschaft davon informiert habe. Das sei ja bereits vor dem 20. Februar, also vor den Hausdurchsuchungen, geschehen. Bei der Staatsanwaltschaft ist davon nichts bekannt.

80 *Freitag, 5. Oktober 2018.*

Das FPÖ-Innenministerium veröffentlicht eine E-Mail-Korrespondenz mit dem Chefredakteur der Wochenzeitschrift *Falter* und verstößt damit gegen die Datenschutzverordnung.

Die Donnerstagsdemonstrationen werden wieder aufgenommen.

Die ÖVP-FPÖ-Regierung bringt, knapp bevor das Gesetz zur Umweltverträglichkeitsprüfung in den Umweltausschuss des Nationalrats eingebracht wird, noch einen Änderungsantrag ein. Der Einfluss von Vereinen auf die Umweltverträglichkeitsprüfung soll stark eingeschränkt werden.

81 *Samstag, 6. Oktober 2018.*

In der BVT-Affäre prüft die Anklagebehörde Anzeigen gegen zwölf Beteiligte. Es soll untersucht werden, ob ein Mitarbeiter des FPÖ-Innenministers Druck auf die fallführende Staatsanwältin ausgeübt hat.

Die #MeToo-Bewegung erreicht Österreich.

82 *Montag, 8. Oktober 2018.*

Ein Geschäftsmann war als Sachverständiger »für Allgemeine Länderkunde, insbesondere Menschenrechte« für Afghanistan, Syrien und den Irak tätig. Seine Expertisen zu Afghanistan bezeichneten die Lebensumstände da als »sehr gut« bis »befriedigend«. Diese Einschätzung ermöglichte viele Abschiebungen. Ende Juli 2018 wurde der Sachverständige seiner Funktion als gerichtlich beeideter Gutachter in Asyl-Berufungsverfahren enthoben. Es läuft ein Überprüfungsverfahren gegen ihn. Trotzdem wird er weiterhin in der Liste gerichtlich beeideter Sachverständiger des Wiener Landesgerichts für Zivilrechtssachen geführt. Seine Enthebung ist noch nicht rechtskräftig. Die Afghanistanbefunde des Geschäftsmanns können so noch sehr lange den Entscheidungen der Asylbehörde zugrunde gelegt werden.

Der FPÖ-Klubchef sagt in einem Interview, »die Menschen-rechtskonvention ist nicht gottgegeben«, und verteidigt die Weitergabe einer ihm anonym zugespielten Liste von »Aus-trotürken« an den Verfassungsgerichtshof wegen vermeint-licher Passvergehen. Der Verfassungsgerichtshof hat bereits festgestellt, dass die Liste auf unrichtigen Angaben beruhte.

Das FPÖ-Innenministerium schreibt Stellen für Führungs-positionen aus. Der Verfassungsschutz (BVT) soll umgebaut werden. Führungskräfte sollen nach Schulungen auch ohne Polizeiausbildung angestellt werden können. Der FPÖ-Innen-minister hat dafür eine Projektgruppe eingerichtet.

Im FPÖ-Innenministerium wird eine neue Sektion eingerichtet. Die Sektion V wird »Fremdenwesen« genannt.